江苏省社会科学院专家文集

辛勤笔耕三十年

薛家骥 著

凤凰出版传媒集团 凤凰出版社

图书在版编目（CIP）数据

辛勤笔耕三十年 / 薛家骥著. -- 南京：凤凰出版社，2011.9
（江苏省社会科学院专家文集）
ISBN 978-7-5506-0859-7

Ⅰ. ①辛… Ⅱ. ①薛… Ⅲ. ①经济学－文集 Ⅳ. ①F0-53

中国版本图书馆CIP数据核字（2011）第215711号

书　　　名	辛勤笔耕三十年
著　　　者	薛家骥
责 任 编 辑	卞　岐
出 版 发 行	凤凰出版传媒集团
	凤凰出版传媒股份有限公司
	凤凰出版社（原江苏古籍出版社）
	发行部电话 025-83223462
集 团 地 址	南京市湖南路1号A楼，邮编：210009
集 团 网 址	http://www.ppm.cn
出版社地址	南京市中央路165号，邮编：210009
经　　　销	凤凰出版传媒股份有限公司
照　　　排	南京凯建图文制作有限公司
印　　　刷	江苏凤凰通达印刷有限公司
	南京市六合区冶山镇，邮编：211523
开　　　本	880×1230毫米　1/32
印　　　张	18
字　　　数	501千字
版　　　次	2011年9月第1版　2011年9月第1次印刷
标 准 书 号	ISBN 978-7-5506-0859-7
定　　　价	65.00元

（本书凡印装错误可向承印厂调换，电话：025-57572508）

江苏省社会科学院专家文集

编委会

主　任：宋林飞
副主任：张德华　陈　刚　周祥宝
委　员（以姓氏笔画为序）：
　　　　田伯平　包宗顺　孙克强
　　　　张　卫　杨颖奇　吴先满
　　　　陈　颐　陈爱蓓　胡发贵
　　　　胡传胜　姜　建　葛守昆
　　　　韩璞庚

江苏省社会科学院专家文集

总　序

2010年,我们迎来了江苏省社会科学院建院30周年!

30年来,在江苏省委、省政府的领导下,在社会各界的大力支持下,我们社科院各项事业不断发展,尤其是科研队伍不断壮大,科研成果不断增加、积累,学术影响和地位不断扩大、提升。据不完全统计,建院30年,我院研究人员牵头主持国家社会科学基金课题共63项,牵头主持江苏省社会科学基金课题共208项,共发表学术论文14100多篇,出版学术著作900多部,共有246项成果获得省部级哲学社会科学优秀成果奖和国家、江苏省精神文明建设"五个一工程"奖。这些成果来之不易,是全院广大科研人员勤劳智慧之结晶。

30年不断发展创新的科研过程,形成了我院一大批学者、专家和学科带头人,特别是那些荣获国家"有突出贡献的中青年专家"、国务院"政府特殊津贴"享受者和江苏省"有突出贡献的中青年专家"称号的教授、研究员,他们为我院科研事业发展做出了突出贡献。因此,在庆祝建院30周年之际,我们决定为我院享有以上三类专家称号的教授、研究员出版个人文集,作为江苏省社会科学院专家文集隆重推出,委托凤凰出版社出版,每位专家1本,每本40万字左右,主要汇集已公开发表的学术论文。以后,我们还将为我院上述三类专家称号的新获得者(已出专家文集者不重复出)和学科带头人出版专家文集。

首次列入出版专家文集的这21位专家,涵盖了我院经济学、社会学、马克思主义研究与政治学、文学、历史学、哲学等多种学科,他们在各自的工作岗位辛勤耕耘,在各自的学科领域长期探索,形成了丰富的成果,积累了宝贵的经验,创新了研究方法,走出了一条各具特色的成功的科学研究之路,在全国和江苏省享有较高的知名度,受到社会的广泛称赞和好评。这是我院事业兴旺发达、科研持续发展的一笔宝贵的精神财富,值得全院同志特别是青年科研人员学习借鉴。如今,这些专家,他们中有些年事已高,却依然忙于笔耕;更有不少年富力强者,他们任务重,压力大,积极作为,发挥着学术带头人的作用。

江泽民同志强调社会科学的认识世界、传承文明、创新理论、咨政育人、服务社会等功能作用,强调以科学的理论武装人。胡锦涛为总书记的党中央倡行科学发展观,强调党和国家的各项工作都要以人为本。我们社会科学工作者要深入学习领会中央领导同志的这些重大战略思想,努力把这些重大战略思想贯彻落实到自己的科研实践中去。在我院事业发展的最近十多年的时间里,我们继承发扬我院已有的解放思想、实事求是、重视实际调查和科研团队协作等优良传统与作风,与时俱进,进行一系列新的开拓创新。最近十多年来,我们坚持理论研究和应用研究相结合,贴近现实,贴近决策,努力创建一流的地方社会科学院。我们陆续推出了江苏经济形势分析会、重点课题研究、江苏经济社会形势分析与预测蓝皮书、《咨询要报》、江苏研究报告、江苏研究丛书、院学术文库和青年学者文库、比较优势学科基地建设、研究员论坛、《江苏通史》、《历代江苏名人辞典》、《江苏历代名人传记丛书》等重大科研工程项目与活动,有效调动了全院科研人员的积极性和创造性,科研成果增长加快,成果质量不断提高,社会影响不断扩大,使我们的科研工作让领导满意、学界认同、社会欢迎。这些重要的开拓创新与努力及其形成的成果为我院事业以后的发展打下了深厚扎实的基础。

当前,我国正处在深化改革开放与发展的关键时期,江苏也正处于建设更高水平的全面小康社会进而率先基本实现现代化的关键时期,有大量的理论与实践问题亟待我们社科工作者去研究探索。我们社科院的同志要戒骄戒躁,踏实前进,不断创新,多出成果,多出精品力作,通过多出成果,多出精品力作,而多出人才,多出专家、名家甚至大家。不仅深入研究江苏,而且要重视研究全国性、普遍性的问题,还要有世界眼光,博采众长,兼收并蓄,加强学理性,突出重点,搞好协作攻关,努力提升工作水平,进一步彰显我院的特长与优势,为国家和江苏省的社会主义现代化建设做出更大的贡献。

今天正是30年前江苏省政府批复江苏省哲学社会科学研究所扩建为江苏省社会科学院的日子,仅以上述所言为专家文集总序。

江苏省社会科学院院长、党委书记、教授

宋林飞

2010年6月3日

自　序

在这本文集与大家见面的时候,我已是八十八岁的耄耋老人了。八十八年,历尽艰辛,有过参加地下党的心情开朗的时期,有过对敌斗争种种艰辛的磨炼,也有被批判、被斗争的煎熬和苦难。因此,有必要对自己进行一次再认识,看看自己是一个什么样的人,也简略地叙叙自己的生平。

是一个什么样的人?是一个平平常常的人,常言说:"时势造英雄",我不是什么"英雄",但的确是时势造人,是抗日战争的时势把我卷进来的,是中国革命这个巨大变动时代把我卷进来的。

当然,一个平平常常的人所以能卷入这个时代的巨浪之中,一个很大的原因,是因为自己能革自己的命。自己革自己的命,这在20世纪的中国并不稀罕。那是一个革命浪潮汹涌澎湃的年代,浓缩在我们这个家里,几乎成了一代革一代的命。说说我的生平,我是1923年11月7日,岁次癸亥,出生于山西省解县薛家车盘村。到我这一代,已经是四世同堂了。曾祖父薛士选,是前清的举人,他的第三个儿子薛笃弼,参加辛亥革命,革了满清王朝的命,也革了家里的命,举人的功名难以为继。只相隔一代,哥哥薛驹又成了我们这一代革命的带头人,我们在20世纪30年代末先后参加了共产党,又革叔祖父薛笃弼所在的国民党的命。这是时势使其然,时势逼得人不得不一代革一代的命,自己革自己的命。

不过,自己能革自己的命,也没有什么值得自豪的。作为一个平平常常的人,还是害怕长达24年的批判、斗争。尤其是在江苏省总工会,那是个批判、斗争、整人特别厉害的单位。1957年反右,1958年整风补课,1959年又连着反几个"集团",一批一批整,今天整人,明天又挨人整。我在整风补课中挨整了好几个月,差一点被整为右派,以后内定为中右从宽发落。我从此就一直是"派偏右,人偏瘦"。1959年调《群众》杂志编辑部工作,总以为从此可以脱离苦海,谁知又同彭德怀的"反右倾机会主义"挂上了钩,在省委办公厅被点名批判,下放启东"整风整社"。这种批判、斗争在"文化大革命"中登峰造极,住牛棚、立壁角、下伙房干粗活。更意想不到的是,1971年老伴高菊芬被打成了"516",关押常州监狱79天。江苏两个"深挖",丧尽人心。一个深挖煤,一个深挖"516",而且挖得"516""家家有,不是亲,就是友"。这种整人,带来了极大的破坏,伤害了无数好同志。我毕竟是一个平平常常的人,提起这些批判、斗争,至今心有余悸。

俱往矣,随着"四人帮"被粉碎,给人民带来深重灾难的"文化大革命"也必然被否定。邓小平革命路线的胜利,对理论学术界是一场"春风梨树"。打散了的理论队伍重新组织起来了,各抒己见、畅所欲言的环境也越来越宽松。1978年省委宣传部决定重建江苏哲学社会科学研究所,由我负责筹建工作。1980年,改哲学社会科学研究所为江苏社会科学院,许符实为党组书记、副院长,我担任党组副书记、副院长。1983年11月,我被任命为江苏社会科学院院长,增加了行政工作和科研工作"双肩挑"的份量。建院三十年来,感慨颇多:

——社科院的重建,本身就是一个胜利。这是承认社会科学的科学性,承认社会科学和自然科学是相互支撑、相互作用,而成为经济社会发展的最重要的支撑。"文化大革命"实际上是大革自然科学的命、大革社会科学的命。否定了"文化大革命",就是承认自然科学和社会科学是支持经济、社会发展最活跃的因素。

——当然,社会科学之所以成为经济社会发展的支撑,贵在社会科学能面向实际、投入实际、研究实际。我们决不忽视基础理论的研究,但是也不能只搞理论性、思辨性的探索,而是要为实现经济社会发展服务,起思想库、智囊团的作用,然后再通过实践的检验,上升为新的理论。社会科学院就是要多做一些理论联系实际的工作，多为领导决策作参谋、咨询工作，并在这个过程中概括、提炼一些新认识、新观点。

——社会科学院之所以成为经济社会发展的支撑，也贵在知识的创新。这些年来，几任院领导都在这方面做了大量的工作。比如，劳动力的转移，当初只是作为一个必须重视的问题提出来的，现在已为大家所熟知惯用。比如，产业集群、产业转移，当初也是作为一个方向性的问题，现在也被大家经常运用。比如，城市圈、城市化，当初也是一个发展的方向，而现在已经成为现实。再比如，宽松的货币政策和适度的财政政策，当时也是作为需要重视运用财政、金融杠杆，以启动经济的增长，可在金融危机来临时，这已成为一个重要的经济杠杆。

——知识的创新，必然要有敢于创新的人才，这就需要不拘一格用人才。要启用那些能够发现经济社会发展中的矛盾和问题，能够提出纠正和补救办法的人，而且要启用那些既能发现问题，又敢于直言诤谏的人。

——这三十年是"整人"最少的年份。在阶级斗争为纲的引导下，多少年来形成的"整人"的气氛，在改革开放之后有了根本的改变，理论队伍也可以静心地探索社会主义经济规律，而无后顾之忧地为社会主义现代化服务了。

现在，我们的国家正处在一个复兴的时期，国家的复兴带动了社会科学的复兴，而社会科学的复兴，又将更好地为经济社会发展、为国家的复兴服务。

2010.10.18

目 录

第一编 有计划按比例发展研究

国民经济最优比例关系初步探索 …………………………（3）
计划要充分地预见未来 ……………………………………（14）
重点建设和改善人民生活必须统筹兼顾 …………………（21）
计划与市场相结合若干问题的思考 ………………………（30）

第二编 乡镇企业和劳动力转移

论产业结构 …………………………………………………（45）
来自农业现代化试验区的汇报和启迪 ……………………（56）
规模经营是较发达地区农业稳定发展的新生长点 ………（69）
农垦·乡村土地规模经营·未来展望
　　——兼谈农垦经济可以为乡村规模经营提供哪些有益的借鉴
　　………………………………………………………………（75）
适度规模经营先行地区的新思考 …………………………（82）
苏南乡镇企业改革与苏南模式的演进 ……………………（86）

巨变中的苏南乡镇企业
　　——常熟、江阴、锡山乡镇企业考察纪实…………………（93）
"苏南模式"的改制与创新
　　——常熟、江阴、锡山乡镇企业考察纪实…………………（102）
改制后如何扶持乡镇企业发展？………………………………（110）
"苏南模式"的演进、再演进……………………………………（114）

第三编　经济结构与产业结构合理化

一个城市怎样实现经济结构合理化？
　　——无锡市经济结构合理化探索……………………………（123）
徐州市破"三铁"中的独到思考…………………………………（135）
构筑法律性进入壁垒的若干构想…………………………………（139）
培育规模经济是一项系统工程
　　——"扬州现象"透视之一……………………………………（146）
"氖灯"小巨人和市场进入壁垒
　　——"扬州现象"透视之五……………………………………（152）
在结构调整中求发展………………………………………………（157）
结构调整与培育"产业结构转换能力"…………………………（162）
国有企业从解困到再造辉煌要搞好三个结合……………………（172）
国有企业改革要有新的突破
　　——学习江泽民同志在中央党校的重要讲话………………（177）
重塑企业生机的新动力：所有制结构调整与经济结构调整
　　相结合…………………………………………………………（183）
陆桥经济带：中西部发展的"金腰带"…………………………（188）
市场化进程在江苏…………………………………………………（191）
技术创新：新一轮经济增长的动力………………………………（199）
发展中国家工业化中的地区协调发展问题………………………（201）

从企业发展战略再造上提升企业的竞争力……………………（225）
"发展要有新思路"的若干思考…………………………………（228）

第四编　城市化与城市圈

具有中国特色的"城乡融合"之路…………………………………（235）
都市圈域产业的整合与协同………………………………………（247）

第五编　外向型经济与经济国际化

寻找外向化发展新的生长点………………………………………（261）
广东的再考察与再思考……………………………………………（270）
山东考察纪实………………………………………………………（279）
机遇·运行机制·新的生长点
　　——寻找外向化发展新的生长点……………………………（290）
江苏经济发展与浦东开发开放"接轨"的方方面面………………（298）
江苏沿江"三带"开发战略…………………………………………（305）
经济国际化呼唤相应的经济立法…………………………………（308）
关于我省利用外资情况的评析……………………………………（317）
面对利用外资的新动向我们的对策该如何………………………（324）
走进WTO,农业和农村"富民强省"要有新视野…………………（330）
构建企业高集聚产业链……………………………………………（338）

第六编　经济周期与反周期

控制波动寻求国民经济稳定增长…………………………………（347）

控制波动寻求经济稳定增长……………………………………（349）
实现江苏经济的持续、稳定、协调发展
　　——江苏经济波动纵横谈………………………………（362）
江苏经济波动的成因及其对策………………………………（369）
提高经济回升质量　适时转入平稳增长……………………（378）
经济发展的"周期马"…………………………………………（381）
在经济周期的巅峰……………………………………………（394）
怎样驾驭经济发展的"周期马"
　　——经济周期和反周期探索……………………………（399）
强化宏观调控，驾驭经济稳定、健康运行……………………（412）
企业要成为经济波动中的弄潮儿
　　——对企业如何适应经济周期波动的探索……………（415）
重读《在武昌、深圳、珠海、上海等地的谈话要点》…………（420）
塑造经济周期新形象：高谷底　低峰值　长平台…………（427）

第七编　宏观经济调控与参数调节

参数调节与宏观经济政策调节可操作性研究………………（435）
寻找计划与市场相结合的形式和结合点……………………（449）
三项制度改革与企业、市场、宏观调控的配套联动…………（454）
社会主义市场经济在江苏……………………………………（461）
发展社会主义市场势在必行…………………………………（467）
从"狼来了没有"说起…………………………………………（471）
提高经济增长质量迫在眉睫…………………………………（474）
资源市场化配置和进入壁垒…………………………………（478）
记连云港"龙型经济"的发展…………………………………（485）
提高经济增长质量是当务之急………………………………（489）
转换经济增长方式的五个楔入点……………………………（493）

资产重组,资本运营与资本市场的利用
　　——资本运营和资本市场发育探索之二……………………(498)
充分运用财政杠杆在启动经济增长中的作用………………………(503)
要从新的高度认识提高经济增长质量的迫切性………………………(507)
探索我省风险投资的最优路径……………………………………(512)
加大企业技改投入　恢复经济自主增长的能力……………………(518)
创造景气环境　迎接新的繁荣………………………………………(522)
为了赢得新的发展
　　——读《江苏经济50年》………………………………………(526)
预期今年江苏经济发展还会高位运行………………………………(531)

第八编　知识经济和虚拟经济

国有企业从解困到再造辉煌需要抓住的几个关键环节…………(537)
启动新一轮经济景气的对策建议……………………………………(544)
新经济呼吁新的经济理论……………………………………………(548)
关注"虚拟化"和虚拟策略的运用……………………………………(553)

后　记……………………………………………………………………(557)

有计划按比例发展研究

国民经济最优比例关系初步探索

按比例分配社会劳动,是一切社会的共同经济规律。"这种按一定比例分配社会劳动的必要性,决不可能被社会生产的一定形式所取消,而可能改变的只是它的表现形式"①。在社会主义条件下,这个规律的实现形式就是有计划、按比例发展的规律。我们的计划经济,从根本上来说,就是要努力反映有计划、按比例发展规律的要求。我们目前正在进行的国民经济调整工作,就是要彻底改变林彪、"四人帮"长期干扰破坏所造成的经济比例严重失调的状况,把经济建设逐步纳入持久的按比例高速度发展的轨道。为了使我们的经济工作符合有计划、按比例发展规律的要求,符合社会主义基本经济规律的要求,我们所把握的国民经济比例关系,不能只是大致的比例关系,而应该努力探索国民经济的最优比例关系。在最优比例关系基础上建立起来的计划经济,才是比较符合客观经济规律要求的计划经济。

把握了国民经济的最优比例关系,也就能使经济建设的发展速度建立在可靠的基础上。有了最优比例,就有了最适当的和持续的发展速度。多年来的实践证明,搞经济建设,一定要处理好速度和比例的关系。我们要讲求速度,但更要讲求比例。速度必须建立在按比例发展这个科学的基础上。离开了这个基础而片面地追求高速度,结果往往是事与愿违。1958年国民经济比例失调说明了这个问题,近期的国民

---

① 马克思《致路·库格曼》,《马克思恩格斯选集》第4卷,第368页。

经济比例失调也说明了这个问题。这次国民经济比例失调同1958年并不完全一样，矛盾没有1958年那么突出，但延续时间却更长。从1970年开始，由于林彪、"四人帮"极左路线的干扰和破坏，基本建设超过国家财力物力可能的现象就或多或少地存在了。这些年来，我们的积累率都在30％以上，高的达到34％至36％。这虽然没有1958年至1960年积累率高达39.6％至43.8％那么突出，但它象慢性病一样，积延日久，不断加深了国民经济比例关系的失调。尽管两次国民经济比例失调的特点不完全相同，但是都说明，离开了按比例而片面地强调高速度、高积累、低消费，即使一时能把经济建设的速度搞得快一些，但终究是不可靠的。从江苏的情况来看，从1966年到1978年的13年中，工业生产年平均增长率为12.5％，超过了"文化大革命"前16年11.9％的年平均增长率。但是在全国范围内形成的两大部类之间以及工农业生产内部和积累与消费这些重大比例不相协调的情况，在江苏是同样存在的。江苏经济的发展有自己的特点和经验，但是这些经济比例失调的情况，就不能不影响经济建设的发展。

按比例之所以重要，因为这是社会再生产的实现条件。根据马克思再生产的理论，社会再生产要能够顺利进行，社会总产品的各个部分就要在价值上和实物形态上得到相应的补偿和替换。在社会主义条件下，同样存在着一个社会总产品的实现问题。而社会总产品各个部分要能够顺利实现，就要求社会生产两大部类，以及所属的各个具体生产部门之间，都保持一定的比例关系。在简单再生产条件下，第一部类所生产的全部生产资料，必须和两大部类所要消费的生产资料相等；第二部类生产的全部消费资料，也必须和两大部类所需要的消费资料相等。在扩大再生产的条件下，生产资料的生产要有事先的扩大，但是第二部类的积累应当同第一部类的积累相适应，也就是说，消费资料的生产也要相应地进行发展。只有这样，两大部类之间和两大部类的内部，才可以通过交换，解决价值补偿和物质补偿。不按补偿关系来安排比例，社会再生产就不能正常地进行，更谈不上有真正的高速度。马克思的再生产理论的基本原理，对任何社会形态都是适用的。正如斯大林所说的:"马克思的再生产理论的这些基本原理,比如关于社会生产之分为生产资料的生产与消费资料的生产的原理;关于在扩大再生产下生产资料生产的增长占优先地位的原理;关于第一部类和第二部类之间的比例关系的原理;关于剩余产品是积累的唯一源泉的原理;关于社会基金的形成和用途的原理;关于积累是扩大再生产的唯一源泉的原理,——马克思的再生产理论的这一切基本原理,不仅对于资本主义社会形态是有效的,而且任何一个社会主义社会在计划国民经济时,不运用这些原理也是不行的。"①

我们要讲求比例,而且要认真探索国民经济的最优比例关系。什么是国民经济最优比例关系呢?它的一般表现应该是,在最少的社会劳动消耗、最充分满足社会需要的基础上,兼顾当前利益和长远利益,既能满足整个社会不断增加的物质、文化需要,又能保证社会生产持续的高速度的增长。这个最优比例就要求国民经济各种比例关系,包括两大部类之间的比例关系,总产值和净产值(国民收入)之间的比例关系,各个生产部门之间以及生产部门内部的比例关系,地区之间的比例关系,积累和消费的比例关系等等,都处于最佳状态。国民经济多种多样的比例关系是错综复杂、互为条件的。探索和把握国民经济的最优比例关系,当然是一个十分艰巨的工作和复杂的计算过程,但是它总是有规可循,它的必然性总是可以认识的。如何把握国民经济的最优比例,至少有这样一些基本原则。

合理的经济结构

国民经济的比例关系,受现有经济结构的制约,而社会劳动在各个生产部门之间的分配,又可以促进经济结构的调整和改造。国民经济的最优比例,是建立在合理的经济结构之上的,也就是建立在能适合我

---

① 斯大林《苏联社会主义经济问题》,第64页。

国现实生产力水平、并促进生产力迅速发展的经济结构之上的比例关系。30年来，我们对旧中国半封建半殖民地经济结构的改造是取得了巨大成就的，但是我们现有的经济结构，有它合理的方面，也有它不尽合理的方面。现在的国民经济比例失调，就是同经济结构这种不合理的状况相联系的。这主要是产业结构上在相当长的时期内，过分强调生产资料生产的优先增长，特别是发展钢铁工业，并且从钢铁出发来安排国民经济，重"重"轻"轻"，重工业投资的比例不断增加，轻工业投资的比例不断减少，以致形成农轻重的发展不相协调，结构不够合理的状况。全国如此，江苏也是如此。江苏在解放初期，轻工业与重工业之比为94：6，到1978年，轻重工业的比例已改变为49.5：50.5。轻重工业的投资比例，50年代初期是1：3.5，到70年代就下降为1：11。从1948年到1978年，重工业增长为219.3倍，轻工业增长为12.8倍。在我们现有生产水平下，优先发展生产资料的生产是必要的，但这绝不意味着生产资料的生产可以脱离消费资料的生产而孤立地、片面地发展，恰恰相反，生产资料生产的发展必须与消费资料生产的发展相适应。经济结构的改变也要符合这个条件，在改造经济结构中任何畸轻畸重的现象，都会导致两大部类之间、农轻重之间失去平衡，使社会总产品的实现和补偿不能顺利地进行，影响社会再生产的正常进行。产业结构如此，其他经济结构也如此。在地区结构上，如何在全国一盘棋的原则下，发挥各个地区的经济优势，建立具有自己特色的经济结构；在所有制结构上，如何处理好全民、集体和个体经济关系，充分发挥集体所有制的作用，使全民所有制和集体所有制竞相发展，共同提高；在经济组织结构和技术结构上，在我们现有生产力水平下，如何使先进的和比较落后的技术，大型企业、中小型企业和手工业，在很长时期内同时存在，等等，都是值得注意的问题。江苏这些年来的实践证明，凡是注意在合理经济结构的基础上来组织自己的经济，诸如积极扶持集体所有制企业的发展；坚持大中小两条腿走路的方针；逐步改造农村的经济结构，实行农副工综合发展等等，就能促进生产的迅速发展。一定的经济结构是与一定的生产力发展水平相适应的。合理的经济结构，会形成合理的比例关系，促进生产的发展；不合理的经济结构，会导致和加深比例的失调，影响社会生产的正常进行。我们调整比例，重要的是要调整经济结构，建立起适合我国情况和特点的合理的经济结构。在这个基础上形成的比例关系，才会是国民经济的最优比例关系。

两个最大限度

国民经济最优比例关系，应当是既照顾当前又适应长远的比例关系。也就是说，既要在可能条件下最大限度地满足人民物质文化生活的需要，又能保证生产建设以尽可能快的速度持续发展。社会主义生产的目的是为了满足整个社会经常增长的物质和文化的需要，这是我们经济工作的出发点和着眼点。改善人民生活，这是人民群众当前的利益，发展生产建设，这是人民群众长远的利益。我们要求的比例关系，就是要使这两方面统筹兼顾，都能达到最大的限度。为了做到这一点，首先就要求积累和消费的比例处于最佳状态。积累和消费是对立的统一，是互为条件，又是互相制约的，消费的不断增长，归根到底决定于较高的积累率，但是不注意消费的增长，也会影响积累的增加和实现。要达到两个最大限度，杠子划在哪里为好？这就是要首先保证人民生活需要的满足，并一年比一年有所改善。现在矛盾的主要方面是轻视消费、轻视非生产性积累。但是多年来实践证明，高积累、低消费并不一定就有高速度。生产决定消费，但"消费直接也是生产"[①]，是劳动力的再生产。马克思曾经说过，消费从两方面生产着生产：只是在消费中产品才成为现实的产品，消费是在把产品消灭的时候才使产品最后完成；消费创造出生产的动力，没有需要，就没有生产，而消费则把需要再生产出来。"没有生产，就没有消费，但是，没有消费，也就没有生

---

① 马克思《〈政治经济学批判〉导言》，《马克思恩格斯选集》第2卷，第93页。

产,因为如果这样,生产就没有目的。"①轻视消费,不善于运用消费的反作用,生产迟早会受到阻碍。为了处理好积累与消费的关系,计划的安排应该首先把人民生活,特别是80%的农民生活安排好,保证他们有吃有穿,而且一年比一年生活过得好些。与此相适应,要从消费出发来安排生产,重工业要为轻工业、农业服务,改变重工业自我服务比重过大的现象。生产资料生产投资的绝对数字总是要大些,但顺序必须真正按农轻重的次序,然后加以综合平衡。人民生活的改善可以有快有慢,积累安排的多少也可以有一定的幅度。在一定的历史时期,把积累率放得高一些,也是可以灵活运用的。世界各国经济的发展在这方面也有许多成功的先例。但是从长期的、平均的角度来看,仍然要努力做到两个最大限度,并坚持首先从满足人民物质文化需要出发来安排社会生产。马克思说过:"有些事业在较长时间内取走劳动力和生产资料,而在这个时期内不提供任何有效用的产品;而另一些生产部门不仅在一年间不断地或者多次地取走劳动力和生产资料,而且也提供生活资料和生产资料。在社会公有的生产的基础上,必须确定前者按什么规模进行,才不致有损于后者。"②按比例在各个生产部门之间分配社会劳动,必须兼顾当前和长远,既能做到人民生活提高快,又能做到生产发展速度快。最优的比例关系就是要努力达到两个最大限度的比例关系。

最佳经济效果

按比例地分配社会劳动,是以最有效地利用社会劳动为前提的,也就是说,国民经济最优比例,是以全社会的最佳经济效果和各个部门、

---

① 马克思《〈政治经济学批判〉导言》,《马克思恩格斯选集》第2卷,第94页。
② 马克思《资本论》第2卷,第396~397页。

各个企业的最佳经济效果为条件的。在社会主义条件下，由于不存在剥削阶级的寄生性，不存在生产的无政府状态等等，全社会的人力物力可能得到充分的利用和节约。按比例分配社会劳动本身，就是对社会劳动的极大节约。但是可能并不等于现实。时间节约规律有可能得到充分的运用，也不等于这个规律就能自发地发挥作用。如果不注意从总体上、战略上研究全局的经济效果，如果没有一套符合客观经济规律的政策和措施，特别是扩大企业的自主权，严格实行经济核算，注意物质利益原则，实行合理的工资奖励制度，把企业经营好坏同职工的物质利益挂起钩来，把"供给制"、吃大锅饭的问题认真解决一下，经济效果是不能很好解决的。过去我们实行的三级经济核算，两参一改三结合等等制度，对讲求经济效果来说，都是行之有效的办法。林彪、"四人帮"横行期间，破坏了这些规章制度，带来的后果是相当严重的。这些年来，我们经济建设发展的速度并不算慢，但是社会财富增长得不快，人民生活改善得不快，这一方面是因为我们的底子薄，起点低，但是不注意讲求经济效果，不严格实行时间经济，消耗高、质量差，以致可供社会利用的最终产品为数不多，也是一个重要的原因。探索国民经济的最优比例，同时也就要求解决经济效果问题。能否取得较好的经济效果，这是一种经济制度是否优越的表现。我们所需要的是一种有利于人民、有利于社会的社会主义经济，是产品质量不断提高，规格品种不断增加，服务行业越来越周到的经济。在国民经济调整过程中，一个重要的任务，就是在生产水平上下功夫，努力提高产品的质量水平、工艺技术水平、花式品种水平和为用户服务的水平，努力按照时间节约规律办事。时间节约规律同价值规律有共同之处，但也有它更高的要求。运用价值规律进行经济核算，是要求商品的个别劳动消耗符合或低于社会必要劳动时间，而时间节约规律，则要求商品个别劳动耗费大大低于社会必要劳动时间，能够以最少的劳动消耗，取得最大的经济效果。在这样的前提下分配社会劳动，才会形成最优的比例关系。

经济后备

建立经济后备,这是保持国民经济最优比例一个重要的物资条件。国民经济计划,特别是远景规划,可能由于种种原因,包括对经济发展的趋势估计不足,以及自然灾害影响等等,可能会产生这样那样的局部比例失调,出现某些方面的缺口。而且在一定情况下,或者由于科学技术新的发展,或者由于社会需要的改变,需要对国民经济结构进行若干重大的改造。留有一定数量的经济后备,就可以在社会劳动的分配上进行协调,弥补出现的缺口,促进经济结构的改变,使国民经济继续保持最优状态。计划出现缺口,这是一种比例失调的表现,不能认为是一种正常的现象,甚至作为积极平衡的办法。计划留有缺口意味着什么呢?意味着社会再生产中所需要的价值补偿和物资替换发生了故障,社会再生产的条件已受到破坏。它反映了社会生产两大部类或所属的生产部门之间、部门内部的比例关系已不相协调,社会再生产已不能正常进行。计划留有缺口,绝不会促进平衡,而只会破坏和加深经济比例的不平衡。这是因为,计划留有缺口的结果,无非是你挤我,我挤你,基建挤生产,生产性建设挤非生产性建设,重工业挤轻工业、农业,生产挤维修,最后往往是挤了人民生活,这样下去,日积月累,只会不断加深经济比例的失调。这里需要弄清一个问题,就是留有缺口和市场调节的关系问题。有些同志认为,留有缺口可以通过市场调节去解决,发挥市场调节的作用,因而留有缺口也有它积极的作用。这是一种误解。我们发挥市场调节的作用,把计划调节和市场调节相结合,主要是指要改变目前这种统得过死、管得过多的经济管理体制,把一部分财力、物力通过市场机制加以调节,以补充计划之不足,使社会生产更加符合于社会的需要。也就是说,是通过市场调节,更合理地分配社会劳动,并挖掘潜力,调剂余缺,互通有无,以利于生产的发展。至于计划内的项目,则绝不能留有缺口。如果不是这样理解市场调节，仅仅把市场调节作为解决计划留有缺口的办法，那市场调节也只能成为你挤我、我挤你的一种手段。计划留有缺口绝不是真正的计划。计划应该留有余地，留有后备。至于社会后备的多少，也要规模适当。在社会主义条件下，社会后备可以降到最低限度。这是社会主义优越性所决定的。但是，后备的规模应该从保持国民经济的最优比例来考虑。特别是要防止超过财力物力的可能来安排社会再生产。国民经济发展越是顺利，越是迅速，越要注意可能发生的比例不协调的现象。我们已经吃过大上大下的苦头，留有机动，留有后备，才可以使我们处于主动的地位。

科学预测

最优比例不是固定不变的，而是随着生产的发展，以及由此而来的经济结构的改变而改变的。国民经济的比例关系在一定时期是相对稳定的，但是，科学技术的发展，劳动生产率的提高以及社会需要构成关系的改变，或迟或早都会引起经济结构的改变，从而引起国民经济比例关系的改变。探索和把握国民经济的最优比例关系，一个重要的工作，就是对国民经济的发展趋势，特别是科学技术进步的方向，社会需要发展的远景作好科学的预测。几十年来世界经济发展的情况表明，以上这些方面的变化，必然要引起国民经济结构的变化。从国民经济的就业结构来看，由于科学技术的发展和劳动生产率的提高，许多经济发达的国家，不仅农业劳动力日益减少，而且工业劳动力也相对地减少，服务行业的就业比重却在不断地增加。国民经济的产业结构，也由于科学技术的发展，生产社会化程度的提高，社会生产也在不断分解出更多的部分，出现了许多新的生产部门，而且越来越占有重要的地位。许多国家已经从发展钢铁、煤炭、电力等等基础工业，转向大力发展知识产业（电子计算机）、电子工业、石油化工工业等等。同时，第一部类的增长速度和第二部类的增长速度也有逐渐接近的趋势。根据统计,从1954年至1972年,美国全部工业生产年平均增长率为4%,而乙类工业(第二部类)的增长率为4.5%;从1955年至1972年,西德全部工业生产年平均增长率为6.3%,而乙类工业增长率为6.5%。这个新的动向也是一个值得注意的问题。随着生产力水平的提高,社会需要的构成也在不断发生变化。所有这些都说明,要保持国民经济的最优比例,就要经常对科学技术的发展方向,对国民经济的发展趋势作出科学的预测。当然,这种预测应该是从我们国家的实际出发。要研究世界各国现代化的共同规律,也要研究中国社会主义现代化的特殊规律,研究我们经济发展的趋势和经济结构改造的特点,作出适合我国情况和特点的、比较切合实际的科学预测。

以上这些只是对国民经济最优比例基本原则的初步探索。实现最优比例,还有一些问题值得研究。比如计划调节和市场调节对实现最优比例的作用问题,不同地区的最优比例问题,等等。实现最优比例,必须把计划调节与市场调节结合起来,也就是利用有计划按比例发展规律与价值规律相互渗透、互为补充的作用,共同调节社会劳动的分配。这两个规律都要求社会生产按比例地发展,所不同的是,有计划按比例发展规律是直接地对社会所掌握的总劳动时间进行按比例的分配,价值规律则是通过市场机制,通过供求关系、价格、资金转移等等经济杠杆来实现这种调节的。在商品生产和商品交换存在的条件下,价值规律是不能不发挥作用的,只有以计划调节为主,把计划调节同市场调节相结合,才可能取得最优比例关系。积极探索国民经济的最优比例,是为了使我们的经济工作能符合客观经济规律的要求。有了最优观念,重视最优比例的探索,才能更好地把握在客观上存在的最优比例关系。现在,随着工作着重点的转移,经济工作是一切工作的重点。搞好经济工作,不仅要熟悉经济,成为经济工作的内行,还要注意研究经济生活中的新情况,解决现代化建设中的新问题。正如叶剑英同志《在庆祝中华人民共和国成立三十周年大会上的讲话》中所说的:"要深入研究前进中遇到的新问题,努力探索最有利于发展社会生产力、最有利于提高人民劳动积极性和生活水平的措施,调整和改革我们的经济结构、管理体制和方法。"我们应该遵循这个原则办事,努力担负起历史所赋予我们的任务。

(原载《群众》1980年第1期)

计划要充分地预见未来

计划的使命在于综合平衡。这种平衡是在过去和现在的基础上，部署未来国民经济发展的平衡。因此，计划是否具有科学性，发展战略和决策是否正确，在很大程度上决定于对未来预见的程度。对未来有比较充分的预见，才会有强有力的计划管理和计划指导。对未来的无知或知之不多，必然导致计划的盲目性和决策上的失误。随着国民经济的调整，国民经济各类比例的趋于协调，对预见也提出更严格的要求。情况正是这样：计划主观随意性的成分越大，越不需要对未来发展的预测和预见；计划越是讲求协调和平衡，对未来预见的要求也就越高，越需要在预测上花力气。对未来有尽可能充分的预见，这已经是改进计划工作必须注重的一个方面。

预见未来，在国民经济发展的转折关头尤为重要。国民经济同其他事物一样，在未来的发展过程中都有其不确定性。预见未来即借助于情报信息的掌握和在此基础上的预测等等方法，根据已知推测未知，把未来的不确定性极小化，即把不确定性缩小到极小的程度。转折关头的出现，即说明事物已经不再、或者不完全按照过去的方式运动和变化，而具有新的特征，这必然会增加预见的困难，难以凭借过去的资料对不确定的未来发展作出准确的判断。在这样情况下，掌握新的情报、信息，研究正在出现的新情况、新问题，用以推测未来的变化，当然成为一个突出的问题。

现在，我国国民经济的发展正处在一个历史转折时期，国民经济发展正在改变过去一套老的做法，而走一条速度实在、效益较好，人民实惠较多的新路子。突出某些部门以带动国民经济发展的战略正在转变为平衡协调的发展战略。这样一个转折时期，就要求我们多花力气研究新情况、新问题，探索和掌握新的发展规律，才能较为准确地预知未来，并在这个基础上制定正确的决策。

根据江苏的情况，当前特别需要预见的有这样一些方面：

第一，未来的市场及其发展趋势。预见未来市场之所以突出，是因为现今的市场正在发生相当突出的变化。不仅生产资料供求关系发生变化，消费品的供求情况也在开始出现一个转折性的变化。许多短线产品正在迅速变为长线，卖方市场也开始转化为买方市场。

尽管社会商品购买力和商品可供量之间还存在一定的差额，但这个差额正在逐年缩小。江苏供求之间的差额已经从1979年的13亿下降为1981年的4亿左右。尽管供应构成同需求构成还不尽适应，积压和脱销的现象仍同时并存，但不少紧俏商品已转为平销以至滞销。据全省213种轻工产品排队，1980年以前紧俏的为100种，1981年为41种，1982年年初为25种，目前只有17种。化纤、半导体、电视机、电风扇都出现积压。按若干明显积压的工业产品计算，1981年全国的"水分"为0.9%，江苏的"水分"还略高于全国，大约在2%以上。江苏外调产品多，市场制约大。过去机械产品外调的占70%，轻工产品占30%，布匹占65%。现在外调情况也出现了变化。1982年一季度，棉布外调减少32.7%，混纺布外调减少32.8%，化纤布外调减少11.3%，绸缎外调减少21.6%，服装也比去年明显下降。

预见市场的未来，首先要对这些新情况、新特点进行定性分析。这样的形势是好呢？还是不好呢？是偶然现象还是发展趋势？应当肯定，这是国民经济调整，是经济结构合理化、把消费品生产放在重要地位、体制改革等等一系列措施带来的好形势。市场商品供求比例是国民经济各种比例的综合反映。商品供求总额和供求构成的趋于平衡，是调整国民经济，实行平衡协调发展战略的必然结果。它不是偶然现象，而是国民经济调整带来的必然发展趋势。值得注意的是，市场的变化现在还只是开始，还不能作过高的估计，而在未来的发展中，市场会有更大的质的变化,将从根本上改变长期以来供不应求的现象,而出现供求大致平衡,以至供应略大于需求的局面。这种"相对的生产过剩",正如马克思所说的,在社会主义条件下,不是"祸害",而是利益。

形势是好的,但是要求也是严峻的。这种形势就要求我们精心组织社会生产和社会需要的平衡。固然,市场供求关系总是处于从平衡到不平衡、然后再到平衡这样循环往复的矛盾运动中,没有什么绝对的平衡。但是善于组织和部署,就可以防止一时积压、一时脱销,忽上忽下过大幅度的波动。因此预见市场的未来,还要把定性分析和定量分析结合起来,采取必要的数学模型,把质的预测推进到可检验的量的预测。对市场的供求作综合分析,包括社会商品购买力及其投向的预测,消费构成及其变化的预测,供应构成的预测,商品价格变化的预测,商品调出调入发展趋势的预测等等。把宏观预测和微观预测结合起来,有关主管部门和企业对自己的主要产品也要进行分析和预测,包括市场需要的预测,产品寿命周期预测,新产品开发预测,技术发展预测,价格变动预测,以及能源、资源的分析和预测,力求取得必要的数据,把生产计划建立在更可靠的基础上。

对未来市场有尽可能充分的预见,才有可能作出比较正确的决策。从当前情况看,至少有这样一些问题需要注意:

① 要突出按市场需要组织生产。计划经济为主、市场调节为辅的原则必须坚持,但计划经济不能没有市场。对未来市场的预见和预测,并不只是市场调节的需要,而首先是计划调节的需要。一切现实的社会需要,包括生活消费和生产消费都是有支付能力的社会需要。在商品生产和商品交换还必须存在,大多数商品必须通过市场才能实现的条件下,这些社会需要都要通过市场才能得到满足,因而市场需要也就成为社会需要的具体表现形式。离开了市场需要就谈不上掌握社会需要,按市场需要组织生产才能有效地组织社会生产和社会需要的平衡。防止"水分",不要"一拥而上",这是当前需要注意的问题。在今后发展中,不仅要防止"水分",不仅要注意"一拥而上",也要注意"一拥而下",积压、脱销重复出现、忽上忽下以至大上大下的情况,将是更为重要的

问题。通过预见和预测,把不同的产品在不同时期稳定在一定数量上,并随着社会需要的增减而增减。不仅在数量上适应市场需要,在质量、花色、品种上也要适应市场需要,商品供应构成力求同需求构成大致上相平衡。

② 产品开发与领域开发,实行开发配套。这在江苏尤为重要。江苏要保持自己的优势,在卖方市场逐渐转化为买方市场,买方有更大选择余地的情况下,必须在产品开发和领域开发上下工夫。而产品开发、领域开发与服务开发以及技术开发、智力开发是应当配套进行的。没有人才和技术,新产品、新花色品种和新的服务领域是开发不出来的,没有必要的服务开发和市场开发,新的产品和花色品种也得不到充分的销售。开发配套是保证开发顺利进行和保持后劲的必要措施。

③ 市场开发。江苏商品生产比较发达,必然要重视市场开发。首先是农村市场,这是极其广阔而且潜力很大的市场;其次是内地的市场;三是国外市场。市场的规模在一定时期也应保持相对的稳定。市场规模过大和变动频繁,不利于市场信息的掌握和对这些市场需求特点的研究。

④ 扩大消费促进生产。根据市场需要组织生产是问题的一方面,另一方面,也要注意通过刺激消费以扩大市场需要从而促进生产。供不应求,就谈不上刺激消费的问题;供求趋于大致平衡,上述两个方面都成为突出的问题。我们的消费模式是节约型的而不是浪费型的,但人民消费水平总是要不断提高的,随着社会购买力的增长,指导和刺激消费也是必须注意的。这包括:加速开发优质新产品,使需求从饱和变为不饱和;价格下浮或变相降价以刺激消费,特别是耐用消费品宜于逐步降阶,以利于提高人民的生活水平;适应消费结构的变化,不仅满足衣食,而且注意满足住行,不仅发展生活资料的生产,也要使享受资料和发展资料日益丰富。国外刺激消费有"老三件"、"新三件"之说,提高消费水平有第一台阶、第二台阶之分,我们也应该学会指导和促进消费的本领。

第二,未来的产业结构的分析和预见。产业结构的合理化,也就是各生产部门按比例地协调发展。能源、运输的发展值得重视,轻重工业近年来的变化及其发展趋势也很值得注意。1981年全省轻工业生产在连年大幅度增长以后,又增长了16.2%,重工业则先降后升,全年下降2%左右。但1982年1—5月,重工业增长13.9%,已经超过轻工业增长12.8%的速度。这说明,对轻重工业的发展趋势应该重新认识,轻重工业的结构如何才是合理,要有更充分的预见。

从定性分析来看,这是轻重工业正在建立正常的有机联系、走上协调发展和良性循环过程中所发生的变化。改变重工业以自我武装为主的循环,重工业生产必然会有所下降。但重工业调整服务方向,主要为农业、轻工业服务,同时注意基建和重工自身需要时,重工业生产必然有所回升。两大部类及其所属的各个部门总是要相适应而发展的。现在,按生产部门的自然顺序建立各生产部门的有机联系已经取得了成就,应该促进这个调整的继续完成。消费资料的生产,生产消费资料的生产资料的生产,生产生产资料的生产资料的生产如何安排,总是有规可循的。消费品生产的依据主要是市场需要,是人民群众不断增长的物质文化生活需要。生产资料生产的依据,首先是农业、轻工业以及能源、交通运输的需要,同时相应地满足重工业自身的需要,包括装备的需要和更新改造的需要。在这个基础上,根据先保证生产、后供应基建的顺序满足基建的需要,兼顾眼前和长远的利益。这样建立起来的各部门之间的联系是良性循环的有机联系,这样的比例关系是协调的比例关系。

从这些原则出发,轻重工业未来的发展趋势,在数量上也应该有所预测。在今后一定时期,轻工业还会有一定速度的发展,但不能估计得过快。对重工业发展则不能估计得过低,特别是随着产品开发、领域开发和技术开发,随着技术改造的发展,重工业将会有相当的发展。从江苏一个地区来说,还有个地方需要、即组织地区内部循环问题,和全国需要、即全国循环的问题。这些都要算账,通过算账提高计划的科学性。

第三,未来的调节系统,未来的计划经济和市场调节的预见。计划经济为主,市场调节为辅,这是必须坚持的原则。但也应看到,计划管理的方法、手段和作用的范围,是随着国民经济调整的进程,市场供求情况的变化而变化的。未来的调节方式同现今的调节方式并不完全相同。在供不应求,物资比较匮乏的情况下,指令性计划范围比较大,以保证最低限度的需要是完全必要的。但在调整任务大体完成,市场供求大致平衡以后,适当减少指令性计划,除品种不多的、关系国计民生的重要产品而外,多数日用百货等等产品将改用指导性计划,整个计划管理体制将实行指令性计划、指导性计划和自由生产相结合的制度,这也是必然的趋势。对指令性计划,主要依靠经济手段进行指导,同时保留必要的行政手段和行政干预。对自由生产,也要在国家计划和政策法令指导下进行。对计划管理这种发展趋势要有所预见,以便积极地遵循这个方向前进,逐步完善计划经济的调节系统。

改进计划管理,既要坚持原则,又要从江苏的实际出发。比如:

① 地方协作计划。江苏的协作任务重,能源、钢材、木材等等相当大的一部分依靠省际之间的协作。这种协作今后将作为地方协作计划而纳入国家的统一计划。江苏已建立的各种各类协作关系,力求在较长时期内相对稳定,同时根据未来经济发展的预测,适当地发展新的协作关系。

② 经济网络。江苏集体所有制企业多,社队企业多,中小企业多,组织城乡大中小企业紧密协作的经济网络就是一个突出的任务。通过网络组织,运用直接计划、间接计划、半计划等等形式,把这些企业的活动纳入计划轨道,既发挥它们的灵活性适应性,又能有力地制约"一哄而上"、重复生产等等现象,取得更好的社会效益。

③ 经济杠杆的运用。江苏商品生产比较发达,而且结构较轻,重工业中比较发达的机械、电子产品品种繁多,在未来的计划管理中,指导性计划的比重必然会大。善于运用经济杠杆也就是必不可少的手段。为了保证计划的实现,注重市场的研究,加强信息、情况的通报和预报;进行市场预测,根据市场需要及时修改生产和收购计划;运用价格和税收、信贷等等经济杠杆,可以以价格下浮、变相降价等方法进行

调节,不能完全以价格进行调节的,可以采用税率调节或信贷调节。权限属于省的应充分运用,权限属于国家的也应积极建议和报批。

上述几个方面的预见,逻辑顺序是未来市场的预见、经济结构和比例关系的预见和调节方式、调节系统的预见。就内容而言,需要预见的远不止这些,特别是经济结构,对农业生产结构的预测,城乡经济网络组织的预测,积累和消费比例关系的预测,等等,都是计划工作的重要内容。这里只是抛砖引玉,举一些例子,以便引起更多同志对未来预见的研究。

(原载《江苏经济探讨》1982年第8期)

重点建设和改善人民生活必须统筹兼顾

正确处理建设和人民生活的关系,历来是我们经济工作的一项重要原则。在社会主义经济全面高涨的过程中,更需要在总结过去经验的基础上,处理好建设和民生之间的关系。党的十二大指出:为了实现今后二十年的战略目标,必须牢固树立"全国一盘棋"的思想,由国家集中必要的资金,分清轻重缓急,进行重点建设。同时指出,关心群众生活是我们党的优良传统,任何时候也不应当忽视。今后不是靠减少国家必不可少的资金,而是靠努力发展生产来继续改善人民的生活。

在新的历史条件下,所以突出重点建设,同时改善人民生活这个问题,是给我们的经济工作确定一个正确的原则,认识重点建设和改善人民生活是互为条件、互相作用而又互相制约的关系,不能只顾一头。既不能只看到国家建设,而忽视人民生活;也不能注意了改善人民生活,而削弱国家必不可少的重点建设。应该把它摆在一个合理的界限上,按照应有的顺序,统筹兼顾,合理安排。

前几年,我们对经济管理体制进行改革,克服经济工作过分集中的现象,这是必要的,但绝不能由此而忽视必要的集中,削弱国家的重点建设。在国民经济调整时期,为了改变积累与消费比例不相协调的状况,把国民收入增长部分主要用于改善人民生活,这在一定情况下,也是必需的。但在通常的情况下,积累和消费都应当有它合理的界限,并在实践中按照这个合理界限适当安排,做到统筹兼顾。

处理好重点建设和人民生活的关系,是一个极其复杂的课题。它是处理好许多重大比例关系的综合体现。从国民收入分配和再分配的方面来说,它涉及处理好积累和消费的比例关系;从社会再生产过程来说,它涉及社会总劳动时间,即社会所掌握的人力、物力、财力在各生产部门之间的分配问题;从经济体制来说,它涉及到集中和分散,全局和局部等等问题。在处理这些关系上都必须统筹兼顾,合理安排。积三十多年来正面和反面的经验,特别是三中全会以来经济建设的实践,我们已经能够尽力按照马克思主义的科学性和全面性去处理问题,从而确定正确的指导思想去促进社会主义经济沿着正确的轨道顺利发展。

一

集中资金保证国家重点建设的实质,是保证国民经济的整体综合平衡的问题。

国家的重点建设能不能得到保证,在当前调整时期,是能不能理顺比例,在今后,是能不能保证整个国民经济按比例地协调发展的问题。

在国民经济调整时期,理顺比例,调整结构的成绩是显著的。但是类似能源、交通等基础设施与经济发展的比例,以及科技发展与经济发展等等比例关系的协调,难度还是相当大的。这既因为基础设施的建设都是投资大、周期长,即在较长时间内只取走劳动力和生产资料,而不提供任何有效产品的事业,也因为多年以来,能源投资不足,以及能源工业本身的采掘失调,勘探与开发失调等等原因,以致能源、交通这些基础设施长期不能保持其先导性和基础性,这种局面不花大力气是难以得到改变的。而花大力气,在当前条件下,还有一个矛盾,即一方面国家急需进行的重点建设缺乏资金,另一方面,地方、企业自有资金增加较多,用来进行了不少就当地看来是急需的建设,但是往往不能完全符合全国范围的整体需要。

怎么解决这个矛盾呢?这就要运用"全国一盘棋"这个武器,运用计划经济的优越性。任何社会生产形式,都是要按一定比例分配社会劳动的。只不过资本主义社会的平衡是价值规律和平均利润率等等规律自发调节的结果,而社会主义是社会的有计划的调节的结果。计划经济应该事先计划好,该办哪些必办的大事,可能办哪些该办的大事,实行必要的集中,分别轻重缓急去办。只有如此,才能有效地组织国民经济的整体综合平衡,形成国民经济的良性循环。

当然,这样的集中也只是必要和适当的集中。突出重点也是有它的界限的,如:1. 突出重点是为了保持国民经济比例关系的平衡,而不能造成新的不平衡;2. 重点突出到什么程度不完全取决于经济发展的需要,而要取决于现实的可能性。这种较长时期只取走劳动力和生产资料事业安排的规模,不能损害国民经济其他部门应有的协调发展;3. 对重点部门能投入多大力量,还要考虑重点部门内部的承受力,等等。可见,实行适当的集中,并不是只顾一头,而是改变现在资金过于分散的现象,统筹兼顾,把重点建设摆在应有的、合理的位置上。

为了实现社会主义经济建设的全面高涨,应该充分估计集中资金加强重点建设的积极作用。它不仅可以集中必要资金,办几件必办的大事,而且对经济建设的发展,特别投资使用方向起着正确的引导作用。它所限制的只是重复生产、不讲社会效益的盲目性,而不是正常生产的积极性。它不只是起着制约的作用,而且起着把生产引向符合全国范围整体需要的积极作用。

江苏作为全国的局部,当然应该服从全局的需要,坚决贯彻"全国一盘棋"的方针,这不仅表现在保证国家集中必要的资金的实现,而且要适应国家集中资金加强重点建设的需要来组织自己的经济活动。近几年来江苏经济增长速度是比较快的。1978年到1981年全省工业总产值,年平均递增率为13.3%。但是也要看到,在经济增长的诸因素中,外延扩大再生产,或"厂内外延",即在"技措"名义之下的外延扩大再生产还占着相当大的比重。如果继续把注意力放在扩大加工工业的生产能力,还是按照这样的格局来组织经济,势必难以符合全国范围的整体需要。应该把这种格局转变为一保国家重点建设,二保企业技术改造,首先是节能、节约原材料的技术改造,三是围绕重点建设和技术改造的需要,发挥江苏优势,发展重点建设和技术改造所需要的生产资料,以及与生产资料相应增长的生活资料这样的格局,使江苏经济能顺利地向前发展。

　　国家的重点建设是必须保证的。江苏一向是缺能的省份，颇知能源紧张之苦。特别是近年来由于生产的迅速发展，能源供应与生产发展需要之间的差额不断扩大，1978、1979、1980年全省协进的煤炭各占全省煤炭消耗总量的28％、32％、39％，1982年预计仍要达到29％。能源如此，交通也是如此，全局活不了，局部的发展当然受到很大的限制，没有整体的良性循环，局部的良性循环，也就缺乏必要的外部条件。

　　技术改造也是必须保证的。在今后二十年中，全国工农业年总产值翻两番，每年平均增长率为7.2％，工业总产值的年平均增长率一般应高于7.2％，而能源的年平均增长率只有3.55％，也即能源弹性系数为0.5以下，在这样情况下发展生产是必需花大力气的。从1953年到1979年，全国能源弹性系数为0.86％，即工业总产值增长一倍，能源消耗增长0.86倍。除1963—1965年能源弹性系数为0.15，1979年为0.33，1980年为0.17外，大部分时间的能源弹性系数为1左右。江苏省按现有的基础来说，今后二十年工农业生产年平均增长率应当超过7.2％，但作为能源调入省来说，能源消耗年平均增长量，只会低于全国的3.55％的平均水平。也就是说江苏的能源弹性系数只会低于、而不能高于0.5。江苏的节能任务高于全国，江苏的技术改造也要比全国抓得更紧一些，不仅要在狭义上节能，而且还要在节约原材料、提高产品质量等方面广义节能上取得显著效果。

　　把资金主要用于重点建设和技术改造，可能会影响全省近期经济发展的速度，这是正常的，但只要更科学地加以组织，也可以从另一方面加以补救。随着能源供应的逐步缓和，全省的消费品生产可以较快地增长，并带动整个工业和其他生产建设事业的发展。江苏除发挥轻纺工业的优势以外，还可以发挥机械、电子工业的优势，围绕重点建设和技术改造的需要来发展自己的生产。重工业的能耗一般是比较高的，但要具体行业具体分析。每万元产值耗能，重工业为12.6吨，轻工业为3.17吨；但重工业中冶金、化工、建材万元产值耗能分别为22.9

吨、14.1吨和14.17吨,机械则只有2.03吨,电子工业耗能也是比较少的。围绕重点建设和技术改造,发挥江苏机械、电子工业的优势,既可以做到结构性节能,也能使全省的经济发展保持一定的速度。

二

集中资金加强重点建设,也涉及积累和消费的安排问题。积累和消费是互为条件、互相作用而又互相制约的,积累多了,会不会影响人民消费水平的提高呢？其实,积累和消费也是一个如何统筹兼顾、合理安排的问题。积累和消费并不只是一个简单的相加,而是在复杂的社会经济联系中的有机综合。积累和消费总是有它的合理的界限的。集中国家必不可少的资金、对现在的分配结构可能要作一些必要的调整,但这也是向合理的界限方面的调整。特别是近几年来,为了改善人民生活,有计划地降低积累率,提高国民收入使用额中消费基金的比重,这在调整时期是完全必要、也是取得了显著成效的。但在今后的发展中,还是应该统筹兼顾,把积累和消费都摆在一个合理的位置上。

什么是积累和消费的合理界限,这个问题尚需深入地探讨。但是如何正确处理积累和消费的关系,现在我们的经验比过去丰富得多了,对其中规律性的认识也比过去深刻得多了。"一要吃饭,二要建设。"这就是我们的基本原则,我们也是按照这个顺序来安排国民收入的分配和再分配。陈云同志早在五十年代就提出了这个方针,同"八大"其他许多正确的意见一样,经过二十多年的曲折发展,才使人们有了深刻的认识和理解,提高了执行这个方针的自觉性和坚定性。同这个基本原则相适应,处理积累和消费的比例还有许多具体的界限,诸如：积累基金增长的幅度不能超过国民收入增长的幅度；职工平均收入增长的幅度不能超过劳动生产率提高的幅度；积累基金和消费基金的总和不能超过国民收入使用额；积累率可以随着人平均国民收入的增长而有所增长,但在一定时期之内应保持积累和消费比例的稳定性,不宜大幅度地变动；积累与消费的比例应与两大部类生产的比例相适应,积累基金应与生产资料的生产相平衡,消费基金应与消费资料的生产相平衡;扩大再生产既要有追加的生产资料,也要有相应的消费资料的追加;劳动积累的合理使用,等等。

讲究这些合理的界限,统筹安排,积累和消费就不再是挤来挤去,而是互相促进,协调发展。积累和消费,从另一个角度来说,也就是人民的当前利益和长远利益的问题,这也是一个统筹兼顾,合理安排的问题。党的十二大强调集中资金进行重点建设,同时继续改善人民生活,就是这样既切合实际又富有远见的安排。在今后的经济发展中,不能靠压低消费以提高积累的办法来发展生产,也不能靠减少国家必不可少的建设资金来改善生活。唯一正确的办法,就是把积累和消费摆在合理的界限上,通过努力发展生产,讲求积累效果和消费效果,来取得建设和民生的共同高涨。

现在的调整,概括地说,在积累上主要是适当调整中央、地方财政收入分配比例和企业利润留成比例,以压缩重复建设和盲目地扩大加工工业生产能力的投资。在消费上主要是稳定国家的补贴,特别是稳定征购派购基数和议价范围,制止滥发奖金和补贴的现象,以保证国家的财政收入,保证重点建设有必要的资金。

调整比例是解决积累的数量问题,积累能不能发挥它"社会的最重要的进步职能"的作用,就要讲究积累效果。消费同样要讲求消费效果,以利于提高人民的实际消费水平和主要消费品的实际消费水平。

江苏的积累和消费都是有自己的特点的。全省可提供的积累率一般高于全国,从1977年到1980年分别为39.1%,41.6%,40.7%,38.8%。实现积累率则一般低于或接近全国的平均水平。作为一个工农业生产比较发达的省份,是应该为国家多作贡献的。相应来说,江苏职工人平均工资就低于全国的平均水平。最近几年,全省人民生活的改善是显著的,但总的来说,人民生活水平还是比较低的。所以,在讲求积累效果和消费效果上都要多下功夫。在讲求消费效果上,如何掌握准确的经济信息,了解和预测市场的需要,组织商品可供量与社会购买力的平衡;注意消费结构的变化,生产适销对路,特别是适应广大农村需要的日用品,加速开发优质新产品,积极进行产品结构升级换代,为群众提供更多的物美价廉的产品;价格下浮,特别是耐用消费品宜于通过薄利多销的办法加以普及,既有利于提高人民的实际消费水平,又可以促进消费品生产的进一步发展。

三

胡耀邦同志在党的"十二大"报告中指出:我们的全部经济工作,我们的一切方针、政策、计划、措施,都必须立足于统筹安排,兼顾国家、集体、个人三者利益,把中央、地方、部门、企业和劳动者的积极性都充分调动起来,科学地组织起来,使之发挥出最有效的作用。

集中资金进行重点建设和继续改善人民生活,同其他经济工作一样,也是遵循这个原则,统筹安排,充分调动各方面的积极性。搞社会主义建设"有中央和地方两个积极性,比只有一个积极性好得多"。该集中的集中,该分散的分散,这仍然是对待两个积极性的正确原则。

国家集中必要的资金,保证能源、交通等基础设施的建设,这是该集中的部分,也是目前应当着重考虑的方面。同时,集中资金是在继续执行现行财政体制和保障企业应有的自主权的情况下进行的,在集中过程中,仍应照顾地方企业的正当需要,地方、企业仍拥有一定的机动财力,去办那些适宜于地方举办的事情,特别是进行现有企业的技术改造,继续发挥地方、企业的积极性。

在这里,国家集中资金进行重点建设和地方发挥自己的积极性、对现有企业进行技术改造,也是一个统筹兼顾、全面安排的问题。能源问题比较彻底地解决,要有这样的结合,即既要有重点建设以加速能源的开发,也要有技术改造,促使单位社会产品能耗的大幅度下降。同样,新的经济振兴时期的出现,也要有这样的结合,既要有能源、交通等基础设施的建设,以及重大科技项目的"攻关",也要有企业的技术改造和整个国民经济的技术改造。没有新的生产部门的开创,没有全面的技术改造,不是把生产转移到技术进步的基础上来,整个经济的发展也会受到很大的限制。所以,强调集中资金进行重点建设,也要我们把突出重点建设和兼顾技术改造摆在合理的界限上,统筹兼顾,继续发挥两个积极性。

地方的责任应该是在"全国一盘棋"的指导下,为重点建设和技术改造统筹兼顾作出积极的贡献。既保证国家集中必要的资金,尽力把资金用到国家急需的建设项目上去,又要有计划有步骤地对现有企业进行技术改造。如何促进企业的技术改造,促进企业关心技术进步,是发挥地方、企业积极性的不可忽视的一个方面。这也是一个重大的课题,有一系列问题需要解决。比如,如何使企业关心市场动向,关心供求关系的变动;采取何种办法,如限额收购和压低收购价等,限制技术落后、库存积压严重的产品的生产问题;如何制定正确的科技投资政策的问题;如何运用价格、税收、信贷等经济杠杆促进新产品开发,促进产品结构更新换代的问题;如何组织技术转让和制订专利法规的问题;实行何种技术奖励政策和科技协作利益分配政策问题,如何推广经济效益好的技术成果的问题;等等。发挥地方的积极性,就是积极地把这些问题解决好,同国家的重点建设配套成龙,更有效地促进社会主义经济的全面高涨。

四

集中资金进行重点建设,同时继续改善人民生活,主要是通过行政手段,有计划地加以安排的。但是为了集中资金,调整投资分配结构得以顺利地进行,也要注意制订必要的政策,运用经济杠杆,通过经济手段来进行必要的调节。

经济调节,通常是指对社会劳动总量在各部门之间分配的调节,从另一个角度来说,也可以说是利益的调节。调节是保证社会生产能够顺利进行的社会行为。它应该是强有力的,高效的,灵活的。因此,在有计划的安排中,也需要有灵敏的信息反馈,自觉利用价值规律,运用价格,税收,信贷等经济杠杆,把行政手段和经济手段结合起来,引导企业实现国家计划的要求。

集中资金保证国家的重点建设,就必然要改变投资分配结构,改变资金的投向。这些改变也涉及各方面利益的改变。这就需要有强有力的行政手段,也需要有强有力的经济手段。但是,在现实生活中,值得注意的是经济杠杆作用的方向,往往同生产发展的方向不一致,它对生产和分配所起的作用,不是应有的"顺调节",而是方向相反的"逆调节"。该提倡的,得不到应有的鼓励;该限制的,又不给予应有的抑制。为了保证重点,应该限制一般加工工业的盲目增长,但是这些企业却往往在投资和贷款上得到优惠。技术进步是应该鼓励的,但是新产品的试制,产品的升级换代,在价格、信贷和税收上往往受到限制;消费效果是应该讲究的,但已经严重积压的产品,仍然是价高利大,等等。经济杠杆,经济手段"逆调节"的结果,往往是经济杠杆、经济手段的反作用超过了行政手段在经济生活中的作用。

为了保证国家的重点建设,对重点建设和人民生活统筹兼顾,各摆在合理的位置上,必须把有关的"逆调节"改为"顺调节",把计划安排和经济杠杆的"负相关"改为"正相关"。特别是首先要保证国家集中必要的资金进行重点建设,除挖掘企业潜力,提高经济效益,增加财政收入以外,还要整顿农产品收购价格,稳定国家在这方面的财政补贴;用补偿贸易和能源偿还的办法,鼓励企业把资金用到国家急需的建设项目上来;为了重点建设投资能达到一定的数量,也可以考虑征收能源税或在基本建设中提取能源、交通的附加费,以保证加工能力的扩大与能源、交通的扩大相适应。同样,对于技术进步的鼓励,以及对盲目扩大加工能力的限制等等,都应该把现有的"逆调节"改变为"顺调节"。有了调节手段的正确使用,才能统筹兼顾,合理安排。促进计划安排的顺利实现,保证建设和民生能置于合理的位置上。

(原载《江苏经济探讨》1982年第12期,与任新保、李宗金合作)

计划与市场相结合若干问题的思考

计划与市场相结合，是经济体制改革的一个核心问题，也是经济体制改革的一个难点。在社会主义经济中如何组织计划与市场的有机结合，世界上有许多理论模式可供研究，在实践上也有许多经验可资借鉴，但我们的目标是根据中国的国情，设计具有中国特色的计划与市场相结合的模式。这不论在理论上或者在实践上都需要作艰苦的探索。

从"一只手"到"一双手"

1. 商品经济在自己发展的过程中，并不只是依靠价值规律这只"无形之手"的作用。就是在商品经济鼎盛时期的资本主义社会也是如此。正如马克思所说的，"资本统治"在建立和发展的初期，它就曾从"正在消逝的生产方式中寻求拐杖"，从当时的国家干预中寻求必要的支持，这种"有形之手"对资本的存在和发展是完全必需的。只是"资本感到自己强大起来，它就抛开这种拐杖，按照自己的规律运动"，开创了自由竞争的新时期。自由竞争虽然排斥国家干预，但仍需要国家对自由竞争的保护和支持。现在，斯密时代的靠"无形之手"去自由调节经济的格局也已成为过去，国家干预包括一些国家对"计划"的使用，已经成为资本主义国家普遍运用的调控手段，这种调节机制的调整当然是在资本主义生产方式所能允许的限度之内，现时的国家干预，主要是经历了三十年代经济大危机之后所形成的宏观调节制度，较之资本主义早期的国家干预在深度和范围上都有了很大的变化。这种生产关系调整而形成的新的经济调控机制,从"一只手"到"无形之手"加"有形之手"的一双手,却给商品经济的运行提供了新的机遇和条件。这说明,商品经济并不绝对排斥"一双手"的机制,特别是在现代化大生产条件下,市场机制的"自动调节功能"日益减弱的情况下,资本主义商品经济倒是需要"有形之手"同"无形之手"相结合的机制。

2. 在社会主义国家,计划调节体系是一只强有力的"有形之手",但是,既然发展商品经济是我国经济发展不可逾越的阶段,既然社会主义经济是有计划的商品经济,那就必须发挥价值规律这只"无形之手"的积极作用,有计划商品经济的体制模式就决定了它的经济机制应该是"一双手"的调节机制。社会主义生产关系的调整,同样是在社会主义生产方式所允许的范围之内,但一双结合起来共同作用的手肯定会给社会主义经济带来新的活力。同商品经济在资本主义条件下可以发展,在社会主义条件下也可以发展所具有的共性一样,商品经济运行的机制,"无形之手"和"有形之手"相结合的经济机制同样有着共性。社会主义经济是以社会化大生产为基础,并仍然采取商品生产的形态,它也就需要计划和市场有机结合的"一双手"的调节机制。

3. 计划机制与市场机制同时并存,互相结合。在资本主义国家是市场经济加国家干预,在社会主义国家是在计划经济中引进市场机制。社会主义调节机制同资本主义调节机制如此惊人的相似,都是"一双手"的机制。匈牙利认为比较理想的目标是有控制的市场协调(ⅡB),而法国认为自己也是有控制市场的调节,这奇怪吗? 不,类似并不就是混同。而且经济机制和经济的根本制度是两个层次的问题。倡导经济体制模式转换的布鲁斯明确说过,生产关系性质决定经济运行机制的若干要素,但这绝不妨碍在某种生产关系的基础上,采用不同类型的经济机制。这说明,经济机制的类似,绝不是说在经济的根本制度上不存在根本的差别。相反资本主义条件下"一双手"的机制,并不触动以私人所有制为基础的"自由企业制度",也并不就此而摆脱经济危机的威胁;社会主义条件下"一双手"的机制,也不会改变以公有制为基础的社会主义经济制度。这样我们就可以同"趋同论"划清界线。最近来中国考察的林德博士,反对按照"传统"的社会主义和资本主义概念解释当代社会。实际上,不仅是在根本制度上存在着差别,即使在类似的经济调节机制这个层次上,两种机制有机结合的方式、手段和比重等等,也是有着许多重大的差别的。

放开的市场和半放开的市场

4. 有计划的商品经济是一个有机结合的统一体,在这个统一体中,现阶段的薄弱环节是商品经济的不发达;计划和市场同样是一个不同机制有机结合而组成的复合体,在这个复合体中,市场发育程度低也是现阶段的薄弱环节。培育和发展市场,完善市场体系,也就是现阶段的一个紧迫任务。

5. 我国市场发育的不成熟,固然受经济发展水平的制约,但更多的影响来自旧的经济体制。在旧的传统体制下,商品的范围只限于消费品,市场价格又受到极其严格的计划控制,主要是调拨制而不是交易制。这就形成了市场的范围狭窄,市场的结构不佳,市场的体系不完善,市场调节系统功能难以发挥,市场只起交换的作用而几乎不起调节的作用。培育和发展市场,提高市场的成熟度,首先就是要形成市场机制真正发挥作用的市场,使市场具有真正的调节功能。

随着经济体制的改革,商品的范围不仅向消费资料、房产等等方面扩张;而且也向生产资料方面扩张;城乡市场活动也在不同程度上超越商品市场的范围;统购统销制度的基本取消和价格的进一步放开,以及"双轨制"价格的实行,市场更多地起着反映供求关系和对生产的调节作用。但是也不能不看到,市场的发育相当迟缓,城市市场的改造步履维艰,新发展的贸易中心、贸易货栈、贸易市场在投资膨胀的袭击下,本来并没有怎么放开的市场又受到了严格的控制;农村的市场随着政策的不稳定也呈现不稳定性。市场的成熟和发达固然是一个相当长的过程,但这并不意味着只能听其自然而无所作用,积极的决策会带来积极的结果,积极的措施会加快市场发育的步伐。

6. 在今后形成的市场体系中,将包括放开程度不同的各类市场:

——商品市场,包括消费资料市场和生产资料市场,由于生产资料同消费资料一样成为具有价值和使用价值的一般形态的商品,这些市场都应该逐渐放开,成为市场机制能充分发挥作用的市场。

——金融市场、技术市场、信息市场,它既具有商品性质,又有根据国家计划起着杠杆的作用,市场放开制约因素较多。资本主义国家实行政府干预,首先是通过财政政策和货币政策对宏观经济领域进行干预和调节,在我国的条件下,在较长时间内可能是采取半放开的办法,也可能采取国家垄断经营的办法。

但所有市场都应该增加本身放开的程度。当然,计划调节和市场相结合仍然是一个矛盾的统一体。既有互相渗透、互为补充的一面,也要有互相排斥、互相制约的一面。从这个意义上,可以说是不完全的计划调节和不完全的市场机制。但这绝不是说,可以忽视充分发挥市场机制和市场调节的作用。我们所需要的市场是在计划指导和渗透下充分发挥价值规律作用的市场。如果市场机制、价值规律不能在城乡市场真正的发挥作用,那就谈不上计划机制和市场机制的互相渗透、互相补充,这样的市场也不能成为计划调节和市场调节的结合部。

7. 即使应该放开的商品市场,现在放开的程度在各个层次上也有很大的差别。商品市场是凭借价格机制和供求机制的作用,向企业发出信号从而导致生产要素流动和转移的市场,因此应该首先成为计划调控下的放开的市场。

——小商品市场和农副产品市场。凡是价格放开的产品,都应该迅速形成能发挥价值规律作用的放开型的市场。组织这样放开的市场也应该更加放手一些。既要积极改造城市的市场,更多发挥贸易货栈、贸易中心的作用,又要充分运用集体、个体的积极性,多种经济一齐上。在城乡发展市场机制比较放开的市场,浙江温州地区新兴起来的各种专业市场,就是众多的经营者在同一市场上经营同一商品,在比质比价的竞争中,形成较为准确反映社会需求的市场价格。通过随行就市的价格浮动,向经营者和生产者发出信号,推动生产要素的转移,调节消费、调节生产。同时,通过竞争的波动,鞭策着生产者的技术进步和更新换代。这些作用是原来制约很多、控制过严的市场所起不到的。现在这些专业市场正在向更高的层次发展,更多的市场从综合性市场向专业市场转化;更多的市场从批零兼营向批发和大批发为主转化;更多的市场由现货交易向期货交易转化;更多的市场向深购远销为主转化。这对原有市场的格局是一个突破。当然,这些比较放开的市场还要做许多组织、引导、指导工作,克服个体经营为主体的先天缺陷。但在放开的基础上进行必要的调控,这些市场可能会更快地成为我们所需要的计划与市场有机结合的市场。

——日用消费品市场,将随着价格的逐步放开,也要成为放开的市场。这些市场比小商品市场和农副产品市场的放开难度更大。一方面是放开物价和稳定物价需要审慎的处理,一方面是这些市场放开必然要求生产资料市场以及资金市场要有相应的更大程度的放开。这些市场的主体是城市市场,这就提出了改造城市市场和在城市中发展新的商业体系的重要任务。

——生产资料市场发育所受的制约因素更多。在一定时期还不能采取"双轨制"价格的办法,但也采取积极措施克服双重价格所带来的弊端并积极过渡到单轨制。在有限度开放或半开放的情况下,还需要依赖国家调节,以缓解生产资料分配与交易并存之间的矛盾。

8. 组织市场机制发挥作用的放开型市场,关键是价格体制的改革,逐步放开价格。现在议论进一步改革的突破口,是从价格入手开拓商品市场和完善市场体系,还是改善宏观控制机制,或者是从所有制改革入手,实际这几个方面是互相配套的,只是在一定时期要注意薄弱环节的发展。搞活企业,使企业真正自负盈亏,形成自我约束的机制,逐步由计划依赖向更多的市场依赖,是计划和市场相结合的必要条件。但市场在现时情况下终究是个薄弱环节。价格体制的改革,发挥价格机制之所以重要,正是由于这是涉及市场的发育和市场成熟度的问题。

市场的完善和计划的完善

9. 市场的发育和完善是问题的一方面,另一方面,也绝不可忽视计划调控相应的完善。市场完善和计划的完善是一个同步发展的过程。在新旧体制交替过程中,发挥市场机制的作用同原来的计划机制的作用必然发生摩擦和矛盾,但经济运行又不能不靠计划和市场的双重推动。因而通过计划和市场的同时完善,缓解和协调两种机制之间的矛盾和摩擦,就成为现阶段组织经济正常运行的重要条件。

10. 在现实经济生活中,即使比较放开的小商品市场和农副产品市场,也往往呈现振荡过于频繁的不稳定状态。创造一个新的经济运行秩序,并不是一放可以了事,并不是市场成为放开的市场就可以解决问题,而是要把计划调节和市场调节衔接起来。现在农村一个很伤脑筋的问题,就是小生产遇到了大市场。农民发展什么,什么就卖不出去。在农村多种经营和小商品生产这些领域,生产经营者有相当大的自主权,生产要素流动和转移的摩擦也比较小,因而价值规律在这里起着相当大的调节作用。但是这些放开的市场却往往呈现过于频繁而剧烈的波动。一时短缺、一时过剩;一会涨价、一会跌价;今天养兔子,明天杀兔子;今年发财,明年亏本以至破产。依靠这样不稳定的市场来调节生产,会带来生产的不稳定和农民巨大的损失。有的同志认为:在市场机制发挥作用的市场,价值规律不就是通过价格的波动和竞争的波动来发挥自己的作用吗? 价格只能稳定而不能波动不是商品经济的观念,这当然是对的。但是现时这种波动是计划调节和市场调节没有衔接好,新的运行秩序没有正常所呈现的异常现象。有的产品由于生产要素转移的制约而造成的震荡,如禽、蛋,去年价格放开之后,曾得到大幅度的增长,江苏全省孵化肉鸡比上年增长 97.9%,水禽增长 66%,家禽产值比上年增长 32.71%。今年上半年由于粮食涨价,家禽比去年下降 18.9%,价格却上涨了 8%~15%。有的是由于只从局部利益出发,违背计划指导而盲目发展所带来的波动,如薄荷等等。有的是由于缺乏市场规则，产生抢购抬价、投机倒把的不正常行为而造成过大的波动，如兔毛、珍珠等等。而国营商业和合作社不进入市场，不发挥自己调节市场的主要作用，也是市场不稳定的因素之一。即使市场经济的国家，即使在市场高发育程度下，很少国家不对农副产品进行干预，以至不惜给以大量的补贴，以缓解过大的震荡和过于频繁的波动，以保护农场主和农户的利益。

11. 搞有计划的商品经济，特别是在新旧体制交替的过程中，更不能忽视计划调节的完善。不仅是市场的本身要成为计划和市场的结合部，而且在生产、购销环节中，都要适应市场的需要完善计划的调节。既要稳定市场，又要稳定供给。供给的一哄而起，一哄而落，会放大市场波动的幅度，这是市场本身难以消化的。

12. 从基层的生产和销售环节来看：

——对农业生产应该有多层次的指导性计划。市场调节扩大之后，"农民的产品要想出卖，就要受到社会的核算，首先是地方市场的核算，其次是国内市场的核算，最后是国际市场的核算。"（列宁）这个商品恋着货币的道路从来不是平坦的。经济部门必须根据经济反馈调节的原理，根据输出反馈回来的信息控制输入，根据市场需求的信息不断修正政策，对农业生产和农村经济结构的调整进行指导。现在在发达的资本主义国家中，国家干预往往首先是对农业的干预和调控。美国政府是根据上年度农业产品实际购销情况和今后购销的预测，提出该年度主要农作物的田亩分配限额和销售限额，并通过政府与农场签定合同，使"种植计划"得到贯彻。日本是通过农业协同组合，不仅制定农业生产的短期计划，而且在农产品市场预测的基础上，以农户生产计划为基础，制定农户——集团——地区——县——全国的多层次的中、长期生产计划和销售计划，以调整生产结构和种植计划。我们在基本取消统购统销制度之后，生产者和经营者直接面对市场的情况下，仍然要有多层次的农业指导性计划。这种计划开始时可能会有一定的偏差度，对市场反应不灵敏而不能从反馈的信息中进行必要的修正。如农民所反映的，提倡种什么种了就吃亏，不提倡种的种了反而发财的现象。但经过几年摸索,逐步掌握市场各类农副产品的容量、构成、放大和缩小的趋势和规律性,是可以给农民提供比较准确的信息和指导的。要敢于实行指导,也要妥善实行科学的指导。

——完善合同制。通过合同贯彻农业指导性计划,从而把分散的农业经营纳入计划的轨道。完善合同制的重要内容是增加其经济内容,使国家和农民互相承担各方面应负的经济责任。为了减少市场价格的波动,对农产品应有上下限的保护价。日本对猪肉即搞"安定带价格制"。根据养猪户的生产费用指数和供给调整系数,计算出上下限,上限称"安定上位价格"、下限称"安全基准价格"。市场价格低于安定基准价时,政府购进贮藏,并停止进口;高于上位价格时,即投入市场,增加进口。在指导性计划确定和合同签订的同时,价格、信贷、税收、利率等经济杠杆同时要进行必要的调整,控制长线,拉长短线。没有经济杠杆的支持,指导性计划和合同不过是一纸空文。

——基层购销服务体系的完善。在农业产前、产后的服务体系中,或者通过加工、储藏系统,或者通过购销服务体系,把农户或专业户组织起来,根据市场的需要扩大或缩小生产规模,形成能适应国内外市场变化的弹性结构,使供给的弹性与需求的弹性大体相适应,从生产、也即从供给上控制幅度过大的振荡。日本农协在这方面的经验很值得借鉴。农协的发展首先是流通领域,尔后兼及生产领域和生活领域,经营千千万万农户农产品的收购与运销业务,包括农产品分选、加工、包装、储藏,以及数以千计的批发市场、销售市场,有效地解决了小生产和大市场的矛盾。我们完善基层的服务体系,可以是对供销社的改造,也可以是建立类似多种经营服务公司等等新的组织,不建立起适应市场需求的农村生产的弹性结构,将难以从稳定供给这个根本上熨平不正常的波动。

13. 从市场本身来说:

——现在比较放开的小商品市场和农副产品市场,相当一部分市场的主体是个体经营者、小商小贩,他们对市场的活跃和兴旺起了很大的作用,但个体经营毕竟有它先天的缺陷,他们的短期行为、活动的随机性,缺乏对市场的责任感,都成为市场不稳定的因素。这种状况的改善,或者是把经营工商业的专业户组成一定的联合体,或者是建设贸易货栈、贸易中心,成为能左右市场和稳定市场的主体。

——发挥国营商业和供销社调节市场的作用。国营商业和供销社是稳定市场、减少市场过分剧烈波动的强大力量。但国营商业受原有框框制约很大,难以发挥自己应有的调控作用。商业部门掌握的货源减少,承担储备任务调控市场也缺乏必要的规定和规范化的补贴,价格放开的制约条件也比较多,商业改革没有使自己成为真正的经营实体,等等。这都需要从改革中找出路,要么是真正发挥在市场应有的调控作用,要么自行萎缩。

——市场管理和市场规划的健全,包括指导系统、监督系统和服务系统。对比较放开的市场,特别要注意信息的指导,价格的监督,质量的检测,经济行为的引导,运用税收杠杆调节国家、集体、个人以及个人与个人之间的收入。管理并不只起制约的作用,同时是帮助、服务、指导和调节,在许多方面寓制约于引导和帮助之中。对市场的管理,主要是指示市场运行的方向,纠正市场运行的偏差,在充分发挥市场机制作用基础上进行调控。

14. 对现在比较放开的小商品市场和农村产品市场,组织计划和市场相结合尚且如此复杂。日用消费品市场和生产资料市场等商品市场的全部放开,以及包括金融市场、技术市场、信息市场在内的市场体系的完善,确实要有艰苦的探索。市场是现阶段的薄弱环节,坚定不移地发挥市场机制和市场调节作用是必要的。但也不能不看到它还存在消极的一面,市场"确实是一种既产生有利结果又产生不利结果的调节机制"(科尔奈),不能放松对市场的管理、组织和引导、干预。

计划依赖和市场依赖

15. 计划和市场有机结合的理想模式,科尔奈的设计是从直接行政协调(ⅠA)向间接行政协调(ⅠB)转化,然后再向有控制的市场协调

（ⅡB）前进。国内对两种机制并存也有三种模式的设想，从有市场因素的计划调节模式向有微观控制的市场调节模式过渡，然后再发展成为有宏观控制的市场调节模式。最近提出"国家调控市场，市场引导企业"或"国家引导市场，市场调节企业"的三联模式，当然这并不排斥国家对企业微观经济活动的控制作为辅助手段。这是更具有中国特色的提法。

至于计划与市场有机结合方式中，两种机制所占的比重和相对优势，还要在实践中找出其不同时期的"临界值"。"行政性控制和一个真正的市场的运行不能按人为的比例搅拌在一起，比如说1∶9，5∶5，或者9∶1等等。市场的活力，创新精神的活跃和充分的责任感要有一个最低限度的稳定的自主权。"（科尔奈）但是向上述这些理想的模式前进，使企业真正面向市场，企业的生产和经营都受制于市场，受市场的引导，国家的调控从微观调节着重地移向宏观政策，主要运用经济参数去调控市场，这将是一个相当长的发展过程。

16. 匈牙利现有企业仍然存在着垂直依赖和水平依赖（即市场依赖）的双重依赖。但这种双重依赖是指在指令性计划已经一举废除，不再存在行政性生产资料的"物资分配"，国有企业之间互相买卖毋需事先经过行政分配下达限额或定量，国有批发公司作为某些商品生产者和使用者之间的媒介，补充企业之间的直接贸易联系的情况下的双重依赖。企业既依赖市场（水平依赖），又依赖上级政府机构（垂直依赖）。他们的目标是使企业逐步摆脱过多的直接微观调节，国家从直接的微观调节转向宏观政策的调控，向ⅡB前进。

17. 我们计划与市场有机结合的进度同匈牙利有着相当大的差距。指令性计划是采用渐进的办法在相当程度上有所缩小，但资源分配在相当大的程度上仍依赖计划。现有的比较放开的小商品市场和农副产品市场，主要服务对象是农户、家庭手工业和乡镇企业，国营大中型企业进入的并不多，而为这些企业服务的市场，市场机制又难以有较大程度的放开。匈牙利所指的企业的双重依赖，是指由于预算约束软化所造成的企业利润上的双重依赖,企业利润的多寡部分地由市场方面、或者说由企业在生产和市场上的成功所决定;部分地由垂直方面能获得多少补贴以及税收的优待等等所决定。双重依赖也包括投资和资金筹集方面的依赖。我们企业的双重依赖,在现时主要是垂直的依赖、计划的依赖,才刚刚向市场依赖方面发展。

18. 今年由于前两年控制需求膨胀所带来的许多领域由卖方市场向买方市场的转化,可以说是一场考验。大量产成品积压,生产结构和需求结构不适应的结构性矛盾,说明我们在价格开始放开和市场开始放开取得的成效只不过是初步的,多数企业对市场供求变动的反应迟钝,或者有所反应也无法改变产值产量、上交利润等等指标的约束,无力根据市场信号组织生产要素的转移和流动。价格上涨,供给并不因此有多大的增加;价格或销售下降,供给也不因此有多大的减少。这些情况表明,在我国条件下,还只能是为计划与市场有效的结合创造条件,首先向类似匈牙利ⅠB的目标发展,尔后再向计划指导与市场机制互相渗透的"国家调控市场,市场引导企业"的三联式前进。

19. 改进计划与市场的有机结合,我们现阶段一些关键是:

(1) 通过价格的改革,推进商品市场的发育。从计划价格为主转到能较好反映市场机制的浮动价格和自由价格为主,这是市场机制发挥作用的一个关键性问题。不逐步改变严重扭曲的价格体系,无论价格与价值是背离或者一致,都难以发出比较准确的市场信号。

(2) 生产资料市场的发展。从实物量管理的分配制向自由选购的交易制转化,也是经济运行机制一个根本性的转变。要适应使用者的消化能力和承受能力,逐步增加生产资料进入市场的比重。或采取"计划内外同一价格,差价返还"的办法,发展生产资料市场的调节作用。生产资料的双重价格虽然弊端颇多,但这可能是我国的一个创造,有利于在一个大国进行价格模式的转换。可以通过适当调高计划价以及缓和供求矛盾降低市场价格的办法,使价格的双轨制逐步向单轨制过渡。没有生产资料市场的发育,价值规律不可能调节资源在各部门间的分配比例,从而促进国民经济有秩序地运行。

(3) 增加企业对市场的依赖度。这首先是要有市场发育和减少计划分配等等外部条件。除少数长期短缺的生产资料、生活资料保留优先订货权以外,所有生产资料、生活资料都应进入市场。企业本身要有真正的自主经营权力。基本建设或者说扩大再生产保持必要的集中,但简单再生产和技术改造现在就应当尽量放开,企业生产什么、生产多少和企业的购销基本上由企业决定。逐步增加企业的利润留成,企业既有自主经营又自负盈亏,审慎地对待各种补贴和投资信贷,逐步硬化财政预算约束和信贷约束,使企业形成自我调节和自我约束的机制。这都是推动企业进入市场接受价值规律调节的必要措施。

(4) 控制总需求和总供给的平衡。形成供略大于求、或供求大致适应的大环境,或者说"普遍的买方市场"。整个社会的总需求不能超过资源所允许的数量,否则,所有部门都呈现需求超过供给的现象,没有剩余的生产要素在各部门之间转移和流动,价值规律也就无从发挥其调节比例的作用。

20. 这些条件的成熟,就为计划与市场在更高层次的结合创造了必要的条件。但是,在发展过程中,直接行政控制依然是必要的。计划机制应该有相对的优势,只不过应该明确是向何种目标模式过渡而自觉地加以改进和完善。即传达到"国家调控市场,市场引导企业"的目标模式,国家的调控,计划机制的作用仍然渗透在各方面。不仅是总量的控制,而且有必要的微观领域的调节。资本主义国家尚且注意调节的微观化,在采用财政政策、货币政策从宏观经济领域实行干预和调节的同时,也从微观经济领域采取限制工资、物价等收入政策,作为辅助手段来稳定经济。这被后凯恩斯主义称之为"新发展"。在我们的改革中,宏观控制首先做到总供给和总需求的平衡,包括投资需求总量与生产资料供给总量的平衡,消费需求总量与消费资料供给总量的平衡,并且通过价格、信贷、利率、汇率等杠杆,把企业和个人的行为引导到大致符合宏观决策的要求。在这里,也要有必要的微观调节作为辅助的手段。扩大市场机制的作用,绝不是可以由此而忽视计划机制在经济运行中应有的作用。宏观调节,总量的控制是首要的,但只有总量的控制而忽视必要的微观调节也是不完整的。

(原载《苏锡常研究会讨论会专辑》)

第二编

乡镇企业和劳动力转移

论产业结构

一个国家要获得经济发展,要获得经济增长的高速度,非常关键的一环,是要具有适时、适宜地推动产业结构演进的能力,即"产业结构的转换能力"。一个国家、一个地区是否具有较强的产业结构转换能力,重要的是是否能制定正确和强有力的产业政策。没有这个有效的干预,产业结构的转换只能放任自流,而难以迅速实现。这一点对发展中国家、后起国尤为重要。

一、产业结构理论和产业结构分析

产业政策的核心是产业结构政策,这就要对产业结构进行分析。

日本的产业政策开始并不为人们所重视,也带来了许多抨击和非难,随着日本经济的高速增长,产业政策才引人瞩目,并跨出了国界,逐步发展成为应用经济理论,建立了产业经济学。

产业经济学注重进行产业分析,是产业分析工具和方法的集大成者。

在产业经济学形成过程中,首先形成了"产业组织理论",主要分析产业组织结构的状况和性质,以及它的发展规律。

尔后,又形成了"产业联系理论",主要是各产业间的投入产出关系。

"产业结构理论",主要研究伴随着经济发展而出现的产业结构演变的规律及其原因,通过对产业结构的历史、现状及未来的研究,寻找产业结构发展变化的一般趋势,为规划未来的产业结构,为制定产业结构政策服务。

"产业组织理论"、"产业联系理论"和"产业结构理论"构成了产业经济学的主体。这些概括层次较低的应用经济学有许多内容是可以为我所用的。

"产业组织理论"、"产业联系理论"和"产业结构理论"中,核心是"产业结构理论"。于是出现了"产业结构理论"的广义、狭义说。把原来的"产业结构理论"称之为狭义的"产业结构理论",而把包括"产业组织理论"和"产业联系理论"在内的称为广义的产业结构理论。

产业结构的分析主要从以下三方面进行:
① 国民经济各产业之间和各产业内部量的比例关系;
② 产业的素质(技术水平和组织效率);
③ 产业的空间(区域)分布。

产业的量的比例关系可以从两个层次来考察:一、二、三次产业的构成,是第一层次;一、二、三次产业各自内部的构成是第二层次。对发展中国家来说,第二产业结构对国民经济发展具有决定性作用,它在国民生产总值中占有最重要的比重。产业之间量的比例,是直接涉及产业结构是否均衡和协调的问题。由此引导人们思考是否存在那些失衡的现象,是否有积压和短缺并存的结构性矛盾,能否克服及克服的程度。

产业的素质可以从两方面来考察和分析,一是从加工度、附加价值高低、资金密集程度,技术或知识密集程度,以及新兴产业所占比重来考察;二是从规模效益和国际市场竞争力来考察。产业的空间(区域)分布,可以从区域比较成本高低的角度来考察。

二、经济增长与产业结构的变换

产业结构的变化和经济的增长(总量的增长即国民生产总值、国民收入等的增长)是紧密联系,互为作用的。这种关系在短期内可能不明显，但从较长时期看就比较显著。

经济(总量)增长得越迅速，产业结构的变换率也就越高。因为，经济总量增长的速度取决于资源动力和有效配置。而结构状态在很大程度上决定资源配置的效果。产业结构比较合理，比例协调，同国内外需求结构相适应，与技术发展相适应，那么资源配置是合理的，能保证经济的持续增长。如产业结构严重失衡，又与国内外需求不相适应，技术水平落后于当代技术的发展，那么，资源配置的效果是低下的，经济总量增长必然缓慢和不稳定。

特别是从中长期看，经济总量的增长要依赖于产业结构的转换。这主要体现在经济增长要靠具有高于平均增长率的新兴产业来支撑。原有产业经历成熟期后，遇到市场饱和技术进步枯竭而日趋下降，会导致经济萎缩。上海在这方面是有教训的，上海财政收入两次滑坡，1980—1983年财政收入从174亿下降到156亿，1986—1987年，从184亿下降到165亿。这里原因很多，计划调拨为主改为市场调节为主是一个原因，产业结构没有适时转换也是重要原因之一。成熟产业占的比重很大，没有及时转移或改造，以发展高附加价的新兴产业，因而经济的增长缺乏足够的动力。

这种结构转换对经济增长的作用，叫做"结构效应"。我们要善于运用这种"结构效应"。

当然，产业结构的转换，是在经济成长到一定程度才会发生的。经济发展越迅速，国民生产总值和人均收入上升也快，需求结构变化加速，产业结构面临的供给环境变化也快，即工资大幅度的增长，使劳动密集型产业加快转移，一些产业的市场缩小，不得不进行转换，以及替代性产业出现。尤其是国民生产总值提高到一定水平，使全社会技术开发投资大大增加，加快技术革新，促进新兴产业的成长。这些因素都导致产业结构的高变换率。钱纳里和塞尔昆根据100多个国家横截面数据分析，发现人均国民生产总值低于100美元时，结构变动缓慢，从200～500美元，中点是300美元，转换加快。人均GNP达到900～1000美元时，结构转换加快并接近完成，向新的转换迫近。

如何抓紧时机,制定适宜的产业政策,及时推进产业结构的转换,可以说是一门领导艺术。在经济发展的不同时期,总量矛盾和结构矛盾处于不同的地位。在一个国家实现初步工业化之前(初步工业主要标志是,在国民收入或 GNP 中,工业所占比重超过农业;独立、比较完整的工业体系的建立),总量矛盾往往是经济发展中的主要矛盾。初步工业化实现之后,结构矛盾常常成为经济发展中的主要矛盾。这时人均国民收入上升到一定水平,需求结构变动加快,而且随着技术发展和市场变化,不少产业进入成熟期和衰落期,不及时实行转换,成熟和衰落的产业增长减慢,以至出现负增长,经济增长当然也随之而减慢以至萎缩。

我国沿海地区产业结构正在随着经济成长进入加速增长阶段,而出现高变化率。

沿海地带,广东、江苏、上海、山东、辽宁,尤其是珠江三角洲和长江三角洲的经济发展已经达到一个"转折点"或"临界点",正在进入一个新的发展阶段。

发展中国家现代经济的成长是有其自身的规律的。一般要经历起步阶段、高速增长特别阶段和发育成熟阶段,或称之为准备条件阶段、加速增长阶段和稳定增长几个发展阶段。这是传统经济向现代经济转换过程中,一般都会有的经济总量加速增长的阶段。经济发展到一定程度,就会到达一个"转折点"、"临界点",经济就开始进入加速增长的阶段。在乡镇企业的发展中也曾显示过这种现象。一个乡有了 5000 万的产值,一个县超过 20 亿的"临界点",经济就会跳跃式地发展,这是不以人们意志为转移的,而是显示了经济成长本身的规律,即经济成长已经到了可以凭借自身的积累加速增长的阶段。

一个地区、一个国家经济是不是达到了自身的"临界点",主要标志是:① 是否实现了初步工业化;② 二元经济结构是否有了基本的改变,一个主要标志是农村剩余劳动力已有 50% 以上转入非农产业;③ 人均 GNP 是否达到相当的水平,一般居于 300~1000 美元的区间,已具有比较高的积累能力;④ 人均收入是否具有相当的水平,具有较高的储蓄力;⑤是否有适应经济加速发展的体制和机制。有了这些条件,特别是二元经济结构的根本转变,经济发展便达到了一个"转折点",发展经济学称之为"刘易斯转折点"。

以这些条件来衡量,沿海地带,特别是珠江三角洲、长江三角洲等区域,不仅实现了初步工业化,而且农业剩余劳动力已有50%左右转入非农产业。按1980年美元计算,1987年广东人均GNP为770美元,江苏已超过900美元,山东538美元,珠江和长江三角洲均超过了1300美元。按世界银行以三年汇率平均计算,山东300美元,广东410美元,江苏480美元,珠江及长江三角洲接近700美元。

从全国来说,由于东部、中部、西部经济发展的极不平衡,现代经济成长进入加速增长阶段可能滞后,但沿海地带总是首先达到转折点的地区。只要给一定条件,沿海地区就会顺利加速自己的经济发展。

当然,经济加速增长与协调发展、稳定增长是一致的。稳定并不意味着低速增长,加速增长也必须是持续稳定地增长,加速增长必须既有较高速度又是长期稳定增长这样的基本特征。

中央一号文件明确指出,今天中国如果没有一定的经济增长速度,矛盾和问题肯定会更多、更尖锐,改革更难进行。我们绝不能盲目追求高速度,但也不能在条件已经具备时人为地压低速度。在注重效益、稳定协调的前提下,保持国民经济的较快增长,是改革和现代化建设所必需的,是人民根本利益所需要的。

三、产业结构的合理化和高度化

产业政策的核心是解决产业的合理化和高度化。是先合理化,还是先高度化?沿海地带首先是合理化,同时注意产业的高度化。

产业结构的合理化,包括一、二、二次产业、农轻重比例的合理化,是大结构的优化;高度化,在现阶段主要是第二产业的高度化,是次层次结构的优化。大结构的演变规定次层次结构的演变,大结构的优化规定次层次结构的优化。

一、二、三次产业的比例,从普遍规律来看,不同经济发展的区间,三大产业比重及增长速度也有所不同。人均 GNP 在 1000 美元以下时,第一产业比重逐渐下降,第二产业迅速上升,第三产业缓慢上升;人均 GNP 在 1000 美元以上时,第二产业开始下降,第三产业迅速上升,第一产业继续下降,但达到一定程度时,下降幅度逐步减缓。库兹涅兹对 57 个国家横截面的分析,人均 GNP 为 150 美元时,1、2、3 次产业之比为 53.6%:18.5%:27.9%;人均 GNP 上升为 239 美元时,比例为 44.6%:22.4%:33%。

第一产业是呈逐步下降的趋势。不仅第一产业所创的国民收入(或 GNP)的份额下降,而且农业劳动力也因为比较劳动生产率减少而引起转换。

$$产业的比较劳动生产率 = \frac{该产业的国民收入(或 GNP)的相对比重}{该产业的劳动力的相对比重}$$

这里值得注意的是,第一产业国民收入(或 GNP)比重下降速度和劳动力下降的速度问题。在发达国家发展过程中,两者基本上是同步的,国民收入(或 GNP)下降的速度略高于劳动力下降的速度,各国农业劳动力份额与 GNP 比重下降速度之比,在英国(1801—1961)为 1:1.01,美国(1839—1965)为 1:1.06,日本(1872—1963)为 1:1.19。埃及不同一些,从 1897—1960 年为 1:2。我国情况更特殊,从 1952—1978 年两者之比为 1:3.33。农业劳动力份额下降与农业GNP下降极不同步。江苏略好一些,1985 年第一产业 GNP 占 30%,农业劳动力占 35.3%。这说明农业劳动力转移还有很大潜力,只有这个任务的完成,才能促进农业现代化,促进二元经济结构的根本改变。

第二产业内部结构,在人均 GNP100～300 美元时变动较小,而在人均 300～1000 美元区间时,第二产业内部结构会发生很大变化,尤其是制造业的变化。

第三产业是发展的趋势。但我们新中国成立以来一直是下降的趋势。在 GNP 中,1953 年占了 32.4%,1957 年占 31.9%,1962 年为

32.9%,1972年为22.5%,1978年为19.8%,1985年为18.7%,1986年才恢复到20.1%。第三产业萎缩造成交通通讯能力不足,市场发育不健全,物资流、资金流、信息流不能畅行无阻,给人民生活造成不便。广东对第三产业的发展有自己的分析。广东对第三产业发展是不是过快有过争论,他们认为并不是规模过大,而是结构不合理。第三产业由四个层次组成,第一层次是流通部门;第二层次是为生产和生活服务的部门;第三层次是为提高科学文化水平的部门;第四层次是为社会公共需要服务的部门。这四个层次共包括12个部门。广东一、二、三、四层次各为56.6∶20.2∶11.1∶12.1。这说明传统性的第三产业偏重,新兴的第三产业偏轻,即商业、饮食业、物资供销和仓储部门偏重,而信息咨询业、房地产业、科技开展等新兴行业比例偏轻。其次为生活服务的第三产业偏重,为生产服务的第三产业偏轻,商业、饮食业的发展快于物资供销与仓储业,居民服务快于咨询服务。其三是一般性的第三产业偏重,提高型的第三产业,尤其是教育、文化、科研、卫生、社会福利为提高人民素质部门都发展不足。其四是承担服务功能的第三产业偏重,承担调节和组织功能的第三产业,如信息咨询、金融等等部门偏轻。

所谓产业的高度化,包括:① 在整个产业结构中,由一次产业占优势比重逐渐向二次产业占优势比重演进;② 由劳动密集型产业占优势比重逐渐向资金密集型、技术密集和知识密集型占优势比重演进;③ 由制造初级产品产业占优势比重逐步向制造中间产品和最终产品的产业占优势比重演进。高度化还包括产业组织程度的提高,规模经济的发展。

现阶段应该说是相对高度化。第一、三次产业虽有高度化问题,但还是局部范围,产业结构向更高一层演进主要是第二产业。这个转换和演进同依靠技术进步发展经济的要求是一致的。技术进步对经济增长的推动,一是通过以新技术、新工艺改造现有产业,提高劳动生产率,以低成本扩大市场;二是发展具有强大生命力的新兴产业,带动整个经济的增长。现阶段,劳动集约型产业还有相当发展的时期,但必须以新技术改造传统产业;乡镇企业起着改变工业和农业二元结构的作用,但它的存在又造成了工业本身的二元结构的形成,乡镇企业也要进行技术改造,和组织参与企业群体集团,以提高其企业组织程度。这是技术改造的方面,另一方面,要考虑新兴产业乃至高技术产业的发展,新兴产业在第二产业中占多大比例,是衡量高度化的一个重要方面。

四、主导产业的选择

主导产业(战略产业)是在一定经济发展阶段上,对整个经济增长起巨大拉动作用的产业。主导产业的转换是产业结构转换的重要标志。

主导产业的选择应考虑三个因素:

一是联系系数强。在部门之间的横向联系中,存在投入产业的关联,存在着前向联系和后向联系。一种工业与它的原材料零部件供应等的联系,称之为"后向联系",与它的产品消费者的联系称为"前向联系"。尤其是"后向联系"多、规模大的生产部门对经济拉动作用大。

二是需求收入弹性大。

$$某产业产品的收入弹性 = \frac{某一产品需求增加率}{人均国民收入的增长率}$$

需求随收入增长而增长,但各种产品需求增长速度不一。一般规律,初级产品(农产品……)需求收入弹性系数低,而技术产品需求弹性大。随着经济增长和需求变化,需求收入弹性大的产品发展潜力也大,也具有较大的拉动作用。

三是生产率上升高。每一种产业的技术潜力都不一样。技术潜力大,生产率上升率就高,市场前景广阔。生产率上升率高的产业有利于掌握市场,逐步升级和稳定地发展。

江苏主导产业如何确定和转换也应考虑这些原则。现在可能是产业交替时期,既要继续发挥经过改造的纺织、机械等产业的作用,又要逐步将家电、电子、石化发展为更重要的支柱产业。这些产业具有广泛的前向联系和后向联系,而且技术潜力大。通过"技术复合化",就能产生许多新兴工业和改造不少产业,也可以为下次支柱产业的转换准备好必要条件。

五、产业对策

产业结构合理化和高度化的目标以及主导产业选择目标明确以后,就要有正确的对策和一系列配套的政策,或政策体系。

包括投资政策,这是实施产业政策,推动产业结构转换的主要手段。

税收政策,依据产业政策,实行差别税率。通过对不同产业的不同税率和调整减免,促进产业结构的转换。

金融政策,依据产业政策制定并实行差别利率,银行信贷政策与政府产业政策保持一致。

价格政策,基础产业位于产业链条的前端,基础产品涨价常会引起产业链后部产品的价格上涨。所以对基础产品和关系国计民生的产品从实际出发仍实行价格管制政策,对产业链后部产品价格尽可能由市场调节。价格放开应选择时机,大致上市产品供求达到平衡或供略大于求的时机比较适宜。

技术发展政策,后发展国家、后发展地区技术发展中心是引进、消化、创新,消除其产业结构与需求结构间的技术断层,加快产业结构的跟进速度。这是充分利用后发展的优势,尽快赶上他人的捷径。

这里着重谈谈通过目标大循环来促进产业结构优化和升级换代问题。利用国际大循环可以形成一个循环扩大的机制:即利用外资和扩大出口以获取外汇——引进先进技术、先进设备(资本品、资本货物)和中间产品——优化产品结构和产业结构,提高国际竞争能力——进一步扩大出口——更大规模的引进。这是一个具有乘数效应的循环扩大机制。"四小"就是利用这个循环机制取得迅速发展。

这个循环可以推动我们的产业结构对国际需求的跟进速度,按国际需求结构来优化和改造我们的产业结构和产品结构。这包括两方面,不论是结构的合理化,还是结构的高级化,都有它的拉动作用。广东的发展说明,要扩大外资、发展"三来一补",利用外资,如果基础设施不搞好,第三产业不发展,外向型经济是步履维艰的。广东几乎是以"大推进战略",在发展出口加工工业和出口生产基地的同时,大力发展交通邮电电力,"六五"期间积累投资达56.8亿元,年平均增长40.1%。除国家投资外,引进外资、银行贷款、地方自筹、民办公助、捐赠资助等办法,能用的都用上了。广东第三产业,也是从1978年以后才扭转了连年下降的局面(从1952年的28.6%下降到1978年23.3%),1985年恢复到26.6%,1986年为27.5%。

优化产业结构,主要是两个方面,一方面是现有出口企业的改造,另一方面是发展新兴产业和高技术产业。在这个过程中需要注意几个方面:一是劳动密集型产业,还有相当时期的发展余地。现在正值经济新兴国家和发达国家调整结构的机遇,再不能坐失良机。但发展劳动密集型产业,发展"三来一补",毕竟是低层次的产业,是外向发展的起点。在这个同时,也要武装机械、电子等产业,增加机电产品的出口。台湾产业结构的调整,60年代乃至70年代初都是以轻纺工艺作为主导出口产业,到70年代,一方面出口劳动密集型的轻纺产品,一方面搞进口替代武装重化工业。50—60年代台湾食品工业占出口首位,70年代纺织、皮革、木制品占首位,80年代重化工业、电子电器、精密机械的出口已占首位。另一方面是家电、电子、汽车等新兴产业,开始时可以搞组装,但不能过长依靠原材料、原器件进口,进口依存度过大,就会陷入发展中国家常遇到的"组装的陷阱"。新兴产业的发展国外称之为"雁行发展过程"。即第一阶段是本国生产业尚未发展,大量进口这些产品到逐步减少,形成第一只雁;第二阶段本国发展了这些产品,近代技术和低工资相结合的产品替代了进口产品,从较快发展到逐步减慢,形成第二只雁;第三阶段是发展到一定规模,由于后起国的后发优势,形成在国际市场有较强的竞争能力,这是第三只雁。雁行发展,即发展要有个过程。从这里可以发现"后起国"的优势:它可以回避风险多、花费大的技术开发过程,可以利用先行国的资本和技术,可以把廉价劳动力与现代技术相结合。引进来经过消化吸收创新,再打回去进行竞争,因此也叫"反回头效果"。我们要善于运用后起国、后起地区的优势和"反回头效果",目前发展劳动密集型产业是如此,紧接着以机电仪产品和家电、电子产业出口也是如此。

(原载《南京党校论坛》1988年第1期)

来自农业现代化试验区的汇报和启迪

根据1987年5号文件的精神,经过调查研究和论证后,中共江苏省委和省人民政府的领导同志,与中央和国务院有关部门商定,并由省人民政府正式报告国务院备案,在苏南地区的无锡、吴县、常熟三个县(市)举办了"社会主义农业现代化试验区",确定从土地适度规模经营入手进行试验。经过一年多的实践,对许多有关农村改革和发展的问题,作了新的探索,现就几个比较集中的问题,分别作如下汇报和介绍。

农业的新情况、新矛盾和新选择

近年来出现的农业徘徊不前的新情况,农业在联产承包制基础上如何进一步发展,这都是令人关心也令人担心的问题。联产承包责任制是一次带有突破性的改革,但在农村经济比较发达地区发挥效应的时间跨度却是比较短暂的。联产承包责任制和农副产品提价,大大调动了农民种田的积极性,但没能解决农业和非农产业比较利益上所存在的相当大的反差;联产承包责任制推动了农业的生产,但在取得几年所谓"超常规增长"后,却出现了连续几年的徘徊;联产承包责任制是一次成功的尝试,但它仍保留着分散的小农经营的格局,不利于生产要素的优化配置。

当然,就全国范围来说,目前家庭联产承包责任制这种经营方式的完善,是适合于现阶段农村生产力发展水平的,但在经济比较发达的地区,矛盾却显得比较突出。从江苏农业现代化试验区几个县的情况来看,由于农村劳动力的大量转移,乡镇企业的崛起,农业和非农产业的收入存在很大的反差。农业收入一般只占农户收入15%～20%,成为补充性的收入。农业经营一靠"以工补农"、"以工建农",难以自立经营,而成为依附性很大的产业;二靠"工兼农"、"家家早中晚,户户小而全",农业经营越来越分散,实际上已下降到副业的地位,"种种吃吃,做做歇歇;不肯不种,不肯多种;只顾产出,不愿投入"。在这种条件下,农业生产显得十分脆弱,经不起风吹浪打。

出路何在呢?需要有新的探索。江苏农业现代化试验区,从土地适度规模经营入手,进行了这种新的探索。一年多来,试验的效应如何呢?虽然土地适度规模经营还处于萌芽阶段,但"小荷常露尖尖角",它已在显示自己的优越性。

——从微观经济效益来看,现有土地适度规模经营单位(在试验区主要指劳均耕种15～20亩以上的经营单位),规模效益、科技效益和综合效益都比较好。

规模效益:① 土地产出率。苏南地区人多地少,历来的单位面积产量较高,通过规模经营大幅度提高劳动生产率是容易的,继续取得土地产出率的提高却是不容易的。但试验区几个县的规模经营达到了这一目标。1988年,吴县11个示范村42个规模经营单位,平均亩产632.5公斤,比上年578.9公斤增长9.2%。常熟市8个示范村的15个规模经营单位,平均亩产727.8公斤,比上年增长10%。无锡县14个示范村的25个规模经营单位,平均亩产659.73公斤,也高于上年产量。几个县的规模经营首先是集中了边远、瘦田,因此,横比产量多数低于各县的平均亩产,但是纵比,都在原有基础上有了提高。② 劳动生产率,一般都有大幅度提高。吴县11个示范村42个规模经营单位,劳均产粮14250.5公斤,比全县劳均产粮高10倍。常熟市8个示范村的15个规模经营单位,劳均产粮11770公斤,比全市劳均产粮高9.2倍。无锡县14个示范村的25个规模经营单位,劳均产粮10658.9公斤,也大大高于全县一般的劳均产粮水平。③ 劳均收入。吴县11个示范村的42个规模经营单位,劳均收入4640元,常熟市8个示范村的

15个规模经营单位,劳均收入2845元,无锡县14个示范村的25个规模经营单位,劳均收入352元。这里应该说明,吴县、无锡劳均收入较高,是包括了一部分乡村补贴在内。乡村补贴,有的按责任田面积补贴,每田30～100元,有的按完成商品粮数量补贴,每百斤补贴3～5元,个别的10元。除去这些补贴,规模经营的劳均收入仍比务工人员高30%左右。

科技效益:土地规模经营,大大提高了对科技应用的积极性。试验区三县(市)33个示范村,机耕面积达93.26%,机播面积29.8%,机插面积57.6%,机收面积,小麦为84.5%,水稻为54%。家庭农场承包之后,第一件大事是请农技员当顾问。种田大户自己操作机器和维修机具;查阅农科站的有关资料,进行土壤改良;以省工省本为目标,合理布局,推广先进技术。规模经营者更多的依靠科学技术,科学技术也给规模经营带来更大的经济效益。

综合效益:土地适度规模经营往往是同综合经营相结合的。特别是种田大户,副业经营的收入,往往占其总收入的20～25%。通过综合经营,在生态环境上形成良性循环,取得了更好的经济效益。

——从社会效益来看,规模经营保证了国家定购任务的顺利完成。这在1988年完成定购任务相当困难的情况下,表现得尤为突出。定购任务不再是依靠千家万户,而逐步转向依靠种田大户。1988年,试验区三县(市)33个示范村71个规模经营单位,定购任务141.47万公斤,实际交售148.37万公斤,完成任务104.87%;另上交村组49万公斤;加上市场出售26.62万公斤,商品率达到84.19%。由于规模经营具有较高的商品率,规模经营者具有较强的承受能力,他们在平价出售粮食以后,仍可以取得高于务工人员的收入,因而能较为顺利地完成国家定购任务。

以上情况说明,规模经营至少从这几个方面解决或者缓解了当前农业的矛盾:

其一,缓解了农业比较利益低下的问题。特别是在价格扭曲和工农业剪刀差继续扩大的情况下,仍然保持规模经营者的收入不低于或略高于务工人员的收入,缩小了农业与非农产业的利益反差。这说明,规模经营的效益有很大的弹性,有较强的适应能力,能比较有效地调节农业和非农产业之间的利益矛盾。

其二,解决了把农业作为副业的问题。规模经营者能够把主要精力、资金,以及他们的智慧都用在农业经营上。

其三,从分散经营开始走向集约经营。虽然今天的适度规模经营的范围还比较小,但已开始摆脱小农经济的格局,而向大农业迈进。

其四,规模经营具有一定的承受能力,能较好的协调国家、集体和个人之间的利益关系,适应市场的需要。

农业在联产承包责任制基础上进一步发展,离不开一个基本思路,就是要抓住二元经济结构转化这个关键。这包括推动传统农业向现代农业的演进,包括推动农业从小生产向社会化大农业发展。农村剩余劳动力的转移,是二元经济结构的一个大突破。农村劳动力大转移,农村经济结构大改变,农村经济大发展,使长期处于落后这一级的农村经济发生了巨大的变化。从农业现代化试验区三个县(市)的情况来看,农业劳动力与非农产业劳动力之比,在吴县为 3.5∶6.5,常熟市为 3∶7,无锡县为 2∶8。农业总产值与工业总产值之比,在吴县为 10.5∶89.5,在常熟市为 5.6∶94.4,在无锡县 4.4∶95.6。农村经济结构和农业内部结构的变化,释放了生产力。1988 年吴县工农业总产值达到 57 亿元,常熟 78 亿元,无锡 96 亿元。

但是,农村工业化的发展,只是二元经济结构转换向前迈进了一大步,它还没有来得及解决农业本身的现代化。而随着农村工业的发展,带来了农业比较利益急剧下降,农业经营越来越分散,以及农业沦为副业,成为依附性产业等一系列矛盾,出现了农业的徘徊和萎缩。重要的问题是要不失时机地发展农业现代化。农村劳动力的大量转移,不仅促进了农村的工业化,也呼唤着农业的现代化。规模经营所取得的效益,证明了它是二元经济转化的一个新的突破口,是农业向现代化迈进的一个新台阶。规模经营成了农民的新选择,农民从缺乏种田积极性到重新发生兴趣,从不愿意投入到进行较多的投入,正是被规模经营吸引的结果。规模经营正在发展,虽然它现在的规模并不算大,但是这个星星之火,终究是要燎原的。

农业现代化试验区的试验也启示我们,规模经营的发展确实有个时机问题,错过时机,会造成新的难度。从吴县、常熟、无锡三县(市)的情况来看,规模经营的起步似乎还可以早一些,步子也可以迈得更大一些。规模经营不仅在无锡几个发达的县取得了效益,在中等发达的金坛县也取得了效益。金坛县1988年工农业总产值16.54亿元,农业劳动力转移接近50%。金坛县规模经营在20亩以上的102户,1988年劳均产粮5120公斤,劳均收入2736元。规模经营条件之一,是农村剩余劳力要有出路,但不一定要等到无锡等县劳动力转移70%～80%再搞规模经营,在金坛县这样劳动力转移50%左右即可起步。劳动力大量转移之后,往往形成为数众多的兼业户,这种小农格局的长期存在,不利于农业的发展,也不利于土地的集中。规模经营另一条件是,要有一定的经济实力。"以工补农"、"以工建农"在现阶段是必要的,但长时期使农业成为依附性的产业,也不利于农业的发展,应及早通过规模经营,使农业向自我积累、自我发展的道路发展。随着县区经济实力的增强,支持农业的力量增强了,但农业收入和非农收入的反差也扩大了,这会增加规模经营的难度。规模经营还要看使用机器的效益是否高于手工劳动,这只要有一定适度的规模和良好的社会服务,不仅无锡等县可以做到,在金坛等县也是可以做到的。规模经营,没有条件不能操之过急,有了条件也不能丧失时机。

土地规模经营各种形式评价和农业企业化

现有的规模经营形式,不外乎是在土地公有制基础上的集体经营和家庭经营两种。具体形式以种田大户、也即家庭农场居多,少数为联户经营,村办农场和厂办农场也有相当数量。根据试验区33个示范村71个规模经营单位的统计,种田大户54个,占76%,联户经营1个,占1.4%,村办农场、厂办农场16个,占22.6%。在试验区几个县,规模经营已不是星星点点,有一批乡村的责任田已全部实行规模经营。无锡县的东绛镇,从1983年10月开始推行规模经营,最初只有邵才兴一户,承包22.5亩粮田,1984年发展到16户,1985年发展到6个村32户,1986年发展到8个村87户,1987年12个村全部实行规模经营,承包给101户,承包粮田2303亩,包括全镇的2116亩责任田和3个村的口粮田,户均承包22.8亩。吴县渭西村在1987年将全村560.9亩责任田,承包给11户农户,建立了9个家庭农场。这9个家庭农场共有劳力35个,经营责任田、口粮田、饲料田共584.7亩,劳均负担16.7亩。

怎么评价各种形式的利弊得失,现在还为时过早,应该允许多种形式同时存在,优胜劣汰。目前实践已在给它们作鉴定。大体上是联户经营都办得不成功,即使有血缘关系维系的联户经营,也往往难以经得起利益矛盾的冲击。联户经营因财务制度不健全,缺乏严格的出勤出工考勤制度,利益分配难以公平;各人投入所形成的固定资产难以分割;荣誉、奖励难以平均分派到各人的头上等等因素,往往造成"一年好、两年散"的现象,难以长期维持。

种田大户和村办农场,是两种比例最大、应该认真探索的经营形式,种田大户或家庭农场和村办农场都可以取得较好的经济效益,都具有相当大的吸引力。村办农场多数是劳动力转移较多、经济实力较强的乡村举办的。村办农场的长处是,规模度可以大一些,可以在较大范围内经营,有利于统一耕作,发挥机械的效能,人员可以根据需要有增有减。村办农场的内部管理也在不断地改进,引进了承包和奖罚机制,在经营上实行统分结合,统一耕作,分工管理,承包到人,并以组为单位核定产量基数,超产奖励,减产处罚。这样,比较有效地防止了"大锅饭"、"小锅饭",办得也比较有活力。村办农场往往是"以工建农",由乡村投资办起来的,乡村比较关心农场的投入。但多数村办农场并不完全依靠"输血",而是逐步向"以农养农"发展,自负盈亏,独立核算,不仅可以自我积累、自我发展,而且有部分上交乡村。但相对而言,种田大户或家庭农场是应该更为重视的形式。它离不开家庭联产承包制的基础,它是家庭联产承包制的完善和发展,是发展农村规模经营的一个重要的生长点。这些形式,在现在适合当前农业生产发展的水平和现有机械化的程度,比较容易为农户所接受。在将来随着社会化服务的发展,机械化程度的提高,家庭经营也可以进行大规模的生产,正如西方一些国家,家庭农场可以耕种上百顷土地一样,成为农业现代化的一个重要力量。家庭农场是最富有生命力的一种形式。

有些同志担心,家庭农场会不会因为婚嫁病老带来的劳动力变化和后继无人,造成困难,以导致家庭农场的垮台。这种情况在目前确实是存在的,但如果家庭农场经过不断的改造,办成企业式的家庭农场,那情况就不一样了。无锡县有几个实例很值得注意,一个是华庄镇种田大户俞俊端,他原来是一个乡镇企业的厂长,自己并不会种田,其特长是有相当活动能力和组织经营能力。他1986年因公伤回村后,认为搞农业有希望。于是提出承包土地。按他的说法,是成立了一个"废田公司"。另一个是前洲镇的周荣春,承包土地前是一个乡镇企业的供销科长,在招标承包中承包了前洲村边远田276亩,办了一个家庭农场。他们的经营特点:一是通过招标承包土地。周荣春是在同8人竞争中(江西2人、外乡3人、本村2人)中标的,承包土地276亩。俞俊端是向村提出承包,逐年扩大,从1986年的18亩到1988年的115.98亩。二是自营或承租农业机械,既满足自用,又为他人服务。周荣春租用村里的农业机械,每年交折旧金10179元,村另投资3万元用于铺设道路和建筑桥梁。俞俊端的机械设备,基本上是自己购置的,共投资66850元。三是雇工经营,招收农业工人。周荣春聘请农技员一名,用招聘广告招聘工人18名。俞俊端雇用长年工人4名,并请短工临时帮忙。四是内部经营实行现代企业的管理方式,对农业工人实行分工承包和浮动工资制。周荣春是按农业工人的技术熟练程度、劳动程度、工作表现,分别确定工资档次,一般为月工资180~200元,伙食自理,按0.4元一斤供应大米,每人发给一顶蚊帐、一只脸盆、一件雨衣和一只热水瓶。俞俊端雇用工人月工资为120~130元,另给伙食补贴50元,提供住房床铺,雨衣一件、鞋一双、热水瓶一只。

种田大户向企业化家庭农场发展,现在还只是一种探索。但实践证明,以现代的企业的经营方式来经营农业,独立经营,自负盈亏,自我积累,自我发展,可以通过招标承包、转移承包者,也可以雇用农业工人、聘请技术人员和经理,这将为规模经营开拓一个新境界,推动家庭农场进一步向大农业和现代化发展。这种企业化的经营,将不再存在由于劳动力的变动和后继无人而无人耕种的问题。

规模经营的企业是和规模服务、服务的社会化联系在一起的。试验区几个县的服务体系都有相当规模的发展,在村一级都建立了农业服务站,健全了农机、农技、植保、管水、肥药供应专线。农业服务体系,目前主要是为农户特别是兼业农户服务。有些乡村是高水平的服务:吴县黄桥乡占上村围绕双层经营、集中服务的原则,实行"六统一、两头分",即统一布局规划、统一育秧培苗、统一植保、统一施肥、统一防病治病、统一水浆管理,各农户只管收、种两头。这两头每亩只需用6个工,其余均由服务队解决。服务队向各农户收服务费,每亩63元,是带有补贴性质的低偿服务。在已经全部实行规模经营的村,服务站主要是为种田大户服务。这种规模服务能同企业化的家庭农场结合,会给规模经营创出一个新路子。

还应该提到,家庭农场在经营范围上,现在的特点是土地的适度规模经营加渔牧副业的综合经营。家庭农场或者以农业为主,兼营副业,进行多行业经营,或者主业(农业)独立经营,副业合作经营。这种以农为主,综合经营,既可以增加农户的经济收入,扩大经济效益(一般副业的收入约占农户总收入的25%左右),又可以充分利用劳动时间,农忙种田,农闲务副,还可以在生态环境上形成良性循环,取得经济效益和生态效益的同时增长。这种经营特点,随着农业专业分工的扩大可能有所改变,但在相当时期,还是发展规模经营的有效形式,也是农户比较向往的抉择。

重视农户的投入

农业现代化试验区提供了一个可喜的信息,就是农户开始增加对规模经营的投入,农民对生产投资已发生兴趣。农户愿意投入,这不是一件小事。以往,农民缺乏种田的积极性,兼业户把农业视为副业,不肯对农业进行投资,这正是农业的一个严重问题。现在,许多规模经营者重视了对农业的投入,乃至相当大的投入,这是一个大变化,说明农户对规模经营确实发生了兴趣,说明他们是愿意长期经营农业的。根据对试验区10个种田大户的调查,投资最多的是无锡县的俞俊端,用于农机和相应的设施的投资达68520元,常熟市的尹荣生投入50170元。10个种田大户,共有人口39人,劳力18人,承包耕地1199.44亩,劳均66.6亩。从1984年到1988年已投入资金36.16万元,户均投入3.6万元,劳均投入2008.9元,亩均投入301.1元。其他市、县的规模经营也有类似的情况,昆山县陆扬镇土地规模经营已发展到72户,承包土地3900多亩。1984年开始试点时,没有一户对农业投资,随着规模经济效益的提高,从1987年开始,63户土地规模经营者用于农机、仓库、场地等基建投资,户均达7100元,投资多的达13000元。

种田大户对农业的投入,有一个发展的过程。"一年看,二年干"。一开始,农民只进行消费性的投入,把主要收入用于翻建房屋,而不进行生产性的投入;或者只用于购买化肥农药等等简单再生产的投入,而很少用于扩大再生产;在对承包合同、承包期限存在顾虑时,即使取得一定的规模效益,也不肯对农业进行投入。但在明确了承包关系,规模经营又确实取得效益之后,即他们所说的"看准了"之后,他们绝不吝惜资金,不仅购置小型机械,也大量投资用于购置中拖和联合收割机等大型机具,以及建造仓库、场地等设施。根据10个种田大户投资的调查,在他们的36.16万元总投资中,除5.7万元作为流动资金外,其余30.46万元都形成固定资产,占总投入的84.24%。他们投资的特点,一是财产关系明确,农民才愿意投入。种田大户在固定资产投入中,主要投入是农机和场地、仓库等设施,对土地整治、道路桥梁、水系建设几乎都不投入,因为这一部分投入的财产关系不明确,无法取得应得的效益。二是承包期越长,农民投资胆子越大。10个种田大户,平均承包期在10年以上,在早期承包的一、二年内均无投入,80%是在1987年到1988年投入的。三是承包面积越大农户投入的越多。

如何增加对农业的投入,对农业发展是至关重要的。特别是传统农业向现代农业的转换,更需大量资金的投入。传统农业是劳动密集型农业,主要是靠劳动投入;现代农业是资金密集型农业,主要靠资金的投入来提高农业劳动生产率。在增加农业投入中,依靠农户自筹又是十分重要的,这是因为农业总是要从"输血型"向"造血型"发展,不仅仅依赖外来的投入,而要逐步成为能够自我积累、自我发展的生机勃勃的产业。在这里,主要的障碍是通过"剪刀差"转移农业的价值,使农业难以自我形成积累和进行自我发展。要越过这个障碍,最根本的是理顺价格体系,按价值规律办事。在这一点还不能完全做到的情况下,规模经营不失为是一种有效的办法。它在价格扭曲和"剪刀差"依然扩大的情况下,仍可以吸引农户增加对农业投资。这就在荆棘中为我们开辟出一条道路,加速传统农业向现代农业的转换。

当然,农户要注重投入,并不是说集体和国家的投入可有可无。合理的投资结构,是协调工农业比例关系,使产业结构合理化的关键措施。1984年以前农业的增长,固然是通过改革实行了联产承包责任制,以及大幅度提高农副产品价格,但是多年来对农业的投资,包括农田水利基础设施和农用工业等等,也是一个不可忽视的重要因素。在传统农业向现代农业转换过程中,更需要国家和集体的投入。试验区几个县都建立了农业发展基金,这是一支相当雄厚的力量。1988年无锡县提留建农基金3500万元,吴县提留建农基金4100万元。一般乡镇都实行劳动积累制度,每人每年出10~15个义务工,对农田水利建设增加了活劳动的投入。现在的问题是,建农基金本是专项提留,专项上交,专户储用,专款专用,但由于紧缩银根,资金困难,也存在筹不齐、用不好或移作他用的现象。农村资金的争夺相当激烈,由于市场规律的支配,从而形成的"工业偏好",即使建农基金,也舍不得用于农业而投向利润更高的产业。这也是"工业偏热,农业偏冷"的表现。实际上,农业办不好,农村的一切事业都办不好,已经到了非协调工农业比例关系不可的时候了。

这里一个重要问题,是农户投资和乡村投资、国家投资要有一个明确的界定,使他们各得其所。农户的投资,由于受利益原则的支配,主要投向能获得利润、取得较高效益的经营,这是无可非议的。乡村投资和国家投资,则主要投向基础设施和基础建设,不断更新现有的设施。现在,乡村建农基金主要使用方向是:① 添置农业机械;② 改善农田水利建设;③ 发展综合服务体系;④ 发展科学技术;⑤ 扶持规模经营。乡村投资应逐步减少补贴性开支,而主要用于基础设施的建设。国家和地方的投入,主要用于江河治理的骨干工程,农用工业的发展,农业商品基地的建设,大型林业建设,远洋渔业建设,为全国和地方服务的科研机构和大专院校,等等。投资范围的合理确定,投资就会取得更大的效益。

为规模经营创造更有利的环境

规模经营是农业发展的必然趋势,但并不是一个自发的过程,而是需要精心组织、从多方面为规模经营创造更有利的环境的过程。

一是土地制度问题。规模经营的发展,尤其是农业企业化,需要土地的流动。现在的情况是,土地流动的机制没有建立起来,往往在转让和承包上卡壳。如何妥善解决这个问题,有各种不同的方案:实行土地私有化;或实行土地国有化,把使用权和所有权分离;或部分实行私有化,部分实行国有化,等等。实际上,如果农业比较利益过低的问题解决不了,农民缺乏种田积极性,土地私有化也未必引起农民的兴趣,或者是占有土地以后搞土地买卖,而不是从事农业经营。如果通过规模经营可以使土地获得规模效益,那么在土地公有制基础上,把使用权和所有权分离,也可以解决土地流动问题,明晰产权关系。比较现实的办法是,可以采用苏南地区过去沿用的办法,把"田底权"和"田面权"分开,也即所有权和使用权分开。土地使用权可以买卖,可以转让,有价占有,有价转让,土地使用权占有者有种植权和产品处置权。农村的土地资源现在正处于重新配置的过程中,劳动力的大量转移,工兼农形成,使已进入工厂的务工人员仍占有一定的土地资源,但又不能充分发挥土地资源的作用。应该积极采用土地使用权和所有权分离的办法,形成土地流动的机制,这样有利于农村土地资源的重新配置,有利于规模经营的迅速发展。

二是农业机械问题。这是土地适度规模经营一个必要的物质条件。农业现代化的核心是机械化,土地规模经营的发展需要农业机械化程度有相应的提高。现代化试验区各个县都在努力提高机械化的程度。吴县10个示范村,1988年共投入86.4万元购置农业机械,新增动力643.9千瓦。10个村现有动力3901.4千瓦,亩均0.25千瓦。无锡县14个示范村农田作业动力1.2万马力,亩均0.57马力。但农机可靠性差,适用农机少往往耽误农时,不仅挫伤规模经营者的积极性,甚至导致规模经营垮台。吴县谢桥村就是一个例子,他们买了一个工厂生产的3台联合收割机,一台也不灵,厂里来了大批人修理,"割割几托,吃吃几桌",最后耽误了农时,造成水稻减产,于是农场垮台,准备秋后改由几个大户承包。常熟市也吃过这种苦头,"8天耕了13亩",派来修理的人"吃饭吃了1500"。目前,试验区着重要解决的突出问题是劳动强度最大的水稻育秧、机插和稻麦收割。大家一致认为,插秧机基本上是过关的,主要是栽培技术规范化能不能及时跟上,中拖、手拖都是比较好的,问题是联合收割机不理想,"进口的买不起,国产的不过关"。农机制造,本身也有一本苦经,带"农"字头的加工工业,比较利益都比较低。这需要国家和地方的投入来解决。调整投资结构,增加农业投入,应该把农用工业放到突出的位置上来。

三是农产品的价格问题。1979年以后,农副产品收购价格偏低的情况有了很大的改善,但是曾几何时,"比价复归",使农副产品的价格仍然回到了低谷。不仅如此,在价格上也存在着许多混乱现象。小麦收购价是每斤0.26元,而麸皮的售出价是0.38元。农民反映:"我卖出的是谷,买回来的是壳,价钱还要加一角"。解决农副产品收购价偏低的问题在近期内是比较困难的。如果农副产品提价是靠增加财政补贴的办法来实现,过多的提价将使财政的支付能力无法承担;如果靠市场调节来实现,在通货膨胀的情况下,放开粮价也是不可能的。在农副产品价格上,目前只能采取小步走的办法,继续实行"双轨制",一方面不能再增加定购任务,一方面要积极通过压缩、提价等方法,来保护粮农的利益,由农民、城镇居民和国家共同承担农副产品上涨的结果。如上所述,规模经营在现行价格体制下,还有一定的适应能力,能够取得规模效益。但价格的合理化,终究是规模经营顺利发展的外部条件,价格的逐步理顺,规模经营的潜力才会得到更大的发挥。

(原载《江苏农业发展研究中心资料与研究》1989年第3期,与蒋继奋合作)

规模经营是较发达地区
农业稳定发展的新生长点

近年来,农业生产出现的徘徊不前的局面,是令人关心也是令人担心的一个问题。农业如何摆脱徘徊停滞的状态,需要综合治理。在不同经济发展水平的地区也各有不同的对策。根据对江苏省农业现代化试验区的考察,在经济比较发达的地区,土地适度规模经营将是农业继续发展的新的生长点。

农业比较利益过低,是当前农业生产的一个尖锐的矛盾。农业生产的停滞、徘徊,是由多种因素造成的,但最尖锐的矛盾是农业比较利益过低。种田难以取得经济利益,甚至亏本种田,当然缺乏内在的动力。在经济比较发达的地区,随着劳动力的大量转移,乡镇工业的迅速兴起和商品经济的发展,农业比较利益低下的矛盾就显得更为突出。而且,由于农业生产资料涨价的幅度大大超过农副产品提价的幅度,今年一季度,粮食收购价提高 18.7%,而化肥上涨 30%,农药上涨 34%,农业的比较利益仍呈现下降的趋势。

比价问题,顺理成章的是从理顺价格体系、按价值规律办事来解决。但在目前情况下,理顺农副产品的价格是难以实现的。如果提高农副产品价格是靠增加财政补贴来实现,那么过多的补贴将使财政无法负担;如果靠市场调节来实现,在当前明显的通货膨胀的情况下,放开粮价事实上是不可能的。特别是,农业比较利益过低的问题之所以存在,其深层原因是两种体制交替所造成的矛盾,在农产品分配上的定购统销,基本上是按照产品经济的机制在运行的,而在农业生产资料的供应和粮食价格上,又多少引进了市场机制,低定购价和高议价同时并存,农业生产资料的平价和高价同时并存,这些搞活的政策和定购统销发生了一系列的摩擦和矛盾。在这种情况下,既要解决社会对农副产品的需求,又要解决农业比较利益低下的问题是十分困难的,我们正处在两难的境地:解决农业比较利益低的问题是困难的,不解决也会给我们造成极大的困难。现在就是要在这个两难的处境下寻找出路,而且必须找到出路。

当然,在经济比较发达的地区,众多的兼业农户和他们过分狭小和过分零散的经营,造成农业生产的后劲不足,也是农业生产徘徊停滞的原因。根据常熟市统计,在推行家庭联产承包责任制中,由"工兼农"兼业户承包的占整个承包农户的99.6%。兼业户在历史上曾有过它的贡献,但兼业户的长期存在,只是把农业作为副业,不肯进行投入,这种经营上的分散性,产品上的自给性,收入上的补充性,难以启动农户增加投入、扩大再生产和采用先进科学技术的内在冲动,也必然导致农业生产越来越缺乏后劲。

为了解决农业比较利益过低的问题,经济比较发达地区普遍采用了"以工补农"、"以工建农"的办法实行微调。这在现阶段是必要的,也确实起了调节的作用。但长此以往,会使农业成为依附性很大的产业,缺乏自我积累、自我发展的机制。这样的农业也是难以长期稳定发展的。

规模经营可以缓解农业生产上现存的矛盾,推动农业生产的继续发展,解决或者缓解农业生产上现存的矛盾,土地适度规模经营不失为一个最佳选择。江苏农业现代化试验区三个县(吴县、常熟、无锡)试验的结果,证实了土地适度规模经营是缓解农业目前的困境,推动农业生产继续发展的一个突破口。即使在价格扭曲和工农业"剪刀差"继续扩大的情况下,仍可解决或缓解农业比较利益低下的问题,有效地协调农业和非农产业之间的矛盾。

从劳均收入来看,三县劳均承包耕地均在15~20亩上下。1988年,吴县10个示范村44个规模经营单位统计,劳均收入4640元。常熟8个示范村10个规模经营单位统计,劳均收入2845元。无锡14个示范村 19 个规模经营单位统计,劳均收入 3522 元。土地规模经营者的收入均高于务工人员的收入。这里应该说明的是,吴县、无锡劳均收入较高,是包括一部分乡村补贴在内,常熟则不包括补贴。乡村补贴办法不一,有的按责任田补贴,每亩补 30~100 元,有的按完成商品粮数额补贴,每百斤补 3~5 元,个别的补 10 元。但除去这些补贴,规模经营单位的劳均收入仍可比务工人员高 30~50%。

从劳动生产率看,三县试点单位都有大幅度的提高。1988 年,吴县 10 个村 44 个规模经营单位统计,劳均产粮 14250.5 公斤,比全县劳均产粮高 10 倍。常熟 8 个村 10 个规模经营单位统计,劳均产粮 11770 公斤,比全市劳均产粮高 9.2 倍。无锡 14 个村 19 个规模经营单位统计,劳均产粮 10658.9 公斤,也大大高于全县劳均产粮水平。

从土地生产率来看,在苏南人多地少的地区,特别强调提高劳动生产率和提高土地生产率的双重目标。1988 年,各县的土地生产率都有所提高。吴县 44 个规模经营单位统计,平均亩产 632.3 公斤,比上年 578.9 公斤增长 9.2%。常熟 10 个规模经营单位统计,平均亩产 727.8 公斤,比上年增长 10%。无锡 19 个规模经营单位统计,平均亩产 659.73 公斤,也高于上年的水平。由于规模经营首先集中的是瘦田、远田,因此,横比多数低于全县平均亩产,但纵比都在原有基础上有所提高。

这些情况表明,土地适度规模经营,能比较有效地克服农业比较利益过低这个尖锐的矛盾,缩小农业与非农产业收入所存在的反差。并通过大大提高劳动生产率,增加自身的积累能力,具有较强的自我调节和适应能力。在现在两难的处境下,能比较有效地调节农业和非农产业之间的矛盾,重新调度农户的种田积极性。在经济比较发达的地区,土地适度规模经营将是突破现有困境、推动农业生产继续发展的新的生长点。

规模经营在现实生活中还有一个重要的作用,是保证了国家订购任务比较顺利地完成。这在 1988 年完成订购任务十分困难的情况下,尤其显得突出。据无锡县统计,欠交订购粮的农户,1986 年为 3 万余户，1987年为5万余户，1988年已增加到7万余户。在粮食价格和农业生产资料存在双轨制的情况下，依靠千家万户完成粮食订购任务，难度越来越大。而规模经营单位，却毫无例外地超额完成了国家订购任务。农业现代化试验区33个示范村，订购任务141.47万公斤，实际交售148.37万公斤，完成任务104.87%。另上交村组49万公斤，市场出售26.62万公斤，粮食商品率达84.19%。无锡县东㙟镇全部责任田和187亩口粮田，由101个种田大户承包，1988年售粮105.63万公斤，占全镇订议购任务的95.3%。正是因为规模经营单位可以获得较高的商品率和具有较强的承受能力，在按牌价完成国家订购任务之后，仍可取得比工业和其他产业更高的收入，因而能有效地调节国家、集体和个人之间的利益关系。

规模经营吸引农户增加对农业的投入。规模经营所取得的规模效益，已引起农户对农业经营的兴趣，并开始增加对农业的投入。据江苏农业现代化试验区对10个种田大户的统计，10个种田大户共有人口39人，劳动力18人，承包耕地1109.44亩，劳均66亩。从1984年到1988年已投入资金36.16万元，户均投入3.6万元，劳均投入20088元，亩均投入301.1元。投入最多的农户达68250元。在10个种田大户的投资中，除5.7万元作为流动资金之外，其余30.46万元全部形成固定资产，占总投入的84.29%。当然，种田大户增加对农业的投入有一个发展过程，"一年看，两年干"，在明确了承包关系、承包年限，并确实取得了经济效益之后，他们绝不吝惜资金投入。

规模经营吸引农户增加对农业的投入，这对农业长期稳定的发展是至关重要的。农业要成为一个独立而又生机勃勃发展的部门，其发展动力只能来源于农业部门本身的自我积累，而不能长期依赖农村工业的"输血"。在传统农业向现代农业转换期间，需要大量资金的投入。在全方位、多渠道筹集资金中，农户应成为投资的主体。而且，在经济比较发达的地区，主要依靠农户的自我积累来实现农业现代化也是可能的。在这些地区随着农民收入的大幅度增长，农户自我积累的能力也相应地提高。据苏州市统计，1987年农民人均纯收入由1982年的

343元上升到944元,农户的投入能力也成倍地增长。规模经营开辟了吸引农户投入的道路,即使在价格扭曲和工农业"剪刀差"继续扩大的情况下,它还能吸引农户增加对农业的投入,逐步强化农业自我积累、自我发展的机制。当然,以农户为农业投资的主体,绝不是说乡村和国家的投入可有可无。增加对农业的投入是国家、集体、农户共同的责任。多年来减少对农业投入所造成的农机老化、水利退化和土地僵化等等教训是太深刻了。投资结构的合理化是产业结构合理化的关键措施。江苏农业现代化试验区都建立了农业发展基金,这是一支相当雄厚的力量。1988年吴县提留建农基金4100万元,无锡提留3500万元,同时实行劳动积累制度,每人每年负担15~20个义务工,增加农田水利等基础设施的活劳动投入。这是一个重要的问题,农户投资、乡村投资和国家投资要有一个明确的界定,使它们各得其所,进一步提高投资效益。

为规模经营创造更有利的环境。规模经营是农业发展的必然趋势,但是规模经营并不是自发形成的,而是需要精心组织,从各方面为规模经营创造更有利的环境。

——土地制度问题。规模经营的发展,需要土地的流动。现在是土地流动机制没有形成,经济比较发达地区的"以工补农",又在一定程度上增加了土地集中的难度。应该从明晰产权关系上促进土地的转让和集中。如何妥善地解决这个问题,有各种可供选择的方案。而通过规模经营可以使经营者获得效益,那么在土地公有制基础上,把使用权和所有权分开,不失为解决土地流动问题的一条途径。比较现实的是采用苏南地区沿用的办法,把田底权和田面权分开,田面权也即使用权可以买卖、转让,有价占有,有价转让,逐步形成土地流动的机制。

——农业机械化问题。农业机械化是农业现代化的核心,是发展规模经营的必要物质条件。规模经营如果不是依赖机械化,仍然建立在手工劳动的基础上,那在很大程度上是重复过去合作化的老路而难以兴旺发达。现在问题是农业机械质次价高,适用农机少,尤其是适用江南水旱两作的机器更少,严重制约着规模经营的发展。农业机械所以存在这种落后的状况,也是长期对农用工业投入过少的结果。调整投资结构,应该把农用工业放到突出的位置上来,作为调整工农业比例关系的一项重要内容。同时也要通过改革,搞活农机行业和农机企业,可以放开农机价格,实行"两头补贴",即由国家供给平价钢材、能源,由乡村对购买单位和农户予以补贴或优惠贷款,等等,促进农业机械与规模经营相辅相成,协调发展。

——农副产品价格问题。农业长期稳定的发展,终究要理顺农副产品的价格,真正按价值规律办事。在当前情况下,理顺农副产品价格,缩小工农业产品价格剪刀差是难以实现的,只能采取小步走的办法,继续实行"双轨制",由农民、城镇居民和国家共同承担农副产品价格上涨的结果。规模经营,如上所述,在现行价格体制下,还有一定的适应能力,但价格的合理化,终究是规模经营顺利发展的极为重要的外部条件。

上面我们论证了规模经营是农业稳定发展的新生长点的问题,在此还需要指出的是,土地规模经营不仅是农业摆脱困境的最佳选择,而且是实现农业现代化的基本途径,是传统农业向现代农业转换的必由之路。由于篇幅所限,在此不再论述。

(原载《农业经济问题》1989 年第 5 期)

农垦·乡村土地规模经营·未来展望

——兼谈农垦经济可以为乡村规模经营提供哪些有益的借鉴

在农业"第二个飞跃"的进程中,农垦这支国家队和乡村的村办农场、站办农场、家庭农场正在组成一支浩浩荡荡的队伍,成为推进农业规模化、产业化的急先锋。农业生产经营组织这种创新,不仅使土地生产率、劳动生产率、粮食商品率和初级产品转化率有了明显的提高,而且为农业自我积累、自我发展,形成独立的产业开辟了通道,展示了未来农业的灿烂前景。

当然,农业的"第二个飞跃"还是一个长过程。农垦在现阶段主要是起着示范的作用,而乡村适度规模经营,也还只是在发达地区和比较发达的地区开始起步。

江苏自 1987 年经国务院批准建立"社会主义农业现代化试验区"以来,土地适度规模经营,已经斗转星移经历了十个春秋。进入 90 年代,各个有条件的地区又加快了适度规模经营的步伐。到目前为止,全省土地经营规模在一公顷以上的单位已达 2 万多个,经营面积 265 万亩。这种经营组织形式所取得的显著成效,吸引了苏南金三角的许多地区,乃至苏中的江都、姜堰等等县市。当然,多数的县区现在主要是运用已有的经验继续推开的问题,但是,一些先行的市县,像锡山、昆山、常熟、吴县、武进、金坛等等,已在思考适度规模经营如何在更高层面上进一步完善和提高。尤其是锡山、常熟、吴县 3 个试验县市,目前共有适度规模经营单位 4365 个,经营面积 34 万多亩,占责任田面积的 43%。其中锡山市规模经营单位已达 1900 个,经营面积 12.93 万亩,占责任田的 75.7%;后来居上的昆山市规模经营单位 2520 个,经营面积 21.66 万亩，占责任田的 70.37%。在这些市县，适度规模经营的提高问题已是迫在眉睫了。

农垦经济的强项

乡村适度规模经营进一步发展所思考的问题，恰恰是农垦的强项，也就是说，农垦在建设中对这些问题都有较好的筹划和协调。这主要是：

——在经营形式上，农垦在"第二个飞跃"中注意了保留联产承包制的"合理内核"，也即重视保留产权激励机制的作用。农垦虽为农业的"国家队"，但在"第一个飞跃"过程中，彻底抛弃了对职工实行的固定等级工资制，引入了大包干的联产承包责任制，兴办了职工家庭农场。不过，转制初期过分强调了"以分为主"，也给大农场带来了不利的影响，条田被人为地肢解，不利于机械耕作；种植布局混乱，不利于专业化和轮作换茬，不利于科技的推广；并出现掠夺式经营，国家大量投资所取得的利润大部分流向职工，等等。因而在1986年以后，又注意加强"统"的功能，完善了双层经营的体制。有代表性的两种形式：一种以东辛农场为代表，是在强大的服务体系的支持下，统一经营，分户管理，在"六统一"即统一规划布局、统一机械耕作、统一化肥农药良种供应、统一技术措施、统一产品收购的前提下，以条田为单位，承包给几户，"大农场套小农场"，大农场负责经营和服务，小农场负责生产管理。另一种以新洋农场为代表，是统一经营、双轨承包，也即"少数人种多数田，多数人种少数田"，把机械化程度高的大宗农作物承包给农场下属的支场管理人员集体承包，把机械化程度低、劳动用工多的棉花、果园承包到户。以上两种形式在分配上都是以大包干为主，各类小农场（家庭农场和支场）按合同上交以后，剩余部分都归集体或个人。这种经营形式就能在"第二个飞跃"的进程中，尽可能地保留了联产承包制的合理内核，较好地运用了产权的激励作用。

不仅是粮食生产，在多种经营上，农垦也采取了"公司＋农户"的经营体制。农场作为"公司"的代表与承包的农户,在生产经营过程中行使各自的权力,承担不同的风险,分享双层经营所创造的利益。东辛农场的"环球"和岗埠农场的"大地"肉鸡公司,都是年产几百万只肉鸡的企业;在经营方式上不仅有运用先进技术的"国有国营",也有"国有民营"(农场兴建鸡舍,分户承包经营)、"民有民营"(职工自建鸡舍,农场实行苗鸡、饲料、技术、收购四上门服务),以及"合股经营"(农场与职工合股兴建鸡舍,交职工承包经营),等等。类似这样的经营方式的选择,以及较长的承包期,都是为了有足够的产权激励和约束,保留了联产承包的"合理内核"。

——在从单一的种植业转向综合经营发展上,农垦也走在各类农场的前头,形成了许多种养加一条龙、产供销一体化的经营体系,把农副业生产和农场工业衔接起来,从农业向加工业延伸,拉长了农业生产的"产业链",农垦称之为"龙型经济"。种养加销发展最快的东辛农场已是八龙齐舞,包括以冷冻加工厂为龙头的肉鸡一条龙;以乳制品厂为龙头的乳制品一条龙;以种子加工厂为龙头的种子一条龙;以粮食加工厂为龙头的粮食一条龙;以轧花厂、卫生材料厂为龙头的棉花一条龙,等等。新洋农场利用农场的饲料优势,发展养鸭业,围绕养鸭形成了屠宰、冷藏、饲料加工配套成龙的加工工业,进而延伸到羽绒服加工,培育了名牌产品"美尔姿"羽绒服装。以生产水稻为主、靠农业腾飞的临海农场,则发挥自己生产优质稻谷的优势,在精深加工上下功夫,农场生产的"银月牌"大米获得绿色食品证书。大米的副产品米糠先榨油,进而生产肌醇。稻壳先综合开发煤气发电,再生产白炭黑、活性碳等系列产品。在加工过程中,还利用饲料厂的有利条件,创办了肉鸡养殖场。在粮食加工上,不断地向深层次发展,使粮食生产向综合开发,永续利用,多次增殖转变。这些事例都说明乡镇适度规模所思考的问题,在农垦已经形成了优势。

——农场自身强有力的调节机制,是农垦的又一强项。农垦的调节作用表现在几个层次上:一个层次是国家、集体、个人利益的调节。农业生产处于市场风险、自然风险和政策风险之中,往往影响三者利益的变化,需要及时加以调节。新洋农场在1994年,因农产品价格上浮造成农业利润大幅增长,就通过合理分摊通货膨胀增加的成本600万元,避免了农业单位分配过多,消费基金增长过快的倾向。而1990—1993年,棉花生产遭灾连续减产时,则合理调减承包职工上交利润、费用,减轻了职工受灾的损失。临海农场在全部实行家庭农场承包制的基础上,搞"两头固定",即生产资料价格固定,产品内部结算价格固定。这种政策类似加拿大的农业保护政策,由政府承担市场风险,临海则由农场承担市场风险,保证承包户有可靠的收入,同时在分配上也可以保证国家得大头。产品走俏时,可避免由于实行大包干或利润分成而使效益过多地流向个人的畸形分配。

第二层次是种养加之间的调节。农场的种养加形成一体化经营,种植业是养殖业和加工业的基础的前端,养殖业和加工业是种植业的延伸和深化,种养加互为作用,共存共荣,形成一个利益共同体。1995年饲料暴涨而肉鸡跌价,形成了强烈反差,给养殖业带来很大的震荡,但农场运用了自身的调节功能,大大增加了对市场风险的抗震能力。东辛农场在种养加之间对饲料、苗鸡、毛鸡价格统一协调,以苗鸡加价抵充饲料低价供应,以调整粮、经、饲三元结构,增加饲料的自给率。对奶牛也作了调节,保持了肉鸡和养牛业的继续发展。但在1992年粮食价格大幅度下跌时,玉米、大麦场内收购价每公斤比市场价高0.16和0.18元,其价差由加工增值部门进行弥补。种养加风险共担,利益同享。

第三个层次是贸工农之间的调节。在不违背国家有关政策和农场整体利益的前提下,允许各类专业公司自行确定和调节内部利益分配,各环节上如出现政策性亏损,则由公司年终根据实际情况统一调节。资金上的统一调节是,农场各核算单位在金融中心开户,并实行存贷分开,同时规定各单位在银行帐户存款余额的最高限额,超过部分一律划入金融中心统一户头。既保证资金得到最大限度的利用,又通过资金的控制确保农场重点项目和重点行业的资金需求。

——农垦已经步入低成本高产出,自我积累、自我发展的良性循环。实行农业集约化、规模化经营,以资本替代劳动是否必要,主要衡量尺度是看产出品的平均成本是否降低了。农垦基本上达到了这一目标。这当然有宏观政策上的扶持,1979年财政对多年亏损的农垦系统实行了财务大包干,以后内容上虽略有变动,但仍是一次比较有成效的对行业的承包经营。从农垦自身来说,既得益于保留了联产承包合理内核的双层经营体制;又有农业产业化、贸工农一条龙、产加销一体化的支撑;有农业经营规模所带来的规模效益;大规模的农业机械化对劳动的替代;以及为先进农技和农艺的推广开辟了广阔的天地。农垦建立了强大的服务体系,农技服务自上而下形成三级农技服务网络,负责全场技术措施、技术指导和技术培训,免费服务,其经费来源主要是进行种子经营;农机服务体系双重管理、双重领导,为农户提供机械耕作和机电排灌服务,按标准收费,同时下属自来水厂、供电所、油库、农机配件库等多个实体,综合为一个独立核算单位。这样,就形成了投入—产出—积累—再投入—再产出的自我积累、自我发展的循环。当然,农垦系统也还有少数亏损单位,可这些亏损往往不是来自农业,而是工业发展中和近年工业不景气捅出的漏子。农业已连续多年迈步前进。

土地适度规模经营+多种经营产业化

农垦相对而言有许多优长之处,但并不是说可以生搬硬套,而是在乡村适度规模经营未来发展中可以有所借鉴。今后乡村适度规模经营如何发展与提高,似乎应该先向土地适度规模经营+多种经营产业化迈步,然后在条件具备以后,逐步向农工商一体化的产业集团前进。

对农业产业化,理论界和实际工作部门都有些不同的看法。实际上,农业产业化是相对于传统农业而提出来的,也是世界发达国家按照农业现代化要求改造农业的成功经验。所谓农业产业化,其基本含义是:按照现代化大生产的要求,把农业产前、产中、产后各个环节联结起来,适度延伸农业的产业链,实行贸工农一条龙、产加销一体化经营,把农业生产专业化、农产品商品化、服务社会化和加工增值整合在农业产业一体化的轨道之中，成为风险共担、利益同享的利益共同体，形成一个自我积累、自我发展的良性循环的发展机制，造就发达和自立的农业。

农业产业化的核心，是形成产加销一体化的生产和经济体系，以及相应的利益共同体。农业生产长期受体制的约束，一直是生产初级农产品和提供原料的部门，农业产业链被人为地分割而分属于不同的主管部门，这必然导致农业比较效益的低下而缺乏内在的发展活力。要解决农业自我积累、自我发展的问题，向农业现代化迈进，首先就要在这个根本问题上有所突破。从不同地区来说：

——苏南乃至苏中若干地区，实行了土地适度规模经营，这是一个很好的基础。这本应该成为粮棉油产加销一体化这个产业链中的一个环节，即专业化生产基地的环节。但在现行的购销体制下，粮棉油产业链的延伸受到很大的制约，只能在比较放开的多种经营上进行产业化发展，并把两者整合起来，实行土地适度规模经营＋多种经营产业化。

这也即是一些先行市县正在思考的，如何从单一的粮食经营向"种养加一条龙、产加销一体化"的综合经营发展。抓住这个契机，推动现有农场在多种经营上进行产业化发展。并借鉴农垦的经验，不仅使产加销之间形成为利益共同体，而且在贸工农之间互相调剂，把他们的经济利益捆在一起。随着农场综合经营的发展和经济实力的壮大，也会促使两田制加速向一田制转化。然后在未来的发展中，综合经营的农场再进一步向农工商贸联合的农业产业集团发展。农场与社区的关系也将进一步理顺。社区收取土地有偿使用费和农业风险等基金，担负农业市场风险和增加农业的投入，而农场则向类似农垦那样的自我积累、自我发展的市场主体发展。

现在一个难点，是苏南地区多种经营的发展，不仅要解决市场风险，而且要克服土地资源匮乏的制约。昆山在这方面有很好的设想，打算在确保水稻的前提下，在复杂布局上做"三五"文章：一是秧苗搞直播、旱育，腾出5万亩秧田进行结构调整，使发展多种经营形成气候；二是三麦油菜在保证口油情况下进行调整，调出5万亩地发展多种经营；

三是对现有5万亩蔬菜,在品种、质量、技术、包装上进一步提高。以"三五"解决粮经用地的矛盾。昆山的设想说明,即使在苏南地区,产业化发展仍是具有潜力的。

——从苏北来说,规模化＋产业化却是反其道而行之,在继续发展和提高多种经营产业化产加销一体化的基础上,逐步推进土地的适度规模经营。苏北地区近年来把产加销、农工商一体化升华为带有战略性的发展模式,以某种农副产品为中心,把农业再生产的购销、生产、服务、加工联成一个"龙型"的产业链,并形成共存共荣的利益共同体。这不仅迅速实现了农民致富工程,而且促进了农业的非农化、工业化的发展。农村劳动力的大量转移,始终是土地让渡和适度规模经营的必要前提。苏北在多种经营产业化发展过程中,将会把劳动力不断向农副产品加工工业和第三产业转移,然后在正确处理土地流动程序基础上,招标承包,把土地逐步向种田能手、集体农场集中,或由服务体系承包经营,实行多种经营产业化＋土地适度规模经营。在若干年后,殊途同归,发展类似农垦的农业产业集团。苏北已经摸索到一个很好的发展路子,可以预计,苏北农业规模化产业化的发展,将不会太多滞后于苏南,苏北丰富的农业资源和土地资源,将支撑苏北农业现代化的加速发展。

(原载《经济探讨》1996年第9期)

适度规模经营先行地区的新思考

江苏自1987年经国务院批准建立"社会主义农业现代化试验区"以来,土地适度规模经营,已经斗转星移经历了十个春秋。进入90年代,各个有条件的地区又加快了适度规模经营的步伐。到目前为止,全省土地经营规模在一公顷以上的单位已达2万多个,经营面积265万亩。这种经营组织形式取得的显著成效,吸引了苏南金三角的许多地区,乃至苏中的江都、姜堰等等县市。当然,多数的县区现在主要是运用已有的经验继续推开的问题,但是,一些先行的市县,像锡山、昆山、常熟、吴县、武进、金坛等等,已在思考适度规模经营如何在更高层面上进一步完善和提高。尤其是锡山、常熟、吴县3个试验县市,目前共有适度规模经营单位4365个,经营面积34万多亩,占责任田面积的43%。其中锡山市规模经营单位已达1900个,经营面积12.93万亩,占责任田的75.7%;后来居上的昆山市规模经营单位2520个,经营面积21.66万亩,占责任田的70.37%。在这些市县,适度规模经营的提高问题已是迫在眉睫了。

新思考的主题词是:农业规模化与农业现代化。如何从农业现代化的高度来认识农业适度规模经营,又如何运用农业规模化、产业化这个重要杠杆来走向农业现代化。农业现代化是涵盖面很宽的概念,它涉及农业结构演变和农业劳动力转移的比重,涉及农业的规模化和产业化,涉及操作的机械化和生产科技化、集约化,涉及生产专业化和服务社会化,涉及农民收入水平和农民的知识化,以及农村城镇化和经济社会综合水平,涉及可持续发展战略,等等。但首要的一着,是农业的

规模化和产业化,于是一些适度规模的先行者不能不首先思考:

1. 如何通过规模经营,把农业从福利型、经营补贴型向自我积累、自我发展的自立产业转化。苏南地区"以工补农"、"以工建农"曾经为稳定农业生产、促进农业适度规模经营立下汗马功劳;适度规模经营创办初期,社区给予的每亩一定数量的补贴,以及服务体系无偿和低偿的服务,也都起了很大的扶持作用。但这也造成了规模经营效益中包含了部分乡镇的补贴在内,以致模糊了经营单位的成本效益,而且这是规模经营初期所需的较大投入,和在粮价过低的情况下不得不予以的补贴。近年的粮食提价以后,按亩进行的补贴一般已经取消,只有购置昂贵的大型农机具,仍实行3∶3∶4或2∶3∶5制(市、乡、镇按比例出资购置)。昆山、常熟等市已引进了土地有偿承包机制。常熟对土地规模经营单位全面征收土地有偿使用费每亩不低于80元,并提高了承包费上交。昆山按承包田亩收取规模经营基金30～50元/亩,土地有偿使用承包金80～100元/亩,"两金一费"30～40元/亩,农技服务费5元/亩,粮食风险基金5元/亩,这就大大增加了农业的积累,1996年昆山全市积累总额已达到3120万元。但这些基金基本上都归村镇掌握,可以增加农业的投入和弱化农业的风险,而规模经营单位的积累和循环问题,并未得到解决。

2. 同上述问题相联系,一些先行市县也在考虑适度规模经营单位如何由单一的粮食种植向综合经营发展、"种养加一条龙、产加销一体化"的方向转化。在现有的购销体制下,不可能对粮棉油实行产加销一体化的经营,而多种经营也是肘掣颇多,既受市场需求的制约,生产不够稳定;遇到饲料、生产资料涨价,产品价格却受制于宏观控制;也受规模的影响,难以抗拒市场的风险;尤其在耕地大量占用的情况下,往往是减地不减征购,粮经矛盾相当尖锐,多种经营难以形成气候,也难以进行加工和深加工。倒是苏中的江都市和姜堰市在推进适度规模经营中,种植业和养殖业、水产得到了同步的发展。根据江都市1994年统计,在1131个规模经营单位中,种植业271个,面积14902亩;养禽262个,养畜131个,水产333个,面积21941亩。

3. 如何建立一个合理的土地流转机制。两田制：口粮田保持承包经营，责任田实行适度规模经营的格局，是乡村规模经营递次推进的一种极为有效的阶段性策略。在粮食市场和口粮商品化发育不健全以及现有农场不是十分强大的情况下，农民是不大愿意让渡作为生活资料供给保障的口粮田的。苏南一些地区，如武进市的新华村的"一田制"已开始起步。锡山市也有4万亩口粮田实行"一田两法"——麦统稻分。但近年粮食提价，以及乡镇企业不太景气的情况，又使"种田万万年"再度成为"热门"话题，农民不仅不愿让渡"口粮田"，甚至不愿放弃"责任田"，或者要回"责任田"，这都增加了土地流动的难度。从深层次来看，问题的实质是涉及如何处理好土地的所有权、承包权和使用权。适度规模经营之初，在粮食价格扭曲和种植业比较利益过低的情况下，是以劳动力向乡镇企业转移、赋予农户工业就业的权利和不再承担征购任务、"两金一费"等等，来换取农户对承包权和使用权的无偿让渡。目前，在粮价调高和地价升值的情况下，应更重视尊重农户对土地的承包权，不仅农业劳动力的转移应保持稳定，而且，在农户承包期内，使用权的让渡应该是有偿原则。昆山市在实行有偿承包之后，已经考虑在每亩收取的144.05元中，提出30~50元对农户承包权进行补偿，有利于土地让渡，逐步形成一个合理的土地流转机制。

4. 如何看待适度规模经营形式的演变。经营形式多样化，是苏南适度规模经营的一大特点。但近年来演变的趋势是，由家庭农场（种田大户）向村办、站办农场转化，由客农承包转向由本地人承包。锡山、昆山、常熟都有类似情况，锡山市原先有较多的村办农场，现在村办农场的比重已扩大到64.2%。常熟市原先以家庭农场为主，现在也加快了集体农场，尤其是村办、站办农场的发展，逐步形成了以集体农场为主的经营模式。家庭农场（种田大户）经营中主要问题是有少数承包者，尤其是外来的客农存在短期行为，实行掠夺式的经营，抗拒自然风险、市场风险的能力又薄弱，遇到大灾之年，即弃田而去，重新造成土地的抛荒。实际上，在现阶段对规模经营形式的选择，如何保持家庭承包制的"合理内核"，仍是一个十分重要的问题。在适度规模经营的几种形式中,家庭农场基本上保持了联产承包的"内核",因而也没有产权激励不足的问题。在经营形式的选择上,仍应该充分发挥家庭农场这种优势。当然,家庭农场也需要社区以及协会的组织与管理。多年来的实践证明,家庭农场突出的问题是经营者的素质问题,集体农场突出的问题是机制问题,村办、站办农场规模、机械操作和科技应用上都有相对的优势,但重要的问题是防止重开"大锅饭"或"小锅饭",一些实行工资加奖励的农场,往往在产权激励上已很大程度地丧失了联产承包制的"合理内核",容易产生监督费用过高和分配不公问题。乡村适度规模的几种形式,都有其优长和不足,还需要在实践中不断完善、逐步提高。

  这里面需要指出的是,乡村适度规模经营过去走过的一段道路,是在现行农产品购销体制、粮食价格长期的背离价值,农业市场化没有发育的条件下,不得不采取的迂回运动的办法,成效是显著的,代价也是高昂的。市县在自己农业规模经营实践的过程中,处处感到掣肘,但对此无能为力。如何改革农产品的购销制度,推动粮食市场的发育,建立农业合理的流通体系,可能是农业生产进一步发展的宏观前提,也是农业规模经营的更高层次发展的必要条件。

(原载《江苏农村经济》1996年第11期)

苏南乡镇企业改革与苏南模式的演进

苏南模式,作为由乡镇企业崛起、带动农村劳动力的大转移、开拓出一条消除经济二元结构、发展农村工业化和现代化、致富农村的经济社会发展模式,其运行机制和特征,自然与乡镇企业的发展变化以及由此辐射、延伸的新态势是分不开的。党的十五大以来,乡镇企业改制在深度和广度上都不同以往,因而给苏南乡镇企业带来了巨变,带来了实质性的突破。苏南乡镇企业这种变化,已使过去对苏南模式特征的种种概括失去时效,或者说同样发生了巨大的变化。要不要再提苏南模式?或者苏南模式的新内涵、新特征将是什么?确实是值得重新思考的问题。

一、苏南乡镇企业的巨变及其带来的变化

之所以说近年来的改革给苏南乡镇企业带来了巨变,是由于这次改革是产权的改革,是涉及所有制的改革,是形成集体经济多种实现形式的改革,也是乡镇企业面广量大的一次战略重组。有的同志把苏南乡镇企业改制后的新态势概括为:产权多样化,由单一集体经济向多种所有制经济共同发展转变;投资主体多元化;经营资本化,企业运作由生产经营型向资本经营型转变;企业规模化;发展外向化。这当然是很好的概括。但实际上在这次改革中,主要的变化是前三条。这次实质性的突破,一是突破了苏南乡镇企业的单一集体所有制,而转为多种所有制经济共同发展的格局;二是突破了苏南乡镇企业投资主体单一化,

改变为投资主体多元化,发展了混合所有制经济。乡镇企业的战略重组,主要是从大批小型企业退出,而把资源更多地向大中型骨干企业和优势企业集中。

在多种所有制经济共同发展上,这次改革首先完成了"大规模放小",使大批小型企业以放为主转为私营企业。转私的一块比原有的个私经济那一块要大得多。我们最近考察过的常熟、江阴、锡山,到1997年年底,常熟市改制乡镇企业1756家,占乡镇企业总数的90%,拍卖转为个私企业的即达911家;江阴市改制乡镇企业3805家,占乡镇企业总数的70%,拍卖转为个私企业的1111家;锡山市改制乡镇企业5244家,占乡镇企业总数的71%,拍卖转为私营的3155家。原来被称为"大树下的小草"长期受抑制的个私经济获得了一个新的大发展的机遇,与集体经济、混合经济、外资企业多种所有制经济共同发展。

混合经济的发展,除一些小型企业和部分中型企业实行股份合作制外,一些大型乡镇企业和相当数量的中型乡镇企业,选择了股份有限公司和有限责任公司。到1997年末,常熟市改制乡镇企业中,实行股份合作制的558家,建立有限责任公司287家;江阴市有股份合作制1026家,有限责任公司874家;锡山市有股份合作制279家,有限责任公司381家。股权结构,据锡山市381家有限责任公司的10.68亿元股本总额统计,集体股占42.51%,社会法人股占29.31,个人股占28.18%。目前几个市大型乡镇企业的改制尚未完成,正处于攻坚阶段。向混合所有制经济发展,这是苏南乡镇企业又一个大突破。

改制给苏南乡镇企业带来的这些变化,相对于其他地区的乡镇企业,共性增加了,个性弱化了。有些同志认为,既然乡镇企业是苏南模式的起点和核心部分,苏南乡镇企业发生的巨大变化,同样也使苏南模式的个性弱化,而趋同其他的模式。这有一定的道理。但是,也要看到,一定的发展模式,是在特定的地区和特定的条件下形成的,它的演进也是沿着它的特定轨迹发展的。因而它仍会保持自己的特性。现在对演进了的苏南模式的特征进行全面概括,尚为时过早。但作为农村经济综合发展的模式来看,是否有以下一些新特征、新内涵值得注意。

——在公有制为主体、多种所有制经济共同发展的格局中,集体为主体,集体经济保持着强大控制力这一点,苏南地区表现得相当凸出。针对苏南乡镇企业单一集体所有制的活力衰减,内动力不足的弊端,把大批小型企业拍卖转制,这是多种所有制经济共同发展的应有之义。但苏南多年积累起来的集体经济确实具有雄厚的实力。这几个县改制的思路大致上都是:大型骨干企业集体控股上水平,中型企业多方参股争活力,小企业拍卖转让搞转制。只要抓住了大型骨干乡镇企业和若干中型企业的控股和参股,就突出地体现了集体为主体和集体经济的控制力。这方面最突出的是江阴市,全市所有者权益超1000万元的共180家,包括阳光集团、双良集团以及华西集团、三房巷集团等等。这180家共有资产108亿元,占原有乡镇企业总资产的70%,销售收入占46%,税利占81%。市里主要抓这180家,各乡镇重点抓3~5家。锡山市也主要是抓"红豆"服装、"捷达"摩托、"行星"柴油机、"锡兴"钢铁、"太湖"手拖等102家资产在1000万元以上、销售在3000万元以上的大企业、大集团。常熟除一批大型乡镇企业外,也抓一批大型市属企业,如通润机电(千斤顶)、阪神、双猫等集团。常熟市属企业办得生机勃勃,这是它的特色之一。改制后这些企业都将成为混合所有制经济,但通过对这些企业的控股和参股,集体经济仍将保持其强大的控制力。这一点在苏南模式的新内涵中仍然凸现。

——大批混合经济的存在,大批企业的股份制改造,可能使苏南乡镇企业在现代企业制度上走得较快一些。在这次改制中,股份合作制并没有成为乡镇企业的主要取向,比重不大,而且内容不规范。在现有的股份合作制企业中,大约有40%的企业,只是由经营层持股、经营者持大股而无职工参股,并不是真正意义上的股份合作制。相当数量的大中型企业选择了股份有限公司和有限责任公司,怎么在这些公司建立现代企业制度,就成了苏南乡镇企业的重头任务。凭着"乡镇企业一生下来就在市场里闯荡"的优势,苏南乡镇企业有可能在形成新的激励机制和约束机制,在发展现代企业制度上,也表现得较为突出。

——改制将带来经济增长方式转变的凸现。不仅大批转私企业大大增强了求生存、求发展的内动力,在激烈竞争的买方市场条件下,极力节约增效,讲求效益,力求挤占市场,也需要"投资安全"服务,在投资机遇选择上更加谨慎。而且新涌现的各类股份公司,也由于投资风险约束的增强,将逐步改变以往的投资冲动,从盲目扩张转向注重效益。这些企业已意识到,现时的发展,不能再走过去的老路,而是要把生产经营与资本经营结合起来,以扩大企业规模和提高市场占有率为目的,在资本经营和资产重组上找新路子,有新的境界。一些有条件的大型骨干乡镇企业,正在争取把上市作为再创辉煌的新途径,无锡市乡镇企业已有四家正式挂牌上市。更多的企业则是跨地区、跨行业、跨所有制进行资产重组,参股控股。也有一批企业面向全国、全省,由已上市公司或大集团收购、控股,以求引进好的产品,注入优质资产和反投资,盘活存量,取得更快的发展。

——改制也将使苏南乡镇企业现有的政权与经济实体合一的状况得到突破。政企不分、社区直接控制,已演化为苏南乡镇企业的顽症。盲目投资,重复建设,负盈不负亏,以及家底不清、化公为私、灰色收入等等,盖由于此。这次改制,尤其是转私和股份制改造,将切断政企不分的途径,逐步使市场主体到位,政府职能,政府推动,也将从直接控制转为服务型,转到创造公平竞争环境、发展社会公益事业上来。这种改变还是个艰巨的过程,但苏南模式在这一方面的转化,可能也有自己的特征。

二、改到深处是治理

产权改革的深处,是如何建立一个有效的公司治理结构的问题。苏南乡镇企业改革,要把这一条作为巩固改革成果的一个关键。光是明晰产权还不足以建立现代企业制度,还要有一个比较完善的治理机制,在所有者与经营者之间形成一种制衡关系。大家都认识到,乡镇企业进行股份制改造以后,如果厂长经理、经营者无人制约,搞内部人控制,出起问题来比承包制更厉害。过去,防止经营者侵蚀国有资产、集体资产,主要靠国家、社区来控制,经营者没有自主权。现在在股份制改造以后,经营者要有职有权,怎么建立一个有效的激励机制和约束机制,对内部人控制予以控制,是必须解决的课题。

国有企业存在的内部人控制问题,乡镇企业同样存在。如:① 过高的在职消费、公款吃喝、公款旅游、公费出国等等;② 化公为私、转移资产,把成熟的有销路的产品、高回报的项目转移到自办或参股的小企业中;③ 工资福利资金过快的增长;④ 短期行为,过多地考虑眼前成绩、眼前利益;⑤ 信息披露不规范、不真实等等。

外部人(投资者)如何控制内部人(经营者),在市场经济国家是个老课题,在我们这里却是个新问题。现在《公司法》规定的组织结构,有限责任公司是股东会、董事会、监事会,股份有限公司是股东大会、董事会、监事会。董事会是控制或者说调控经营者最主要的机构。但如何动作,要下大功夫探索。由于董事们的信息往往来自内部人,也有可能不仅不能控制内部人,反而被内部人所控制。经营者要有职有权,但所有者要保持最终的约束权。

治理机制中最重要的是对经营者的调控机制。我们现在一方面是忽视个人激励,一方面监督又不足。激励最明显的办法是把经营者的报酬与企业经营好坏挂钩,有些企业以参股或以股权作为奖励,这会有利于激励经营者致力于公司的长远绩效。当然,只有激励机制,本身并不能杜绝内部人控制问题,监督仍然需要。要建立起一个有效的监督系统,而控股的大股东更要有效地行使监督控制权。

改制后的乡镇企业还有繁重的后续工作。"乡镇企业一生下来就在市场里闯荡",固然是它的优势,但是它也有自己的局限,社区关系的理顺、家族统治的改变等等。但愿在建立有效的治理结构上能走得快一些。

三、寻找新的发展机遇

改革是为了发展。要即时把改革带来的新的动力引向生产。尤其是买方市场情况下,有了动力,还要仔细研究新的投资机遇,新的发展机遇是什么?

大批小型乡镇企业转为私营之后,不能再像过去那样管,那只会管死。扶持、引导、服务仍然必要。锡山市对880家私营企业作过一次问卷调查,私营企业的发展还有三个层面的问题需要解决。一个层面是生存发展的基本条件,包括土地征用、银行贷款、规费收缴和水价电价要一视同仁。第二层面是需要导向和服务,问卷调查反映,希望"产业政策导向"服务的占49.95%,需要"投资安全"服务的占23.7%,需要"政策法规"服务的占15.4%,需要"技术培训"服务的占8.3%,还有些私营企业希望得到"社会保险"、"安全生产"等服务。第三个层面是向大企业大集团靠拢,搞专业化协作问题。

同样,对股份制改造后的乡镇企业,也不能像过去那样管,也需扶持、引导、服务。如何寻找新的发展机遇、新的投资机遇,是现时迫切需要解决的问题。

——面向全省、面向全国,围绕扩大内需寻找新的发展机遇。国家扩大内需,主要是加大基础设施、城镇住宅及高新技术产业。去年全国GDP增长8.8%,有3个百分点是靠基础设施拉动的,3个百分点靠消费拉动,2.8个百分点靠外贸拉动。今年更着重于基础设施建设带动经济景气提升。铁路:1998年追加101亿元,今后5年投资将从1000亿元增加到2450亿元。公路:今年从1200亿元增加到1600亿元,今后3年投资将达到5000亿元。邮电通信,今年原计划投资1300亿元,现调整到1500亿元。水利及城市基础设施,投资1200亿元解决污水处理和垃圾无害化,投资1100亿元解决缺水城市用水问题。这是多么大规模的投资。寻找发展机遇,就要了解这些投资落在那里,需要些什么设备、配套,力争在这些机遇里得到新的发展。

——搞进口替代,从进口替代中寻找新的发展机遇。现在基础设施建设很大一部分设备是依赖进口,技术改造更是如此。引进技术、引进设备是必要的,但过分依靠进口,总会被别人甩在后面,要有自己的技术创新、知识创新。是否可以从搞进口替代入手,逐步增强自己的技术创新,形成新的发展机遇。

——在发展新兴产业上寻找新的发展机遇。如信息产业、环保产业等等。现在"知识经济已现端倪",知识经济相对明朗的是信息科学、生物科学、新材料科学。用知识经济改造传统产业是必然趋势,可以在这里找到新的发展机遇。

——在发展民营科技企业上寻找新的发展机遇。苏南可以利用自身的人才优势、利用几个大城市的人才和技术优势,在发展民营科技企业上有所作为。

——在发展第三产业上寻找新的发展机遇。开拓文化市场、发展文化产业、文化消费,开拓旅游市场、开拓社区服务。这些还是薄弱环节,填补这些空白,也会找到一些发展机遇。

(原载《苏州经济论坛》1998年第6期)

巨变中的苏南乡镇企业
——常熟、江阴、锡山乡镇企业考察纪实

乡镇企业"苏南模式"的存在是一个历史事实,"苏南模式"也有它不可磨灭的历史功绩。在计划经济条件下,这已经是一个了不起的创造,它为消除经济二元结构,转移农村剩余劳动力,发展农村工业化和致富农村,开辟出了一条广阔的道路。现在,乡镇企业"苏南模式"的转变和创新,也是势所必然,乡镇企业如何发展,也要适应构建社会主义市场经济框架的需要。近期我们在常熟、江阴、锡山这些苏南乡镇企业的发祥地进行了考察,行踪虽然匆匆,但愿也能记录下这一历史性的巨变。

一、大规模的"放小"

1. 乡镇企业的新格局。常熟、江阴、锡山都是农村综合实力极强的县(市),乡镇企业改制又进行得比较稳妥和扎实。这些县(市)改制总的思路,大体上都是:大型骨干企业集体控股上水平,中型企业多方参股争活力,小企业拍卖转让搞转制。这就有了实质性的突破,突破了苏南乡镇企业的产权结构单一、投资主体单一的局限,运用多种集体经济实现形式,容纳了更大的生产力,形成了苏南乡镇企业的新格局。

现在首先完成的是放小,小企业以放为主搞转制,也完成了大部分中型企业的股份制改造。到1997年年末,无锡市已改制的乡镇企业共15407家,包括:拍卖转让转为个私企业的5359家,股份合作制4699家,有限责任公司1686家,各占改制企业总数的 34.8%、30% 和

10.9%。尚有2000多家为租赁经营或租卖结合。其中:锡山市改制乡镇企业5244家,占企业总数71%。包括:拍卖转让的3155家,股份合作制279家,有限责任公司381家,租赁经营594家,报歇835家。江阴市改制乡镇企业(变更登记)3805家,占总数的70%,包括:拍卖转让的1111家,转为个体的239家,股份合作制1026家,有限责任公司874家,登记报歇的555家。苏州市的常熟市,改制乡镇企业1756家,占乡镇企业总数的90%。包括:拍卖转让的911家,股份合作制558家,有限责任公司287家。"苏南模式"的实质性突破主要表现在:一是从单一的集体所有改变为混合经济,二是大批小企业转为个体私营企业,转私的一块比原有个私经济大得多,在苏南长期受抑制的个私经济获得了一个新的大发展的机遇。

2. 资本结构的变化。拍卖出让的小企业数量虽然很大,但在乡镇企业总资产中所占比例并不大,一般只有原有总资产的10~15%左右,加上有限责任公司和股份合制的个人投资,非集体资本在重新评估后的资本总额中占35%上下。常熟市经过清产核资、资产评估后,已改制企业注册总资本为23.3亿元,其中非集体资本7.3亿,占31.33%。锡山市在改制的4409家企业统计,评估后的注册资本为19.6亿元,其中非集体资本7.14亿元,占36.4%。但是,原来掌握在小微亏集体企业手中的资本,已是难以保值增值的资本,现在拍卖转让以后,却成为增长最快的资本。这应该说是资本结构的优化。

3. 股份合作制并没有成为苏南乡镇企业改制的主要取向。15大报告曾提出,这种劳动者的劳动联合和劳动者的资本联合的集体经济,是尤其要提倡和鼓励的。但苏南几个县股份合作制的比重不大,而且内容不一。常熟市558家股份合作制企业,全员或多数职工参股,经营者持大股、经营层多持股的只占10%;由经营层持股、经营者持大股的占40%;主要由经营层持股,并有集体和部分职工参股的占50%。锡山市股份合作制是减少趋势,已从1000多家减到现在的279家,现有股份合作制的股权结构是:集体股占38.7%,社会法人股占2.6%,职工股占58.7%。多数职工持股的企业大约在50%左右。为什么对股份合作制不感兴趣？主要是认为，人人持股，等于人人不持股，缺乏应有的激励作用；在股权结构上，虽然欢迎社会法人参股，但仍然具有较强的封闭性；在具体运作上，也难以操作，虽然现在已经是把一人一票与一股一票相结合，经营者仍觉得掣肘颇多，因此，大都把这种实现形式看作是过渡形式。当然在可能情况下，还是争取一步到位为好。

4. 私营企业成为新的经济增长点已初露端倪。虽然小企业在拍卖转让之后，实现较快的增长要有一个过程，但是苏南乡镇企业原来基础较好，这个发展过程还是比较快的，原来被称为"大树下的小草"的个私经济现在正在迅速地壮大。据锡山市对880家私营企业的调查，这些企业大大增强了求生存、求发展的内动力，在竞争激烈的买方市场下，极力节约、增效，力求挤占市场。目前，产品畅销的占11.2%，平销的占82.9%，滞销和停产的仅占5.9%。企业经营状况自我评价：好的和较好的占41%，尚可的占55.8%，较差的仅为3.2%。这与乡镇集体企业普遍不景气形成了一鲜明的对照。

技改投入和劳动力问题，也是令人担心的问题。但在锡山市的问卷调查中说明：即使在1996年，私营企业技改投入在5万以下的占30.9%，投入5~20万元的占41.8%，投入20~100万元的占27.3%。当然，苏南几个县也认为，个私企业比较有兴趣的是短平快项目，会与培育、发展支柱产业有一定矛盾；也担心私营企业各自为战的意识较浓，在一定情况下会助长小而散情况的发展。这都需要引导、导向。劳动力问题，苏南几个县都要求一年以内不得解雇工人，因而目前影响不大。常熟的材料说明，改制以来在用工上没有大的风波，实际用工量还略有上升。乡镇企业的冗员远不如国有企业那么严重，所以再就业问题也要好一些。老板与职工关系，转化为老板的大都是原有厂长或经营骨干，所以仍维系着原有的关系。今后随着生产集约化的发展和小型企业抗御风险的能力薄弱，再就业问题也可能凸现，以及劳资关系上也会有些新的矛盾。这几个县已注意到这方面的防御工作，例如建立社会保障体系，加强职业道德教育，鼓励私营企业主在过去传统的基础上，树立自身的良好形象。

5. 如何扶持中小企业？苏南好多同志都提到东南亚金融危机在韩国的教训，培育发展大企业集团是重要的，但也不能忽视中小企业的扶持。现在问题是，在大批小企业转为私营企业之后，该如何管理？如何扶持？几个县总的思路是依法管理，引导扶持，建立与市场经济接轨的管理制度、管理机制。私营企业从诞生之日起，就按市场机制进行运作，管得过多会管死，任其自生自灭，发展成本又会过大。这里，不仅是管理方式的转变，思想观念上也有一个转变的问题，既然要它成为新的经济增长点，要大中小企业互为补充、互为支撑，就应该一视同仁。扶助转制后中小企业，有几个层面的问题：

一个层面是公平竞争的环境。据锡山市的问卷调查，现在制约私营企业发展的主要是：土地征用受阻，银行贷款无门，税收规费偏高，水价电价昂贵。在对880家企业调查中，反映土地是制约发展的重要因素的有285家，占32.4%；很多企业反映电价过高，达1.8元一度，是集体企业的2~3倍；也反映村镇搭车收费名目繁多，有的多达20多项。"收费多，干预多，服务少，导向少"，要求在土地有偿使用上、规费收缴和水电价格上一视同仁，保障私企生存发展的基本条件。

第二个层面是需要导向和服务。问卷调查反映，希望"产业政策导向"服务的占49.95%；需要"投资安全"服务的占23.7%；需要"政策法规"服务的占15.4%；需要"技术培训"服务的占8.3%；还有9.65%的企业希望得到"社会保险"、"安全生产"、"质检商标"等服务。这都是扶持的重要内容。不仅是资金和技术，信息导向也是重要之点。资金扶持，包括银行对有发展前景企业的贷款，吸引外资，乡镇资产经营公司的扶持、特别是对民营科技企业的投资，农村合作基金取消之后，也应该关后门、开前门，或由农村信用社把任务承担起来；技术扶持，主要靠与大企业的协作，科技单位的合作，发展民营科技企业，建立中小企业的技术中心；信息扶持上，包括产业政策导向，投资机遇导向，政策法规服务，以及各产业动向，等等。

第三个层面上，是向大集团大企业靠拢。组织专业化协作网络。这几个县都有一批中小企业为大企业，包括长虹、康佳、桑塔纳、一汽配套,转制以后仍维系原有协作关系,也有不少小企业争取为大企业配套,或与外资企业洽谈合作协作,力求成为名牌产品、名牌企业、跨国公司的配套厂。这些协作关系都应鼓励和协助,推动小企业向小而精、小而专的方向发展。

二、大型乡镇企业的股份制改造

1. **集体为主和集体控制力的主要体现**。苏南几个县在改制中,坚持集体经济为主导,衡量集体经济的控制力,主要体现在对大型乡镇企业以及中型骨干企业的控股上水平上。这方面最突出的是江阴。全市所有者权益超1000万元的共180家,共有资产108亿元,占原有乡镇企业总资产的70％,销售收入占46％,税利占81％。这些集团包括阳光、双良以及华西集团、三房巷集团,等等。市里主要抓这180家,各乡镇重点抓3～5家。锡山市也主要是抓"红豆"服装、"捷达"摩托、"锡兴"钢铁、"行星"柴油机、"太湖"手拖、"飞达"橡胶等一批大集团大企业,大致上是对102家资产在1000万元以上、销售在3000万以上的企业,实行集体控股。常熟市除一批大型乡镇企业,如康博、隆力奇、旋力制管集团,也抓一批大型市属企业,如通润机电集团(千斤顶)、双猫集团、阪神集团,等等。常熟市属企业办得生机勃勃,这是它的特色之一。仅一批大型乡镇企业的工业增加值即占全市乡镇企业的43.5％、营业收入占45.5％、利税占61.8％。在改革中,把集体资产向这些优势企业集中;并通过这些集体资本控制、运用更多的社会资本,就大大提高了集体经济的控制力。向混合经济发展,这是苏南乡镇企业又一个大突破。

2. **大型乡镇企业的攻坚战**。苏南这几个县现在正处于对大型乡镇企业改制的攻坚战阶段,包括部分中型骨干企业。几个县都认为,对这些企业改制要十分慎重,一厂一策,搞一个成功一个。"放小可以大张旗鼓地搞,抓大只能单个地搞"。

改制方式的选择,几个县都是部分大型企业集团按公司法,搞公制改造,包括江阴的阳光、钢丝绳厂,锡山的红豆,等等,多数选择搞有限责任公司,集体控股,增量扩股,经营人员持大股,职工自愿入股。也有一些中型骨干企业选择股份合作制,但为数不多。这都是由单一的投资主体向投资主体多元化转变。为了鼓励参股,江阴市在一些大型企业划出30%作为共享股,按贡献大小量化到人,各人以同等数量资金进行配股。其他市没有设共享股,但锡山市对设立职工持股会的企业,把分配储蓄基金量化到职工。

股权结构,据锡山市统计,在现有381家有限责任公司的10.68亿元股本总额中,集体股占42.51%,社会法人股占29.31%,个人股占28.18%。

3. 大型乡镇企业改制的难点。一是产权如何合理界定,尤其是难以划清投资主体而又无政策依据的,如何分割原始投资、经营者贡献、国家的扶持和集体的扶持、职工的贡献,一时都难以界定。可能一部分戴集体帽子的企业将成为集体参股,经营者控股。但目前倒是有相当数量的经营者不想控股,宁愿国家或集体控股,一方面是企业资产过大,江阴资产超过5000万的54家,超过1亿的21家,超过10亿的2家,个人难以控股。个人控股不仅承担企业风险,而且承担个人风险。"要雇保镖、养狼狗来保护自己了"。也有些以村为单位的集团,如常熟任阳的常盛集团不想搞改制。二是大而差的企业改制难度更大。江阴一个原排名第三的以村为单位组成的集团,由于决策失败,面临倒闭的危险。也有些集团,总资产不小,资产负债率过高。这些企业改制都很困难,可能要分头改,分开改,把不良资产剥离,或通过收购兼并,由收购方负担债务,或注入优良资产,逐步进行改制。三是以村为单位组成的企业集团的改制,这些集团多是由所有村办企业集合而组成,行业众多,互相关联度不大,不是建立在专业化协作的基础上,但在资产上有一定联系,财务一个头管理,资产统一运营。改制是以各个企业进行为宜,还是集团整体改革为宜,现在大致上是倾向于把这些集团作为整体来进行改革。

4. 建立有效的法人治理结构,是下一步搞好现代公司的症结。改制不等于企业机制的转变。股份制改革一个最根本的问题是建立并逐步健全、完善法人治理结构。各县的同志都意识到,实行股份制改造后,厂长无人制约,出起问题来比承包制更厉害。只有明晰产权还不足以建立现代企业制度,还要在所有者与经营者之间形成一种制衡关系。在治理结构中如何形成对经营者的调控机制尤为重要。江阴打算通过股份奖励,以及三制联动:风险抵押、财务监控和审计监督,强化激励机制和约束机制。锡山打算在选好经营者的同时,对董事长、董事进行培训。目前这些工作都已在启动之中。

三、产权改革与资本运营、资产重组

1. 今后实行股份制改革的乡镇企业发展靠什么来支撑?无锡市的同志的思考是:以往苏南乡镇企业的发展,主要靠几个支撑:政策支撑,主要是减税免税;资金支持,农村的原始积累、集资、银行贷款;人才支撑,克己奉公的企业家和星期天工程师,等等。现在大规模的股份制改造形成混合经济之后,再依靠过去的支撑,既不可能也不符合市场经济的要求。今后股份制企业的发展要靠新的支撑,不是更多地依靠行政支撑,而是更多地转向市场、寻求资本市场的支撑,特别靠资产重组和资本运营的支撑。大规模的股份制改造,为资产重组、资本运营开拓了新的空间。今后要靠资产重组、资本运营,使资源向优势企业、优势产业流动,并进行多渠道的筹资;人才支撑,不仅要有生产经营型的人才,还要有资本经营型人才;政策支撑,主要是要为资本运营、资产流动、资产重组创造必要的宏观环境。今后,经股份制改造的乡镇企业的发展,要有新的境界,要有新的思路。

2. 继续在资本运营、资产重组上寻求突破。结合改革进行资本运营、资产重组,是所有制结构调整与经济结构调整相结合的一个重要方面。苏南几个县主要是抓几个方面:一个是大而好,即已经规模化、业绩稳定、发展空间大的乡镇企业,在公司制改造中,积极收购、兼并劣势企业,把蛋糕做大,进行低成本扩张,争取上市,把上市作为再创辉煌的新途径。如阳光、红豆等等集团。一些有发展前景而规模不足的企业，则与全国大公司联合上市。无锡乡镇企业,已有申达、华燕、长苑、鼎球四家正式挂牌上市。也有些企业,争取买壳上市。第二方面是鼓励企业跨地区、跨行业、跨所有制进行资产重组,常熟乡镇企业旋力制管集团租赁市钢厂、隆力奇集团控股经营常熟市酒厂,都是这类例子。第三方面,是面向全国、全省,由已上市的公司收购、控股本地企业,以求引进好的产品、注入优质资产和反投资,盘活企业,取得更快的发展。华源和仪征化纤都在锡山收购控股一些企业,常熟的双猫集团也加入了华源。常熟的王庄镇在改制中公开向全省、全国招商,以求得向大企业靠拢、向名牌靠拢。

3. 不能不考虑乡镇企业产权流动、股权流动的问题。股份制改造以后,乡镇企业通过各种方式上市的毕竟是少数,多数股权不能流动。无锡市一位老总提出:他的厂里80％职工参股,按规矩是不能变现的,现在有17名职工要求抽股,照顾17个人不是大问题,如果有20％的职工抽股,企业就很难运转,有30％的职工抽股,企业就要垮台。股权流动才能使资源从劣势企业流向优势企业。股份合作制一个很大的局限,是其封闭性,弄不好会保护落后,但现在除上市公司之外,其他股份制改造的企业的股票都不能流动。在无锡市设立的产权交易中心,原意是为企业募集的职工股的流动提供场所。这也符合股票交易市场多层次构建的做法,即由全国性交易市场、地方性交易市场和柜台交易构成的多层次交易市场。但现在的条件不成熟,无锡产权交易中心准备改为只搞产权交易的市场,把大批中小企业作为实物资产,与上海联网,输向全国,进行产权交易。苏南已强烈地意识到,在新的政策支撑上,要为资本运营,股权流动创造更好的宏观环境。

4. 建立集体资产管理的新机制。谁来组织集体资产的运营,这就要求集体资产管理要有新的机制。几个县都已着手在政企分开的原则下,构建所有者主体和管理经营主体。所有者主体是乡村集体经济组织或集体资产管理委员会。管理经营主体是集体资产经营公司。现在的问题是这些主体并没有真正由群众当家作主,人事仍是党委书记安排。已经回收的拍卖资金、承包费和租赁费,往往与财政混在一起,弄不好就会拿来应急填窟窿。如何完善这些主体的作用,进行有效的资本运营,也将是今后巩固改制成果的又一个关键问题。

(原载《江苏经济学通讯》1998年第8~9期)

"苏南模式"的改制与创新

——常熟、江阴、锡山乡镇企业考察纪实

乡镇企业"苏南模式"的存在是一个历史事实,"苏南模式"也有它不可磨灭的历史功绩。在计划经济条件下,这已经是一个了不起的创造,它为消除经济二元结构,转移农村剩余劳动力,推进农村工业化和致富农村,开辟出了一条广阔的道路。现在,乡镇企业"苏南模式"的转变和创新,也是势所必然,乡镇企业如何发展,也要适应要构建社会主义市场经济框架的需要。

一、大规模的"放小"

1. 乡镇企业的新格局。常熟、江阴、锡山都是农村综合实力极强的县(市),乡镇企业改制又进行得比较稳妥和扎实。这些县(市)改制总的思路,大体上都是:大型骨干企业集体控股上水平,中型企业多方参股争活力,小企业拍卖转让搞转制。这就有了实质性的突破,突破了苏南乡镇企业的产权结构单一、投资主体单一的局限,运用多种集体经济实现形式,容纳了更大的生产力,形成了苏南乡镇企业的新格局。

现在首先完成的是"放小",小企业以放为主搞转制,也完成了大部分中型企业的股份制改造。到1997年年末,无锡市已改制的乡镇企业共15407家,包括:拍卖转让转为个体私营企业的5359家,转为股份合作制的4699家,转为有限责任公司的1686家,各占改制企业总数的34.8%、30%和10.9%。尚有2000多家为租赁经营或租卖结合。其中:锡山市改制乡镇企业5244家,占企业总数71%,包括:拍卖转让

3155家,股份合作制279家,有限责任公司381家,租赁经营594家,报歇835家。江阴市改制乡镇企业(变更登记)3805家,占总数的70%,包括:拍卖转让1111家,转为个体的239家,股份合作制1026家,有限责任公司874家,登记报歇555家。苏州市的常熟市,改制乡镇企业1756家,占乡镇企业总数的90%,包括:拍卖转让911家,股份合作制558家,有限责任公司287家。"苏南模式"的实质性突破主要表现在:一是从单一的集体所有改变为混合经济;二是大批小企业转为个体私营企业,转私营的一块比原有个体私营经济大得多,在苏南长期受抑制的个体私营经济获得了一个新的大发展的机遇。

2. 资本结构的变化。拍卖出让的小企业数量虽然很大,但在乡镇企业总资产中所占比例并不大,一般只有原有总资产的10%~15%左右,加上有限责任公司和股份合作制的个人投资,非集体资本在重新评估后的资本总额中占35%上下。常熟市经过清产核资、资产评估后,已改制企业的注册总资本为23.3亿元,其中非集体资本7.3亿元,占31.33%。锡山市改制的4409家企业,评估后的注册资本为19.6亿元,其中非集体资本7.14亿元,占36.4%。但是,原来掌握在小、微、亏集体企业手中的资本,已是难以保值增值的资本,现在拍卖转让以后,却成为增长最快的资本。应该说这是资本结构的变化。

股份合作企业并没有成为苏南乡镇企业改制的主要取向。十五大报告曾提出,这种劳动者的劳动联合和劳动者的资本联合的集体经济,是尤其要提倡和鼓励的。但苏南几个县股份合作制企业的比重不大,而且内容不一。常熟市558家股份合作制企业中,由全员或多数职工参股、经营者持大股、经营层多持股的只占10%;由经营层持股、经营者持大股的占40%;主要由经营层持股,并有集体和部分职工参股的占50%。锡山市股份合作制企业呈减少趋势,已从1000多家减到279家,现有股份合作制企业的股权结构是:集体股占38.7%,社会法人股占2.6%,职工股占58.7%。多数职工持股的企业大约在50%左右。为什么人们对股份合作制不感兴趣?主要是认为,人人持股,等于人人不持股,缺乏应有的激励作用;在股权结构上,虽然欢迎社会法人参股,但仍然具有较强的封闭性;在具体运作上,也难以操作,虽然现在已经是把一人一票与一股一票相结合,经营者仍觉得掣肘颇多。因此,人们大都把这种实现形式看作是过渡形式,在可能情况下,还是争取一步到位。

私营企业成为新的经济增长点已初露端倪。虽然小企业在拍卖转让之后,实现较快的增长要有一个过程,但是苏南乡镇企业原来基础较好,这个发展过程还是比较快的,原来被称为"大树下的小草"的个体私营经济现在正在迅速地壮大。据锡山市对880家私营企业的调查,这些企业大大增强了求生存、求发展的内动力,在竞争激烈的买方市场条件下,极力节约、增效,力求挤占市场。目前,产品畅销的占11.2%,平销的占82.9%,滞销和停产的仅占5.9%。企业经营状况自我评价是:好的和较好的占41%,尚可的占55.8%,较差的仅为3.2%。这与乡镇集体企业普遍不景气形成了鲜明的对照。私营企业的技改投入和劳动力问题,也是令人担心的问题。但在锡山市进行的问卷调查说明:即使在1996年,私营企业技改投入在5万以下的占30.9%,投入5～20万元的占41.8%,投入20～100万元的占27.3%。当然,苏南几个县也认为,个体私营企业比较有兴趣的是短、平、快项目,会与培育、发展支柱产业有一定矛盾;也担心私营企业各自为战的意识较浓,在一定情况下会助长小而散情况的发展。这都需要引导、导向。至于劳动力问题,苏南几个县都要求一年以内不得解雇工人,因而目前影响不大。常熟的材料说明,改制以来在用工上没有大的风波,实际用工量还略有上升。乡镇企业的冗员远不如国有企业那么严重,所以再就业问题也要好一些。至于老板与职工关系,转化为老板的大都是原有厂长或经营骨干,所以仍维系着原有的关系。今后随着生产进一步集约化和小型企业抗御风险的能力薄弱,再就业问题也可能凸现,劳资关系上也会有些新的矛盾。这几个县已注意到这方面的防御工作,例如,建立社会保障体系;加强职业道德教育;鼓励私营企业主在过去传统的基础上,树立自身的良好形象。

3. 如何扶持中小企业？在调查中苏南好多同志都提到东南亚金

融危机在韩国的教训。培育发展大企业集团是重要的,但也不能忽视对中小企业的扶持。现在问题是,在大批小企业转为私营企业之后,该如何管理？如何扶持？几个县总的思路是依法管理,引导扶持,建立与市场经济接轨的管理制度、管理机制。私营企业从诞生之日起,就按市场机制运作,管得过多会管死,任其自生自灭,发展成本又会过大。这里,不仅是管理方式的转变,思想观念上也有一个转变的问题。既然要它成为新的经济增长点,要大、中、小企业互为补充、互为支撑,就应该一视同仁。扶助转制后中小企业,有几个层面的问题:

一个层面是公平竞争的环境。据锡山市的问卷调查,现在制约私营企业发展的主要问题是:土地征用受阻,银行贷款无门,税收规费偏高,水价电价昂贵。在对880家企业调查中,反映土地是制约发展的重要因素的有285家,占32.4%；很多企业反映电价过高,达每度1.8元,是集体企业的2~3倍；也反映村镇搭车收费名目繁多,有的多达20多项。他们要求在土地有偿使用、规费收缴和水电价格上一视同仁,保障私营企业生存发展的基本条件。

第二个层面是需要导向和服务。问卷调查反映,需要"产业政策导向"服务的占49.95%,需要"投资安全"服务的占23.7%,需要"政策法规"服务的占15.4%,需要"技术培训"服务的占8.3%,还有9.65%的企业希望得到"社会保险"、"安全生产"、"质检商标"等服务。这都是扶持的重要内容。不仅是资金和技术,信息导向也是重要之点。资金扶持包括银行对有发展前景企业的贷款,吸引外资,乡镇资产经营公司的扶持,特别是对民营科技企业的投资。农村合作基金会取消之后,应由农村信用社把资金扶持的任务承担起来。技术扶持主要靠与大企业的协作,与科技单位的合作,发展民营科技企业,建立中小企业的技术中心。信息扶持包括产业政策导向,投资机遇导向,政策法规服务,以及各产业动向,等等。

第三个层面是向大集团、大企业靠拢,组织专业化协作网络。这几个县都有一批中小企业为大企业,包括长虹、康佳、桑塔纳、一汽配套,转制以后仍维系原有协作关系；也有不少小企业争取为大企业配套,或与外资企业洽谈合作协作,力求成为名牌产品、名牌企业、跨国公司的配套厂。这些协作关系都应得到鼓励和协助,推动小企业向小而精、小而专的方向发展。

二、大型乡镇企业的股份制改造

1. 集体为主和集体控制力的主要体现。苏南几个县在改制中,坚持集体经济为主导。衡量集体经济的控制力,主要体现在对大型乡镇企业以及中型骨干企业的控股水平上。这方面最突出的是江阴。全市所有者权益超1000万元的共180家,共有资产108亿元,占原有乡镇企业总资产的74%,销售收入占46%,税利占81%。这些集团包括阳光、双良、华西、三房巷,等等。市里主要抓这180家,各乡镇重点抓3~5家。锡山市也主要是抓"红豆"服装、"捷达"摩托、"锡兴"钢铁、"行星"柴油机、"太湖"手拖、"飞达"橡胶等一批大集团、大企业,大致上是对102家资产在1000万元以上、销售在3000万以上的企业,实行集体控股。常熟市除抓一批大型乡镇企业,如康博、隆力奇、旋力制管集团,也抓一批大型市属企业,如通润机电集团(千斤顶)、双猫集团、阪神集团,等等。常熟市市属企业办得生机勃勃,这是它的特色之一。仅一批大型乡镇企业的工业增加值即占全市乡镇企业的43.5%,营业收入占45.5%,利税占61.8%。在改革中,把集体资产向这些优势企业集中,并通过这些集体资本控制、运用更多的社会资本,就大大提高了集体经济的控制力。

2. 大型乡镇企业的改制。苏南这几个县现在正处于对大型乡镇企业改制的攻坚阶段,包括部分中型骨干企业。几个县都认为,对这些企业改制要十分慎重,一厂一策,搞一个成功一个。"放小可以大张旗鼓地搞,抓大只能单个地抓"。

至于改制方式的选择,几个县都是部分大型企业集团按公司法搞公司制改造,包括江阴的阳光、钢丝绳厂,锡山的红豆,等等,多数选择搞有限责任公司,也有一些中型骨干企业选择股份合作制,但为数不多。这都是由单一的投资主体向投资主体多元化转变。为了鼓励参股,江阴市在一些大型企业划出30%作为共享股,按贡献大小量化到人,各人以同等数量资金进行配股。其他市没有设共享股,但锡山市设立职工持股会的企业,把分配储蓄基金量化到职工。至于股权结构,据锡山市统计,在现有381家有限责任公司的10.68亿元股本总额中,集体股占42.51%,社会法人股占29.31%,个人股占28.18%。

3. 大型乡镇企业改制的难点。一是产权如何合理界定。尤其是由于难以划清投资主体而又无政策依据,哪些是原始投资、经营者贡献、国家的扶持和集体的扶持、职工的贡献,一时难以界定。可能一部分戴集体帽子的企业将成为集体参股、经营者控股。但目前倒是有相当数量的经营者不想控股,宁愿国家或集体控股。这一方面是由于企业资产过大,江阴资产超过5000万的企业有54家,超过1亿元的21家,超过10亿元的2家,个人难以控股。个人控股不仅承担企业风险,而且承担个人风险。另一方面也有些以村为单位的集团,如常熟任阳的常盛集团不想搞改制。二是大而差的企业改制难度更大。江阴一个原排名第三的以村为单位组成的集团,由于决策失败,面临倒闭的危险。也有些集团,总资产不小,但资产负债率过高。这些企业改制都很困难,可能要分头改,分开放,把不良资产剥离,或通过收购兼并,由收购方负担债务,或注入优良资产,逐步进行改制。三是以村为单位组成的企业集团的改制。这些集团多是由所有村办企业集合而组成,行业众多,互相关联度不大,不是建立在专业化协作的基础上,但在资产上有一定联系,财务一个头管理,资产统一运营。改制是以各个企业进行为宜,还是以集团整体改制为宜?现在大致上是倾向于把这些集团作为整体来进行改革。

建立有效的法人治理结构,是下一步搞好现代公司的关键。改制不等于企业机制的转变。股份制改革一个最根本的问题是建立并逐步健全、完善法人治理结构。各县的同志都意识到,实行股份制改造后,厂长无人制约,出起问题来比承包制更厉害。只是明晰产权还不足以建立现代企业制度,还要在所有者与经营者之间形成一种制衡关系。在治理结构中如何形成对经营者的调控机制尤为重要。江阴打算通过股份奖励,以及三制联动即风险抵押、财务监控和审计监督,强化激励机制和约束机制。锡山打算在选好经营者的同时,对董事长、董事进行培训。目前这些工作正在启动,这将成为今后完善治理结构的一个关键。

三、产权改革与资本运营、资产重组

1. 今后实行股份制改革的乡镇企业发展靠什么来支撑?无锡市的同志的思考是:以往苏南乡镇企业的发展,主要靠几个支撑:政策支撑,主要是减税免税;资金支持,即农村的原始积累、集资、银行贷款;人才支撑,即克己奉公的企业家和"星期天工程师",等等。现在大规模的股份制改造形成混合经济之后,再依靠过去的支撑,既不可能也不符合市场经济的要求。今后股份制企业的发展要靠新的支撑,不是更多地依靠行政支撑,而是更多地转向市场,寻求资本市场的支撑,特别靠资产重组和资本运营的支撑。大规模的股份制改造,为资产重组、资本运营开拓了新的空间。今后,在资金支撑方面要靠资产重组、资本运营,使资源向优势企业、优势产业流动,并进行多渠道的筹资;在人才支撑方面,不仅要有生产经营方面的人才,还要有资本经营方面的人才;在政策支撑方面,主要是为资本运营、资产流动、资产重组创造必要的宏观环境。今后,经股份制改造的乡镇企业的发展,要有新的境界,要有新的思路。

2. 继续在资本运营、资产重组上寻求突破。结合改革进行资本运营、资产重组,是所有制结构调整与经济结构调整相结合的一个重要方面。苏南几个县主要是抓几个方面:一是已经规模化、业绩稳定、发展空间大的乡镇企业,在公司制改造中,积极收购、兼并劣势企业,把"蛋糕"做大,进行低成本扩张,争取上市,把上市作为再创辉煌的新途径,如阳光、红豆等集团。一些有发展前景而规模不足的企业,则与全国大公司联合上市。无锡的乡镇企业,已有申达、华燕、长苑、鼎球4家正式挂牌上市。也有些企业,争取买壳上市。二是鼓励企业跨地区、跨行业、跨所有制进行资产重组，常熟的旋力制管集团租赁市钢厂、隆力奇集团控股经营常熟市酒厂，都是这类例子。三是面向全国、全省，由已上市的公司收购、控股本地企业，以求引进好的产品、注入优质资产和反投资，盘活企业，取得更快的发展。华源和仪征化纤都在锡山收购控股一些企业，常熟的双猫集团也加入了华源。常熟的王庄镇在改制中公开向全省、全国招商，以求得向大企业靠拢、向名牌靠拢。

3. 乡镇企业的产权流动、股权流动问题。股份制改造以后，乡镇企业通过多种方式上市的毕竟是少数，多数股权不能流动。无锡市一位企业老总提出：他的厂里80%职工参股，按规矩是不能变现的，现在有17名职工要求抽股，照顾17个人不是大问题，如果有20%的职工抽股，企业就很难运转，有30%的职工抽股，企业就要垮台。股权流动才能使资源从劣势企业流向优势企业。股份合作制一个很大的局限，是其封闭性，弄不好会保护落后。但现在除上市公司之外，其他股份制改造的企业的股票都不能流动。在无锡市设立的产权交易中心，原意是为企业募集的职工股的流动提供场所。这也符合股票交易市场多层次构建的做法，即由全国性交易市场、地方性交易市场和柜台交易构成多层次交易市场。但是现在条件不成熟，无锡产权交易中心准备改为只搞产权交易的市场，把大批中小企业作为实物资产，与上海联网，输向全国，进行产权交易。苏南已强烈地意识到，在新的政策支持上，要为资本运营、股权流动创造更好的宏观环境。

4. 建立集体资产管理的新机制。几个县都已着手在政企分开的原则下，构建所有者主体和管理经营主体。所有者主体是乡村集体经济组织或集体资产管理委员会。管理经营主体是集体资产经营公司。现在的问题是这些主体并没有真正由群众当家作主，人事仍是党委书记安排。已经回收的拍卖资金、承包费和租赁费，往往与财政混在一起。如何完善这些主体的作用，进行有效的资本运营，也将是今后巩固改制成果的又一个关键问题。

（原载《中国农村经济》1998年第7期）

改制后如何扶持乡镇企业发展？

改革的春风,给乡镇企业带来了巨大的变化。最近我们在常熟、江阴、锡山这些苏南乡镇企业的发祥地进行了考察,改制后如何扶持乡镇企业发展问题尤令我们关注和深思。

如何扶持非公有制中小企业的发展？

目前,苏南乡镇企业转制为私营企业的一块比原有一块要大得多。私营企业从诞生之日起,就按市场机制进行运作,管得多了会管死,如任其自生自灭,发展成本又太大。现在问题是在大批小企业转为私营之后,该如何管理？这里,不仅有管理方式的转变,也有个思想观念的转变问题,不能谈"私"色变,既然要成为新的经济增长点,既然要大中小企业互为补充,就应该一视同仁。如何扶持,有几个层面的问题：

一个层面是公平竞争的环境。据锡山市对880家私营企业的问卷调查,现在私营企业发展受制约因素主要是:土地征用受阻,银行贷款无门,税收规费偏高,水价电价昂贵。880家中,反映土地受制约的占32.4%;很多厂家反映电价过高,达1.8元一度;也反映村镇搭车收费名目繁多,有的多达20多项。"收费多,干预多,服务少,导向少",要求在土地征用、规费收缴和水电价格上一视同仁,这是保障其生存和发展的基础条件。

第二个层面是需要导向和服务。问卷调查反映:希望"产业政策导向"服务的占49.95%;需要"投资安全"服务的占23.7%;需要"政策法规"服务的占15.4%;需要"技术培训"服务的占8.3%;还有些企业希望得到"社会保险"、"安全生产"、"质检商标"等服务。这都是扶持的重要内容。资金扶持,包括银行对有发展前景企业的贷款,吸引外资,乡镇资产经营公司的投资、特别是对民营科技企业的投资。农村合作基金取消之后,也应由中小企业基金把责任承担起来;技术扶持,主要靠与大企业、科技单位合作,建立中小企业技术中心;信息扶持也是重要之点,包括产业政策导向,投资机遇导向,各产业动向以及政策法规服务,等等。

第三个层面是向大企业大集团靠拢,组织专业化协作网络。这几个县(市)都有一批中小企业为大企业,包括长虹、康佳、桑塔纳、一汽配套,转制以后仍维系原有协作关系。也有不少小企业争取发展新的配套协作关系,或与外资企业洽谈合作,力争为名牌产品、名牌企业、跨国公司配套。这些协作关系都应鼓励和协助,推动中小企业向小而精、小而专发展。

混合经济型乡镇企业发展的新思路

以往苏南乡镇企业的发展,是一靠政策支撑,主要是减税免税;二靠资金支撑,农民的原始积累、集资、银行贷款;三靠人才支撑,克己奉公的企业家和星期天工程师,等等。现在经过大规模股份制改造形成混合经济之后,再靠过去的支撑,既不可能又不符合市场经济的要求,发展要有新的支撑,不是更多地依靠行政,而是更多地转向市场,特别是靠资本运营和资产重组的支撑。大规模的股份制的改造,为资产重组、资本运营开拓了新的空间。今后要靠资本运营、资产重组,使资源配置向优势企业、优势产业流动,并进行多渠道的融资;人才支撑,不仅要有生产经营型人才,还要有资本经营型人才;政策支撑,主要是要为乡镇企业的资本运营、资产流动重组制造必要的宏观环境。今后,经股份制改造的乡镇企业的发展,要有新的境界,要有新的思路。

结合改革进行资产重组,是所有制结构调整与经济结构调整相结合的一个重要方面。乡镇企业利用改制的机会在这方面继续寻求突破主要是：

——大而好，即规模化、业绩稳定、发展空间大的乡镇企业，在公司制改造中，积极收购兼并劣势企业，把蛋糕做大，争取上市，也要把上市作为再创辉煌的一个新途径。一些有发展前途而规模不足的企业，则与全国大公司联合上市。无锡上市的乡镇企业，已有申达、华燕、长苑、鼎球四家。也有些企业争取事半功倍的买壳上市。

——鼓励企业跨地区、跨行业、跨所有制进行资产重组。常熟乡镇企业旋力制管集团租赁经营市钢厂，隆力奇集团控股经营常熟市酒厂，都属这类例子。

——面向全国、全省，由已上市的公司收购，控股本地企业，以求引进好的产品、注入优良资产和反投资，盘活企业，取得更快的发展。华源和仪征化纤都在无锡收购和控股了一些企业。常熟的"双猫"也加入了华源集团。

这里不能不考虑一个问题，就是股份制改造后乡镇企业产权流动、股权流动的问题。乡镇企业通过各种方式上市的毕竟是少数，多数股权不能流动。无锡市一位老总提出：他的厂80％的职工参股，按规矩是不能变现的，现在有17名职工要求抽股，照顾这17个人不是大问题，如果有20％职工抽股，企业就很难运转，有30％的职工抽股，企业就要垮台。这不仅是解决职工买进卖出问题，股权流动才能使资源从劣势企业流向优势企业，进行优化配置。股份合作制一个很大的局限，是其封闭性，弄不好会保护落后，但现在除上市公司之外，其他股权都不能流动。原来在无锡建立的产权交易中心，本来是为企业募集的职工股的流动创造一些条件。这也符合股票交易市场多层次构建、即由全国性交易市场、地方性交易市场和柜台交易构成的做法。后来认为条件不成熟，可是在乡镇企业大规模股份制改造以后，不能再不考虑这个问题。苏南的同志已强烈地意识到，在新的政策支撑上，要为资本运营、资产重组创造更好的宏观环境。

在完善和健全资产管理的新机制过程中，必须进一步解决集体经济资产的运营主体目前存在的问题。现在几个县(市)都已着手在政企分开的原则下,构建所有者主体和管理经营主体。所有者主体是乡村集体经济组织或集体资产管理委员会。管理经营主体是集体资产经营公司。现在的问题是,这些主体群众并没有真正当家作主,人事仍是党委书记安排。已经回收的拍卖资金、承包费和租赁费,往往与乡财政混在一起,弄不好就拿来应急填窟窿。如何完善这些主体的作用,进行有效的资本运营,将是加强改制后的管理,巩固改制成果的一个关键问题。

(原载《咨询要报》1998年第10期)

"苏南模式"的演进、再演进

"苏南模式"的异军突起,有它的历史必然性,"苏南模式"的演进,也是一个历史的必然。"苏南模式"在历史上有它光辉的历程,在其演进过程中,也呈现出它的特色,保留了自己的相对优势。为了适应社会主义市场经济的需要,探索"苏南模式"乡镇企业需要改进的症结之所在,是可以理解的,但把"苏南模式"说得一无是处,这不仅伤了苏南人的心,对我们作为"苏南模式"见证人来说,也觉得颇欠公允。

多少年来,我们对"苏南模式"的萌芽、成长、崛起、创新,作过跟踪研究。不仅"苏南模式"的历史功绩不容抹杀,现有的相对优势也需要重视。"苏南模式"之所以在 20 世纪 70 年代初期就能够崛起,就因为在当时计划经济条件下,这几乎是唯一被认可的发展方式。"苏南模式"最根本的功绩是两条:一是找到一条有中国特色转移农村剩余劳动力的道路,通过乡镇企业的发展,致富农民,繁荣农村;二是"苏南模式"乡镇企业在计划经济夹缝里生长,却不断地冲击计划经济,开辟通向市场经济之路,使改革开放能趋易避难,较快地取得成效而吸收震荡(吴敬琏,1992)。当然,在社会主义市场经济建设中,苏南乡镇企业的政企不分、产权不明晰、资产负债率过高等等深层次矛盾,越来越不适应市场经济的需要,创新和演进就成为必要的步骤,但这不是"苏南模式"历史的终结,而是通过演进和创新达到了一个新的起点(顾松年,2000)。

为了适应经济形势的发展,演进是一件很自然的事情。这里着重谈谈"苏南模式"的再演进。全球化、信息化的迅速发展,正在重塑世界经济模式。如果说,过去几年"苏南模式"乡镇企业开展大规模产权制度改革,主要是为了适应社会主义市场经济框架建设的需要,那么现在的再演进,就是为了适应经济发展新趋势——全球化和信息化的需要。全球化和信息化正在逼着企业要以全球为坐标,重新思考自己的地位和经营定位,进行新的产业转型,进行传统企业向数码时代、网络时代新型企业转型。千万不要以为电子化和网络化离自己还远得很,而迟迟不前,直面入世,那将面临被淘汰的危险。也许后进地区乡镇企业转型还不那么迫切,而苏南地区乡镇企业的转型、提升却是别无选择的现实。也许有人担心"苏南模式"乡镇企业改制尚未划上圆满的句号,那也只能是像信息化带动工业化一样,以新的转型带动产权制度改革。

现在的问题是,如何充分运用"苏南模式"乡镇企业的相对优势,促进再演进的顺利进行。

一、运用"苏南模式"集体资本相对雄厚的优势,促进和引导乡镇企业提升和转型

集体资本比较雄厚,这是"苏南模式"的一个相对优势。不同的发展模式,资金积累、产品结构、企业组织也就存在着相当大的差异。苏南乡镇企业以集体为主,不仅有集体自身的资金,而且有银行的支持,以及拆借、集资,因而积累了相当庞大的集体资产。这笔集体资本,在产权制度改革中,纷纷退出原有生产企业,又没有在开创新的生产领域得到充分的运用,这不能不是一个战略性的失误(徐元明,2001)。现在,在"苏南模式"再演进、苏南乡镇企业转型的关键时刻,应该最大限度地运用这个优势。

苏南乡镇工业企业积累的集体资本,根据粗略的估计,约在1000亿元左右。从一些典型材料来看,吴县市现有集体经营性资产30亿元,此外,尚有20亿元的非经营性资产。在30亿元经营性资产中,出现四个方面的流向:30％入股在企业,近40％租赁给企业,15％拍卖后变为货币资本,15％尚在未改制企业。仅是集体手中掌握的货币资本即在3~4亿元左右。同时,做好收缴工作,也是一项不小的收入,吴江

市1999年应收集体资产转让金、出租资产租金、出借资金利息和投资红利共2.89亿元,年终实际收缴到帐2.77亿元。即使有些乡镇将这笔集体资本金转为小城镇建设、修桥铺路等基础建设,或纳入日常开支以至盖楼堂馆所,但这仍是一笔不小的可用资金。

应该用好这笔集体资金,在最关键的方面推动乡镇企业的提升和转型,包括:通过与国内外高科技企业配套协作进行转型;通过参与高新技术产品加工贸易进行转型,从直接参与国际分工体系中提高企业的创新能力;通过发展高生产能力的中小企业进行转型,帮助企业以高新技术和先进实用技术改进设备、产品和服务;通过参与农业产业化,发展科技型龙头企业进行转型;通过参与技术创新,形成一批创新企业进行转型。

启动这些转型工程,政府的引导、鼓励、扶持是绝不可少的。"政企分开"绝不等于撒手不管。而运用相对雄厚的集体资本,进行资本运营更是一个锐利的武器。可以使用投资、参股、借贷、担保、重组以及减轻租赁费用等等办法,鼓励和引导乡镇企业转型和提升。

现在,台湾、香港地区和新加坡都十分重视中小企业的提升、转型,这已是应对全球化和信息化的一股潮流。政府对此都起着积极的作用,新加坡还专门制定了《新加坡中小企业21世纪10年发展计划》,我们应该借鉴这些经验。尤其是新加坡提出的建立"中小企业网络门户"的构想,这会大大增强中小企业在网络上的形象,促进中小企业加快进入电子商务的步伐;建立合作性的中介服务与提升服务行业的素质,为中小企业提供技术支持,降低中小企业承担的服务费用;培育创业人才,提高员工的素质,等等。当然,乡镇企业的再演进和提升绝非易事,也不可能在短期内一蹴而就,但也要看到中小企业具有容易转型的优势,重要的是要及时启动转型工程,把易于转型的优势,转化为竞争优势。

这里涉及到如何管好、用好集体资产的职能进一步完善的问题,需要在新的转型中补上这一课。集体资产的管理和运作要扎口到集体经济组织,集体资产经营公司要按现代企业的要求,受集体资产管理委员会的委托,对集体资产实施有效的运作。再不能把回收的货币资金移作他用,而要加大投放于再生产的比例,使集体资产保值增值,使企业加快提升和转型的步伐。

二、运用"苏南模式"已有产学研结合的相对优势,通过技术创新者＋风险投资＋乡镇企业的模式,在乡镇企业中形成一批创新企业

走产学研联合开发、创新之路,是"苏南模式"又一个相对优势。苏南乡镇企业与大专院校、科研院所合作,不仅为时悠久,而且底蕴深厚。虽然,在建设技术创新体系中的产学研结合,是更高层次的合作,但过去的协作为今后更紧密的合作奠定了很好的基础。

在上述各种转型路径中,挂靠国内大企业,或与外资企业协作、配套,以及发展高新技术产品加工贸易,都属于被动全球化、被动的转型,即通过这些形式被纳入国际分工体系,被迫与世界经济接轨。然后在这个基础上,自主创新、发展具有自主知识产权的新技术、新产品,主动参与国际分工,变被动全球化为主动全球化。我们作为发展中国家,尤其是当今的全球化是由少数强国主导和推动的情况下,这样的发展过程往往是难以避免的。将有一大批乡镇企业要走这样曲折的道路,来实现转型。与此同时,也要及早组织一批乡镇企业积极参与技术创新,形成一批科技型乡镇企业。

苏南地区大中型乡镇企业走向科技型企业,主要是在引进的基础上,建立自己的研究开发中心,进行自主开发和自主创新,一些实力雄厚的企业,也在着手以CAD(计算机辅助设计)和CIMS(计算机集成制造)来提升自己。但一般中小型乡镇企业,可能要通过积极参与技术创新,走技术创新者＋乡镇企业＋风险投资之路,闯一条有自己特色的转型之路。

实际上,广东已有些乡镇企业与归国留学人员合作,成功地建立了高新技术企业。技术创新者＋乡镇企业＋风险投资之所以可行,是因

为有一个好发明,并不等于一个好产品;创新也不等于创业;科研成果商品化和产业化更不是一回事。创业需要集成,包括技术与资金的集成,技术与管理的集成,一流项目与一流团队的集成,创新与市场调研和商业运作模式的集成,等等。现在,一方面是风险投资找不到好项目,给创新企业的资金投入是少而又少,大部分投向证券、房地产等传统产业,包括全省最大的、拥有6亿多元的科技发展风险基金,至今尚未向创新企业投过一分资金;另一方面是技术创新者却到处寻求资金,苦于科研成果难以转化。

从技术创新者来说,所以难以吸引风险投资,重要的原因是技术创新的教授、专家,缺乏企业家、管理者的经验,没有重视组成一个卓越的团队,也不注意或没有精力做市场调研,拿不出像样的能说明市场前景的商业计划以及今后企业的商业运作模式。可是在这些方面,经过市场摔打的乡镇企业家可以弥补技术创新者的不足,还可以提供必要的厂房、设备,以及可能提供的资金,增加对风险投资的吸引力。有了乡镇企业与创新人员的精诚合作,借助风险投资的东风,创业效益可能不是一般的增长而是几何增长。

当然,乡镇企业在参与创新过程中,自己也要创新。乡镇企业家在经营理念和管理方式上,要有极强的现代意识和管理创新能力,善于通过互联网掌握市场信息,懂得新的商业运作模式。善于团结合作,使自己成为新一代的乡镇企业家,成为创新企业卓越团队的成员。

三、运用"苏南模式"改制中股份化程度较高的相对优势,加快建设与国际接轨的现代企业制度

发展模式不同,也造成了企业经营规模的差异。苏南乡镇企业经营规模相对比较大,也形成了一批实力雄厚的大中型企业。到1999年,江苏全省共有大中型企业1370家,大部分集中在苏南地区。这些大中型企业在改制中大都选择了股份制改造。常州市1999年已改制的大中型乡镇企业190家,改为股份有限公司的2家,有限责任公司

71家，股份合作制企业79家，公转私营25家，关停13家。吴江市已改制大中乡镇企业107家，改为股份公司的1家，有限责任公司44家，股份合作制23家，公转私营35家，租赁企业4家。

再加上在中小型乡镇企业中，也有一部分企业改为股份合作制企业，所以在整体上股份化的程度要高一些。无锡市到1999年，已改制乡镇企业18200家，占乡镇企业总数的94.5%。其中：股份有限公司31家，有限责任公司3059家，股份合作制企业4454家，兼并企业431家，转让企业8536家，租赁经营701家，歇业企业944家，破产企业44家。股份合作制原来曾被认为可能是苏南乡镇企业改制的主要形式，我们在1998年对"苏南模式"转制调查时，就发现它并没有成为苏南乡镇企业改制的主要取向。现在南京大学有一个好的调查报告，认为在这样的组织形式下，管理者监督职工绩效的权力和管理者获取剩余收益的权力都是不足的，尤其是在规模扩大的情况下，难以形成集中统一的决策机制，而且不利于企业通过控股、参股进行扩大，这都使得股份合作制的灵活性和吸引力不如股份制企业。因此，虽然股份合作制在苏南乡镇企业中还有相当大的比重，但是呈现减少的趋势，而公司制企业却呈明显增加的趋势。

"苏南模式"改制后股份化程度较高的优势，为今后的发展铺垫了很好的基础。熔各种所有制于一炉的股份制经济，是今后发展的大趋势。不仅股份型的公有资本将在公有资本中不断扩大，股份型的私有资本也将在私有资本中不断扩大。新加坡引导中小企业转型，不仅要求它们要从传统式转为现代化管理，从模仿式转为创新式运作，也要求它们从家族式转为团队式企业。家族式企业往往是"一代兴旺，二代平庸，三代衰亡"。

现在的问题是，"苏南模式"乡镇企业在改制后，要真正建立起能与国际接轨的现代企业制度，才能应对全球化和信息化的挑战。这就要在现有基础上提高公司治理结构的水平，使董事、股东、审计都依法运作到位。包括对外部董事和独立董事的人才培养，及早防止内部人控制问题；包括改进激励机制和约束机制；包括建立有效的经营者选拔机制,优胜劣汰,竞争上岗;包括在公司治理结构中起作用的中介机构、专业服务质量的提高,等等。

全球化和信息化带来的挑战是相当严峻的,苏南乡镇企业必须在演进的基础上再演进,进行转型和提升。这可能是一个炼狱般的锻炼,要经得起这样的考验。

（原载《现代经济探讨》2001年第5期）

第三编

经济结构与产业结构合理化

一个城市怎样实现经济结构合理化？

——无锡市经济结构合理化探索

调整国民经济，绝不仅仅是压缩基本建设、搞些关停并转，从根本上说，是要协调比例关系，调整经济结构，在稳定经济的基础上，逐步实现经济结构的合理化。

经济结构合理化，从全局来说，是比较容易确定的，从一个城市来说，这是比较困难、但又是必须解决的问题。一个城市经济结构的合理化，要在全国统一布局下进行，但全国经济结构的合理化并不能代替各个城市经济结构的合理化。无锡市在制定调整规划的过程中，对这个问题进行了探索，目的是为了更自觉地对现有的经济结构进行调整。

这里所说的经济结构，主要是指工业结构、产品结构、组织结构和技术结构等等方面，而不是经济结构的全部。所有这些经济结构，都是一定时期按一定比例进行投资所形成的结果，也即按一定比例分配社会劳动的凝结。从无锡市来说，解放以前，是一个以纺织、缫丝、食品工业为主体的轻工业城市，仅有少量为轻工业维修服务的小型铁工厂。在工业总产值中，轻工业占93.3％，重工业占2.7％，这是在半封建、半殖民地条件下形成的经济结构。"一五"期间，轻重工业投资基本持平，到1957年，轻工业占工业总产值的90.2％，重工业占9.8％。1958年以后，在优先发展重工业思想的指导下，轻重工业的比例，也随投资结构的改变而改变。二五期间，轻工业投资只占19.6％，重工业投资占80.4％。在工业总产值中，轻工业下降为71.8％，重工业上升为29.2％。三年调整时期，轻重工业基本上保持在三七开的比例上。文化大革命期间，轻工业投资维持在15％左右，重工业投资却一直在

85%上下。到1976年,轻重工业的比例大致上是各占一半,轻工业占52.56%,重工业占47.44%。近两年来,投资结构向相反的方向变化。1979年,轻工业投资占39.75%,重工业占60.25%,轻重工业的比例改变为53.4∶46.6。1980年,轻工业投资占61.19%,重工业投资占38.81%,轻重工业的比例又改变为57.2∶42.8。轻重工业固定资产的比例也相应的改变,1979年,轻重工业固定资产,大致上是三七开,1980年,则改变为轻工业占35%,重工业占65%。

由此可见,经济结构的合理化,首先要求社会劳动分配比例的合理化。当然,反过来说,比例的协调,并不能立即导致经济结构的合理。经济结构的形成是一定时期的结果,因而经济结构的改变也就非一日之功。而且,为了改变经济结构,人力物力财力的分配在一定情况下还应该给那些薄弱环节以更多的份额。

再进一步说,比例的合理又是依据什么呢？比例的合理决定于社会的需要,首先是生活消费最必须的需要,然后是生产消费(生产建设)的需要,也即当前的需要和长远的需要。确定比例首先要掌握社会需要的构成,预测社会需要的发展趋势。符合社会需要的构成的比例才是协调的比例,按照这样的比例分配人力物力财力所形成的经济结构,才是合理的经济结构。

根据以上这些原理,要搞好一个城市的经济结构,是不是应当考虑以下一些因素。

一

经济结构合理化,第一个要考虑的因素是：综合平衡和发挥优势的问题。

综合平衡,是解决全社会、全局需要的问题。是根据全社会的需要,经过综合平衡所确定的计划指标,或者说盘子。这个问题解决了,全社会的生产、交换、分配和消费才能协调与衔接,在社会再生产这个全局性的大循环上形成良性循环。无锡市作为全国工业整体的一个组成部分,又是商品生产比较发达的城市。调正比例,搞经济结构的合理化,首先是要从全社会、全局的需要出发,以国家计划的安排为基础。

有了这一条够不够呢？不够。重要的是国家计划的安排以及生产的布局,要从无锡的特色、从无锡的优势出发。

在综合平衡的前提下,把计划安排同无锡的优势结合起来,这是建立合理的经济结构最基本的依据。

无锡市是一个综合加工的工业城市,它有很多优势:轻纺的优势,老基地,基础好;机械也具有一定优势,产品好,技术高;经营优势和技术优势;交通运输的优势,水陆码头,四通八达;旅游是"太湖岸上的一颗明珠"。从这些优势出发,无锡市应成为轻纺为主体的工业和旅游并举的城市,或者说以消费品加工为主体和旅游并举的城市。

这里一个重要的问题是,不能只看静态的优势,即现有的已形成的优势,更要看动态的优势,看优势的变化及其发展趋势。无锡现有的优势是突出的,但是在全国竞相发展消费品生产的情况下,这些优势是会发生变化的。即使基础比较雄厚的纺织工业也是这样的局势。比如:纱,南通是强劲的对手,而南通临近棉区,得天独厚;布,常州与无锡不相上下,某些品种还要多一些。常州现有印染整理能力是3亿米,而无锡在1985年才能由现有的2.23亿米提高到3亿米。纺织如此,其他行业更是如此。在"保护竞争"的条件下,这种局面的出现是不可避免的。那些具有资源优势的地区,只要同上海这样经济中心的技术力量相结合,很快就会形成优势,而原有优势的地区,不发展优势,就可能丧失或部分丧失自己的优势,从优势转化为劣势。

对无锡来说,为了巩固和发展自己的优势,不仅要有工业结构的合理化,还要在产品结构上下功夫。从几个主要行业来说:

纺织工业,既要从名牌、紧俏产品入手,根据社会需要,发展适销对路的产品,又要以针、毛、化、印染后整理为重点,把针、毛、化的比重从80年的16.58%提高到85年的24.58%,形成长丝、府绸、精粗纺呢绒等一批骨干产品。并加速老厂技术改造,加强科技研究,开发新原料、新工艺、新品种,抓好升档换代,提高竞销能力,把无锡建成为全省的纺织品基地、中高档产品调剂基地和科研基地。

　　轻工,相对而言,基础要差一些,在产品结构上要"抓重点,创特色",实行大中小并举,机械化与手工生产并举,中高档产品并举,全民与集体所有制并举,通过改组和专业化协作,发展具有自己特色,如酶制剂等等产品;充分运用集体和个人经营,积极发展旅游产品和传统的工艺美术产品。

　　电仪工业,主要是坚持质量第一,既抓好录音机,薄型晶体管收音机等适销产品和基础元器件生产,也要抓中高档录音机、彩色电视机的研制。

　　机械工业,主要是运用质量好、技术水平比较高的特点,利用任务不足的条件,抓好改组、改造,积极促进产品转向。机械、冶金的调整,绝不仅仅是搞关停并转,而是通过抓消费品生产,把各个部门,特别是生产资料的生产和消费资料的生产本来的有机联系恢复和协调起来。无锡机械工业原来自我武装和为基建服务的部分占58.49%,为农业、轻纺、出口服务的占39.17%,其他2.34%。因此机械工业的产品除拉长短线而外,要积极转向"四个服务",特别是要为轻纺的技术改造提供优质专用设备,为消费品生产增加花色品种提供各种规格的模具。

　　这样,在全国重点发展消费品生产,并带动整个经济结构改变的方针下,全市的产业结构将逐步向"轻一些"的方向发展,产品结构向"精一些"的方向发展,城市建设向"清一些"方向发展,清洁、文明,成为江苏旅游的主要基地之一。

　　根据国家计划要求,以及无锡的特点进行测算,"六五"期间全市工业可增长34%,年平均递增率为4~6%。轻纺工业可以8~10%的速度发展,重工业则有所下降(5%左右)。预计在1983年轻重工业的比重将在65∶35之间,后两年轻纺工业继续增长,重工业开始复苏和恢复的情况下,重工与轻工业之比可能达到三七开或32与68之比。

二

经济结构合理化要考虑的第二个因素,是全局需要和当地需要的问题。

从无锡来说,即外部需要和内部需要的问题。无锡经济结构的合理化,不仅表现在满足全社会的需要,也要考虑到满足本市人民的需要。注意这个方面,是为了解决本市这个局部的小循环的问题。一个城市的平衡受全国综合平衡的制约,但是全国的综合平衡并不能代替某个城市、某个地区的平衡。各个城市、各个地区都有自己的特殊性,注意这些特殊性,满足本市人民物质文化生活最必须改善的要求,才能使本地小循环的各个环节也保持良性的循环。

在无锡来说,人民的生活水平是比较高的。首先是就业水平高。全市就业面由解放初期的36.1%上升到1980年的61.6%。平均每个就业者赡养人数:1956年为3.45人,1965年为2.97人,1977年为1.66人,1980年为1.61人。同常州每个劳动者赡养1.43人相差无几。无锡同几个大中城市每百户职工拥有耐用消费品的比较是,自行车:北京143辆,天津167辆,杭州113辆,无锡116辆。缝纫机:北京61台,天津66台,上海61台,杭州57台,无锡55台。手表:北京219只,天津238只,上海229只,杭州237只,无锡223只。无锡的生活水平同几个大中城市也不相上下。

在供求关系上,不仅有个数量问题,也有个供应构成和需求构成不相适应的问题。无锡的消费构成,根据一些典型的家计调查是:吃占54.43%,穿占13.39%,用占14.72%,其他2.3%,非商品支出(房租、水电、文娱医疗等)占15.14%。根据商业零售额计算,1978年:吃占52.06%,穿占26.6%,用占21.34%。1980年:吃占49.28%,穿占26.28%,用占24.44%,超过全国家计调查吃占59%,穿占26%,用占15%的水平。无锡的需求构成,传统是"无锡货销内地,上海货销无锡"。现在上海货货源有限,需要本地的中高档货来满足。在花色品种上，无锡的要求也是比较高的，现在还不能完全适应本地人民的需要。

从生产需要来说，一个很大的问题是市场调节占有相当大的幅度，而且比重越来越大。在全市工业总产值中，1979年市场调节部分占25.92%，1980年占29.09%，1981年预计要达到42%。有些行业，如机械，市场调节占90%，这是生产过剩、计划失调的特殊情况。但发展的行业，如轻工，市场调节比例也相当大。去年1—4月份市场调节部分占33.19%，今年同期占45.33%。

类似这些的特殊需要，如果不加注意，那就会在消费环节上出毛病，人民生活需要也即有支付能力的要求得不到满足，货币也回不了笼。或者在流通环节上出毛病，供应购成同消费构成不适应，商品积压，资金运动受到阻碍。或者是在生产环节上出毛病，能源匮乏，材料不足，妨碍生产的发展。凡此种种，都会影响再生产的良性循环。

经济结构合理化应该考虑这些问题的合理安排。比如，在工业结构上，要考虑大中小的合理组织。要保留一部分分散生产、分散经营的中小型企业，比如纺工的织与染，以及轻工、手工业，都要保留有一部分有独特产品、有经营特色的小企业或前店后坊，让它们发挥"船小掉头快"的作用，增加品种，翻新花样，这既是整个商品生产的需要，也可以更好地满足本地人民的需要。至于地产地销的产品，如食品、儿童用品、旅游用品等等，也要积极扶持，力求丰富多彩。这正如陈云所说的，只有适应人民消费需要的合理化，才是真正的合理化。

另一方面，是广开供销渠道，允许商店利用过去的老传统多渠道进货，鼓励厂店直接挂钩，搞好工业自销和工商联销，开辟信托公司、贸易货栈的业务，等等。经济结构合理化，不仅是生产结构，而且包括生产、流通、消费衔接上的合理化。

至于市场调节，这是由于我们的计划不可能完全反映社会的需要，因此，只有计划的平衡是不够的，还要有一种"反馈"机制，即市场作为补充，通过市场来检验计划的科学性，并允许有一定幅度的计划外生产作为补充。这部分物资应当进入市场，市场调节没有物资进入市场，那不过是一句空话。无锡的问题是，计划外的生产以多少为宜，也要因产品而异,因产供销情况量力而行,大致上安排在10%至20%之间为宜。

三

经济合理化考虑的第三个因素是经济发展和社会发展的结合问题。

社会发展包括人口的再生产、劳动就业、劳动条件、住宅建设、生活服务、社会福利、文化教育、卫生保健、环境保护、幼儿设施等等。这里有一系列的比例关系。这些因素同经济因素是互为条件也是互相制约的。只考虑经济发展,不考虑社会发展,从城市来说,不考虑城市的负荷力,到头来终会受到这些因素的掣肘。现在企业摊派繁多,负担颇重,这些不太正常的情况,在某种意义上也是对长期不注意社会发展和城市建设的一种惩罚。经济结构合理化,应该把经济发展与社会发展同时考虑,统筹安排,量力而行,共同发展,努力克服相互脱节的毛病,而体现出相互结合的方针。

社会发展包括城市建设应有一个总体规划,根据城市的性质,即以消费品生产和旅游并举的城市,确定它的发展方向。从长远看,无锡有一个怎么拉开布局的问题。从近期看,主要是处理好人口再生产与物质资料再生产的矛盾,以及工业建设与城市建设的平衡,尽力解决一些欠债的问题。

无锡市人口1980年已达到76.5万人,市区人口60万人。人口密度超过国家标准一倍。城市臃肿,厂房拥挤,回旋余地小。1979年统计,全市生活用地平均每人$12.17m^2$,国家标准为$21m^2$;公共建筑人平$3.34m^2$,国家标准为$8\sim10m^2$;绿化用地人平$1.18m^2$,国家标准为$6\sim8m^2$;道路人平$2.56m^2$,标准为$6\sim8m^2$;自来水人平81.4公升,标准为120公升。整个城市的超负荷状况相当严重,就是无锡人所说的"螺丝壳里做道场"。在1985年前后争取能达到国家规定的低限标准,把一系列的比例关系基本上搞得平衡一些。

社会发展另一个重要方面是发展第三产业。无锡市商业网点现在是千人1.9个,国家要求是3～5个;医院床位,每千人4.1张,国家规定千人5～7张;影剧院座位,现在是千人17.6个座位,国家规定35～40个;公共汽车现在是万人拥有2.9辆,国家规定是4辆;现有货场、港站,也不能适应运输发展的需要。这样拉长第三产业,特别是商业、服务行业,让第三产业在整个产业结构中取得比较合理的位置,就是一个突出的问题。

第三产业在现阶段发展到多大规模为宜？历史的情况是,解放初期,无锡是一个消费为主的城市,以就业人数计算,第三产业占总就业人数的52.14%。1957年下降为38%,三年调整以后,1965年前后大体稳定在35%左右。以后又继续下降,1976年为25.09%。最近几年,才有所恢复,1980年上升为26.97%。现在发达国家第三产业所占比重都很大,一般在55～65%之间。但是第三产业的发展,归根到底决定于工农业劳动生产率的高低,特别是农业能提供多少剩余产品,也决定于科技进步和社会分工的程度。城市大小不同,第三产业的比重也是不同的。这些年来,我们工业劳动生产率是提高的,但农业劳动生产率提高并不快。我们生产社会化,程度也不算高,因此,第三产业的发展不能过急过猛,而要适合我们的生产水平和生产社会化程度。当前之所以强调,主要是为了改变长期不重视第三产业的情况而言的。根据基本满足需要的要求和新增劳动力的可能来进行安排,在"六五"期间,无锡市第三产业可增加三万人左右,包括商业、食品12500人,城建4500人,交通、邮电3000人,教育、卫生4500人,科研、金融、机关1000人,等等,使第三产业的比重由1980年的26.98%上升到31.4%。看来30～35%这个幅度可以基本上满足社会需要,也可以说是比较合理的,在一定时期应稳定在这个比例上。

四

经济结构合理化第四个考虑的因素,是靠什么来实现经济结构合理化？从无锡来说,是靠内涵为主,而不是靠外延的扩大再生产。怎么搞内涵为主的扩大再生产,马克思曾讲过七八种方法,在无锡来说,进一步提高经营管理水平,学上海,上水平;节能、节约原材料;提高专业化协作的程度,等等,都是重要的。但是,最重要的一条是依靠科学技术来发展经济。这是最合理地使用人力物力财力的一个重要方面。

在这个问题上,上海有很好的经验。上海纺织工业77～80年产值增长了48.78%,在促进生产增长诸因素中,属于技术因素的占71.4%。他们不再搞过去的"宏观上靠铺摊子,微观上靠三拼(拼设备、拼体力、拼材料)",而是舍得在科技研究上花本钱,扎扎实实在科研上下功夫。"搞经济不能急功近利,而是要依靠科学技术的一本万利"。

无锡也有自己的体会,一项异性纤维试制及其产品研究,科研投资四万元,开发、中试也不过是几十万元,1978年投产后,到80年增加产值2414.5万元,利税829.2万元。提高淀粉酶、蛋白酶活力及提炼工艺,科研投资1.5万元,1975年投产以后,增加产值1243.2万元,利税373.7万元。纺工局10年来投放科研经费564.69万元,创产值13784.33万元,利税2977.8万元。全市产品向高精尖发展,这条路子非走不可。

再从无锡城市负荷力来说,如上所述,无锡人口密度如此之大,工厂如此密集,劳动就业面也比较广,再增人增设备增厂房,会受到城市负荷力的严格限制。可以向郊区发展,但挤郊区、挤蔬菜也不是办法。可以考虑把布局拉开到县里,但在现有体制下,还不容易解决。出路何在?比较现实的是搞依靠发展科学技术为主的内涵的扩大再生产。这也是发达国家走过的道路。无锡市需要走也有条件走这条路。

我们依靠科学技术的因素还是低水平的,应该把注意力转到这方面来。尽管纺织工业的"三大件"还有相当大的发展余地,但不需几年,就会面临一个择优发展的问题。科技的研究和开发是要有个过程的,现在就应该舍得在这方面花本钱、下功夫,早动手早主动,也可以早得成果。

现阶段全市科学技术研究的重点主要是:(1)对优质价廉,国内外有竞争能力的新产品、新品种的开发研究。(2)对高效率、高质量、低消耗的基础工艺、基础元器件、基础新材料的研究。(3)技术改造、设备更新的研究。(4)对节能技术和材料的研究。(5)对引进技术设备的消化仿制、改进。

各行各业都有需要开发和研究的项目：

纺织工业的异型纤维、复合纤维、变性纤维、粘胶接枝纤维等新的纺织原料的研究，化纤天然化、天然纤维化学化，以及絮片、经纬编织的纺织加工工艺、新的编织方法的研究，提高印染整理工艺水平和新的后整理手段的研究，阔幅喷气织机中试，等等。

轻工业的多功能缝纫机、搪瓷铁锅、黑曲糖化酶等新产品、新品种的研究，提高自行车质量，非金属大面积上色净电喷涂研究，等等。

电仪系统的高可靠、长寿命电子元件和新产品的研制，14寸显像管，长寿命灯泡，三用电视机、彩色电视机的研究。

化工的质量好、成本低、应用范围广的化学合成材料的研究，耐寒树脂、聚胺酯泡沫塑料的研究。

机械系统为轻纺、农业、出口服务的新产品、新品种，节能技术的研究，以及引进设备的消化和仿制。

与此相适应，要加强科技的基础工作，加强科技情报和科技发展的动向的掌握；搞好科技成果转化为生产力、应用技术开发为产品的衔接工作。重视智力开发，发展职业教育，提高劳动者的素质。在计划上，要把经济发展和科技发展融为一体，把整个经济发展逐步转到主要依靠科学技术的轨道上来。

五

最后，经济结构的合理化还有个近期和远期的问题。

经济结构合理化是有其阶段性的。它在一定时期有一定的稳定性，但随着社会需要的变化，科学技术发展以及生产水平的提高，经济结构的合理性也是会不断变化的。因此考虑近期经济结构，也尽可能考虑到与远期结构相衔接的问题。

近期经济发展及结构的改变，要充分考虑其可行性。无锡是优势突出，弱点明显。最主要是能源匮乏和资源不足。1980年全市主要资源的缺口是，钢材42.2％，木材39.3％，煤炭26.7％，油31.2％。1981年将上升为，钢材48.4％，木材41.6％，煤炭33.3％，油32％。缺口主要是地方增产的这一块，没有物资保证。但近期以内，国家能源不可能有多少增长，节能也赶不上增产的需要。钢材数量上虽有所缓和，品种规格矛盾反而加大，带钢、扁钢、薄板供不应求，这种局面一时难以改变。至于生产必需的二、三类物资，如桐油、油漆等等，更难以保证供应。市场调节难度越来越大，几乎是靠提高价格和交换条件来维持。再加上资金不足，无锡地方自有资金每年是二亿多一些，过去主要用于生产，近年来比较注意按比例的安排，既要用于技术改造和设备更新，又要用于住宅、城建，科学文卫。不坚持按比例使用资金，那又会老帐未清，又欠新帐。在这样情况下，经济发展速度摆在什么幅度上为宜，值得考虑。过快的速度，不仅在全局上会增加能源与加工、资源供应与经济发展协调的困难，也会影响无锡本身改造、改组、调整、整顿的顺利进行。速度应该服从调整，增长应该是稳定、持续的增长。无锡市经过计算和预测，把年平均速度放在4～6％之间，是比较可行的。

为了近期结构与远期结构相衔接，无锡的工业结构在一定时期要稳定在这次调整的结果上，即重工与轻工三七开左右的比例。经济结构不完全看比例，但也要用一定的数量来表示，以便于有所遵循。免得象过去那样，一会儿重工业超过了轻工业是成绩，一会儿轻工业超过了重工业又是成绩。无锡的重工，主要是机械工业，有相当的基础，应该保留一定的比例。从远期来看，在国民经济调整结束之后，我们可能面临一个技术改造的任务，科学技术的发展，以及一定基本建设的恢复，会对机械、冶金提出新的要求，重工业的复苏和恢复，在无锡也可能引起工业结构、产品结构的一定改变。为了同远期相衔接，也应该注意对机械、重工不要压得过低。

从远期看，还有一个拉开布局的问题。无锡迫切需要打破"螺丝壳里做道场"的局面。依靠科学技术主要是解决自身的发展问题，但是无锡同周围的城市和乡村,有着千丝万缕的有机联系,无锡的发展不能不考虑这些横向联系的发展,而且作为一个有相当能量的工业城市,在全省布局上,应该把无锡的发展同周围的发展通盘考虑,以发挥无锡应有的作用。比如:无锡纺织有许多名牌产品,但囿于城市的狭窄,不能形成大批量产品。如果跨出地区,拉开布局,既可以克服回旋余地小的缺陷,形成大的拳头,又可以发挥无锡的技术优势,支援其他地区。城市的负荷也可以大大改善。然而在现行体制下,城乡、城市之间的协作很不容易实现。因此,从远期看,是不是可以试行打破现有行政区域,建立经济中心来使城乡关系有一个新的发展。无锡可以作为一个经济中心,在整个经济区统一考虑工农业经济结构的合理化,统一组织专业化协作,统一布点发展卫星城镇等等。而无锡、苏州、常州等经济中心又与上海这些大的经济中心取得有机联系,形成网络的经济结构。这种设想目前还不可能实现。但是将来可能是势在必行的。在远期规划中,也是一个需要早作打算的问题。

(原载《经济研究》第 46 期)

徐州市破"三铁"中的独到思考

徐州的破"三铁"是"一石激起千层浪",对改革的深化发展,起了很大的波及效应。

徐州之所以搞得好,固然是真抓实干,动了真格。但是徐州的真抓实干是有思想基础的。虽然,破"三铁"不是现在才提出来的,但徐州有独到的思考,从而形成了清晰的思路,这就使破"三铁"能符合于改革发展的规律。在这样基础上的真抓实干,当然取得了应有的效果。

徐州破"三铁"的独到思考,表现在方方面面:

和风细雨搞改革。破"三铁"不搞暴风骤雨,而是靠反复的酝酿和协调,尽可能的思想一致、认识一致。当然,破"三铁"是经济体制的一次大变革,涉及到方方面面的利益调整,不可能没有认识上的分歧,不可能没有矛盾和摩擦。但是思想上的是非,就是思想上的是非,不把认识问题当作态度问题、政治问题。改革不分先后,不分改革派和保守派。

在破"三铁"进展过程中,破"三铁"当然好,破"两铁"也可以,破"一铁"也不为落后。徐州市就是按照这样的思路来推进破"三铁"的。

以亏损企业为突破口。破"三铁"从何入手,经济学界以往的主张,大都是从效益好的企业着手,原因是这些企业经济实力强,承受能力也强。但是徐州作了新的选择,把亏损企业作为破"三铁"的突破口。

结果如何呢?亏损企业在破"三铁"中,表现了自己的特殊的承受能力。徐州说这是逼出来的。就是这个"背水一战",不仅在相当程度上解决了扭亏增盈问题,更重要的是抓住了转换企业机制的启动点。

在新的企业机制上形成了新的承受能力。新的机制是,以经济效益定升迁,以企业收益定收入,以个人技能工效定岗位。企业亏了就得挂黄牌,干部就得就地免职,不仅奖金不发,工资还得下浮。在新的运转机制下,就得承担这些责任,形成新的承受能力。加上破"三铁"能有效地改变管理不严、纪律松弛的状况,迅速取得管理效益。破"三铁"产生的压力和动力,也进一步发挥了人的积极性。

加大改革力度和加大承受能力。搞一场改革,不能没有一定的力度、一定的强度。但是加强力度,也要同时加强人们的承受能力,让两者在天平上保持平衡。这是徐州破"三铁"又一个思路。

加强人们的承受能力,徐州是从多方面来做工作的。这包括:加强思想的承受力,关心职工生活,为职工办实事,加强社会保障体系,等等。在所有这些工作中,最关键的是加强人们的思想承受能力,特别是观念的转换,把扭曲了的认识重新端正过来。徐州在转换观念上主要有:

——"铁饭碗"都砸了,还算是主人翁吗?破"三铁"是为了形成新的运行机制,是国家、也是工人阶级自己的事情,作为主人翁,应该对社会主义承担责任,应该同企业风雨同舟。

——大锅饭不是社会主义的优越性,而是离开了社会主义原则,破大锅饭是为了治穷、治低效率,更好地发展社会主义。

——破"三铁"不是针对工人、干部,而是为了转换企业机制。破铁交椅是为了交椅坐得更好,下浮工资是为了工资上浮,破"铁饭碗"是为了饭碗更多、更好。

——要有正确的稳定观。不能只是花钱买平安,只能靠深化改革,求得发展,才能保持长期的稳定和真正的安定。

思想先行,水到渠成。观念的转换,不仅使职工成为较强的承受者,而且成为破"三铁"的主人,使职工积极投入破"三铁",用自己的双手,去转换旧体制,形成新机制。

一厂一法和一厂多制。各个企业的素质不同,环境不同,主要矛盾也不相同,企业机制转换又是一个探索的过程。基于这样的思路,徐州在破"三铁"上,掌握总的政策,把好大框框,允许一厂一法,也允许一厂多制,即让企业从自己的实际出发来自主决策,不拘形式,而求实效。

社会消化和厂内消化同时并举。破了"铁饭碗"、"铁工资",有一部分人失业、下岗,这是应有之义。相应地,加强失业保险和失业救济体系,也就要提到议事日程上来。资本主义国家先是搞"失业后备军",随着经济实力的增强,福利制度推行,采取失业救济和失业保险办法。我们不搞"失业后备军",允许失业是为了提高效率。但是对于社会保障体系的建立和加强,一点也不能忽视。徐州在破"三铁"中,已出台了"职工待业保险办法",用徐州的话说,是根据经济实力逐步解决待业保险救济问题。

但是,难点在于,待业保险制度,对经济波动带来的周期性失业比较有效,对于人浮于事的在职失业,却往往无济于事。根据徐州有关部门的估计,工厂的冗员大约占15～20%,只是市区30多万职工中,富裕人员将达到4万多人。解决这么庞大的在职失业,仅靠失业保险救济是难以承受的,这还要以企业内部消化为主,社会调节为辅。工厂兴办第三产业,转移富裕人员,待时机成熟,再独立出去,变工厂办社会为社会办社会。这是一种过渡的办法,但现在还得过渡。

把外部压力变为内部动力。这次徐州破"三铁",第一推动力是来自行政干预。企业受到的外部压力是极其强大的,从主管局、企业、车间,一直到班组,层层立下"军令状"(责任状),扭亏增盈完成不了任务的,就搬掉你的交椅,就地免职;连续亏损三个月的,厂干部下浮一级工资,连续亏损六个月的,全体职工下浮一级工资;违反纪律,不好好工作的,就得下岗待业。这种压力在现阶段是必要的。

但是,归根结蒂,企业不能只靠外部的压力。现在这种状况,说明了企业的地位还没有根本改变。今后的发展,就是要把企业变成有活力、有动力的细胞,从依靠外部压力到依靠内部动力。

徐州改革的深化,将沿着这个方向循序渐进,从企业——市场——宏观调控这根链条的几个环节上,协调发展。

——这个链条的微观基础是企业。

在破"三铁"的基础上,将加快股份制的试点,把产权改革提上议事日程。

多数企业还要通过利税分流、投入产出总承包、减亏包干多种形式,进一步完善承包责任制,继续推进企业的机制转换。

——这个链条的中介是市场。加快市场的建设,为企业推向市场创造条件。

——相适应地,要转换政府职能,把主要精力放在宏观政策、宏观调控、宏观环境上来,逐步形成新的管理体制。

(原载《江海学刊》1992年第4期)

构筑法律性进入壁垒的若干构想

所谓市场进入壁垒,是指新办企业或转产企业,并不是可以无条件地进入特定的行业和特定的市场,而是要克服许多障碍才能获得市场准入。新进入企业与老企业相比,在进入市场上往往有许多不利的条件,老企业可以凭借自己有的种种优势,在生产规模、融资投资、营销费用、生产成本等等方面设置障碍,形成进入壁垒,提高市场的"进入门槛",让新进入企业跨不过去。

在市场经济比较健全的条件下,新进入企业的市场进入主要由市场筛选,进入壁垒的设置主要是市场主体——企业的行为。我国目前市场发育不足,存在着市场缺损,要防止过度进入和过度竞争,需要行政壁垒、经济壁垒与法律壁垒同时并用,或是放大进入壁垒,或是平抑进入壁垒,以适应各个时期经济发展的需要。

进入壁垒是一把"双刃剑"

我国市场体系正在发育之中,为了形成全国的统一市场,需要破除各种市场壁垒,特别是人为的市场壁垒的梗阻。因而,一般对市场壁垒持批判的态度。实际上,市场进入壁垒是一把"双刃剑",它具有二重作用,只要运用得当,就可以发挥它应有的正向效应。

市场进入壁垒,主要包括:

——规模经济壁垒。规模经济的形成,可以凭借其大规模生产的优势,提高市场"进入门槛",放大进入壁垒,使那些规模小,也即规模不经济的企业在进入门槛前畏缩不前。

——必要资本壁垒。形成一定的生产能力,必须具有最低限度的资本金,必要资本量愈大,进入壁垒就越高。原有的一些企业也可以凭借其雄厚的资本和融资信用,对新进入企业构筑进入壁垒。

——绝对成本壁垒。规模经济、专业化生产和新技术的应用,都可以大大促进劳动生产率的提高,大幅度地降低生产成本。这类生产在竞争中往往凭借自己产品劳动耗费低于社会平均劳动耗费的优势,把降价作为"杀手锏",实施反进入操作,为新进入企业的进入设置障碍,限制竞争对手对市场的争夺。

——产品差别壁垒。产品质量愈高,品种愈多,新产品开发周期愈短,市场覆盖率愈大。原有的企业可以运用已有的优势,提高产品档次和加快新品开发,以及产品销售上的优势,对新进入企业筑起较高的进入壁垒。

进入壁垒的存在,从负向效应来看,它可能形成垄断,抑制竞争,造成价格的扭曲和市场的分割。在我国存在的所有制壁垒,还会妨碍横向经济联系和专业化协作。但是,一定高度的进入壁垒,也有它的正向效应。它可以使产业集中度的提高,防止低效率的小企业的进入,有利于规模经济形成与发展。它可以推动产品质量、档次的提高和新产品的开发,推动产品的多样化和异质化,提高社会产品的效用;它可以促进生产的社会化和专业化,阻止过度进入引起的低水平重复,进入壁垒机制的健全,会比计划经济下项目审批更有效地防止重复建设和重复引进。所有这些作用,实质上是有利于资源向规模经济、专业化协作和高新技术产业的配置和转移,从而降低资源重新配置的成本,提高社会资源优化配置的效率。

对进入壁垒的运用,各个时期有不同的着重点。一般来说,在工业化的初期阶段,特别是农村劳动力向二、三产业转移期间,宜于降低进入壁垒,促进企业的进入和经济的发展;而在解决低水平重复和企业过度进入,发展规模经济过程中,应该适当放大进入壁垒,以利于产业集中度的提高和专业化协作的发展;规模经济有了长足进展,产业结构进一步合理化、高度化之后,重点应转向防止垄断和不公平交易,保护有效竞争。

健全进入壁垒机制,对江苏之所以重要,正是因为江苏经济的发展已经到了一个转折关头。产业升级的滞后,在强惯性影响下追求产值的数量型发展模式转变的迟缓,已从多方面影响江苏经济迈向新的台阶。80年代以来,江苏在加速发展的同时,也从各方面推行结构的转移。通过适应性调整与开拓性调整相结合,基础工业得到加强,产业的技术水平和整体素质都有了提高,产品的技术含量有所增加,新兴产业已在电子信息、机电一体化、生物技术、新材料等重点领域初具产业雏形。但也不能不看到,江苏的一般加工工业摊子很大,而产品水平不高,附加价值平均不到20%;江苏工业在国民收入中比重超过60%,但技术装备和工艺水平不高,达到国际先进水平的只占7%,达国内先进水平的占23%,低于全国35%的平均水平,技术开发能力不强,科技成果转化为生产力周期长、效益低;江苏虽较早地组建企业群体和企业集团,但企业组织程度仍然偏低,每个企业拥有固定资产原值仅230万元,也低于全国平均水平;而低水平重复,地区结构趋同,重复建设屡戒不止。因而,在现阶段,江苏需要认真解决工业生产中仍占很大比重的小而散、小而全、小而低的低水平重复问题,解决低档次、低附加价值、低市场覆盖率和高能耗、高物耗、高污染的问题,江苏已确定了以"调大、调高、调优、调外"作为优化产业结构的目标。调高,发展技术进步和高新技术是核心,而调大,发展规模经济、组织专业化协作,则是转移结构的突破口,它可以大大促进向优调和向外调的发展。在这样情况下,进入壁垒就有它的特殊作用,不仅矫正新办企业的进入行为,也规范现有的企业的转产和改造。尽可能地运用进入壁垒这个武器,可以加快产业结构的优化和高度化。

经济壁垒,行政壁垒,法律壁垒

上述企业在市场竞争中,由市场筛选、淘汰所形成的进入壁垒,一般属经济性壁垒。经济性进入市场在市场经济条件下对企业进入起着决定性的作用,但在计划经济条件下,或市场体系尚不健全的情况下,这种本应由市场承担的职能,却不得不由政府来承担,由政府建立行政性壁垒来左右企业的进入行为。当然,即使从市场经济条件下,经济壁垒并不绝对排斥行政壁垒,政府仍可以通过一定的符合市场经济运行规律的行政壁垒,进行必要的行政干预。但是,在市场经济中,更为有效的是构筑法律壁垒。法律性进入壁垒,更能与经济壁垒相融合,引导和矫正企业的进入行为,降低进入成本。

现行的行政进入壁垒,主要是运用项目审批制度。各种建设项目,各类企业的进入,都要按一定的限额,分级由政府或主管部门审批。投资项目符合行政有关规定的,才可获得批准进入市场;不符合有关规定的,就跨不过行政进入壁垒而被取消进入市场的资格。行政壁垒的建立,对防止过度进入,避免重复过度、重复引进,限制盲目投资有它积极的作用。问题是随着项目审批权力层层下放,已与地方利益、和地方政府领导人任期、政绩密切联系在一起,而在现行体制下,解决经济发展,劳动就业和财政收入问题又具有很大的刚性,因而以审批为主要手段的行政进入壁垒,往往已不起限制重复建设和过度进入的作用。行政进入壁垒的紊乱,已使它蜕变为追求产值、铺摊子,保护本地落后工业的手段,不是结构优化而是结构雷同。行政壁垒又往往根据不同时期不同政策出发,松紧不一,常常使规模经济、重大项目建设面临重重困难,而中小项目和短平快项目却一路绿灯。

在改革不断深化的情况下,现有的行政壁垒要适应市场经济的要求,逐步加以改造,把项目审批改为项目审议,组织有关部门和社会人士对各类项目进行广泛的审议。审议结果不是强制企业执行,而是对企业进行诱导、劝告和提供信息,由金融、财政、外汇等部门优先给以扶持。这实质上是淡化行政壁垒的刚性,把行政和硬壁垒改为软壁垒,从而放大经济壁垒的作用。

在弱化行政壁垒以及经济壁垒正在健全的过渡时期,构筑法律性的进入壁垒就显得十分重要。固然,法律性壁垒在现行条件下,也会碰到有法不依、执法不严等等情况,但是法律性进入壁垒既有它的权威性、强制性,又有它的合理性和公正性,为企业进入创造公平、公正的条件。这样,就像目前许多经济活动、经济纠纷转向依靠法律支持一样,法律性进入壁垒将会愈来愈增强自己的作用,与经济壁垒一起,规范企业的进入行为。

构筑法律性进入壁垒

构筑法律性进入壁垒,可以是在有关法规和条例中作出规定,也可以是制定专门的法规与条例;可以是一般产业的进入法规,也可以制定特定产业的进入法规。这样,就围绕进入壁垒,形成一个法律群。我国近年来制定的《反不正当竞争法》、《产品质量法》和《消费者权益保护法》,三法各有侧重,但都是贯串了正常市场秩序,保护公平竞争,促进和规范企业和经营者的文明行为,开展正当竞争。也是国家以法律手段规范市场行为,发育市场竞争的重要手段。这都为引导和矫正企业在市场竞争中进入行为创造了必要的法律环境。

产业进入法规,日本在经济高速发展中,曾制定过许多有关法规,一般的产业进入法规有"企业合理促进法",特定产业的进入法规有"钢铁和煤矿合理化实现纲要"、"汽车工业振兴法案"、"机械工业振兴法"、"电子工业振兴法"、"航空工业振兴法"、"造船法"等等,这对日本产业结构的调整和产业升级都起过很大的作用。江苏可以从自己实际出发,制定乡镇企业合理促进法和新兴产业振兴法一类条例,促进这些产业合理化发展。

江苏在构筑法律性进入壁垒中,着重是加快企业组织结构的转换,发展规模经济和专业化协作;促进科技进步、加快产业升级的步伐。构筑法律性进入壁垒的主导内容有:

——鼓励规模经济发展。在有关条例和产业进入规定中,明确规定项目规模的标准,鼓励企业集团、大公司、大商社的发展,促进实现规模经济效益,限制规模不经济的企业进入市场。不同产业有不同的技术特点，其企业规模也不相同；在不同的发展时期，由于技术水平的差异，最低的规模限额也有一定的差别。对电力、石化、钢铁等等规模效益极为显著的装置型产业，应规定最低规模限额，鼓励实现规模经济；对家电、机械、汽车、电子等组装加工型产业和纺织、塑料等连续加工型产业，在鼓励发展规模经济的同时，也鼓励发展社会化专业化生产分工。

——鼓励专业化协作。江苏中小企业面广量大，中小企业数量占企业总数的97％，产值占83％，小而散、小而孤的情况仍严重存在。针对这一情况，有关法规和条例，应在鼓励规模经济发展的同时，也大力发展专业化协作。发展规模经济一项系统工程，是要以大企业、大集团为核心，根据各类企业的关联度和相互依存、相互作用的关系，把众多的中小企业组织起来，组合成一个专业化协作的网络。这种网络在日本经济起飞中曾起过很大的作用。日本以大公司、大商社为核心，网络众多中小企业形成的"金字塔"式的企业体系，已经把66.5％的中小企业纳入了专业化协作的行列。江苏企业集团和协作网络，只组织了大约5～6％的中小企业。发展专业化协作有着相当大的潜力，应通过法律性的推动，促进中小企业的专业化生产和专业化协作。

——鼓励企业进入的创新。法律性进入壁垒也应包括促进企业产权组织形式的创新，企业变更、合并、退出方式的创新。以及企业与政府关系的创新。我国已颁布的公司法，就是运用法律手段推行现代企业制度的实施。公司法是实体法与程序法相结合的法律规范，今后新企业的进入，老企业的改造，都提倡以公司法的有关规定进行创新。在规模经济和专业化协作的发展中，也倡导方式上的创新。收购的吸收式兼并并不是最节俭的形式，而控股式兼并、控股、参股则是形成以大企业为核心的专业化协作网络的更好形式。既然可以是横向持股，更提倡纵向持股的发展。或者是合资办子公司，或者是控股形式子公司、孙子公司，或者是进行参股，这样可以更好地在核心企业周围，形成不同的组织层次，即紧密层、半紧密层、松散型的"金字塔"型的网络。

——鼓励技术进步。优胜劣汰的竞争机制，迫使企业不得不应用技术进步这个法宝。但在我国现行条件下,这存在许多非经济因素竞争,企业的生存与发展,往往不主要取决于技术进步,而往往取决于"父爱"和政策的支持,因而存在着反技术创新的倾向。需要有法律性的进入壁垒,在有关法规和条例中,从不同产业出发,制定不同的技术标准,鼓励企业超过行业标准、国家标准和国际标准。特别对中小企业,应明确其专业化、现代化的发展方向,逐步提高技术水平,淘汰落后设备、落后产品,防止设备简陋、技术落后企业的进入,促进已有企业的技术更新和技术改造。

——鼓励公平竞争。条块分割,地方保护主义现在仍严重存在,地方利益越狭窄,行政壁垒所造成的地区封锁危害也越大,这必然造成进入壁垒的紊乱与失效。打破地区分割,抑制低水平重复,必须依靠市场竞争。我国已颁布的《反不正当竞争法》,从各方面为公平竞争和维护市场竞争秩序作出了法律规定,特别是设立了反对地区封锁的条文,明确地将地区封锁、地方保护主义行为规定为违法行为,这对开发竞争,使企业在竞争中运用经济性进入壁垒保护自己,创造了更好的法律环境。鼓励竞争,也有一个垄断与竞争相结合的问题。既鼓励规模经济的发展,也要对其垄断作必要的限制,以保持竞争的活力。

(原载《江苏省人大》1994年12期)

培育规模经济是一项系统工程

——"扬州现象"透视之一

"扬州现象"现在是一个热门话题。我们在扬州进行了实地考察,也感到这个话题确实该热一热。

发展要有新思路,"扬州现象"就是一个符合新思路的"现象"。"扬州现象"的主要内容,大致是在培育和发展规模经济上下功夫,从而推动经济结构的整体优化,取得了规模效益,并在效益的基础上获得了速度。

"扬州现象"给人启示颇多,在发展规模经济上的可贵之处,是把培育和发展规模经济作为一项系统工程,也就是说把发展规模经济与组织合理的规模结构有机地结合起来。

规模经济,主要是指企业生产力要素集中度的提高,从合理扩大企业规模中引起成本的降低和收益增加。规模结构则是指不同规模的大中小企业之间的比例关系和生产联系,形成不同规模企业的合理构成。

扬州培育了一批上规模的企业和企业集团。在汽车、家电、机械、电子等等组装加工型产业里,规模最大的春兰集团已具备了年产空调器 100 万台的生产能力,年产量相当于全国空调行业十大企业年产量总和的 1/2,柜式空调和家用空调国内市场的覆盖面已占 80% 和 35%,1993 年集团的产值已达 28.7 亿。客车的最低经济规模标准是 1500 辆,扬州客车厂 1993 年产量已经是 4400 辆。集装箱的最低经济规模标准是 15000 标准箱,扬州通运集装箱有限公司 1993 年的产量已是 31612 标准箱。硬顶吉普车的最低规模生产是 15 万辆,生产黎明牌汽车的仪征汽车厂现有的产量是 3.3 万辆,1993 年的产值 14.5 亿,正在开拓市场的基础上继续扩大规模。这都是上了规模或向规模经济接近的企业"巨人"。

在化工等等装置型产业里,生产 VC 的靖江江山制药有限公司也是有相当规模的企业。VC 规模生产的最低标准,在我国条件下大致上是 3000~5000 吨。江山和它的姐妹厂已形成 1500 吨的生产规模,新建的 3000 吨 VC 项目正在实施。该厂以国际上先进的"二步发酵法"技术生产的 VC,已占领了美国 1/5 的市场,将成为世界上 VC 生产的五强之一。

——扬州在轻工、服装等连续加工型产业里,也有一批相当规模的生产企业。类似亲亲八宝粥,伊达电话,钢瓶,乐凯玩具,虎豹衬衫和琴曼衬衫等等,都属于这种类型。

——扬州还有一批零部件专业化生产的"小巨人",包括占全国销量 70% 和出口第一的氖灯生产(扬州灯泡厂),占全国活塞环市场销量 1/6 的仪征活塞环厂,以及宇宙电焊条、自行车脚蹬、精锻凿轮、曲柄,等等,都是保有很大市场覆盖面的"单打冠军"。这是生产专业化协作的产物。

——这些规模经济和大批量生产的企业,尽管专业化协作的程度不尽相同,都在自己的周围吸引了一大批中小企业。或者是通过参资、控股,以至兼并组成企业集团,或者是用定点配套、合同订货的方式,把中小企业合理地组织起来。只是黎明牌汽车,就有 500 多家工厂为之配套生产。

一批规模生产和大批量生产的大企业、大集团,一批专业化生产的"小巨人",大批的中小企业在社会化专业协作的网络中为大型企业配套协作。这就构成了一个具有更高生产效率的合理的规模结构,形成了不同规模企业之间的良性循环。

在现代化大生产条件下,随着产业分工和专业化生产的日益细化,企业越来越摆脱"大而全"、"小而全"就是一个必然的趋势。社会化大生产,首先是要求生产的集中,出现一批规模生产的大企业、大公司,这是国民经济的脊梁。但当今的现代化大生产并不排斥小企业的生存和发展，而是以大企业为核心，把众多的小企业和介于大企业和小企业之间的"中坚企业"（小巨人）网罗在自己的门下，实行社会化的专业化协作。

所以说发展规模经济是一个系统工程，就是说这个培育过程，是按照系统工程"整体性"的观点，把发展规模生产的骨干企业、发展专业化生产的"中坚企业"，以及把面广量大的小型企业组合成一个专业化协作的网络，作为一个整体、作为一个大系统来引导和扶持，而不是仅仅为了提高生产的集中度而提高集中度；也是按照系统工程"关联性"的观点，把握大中小各类不同企业的关联度，及其相互作用、相互依赖的关系，把它们组合为一个具有特定功能的有机整体；按照系统工程"最优性"或"满意性"的观点，把不同企业进行优化组合，使这个系统具有最好的效果与功能，成为一个能大大提高生产效率和整个社会技术水平的规模结构。

这种规模结构在日本的经济起飞中曾起过很大的作用。日本已故的著名经济学家大来佐武郎批判以"横向联系"为主、具有强大垄断力量的"企业集团"，而赞扬适当地多方位经营、以"纵向联系"为主的"企业系列"。认为这种"系列"对发展中国家尤为重要。日本的所谓"企业系列"，是以规模巨大的大企业为核心，既通过参资控股控制子公司和孙子公司，更有成千上万的小企业接受大企业、大公司的发包订货和多次发包订货。日本的大企业，尤其是组装加工型的汽车工业，零部件的自制率并不高，而是分散给社会，发包给有关企业。像丰田偌大一个汽车公司，零部件的自制率只有30%，其余70%，一次发包的有248家，然后由这248家向4000多家企业二次发包，还有30000家企业接受三次发包。类似的方式，在日本不同规模企业之间构成了一个金字塔式的结构，把66.5%的中小企业纳入了"企业系列"的发包行列，形成了纵横交错的社会化的专业化协作。这也是现代市场经济的一个特征。

扬州走了这样一条路，而且取得了成效。培育拳头产品和规模经济，这是江苏优化结构的重要环节。相应地发展专业化生产，把众多的中小企业合理地加以组合，这也是摆脱"小、散、全"状况必须迈出的一个重要步骤。江苏不仅对电力、石化、钢铁等装置型产业,要鼓励实现规模经济,对份量更大的家电、汽车、机械、电子等组装加工型产业,以及纺织、塑料加工可中断连续加工型产业,既要大力发展规模经济,又要注意发展社会的专业化协作。在这一点上,"扬州现象"有它的特殊指导意义。

只讲规模经济,全省有许多大型企业的规模超过扬州。讲表现整体经济实力的企业平均规模的扩大,即包括大企业规模的扩大,也包括中小企业规模的扩大,扬州也不如苏南。但扬州企业的层次分明,在工业化发展到一定程度时,适时地改变"小、散、全"的结构弱点,该集中的真正提高集中度,该专业化的专业化,从而把大批小企业组织起来,形成了以优势产品为龙头、骨干企业为核心的合理的规模结构的新格局。

当然,扬州这种格局还在发展的过程之中,扬州还面临着如何巩固和发展规模经济和规模结构的任务。人们关心这个问题不是没有道理的,谁都要对优胜劣汰的市场竞争有充分的思想准备。新崛起的扬州规模经济,正遇到两方面的挑战,一方面是复关和经济国际化带来的国际竞争,一方面是日益激烈的国内同行的竞争。

令人欣慰的是,扬州几家大企业、大集团,在巩固和发展自己的企业上都有各自的绝招:

春兰集团是以本企业为中心,发展多方位经营。春兰的"金、工、工、贸"的四大支柱的建设就是这样的新思路。不仅空调器的生产要跨入世界最大规模家电企业行列,同时利用泰州的优势,发展摩托车生产,形成100万辆年产能力。特别是在金融、贸易上的发展,投资1亿元建立财务公司,向市交通银行投入50%的股份,对信托投资公司进行控股,同时打算以进出口公司、销售公司为主体,在全国大中城市建立500家连锁店,这将在工贸一体化、产业资本与银行资本融合上取得突破性的发展。

扬州客车厂是寻找世界性大公司作合作伙伴,已与著名的奔驰汽车公司进行了10轮谈判,将通过嫁接,从国内先进水平提高到国际先进水平,扩大国内和东南亚的覆盖面。

中外合资的通运集装箱有限公司的思路是发展系列产品,继续运用外向型企业的优势,巩固自己在国际市场上的地位,在搞好集装箱生产的同时,发展冷藏集装箱,发展载运车的拖头,形成新的优势。

虹雨日化集团是依靠封闭式生产的先进技术,依靠新产品的开发。从1985年以来,虹雨每年开发一个市场覆盖面大的新产品,而每一个产品的后面都有一名教授。虹雨是国内4000家化妆品企业中取得FDA世界性化妆品监督机构许可证的唯一企业,从而为进入国际市场铺平了道路。

所有这些,都是殊途同归,通过新的攀登巩固和发展规模经济的有效途径。扬州还有一批在成长中的规模经济,这些"中坚企业",有的可以向大企业过渡,形成新的企业系列;有的参加其他企业集团,成为其他集团或系列的成员。随着规模经济的发展,扬州的社会化的专业化协作也将进一步发展,大企业将通过参资控股,通过提供资金和进行技术指导,把更多的中小企业纳入自己的系列。这种协作将在更开放的条件下,跨地区、跨部门地组织协作,从而大大提高整体生产效率和技术水平。

当然,巩固和发展规模经济和规模结构,并不只是企业的责任,还需要政府通过产业政策和产业组织政策、产业技术政策的制定和实施,来为规模经济和规模结构的发展创造更有利的外部环境。

已经正式公布的90年代国家产业政策,是结构调整的依据和指导。今后规模经济的巩固与发展,应运用贯彻国家90年代产业政策的机遇,规定更明确和更严格的产业组织政策、产业技术政策,至少包括以下一些内容:

——促进合理竞争和有效竞争。优胜劣汰的竞争条件是规模经济更迅速成长的市场条件。在鼓励合理竞争中,对不同情况实行不同的政策和法律规定。对过度进入、低水平竞争的一般加工工业,应在产业组织政策和产业技术政策上加以限制;对衰退的产业,应帮助它们有秩序的收缩和转移;对进入不足的基础产业、高新技术产业,则在政策手段、法律手段上予以扶持,提高其进入能力和竞争能力。

——在产业组织政策中,要鼓励先导产业中规模经济的发展,特别是重加工工业中的规模经营。在90年代,"轻型化"向"重型化"的转换,这是产业升级的一种必然现象。江苏从自己条件出发,不是一般地发展重化工业,而是更注重技术含量高的重加工工业的发展,提高其在国民经济中的比重。这包括数控机床、电子计算机、光纤通讯、汽车、大型成套设备以及石油化工等等。扬州汽车工业、集装箱生产、机械、家电产业中规模经济的发展,这都是适合90年代国家产业政策的选择,这是在今后相当时期经济持续发展的保证。

——不仅鼓励工业企业中规模经济的发展,也鼓励大商社式的商业公司的规模经营和连锁店网络的形成,鼓励集贸易、生产、技术、服务于一身的功能复合体。

——鼓励专业化协作,特别对产品由大量零部件组成的组装加工型产业,要以政策手段、法律手段推进专业化协作,提倡通过投资参股,兼并控股,以及资金、技术的扶持,强化资产纽带的联系,形成稳固的协作关系。

——产业技术政策,也要明确规定鼓励与限制的界限。鼓励应用技术的开发,鼓励科技与生产的结合,鼓励企业自主开发新技术,同时以法规形式,限期淘汰落后产品和落后设备。

严格的产业组织政策和产业技术政策将更多地依靠市场机制,是实现优化结构的有效途径。日本的产业政策所以为人们所称道,正是因为它是在依靠市场的基础上的国家必要干预,是政府在市场自组织基础上的再组织。扬州规模经济发展的现实说明,既要有企业在市场竞争中脱颖而出,又要有政府必要的推动和扶持。把更多依靠市场机制和产业政策密切结合起来,可以形成规模经济和规模结构更为顺利的发展条件。

(原载《扬州工业规模经济新现象》1994年8月)

"氖灯"小巨人和市场进入壁垒

——"扬州现象"透视之五

一颗颗闪烁着红绿光的氖灯,产品虽小,却占领着一个大市场。1993年扬州灯泡厂生产的氖灯,国内市场的覆盖面已达70%,出口也占全国的50%。

扬州灯泡厂的氖灯生产开始于80年代中叶,最初只用于机器设备的配套,随着家电的发展,从电饭锅、电烤箱、微波炉等等小家电到大家电,氖灯的需要量越来越大。1988年以后,扬州灯泡厂兴办了一系列合资企业,为氖灯的大发展铺平了道路。从1991—1993年,连续三年翻番,到1993年底,氖灯的产量已达1.5亿只,产值1.2亿元,利润1111万元。1994年氖灯生产将达到3亿只的生产能力。

氖灯生产取得全国销售量的"单打冠军"是不容易的,上海、盐城、镇江、日照、黄石、潮州都有竞争对手,现在如何保住这个冠军,更是要花力气的事情。扬州灯泡厂很懂得一哄而起、重复生产、重复引进的厉害。在全省以往的经济发展中,棉纺、毛纺、乳胶手套、灯泡、节能灯、电风扇等等,都曾遇到过这种风浪,低水平重复的浪潮会把许多优势产品、优势企业冲得七零八落。在市场经济条件下,竞争是必要的,但过度的竞争,又会妨碍生产的集中和企业组织的优化。在竞争中扬州灯泡厂学到了许多保护自己的办法,一个重要的手段,就是自觉不自觉地运用了构筑市场进入壁垒这个武器。

所谓市场进入壁垒,就是说一个新办的企业并不是可以无条件进入市场的,而是要克服许多障碍才能进得去。老企业可以凭借自己种种的优势,形成进入的壁垒,或者说提高新企业进入市场的"门槛"。这种壁垒包括:规模经济壁垒,抢先实现规模经济,让那些规模不经济的企业进不了或难以进入;必要资本壁垒,以雄厚的资本和自己的融资信用,阻挡那些资本小、融资难的企业进入市场或扩大市场;技术壁垒,以先进的技术设备、先进的管理,抵御那些设备简陋、技术管理落后的企业对市场的入侵;绝对成本壁垒,以自己产品劳动耗费低于社会平均劳动耗资的优势,以降低价格等等办法,遏制竞争者对市场的争夺,等等。

这些市场进入壁垒,有经济性的进入壁垒,有行政性的进入壁垒,也有法律性的进入壁垒。在市场经济条件下,经济性壁垒起着决定性的作用,法律性壁垒与行政性壁垒起着重要的和一定的作用;在计划经济条件下,行政性壁垒则起着决定性的作用。其主要方式是采取项目审批的制度,分级按一定的限额进行审批。我国现在正处于体制大转轨时期,行政壁垒、经济壁垒、法律壁垒同时起着作用,在不同领域不同机制下,各种壁垒的作用也不尽相同。扬州灯泡厂就是在这种特定的条件下,主要依赖经济性的壁垒来保护自己。这主要有:

——规模经济壁垒。扬州灯泡厂在80年代末,在三四年内,连续创办了欣扬、新源、圣扬、扬丰和稳发等合资公司,引进了24条自动生产线,形成了大批量的规模生产。在国内占领了70%的市场,并向欧洲、东南亚、中亚、香港出口。小商品生产规模不宜太大,最大的氖灯生产大约是5亿只。台湾40家工厂年产氖灯4亿只,最大的5家年产也只有3000万只左右。国内几家氖灯生产厂家,潮州和镇江有6~7条生产线,其余都只有2~4条生产线。扬州灯泡厂形成3亿只的生产能力,这就筑起了使别人难以跨越的规模经济壁垒,不仅在国内抢占了市场的制高点,而且在境外逐渐挤占了台湾产品在香港的市场。

——技术壁垒。1986年以前,扬州灯泡厂的氖灯生产主要是手工生产,劳动效率低而生产成本高。1986年进行了技术改造,合资以后连续从台湾引进氖灯生产线,提高了氖灯生产技术。但氖灯生产技术毕竟不是很高,不可能筑起太高的门槛。扬州灯泡厂继续作了些努力,正在与大专院校合作研制和改进自动生产线,把提高技术和实行进口替代结合起来,尽可能地放大技术进入壁垒的作用。

——必要资本壁垒。扬州灯泡厂自有资金雄厚,融资信用也好,如果需要资金,需要"负债经营",银行都是乐于提供资金的。但在1993年,扬州灯泡厂为了对付当时资金时松时紧带来的过大震荡,避免三角债的拖累,把销售结算方法改为到款发货,保证资金回收和周转。把三项资金占用降低到最小限度,成品库存各公司总计只55.35万元,只占5天的销售量。货不停留利自生,经济效益显著。这是一般厂家难以比拟的。

——绝对成本壁垒。运用成本竞争是他们保护自己的一个杀手锏。1986年以前手工生产的氖灯,卖0.85元一只,台湾生产的要卖1元多一只。引进自动生产线、特别是大批量生产以后,氖灯的销售价已从1988年的0.16元一只降到现在0.115元一只。如果受到竞争者的威胁,销售价还可以从现价降到0.09元一只,足以使一般竞争者畏缩不前。

扬州灯泡厂运用这些市场进入壁垒,将来会不会形成垄断?市场进入壁垒是一个"双刃剑",有负效应,也有它的正效应。当前主要是解决低水平重复和壁垒过低的过度进入问题,特别是在发展规模经济、组织大中小企业合理规模结构的情况下,重点是放大市场进入壁垒,尽可能减少重复布局、重复引进对优化结构的冲击。在规模经济和调整结构有了长足发展,经济进入壁垒机制逐步健全的情况下,重点则应转向防止垄断和不公平交易。

扬州灯泡厂能运用经济性进入壁垒,其他一些大企业、规模经营的企业为什么不运用这些武器。实际上,在扬州的"小巨人"中,很多也运用这个武器。泰兴的自行车脚蹬厂和全国各地的脚蹬厂成立了行业协会,并且担任协会会长,统一协调价格,防止过度竞争。不仅"小巨人",许多规模经营的大企业也自觉不自觉运用这个武器。春兰集团运用规模经济壁垒,黎明集团更多地运用必要资本壁垒,黎明也采取类似扬州灯泡厂的办法,成为无三角债、无三项资金占用、无银行流动资金贷款的"三无"企业,自有流动资金2亿元,银行存款数千万元,使同行无法与之竞争,等等。但在体制转轨的过程中,氖灯毕竟是完全放开的小商品,一些大的商品却受到很多干扰,这些壁垒的作用不能不有很大的局限性。

特别是扭曲而仍起着很大作用的行政进入壁垒,往往冲击和抵消经济壁垒的作用。项目审批的行政性进入壁垒,由于审批权限层层下放,同地方利益和地方政府领导任期密切联系在一起,事实上已不起限制重复进入的作用,而蜕变为地区分割,追求产值,铺摊子上项目,保护本地落后工业的手段,加剧了过度进入和重复建设,不是优化结构而是结构趋同,这必然同经济性进入壁垒冲突,起相互抵消的作用。扬州许多规模经济都遇到这种情况,受条条保护主义和块块保护主义的冲击。扬州客车厂卖给兄弟省十辆大型旅游车,合同已经签订,可这个省的主要部门硬是要有关单位毁约退车,限定只准买本省生产的客车。通运集装箱厂也遇到这样的情况,各地生产的集装箱都受到当地运输公司的保护,即使企业可以构筑规模经济的壁垒,也会在行政保护主义冲击下失去效应。行政壁垒强度越大,经济壁垒失效也就越多。

扬州灯泡厂运用进入壁垒给人们以启示,不论是发展规模经济,还是保护"大巨人"、"小巨人",都应对市场进入壁垒机制的形成给以应有的重视。进入壁垒机制的健全,会比计划经济下项目审批制度更有效地防止重复建设和重复引进。经济性进入壁垒的使用并不排斥行政性进入壁垒,问题是行政壁垒要适应市场经济的要求进行改造。转换政府职能,把项目审批改为项目审议,建立项目的审议制度,组织有关部门和社会人士进行审议。对企业进行引导、劝告和提供信息,并辅以相应的财政、融资、外汇的支持,淡化行政壁垒的刚性,把行政的硬壁垒改为软壁垒,而使经济性进入壁垒作用逐步放大,以更有效地纠正企业的进入行为。在行政壁垒尚未转变和经济性进入壁垒正在健全的过渡时期,构筑法律性进入壁垒就显得十分重要。包括一般产业的进入法规,以及特定产业的进入法规。制定有关法规,鼓励发展规模经济,限制规模不经济的企业进入市场;鼓励专业化协作,促进大中小企业的合理组合;制定企业技术标准的有关法规,和不同产业的不同技术标准,形成法律性的技术壁垒;制定保护幼稚的新兴产业的保护法规,和资助公用产业的法规,保护这些产业的成长。这些法律性的壁垒将和经济性进入壁垒,以及必要的行政性进入壁垒一起,既促进规模经济在竞争中生长、发展,又保护已形成的"大巨人"、"小巨人"不受过度进入和低水平重复的冲击。

(原载《扬州工业规模经济新现象》1994年8月)

在结构调整中求发展

新的一年来临之际,经济景气监测表明:江苏经济运行已跨越谷底,开始走向复苏。前几个月,不仅工业生产有所增长,产品产销率也有了提高,更重要的是消费、投资、出口三大需求都有了起色,去年初实施的宏观微调,经过一定的时滞逐渐生效。经济运行的形势还表明,上一轮周期的谷底是一个"高谷底",江苏 1996 年 GDP 的增长仍保持在 12.3%的高位。新一轮周期只能是在高起点上"稳中求进",沿着"高谷底、低峰值、长平台"的轨迹前进。而"求进"的主要动力是结构调整,要从调整结构、提高经济增长质量中求发展。这将是新一轮经济发展的最佳选择。

把握经济结构调整的重点

从整个经济循环的过程来看,经济结构涉及的范围很广,包括需求方面的消费结构、投资结构、出口商品结构,包括供给方面的产业结构、产业内部结构、产品结构,以及相关的技术结构、企业组织结构、地区布局结构,等等。这些结构的态势是否合理和优化,都会影响经济的发展和经济增长质量的提高。江苏目前需要着重解决的问题,主要是产业的高度化和产品结构的更新换代问题。为使产品结构更加符合需求结构、消费结构的要求,要抓住两个关键:一是适应市场的变化,把握市场的动向。尤其是在最近几年,经济的起落带来了市场的起落,以及市场从整体上已从"卖方市场"向"买方市场"转化,造成了竞争的空前激烈,产品的调整、新产品的开发,更要时时把市场放在心上,以市场为导向。二是要摆脱初级产品、"大路货"比重过大的状况,发展一批高附加价值、高科技含量、高市场占有率的产品,让自己在国内外市场的竞争力有一个大的提高。在产业结构升级上,则要适应工业化的发展阶段,着重在工业内部结构上避开结构雷同、重复建设的陷阱,按照比较优势、竞争优势的原则,发展自己的优势产业,增加高新技术产业的比重。主导产业的转换是产业结构转换升级的主要标志,特别要选好自己的主导产业。升级换代,这是江苏经济结构调整的重点。要相应地优化技术结构、企业组织结构和区域布局结构,从整体上把产业素质提高到一个新的层面。

突破经济结构调整的难点

江苏的经济结构调整,起步是比较早的,但掣肘也相当突出,因而步履艰难,至今仍显得滞后。近十年来,江苏为调整工业结构作出了巨大的努力。1987年就提出了"外向开拓,科技兴省,优化结构,集约经营"的发展战略,和"适应性调整与开拓性调整相结合"、发展"龙头"产品和骨干企业的思路。1990年提出了"增强产品对市场的适应能力,优化产品结构;增强技术对生产发展的促进能力,优化产品技术结构;增强主要基础产业的配套能力,优化产品配套结构。"1991年提出要围绕产品结构、技术结构和企业组织结构进行全面调整。1992年按照"面向市场、转换机制、依靠科技、优化存量、控制增量、提高效益"的思路,明确了调整的重点。1994年进一步提出"调优、调大、调高、调外"的主攻方向,等等。但在实际工作中,尚未收到预期的效果。分析起来,阻碍主要来自两个方面:

一是单纯追求数量、追求产值的增长模式转变滞后。追求高速度、高产值,以数量扩张取胜已成为一种习惯势力,根植于人们的价值取向、考核评价和政府行为之中,这就难以真正地把注意力转到结构转换、产业升级上来。实际上,经济的成长不仅是总量的增长,还需要结构的演变。总量与结构互相作用、螺旋上升。在工业化初期，总量矛盾往往是主要矛盾，在工业化中期之后，结构矛盾常常是经济发展中的主要矛盾。发展是硬道理，但在不同的发展阶段，经济的发展依靠不同的动力。当结构性矛盾突出之后，仍停留在追求数量的水平上，那只会成为发展的障碍。这是因为，结构的态势在很大程度上决定资源配置是否合理。如果结构是合理和优化的，产业结构与需求结构相适应，则资源的配置是合理的、高效的，能保证经济的持续增长；反之，产业结构严重失调和低度化，与国内外需求不适应，必然延缓经济的增长。以往每次经济过热中的盲目上项目、铺摊子、低水平重复，实际上是把过多的资源配置在"大路货"产品和低效益的企业中，形成结构劣化，在市场形势变化的情况下，不能不造成产成品大量积压和设备的大量闲置。目前，适度从紧的宏观环境和剧烈的市场竞争，都要求增长方式的切实转变。问题是这种转变要有认识上的转变作支撑，自觉地从单纯追求数量的陷阱中解脱出来，狠抓结构调整这根主线，从资源的重新配置中寻求新的增长。

二是条块分割所造成的重复建设、结构雷同难以有实质性的突破。发挥县区的积极性，在总量增长过程中曾有过它的历史作用。随着社会主义市场经济的成长，条块分割的体制弊端越来越成为经济增长的制约因素，越来越成为高投入、低效益和过度竞争的一个动因。在市场经济条件下，重复建设是由市场进入壁垒管住的，规模经济的壁垒、技术壁垒、绝对成本壁垒都会限制企业的一哄而起或使企业转向专业化。在我国现行体制下，经济壁垒的不健全和项目审批的行政壁垒的扭曲，已难以限制重复进入、重复建设，因而早已提出的跨地区、跨行业进行合理组合，迟迟不能取得应有的效果。结构调整必须冲破结构趋同的趋势。否则，不仅现有的地区结构雷同难以打破，更会在产业升级、高新技术产业发展中造成新一轮的结构趋同。

寻找结构调整的突破口

近几年来,实行两个根本转变,以及加快经济结构调整步伐的宏观决策,为结构调整提供了新的机遇。现在问题是如何在原有的基础上找准结构调整的突破口。从各地实践经验来看,上海的"列车工程"和昆山的"配套工程"似乎效果更好。这些做法大体上是延续抓大放小的思路,把企业组织结构调整与产品结构、技术结构调整结合起来,同步进行,并以制度创新和机制创新支撑和巩固结构调整的成果。具体做法都是以大中型企业和集团公司、包括国有、合资和乡镇企业的大型骨干企业和集团为核心,以名牌产品领头,把众多的中小企业组织起来,把它们变为名牌产品、名牌企业的"支持企业",从零配件、原材料、包装、运输、服务方面进行产品配套、项目配套、服务配套,跨越社区进行大跨度的资产重组,发展企业之间、地区之间的专业化协作,组成一次次"列车"。同时,也引导各类中小企业,围绕名牌产品和骨干企业,向小而精、小而专方向前进。这种调整既解决了产品不适应市场需求的矛盾,使资源更多地向好的产品、好的企业配置和流动,也使结构调整成为政府引导下的企业行为,企业自主地通过资本经营进行资产重组,并通过政府与大中型企业的共同努力,进一步突破条块分割的藩篱。

地区布局结构,也可以在这种调整下逐步取得进展。通过各级政府对优势产品、优势企业的扶持,以及根据各地的条件发展各具特色的高新技术产业,逐步形成各地的比较优势。当然,结构调整在苏南和苏北有着不同的特点。苏南乃至苏中沿江地带,主要是产业结构高度化和产业升级的问题,苏北则是在发展总量的同时即注意产业素质的提高。苏北发挥自身的资源优势,实施多种经营致富工程,发展农业产业化的路子是正确的,现在的问题是要与国内外市场需求相适应,不能一哄而起,同时要发展中间组织,解决大市场与小农户的矛盾。苏北另一个突出之点,是在"致富工程"的基础上,工业在较高层次起步,适时向规模化、集团化发展。在总量扩张的同时,适时推进产业高度化,就可能取得经济跨越式的发展。

形成资产重组和要素流动的机制

结构调整,运用资产重组是一条捷径。在原有体制下生产要素不能合理流动,形成了"既存结构陷阱"。在计划经济向市场经济转变过程中,必须有这样一次以资产重组为主要内容的战略性结构调整。而这种调整,又需要体制改革的支撑。这包括:(1)深化企业改革,使企业具有独立的产权主体地位,具有独立的企业财产法人资格,自主地进行资本经营,通过股份制、收购兼并、参股控股,以及委托、划拨等方式,使生产要素合理流动,对资产进行重新组合。(2)采取这些运作的前提条件,是产权转让市场的发育和健全,形成区域之间的网络,规范市场交易行为,形成产权交易的市场机制。(3)加大对资产重组的政策扶持力度。现在企业资产负债率高,在资本联合与兼并过程中,应给予一定的政策扶持,以减轻资产重组过高的成本。(4)细化金融、财政支持资产重组的措施,如支持企业资产负债率的降低,在投融资和资本集聚上为企业创造条件,以及通过有效监控和信息指导,改善企业生产经营和促使资金向优势企业、优势产品流动,等等,使金融、财政成为资产重组和结构调整的有力杠杆。

(原载《江苏经济》1997年第2期)

结构调整与培育"产业结构转换能力"

每当产业结构辞旧迎新、升级换代之际,不同地区经济实力的对比最容易出现此消彼长的变化。然而,究竟是谁消谁长,一个关键问题,就是看在结构变换中,谁有更强的"产业结构转换能力"。所以说结构调整是新一轮的发展机遇,是因为结构调整可以使生产要素重新组合,实现资源的高效配置,就像原子聚合、裂变一样,产生"结构效应",释放出强大的结构生产力。当年农村剩余劳动力向乡镇企业转移,从第一次产业释放出来的劳动力,进入了具有更高劳动生产率的乡镇工业,汇成了巨大的结构生产力。现在产业的升级换代,把经济转到高于平均增长率的产业部门,同样会产生"结构效应",释放出巨大的结构生产力。机会是均等的,但所取得的"结构效应"并不均等,区别就在于是否具有适时适宜地推动产业结构转换的能力。所谓"产业结构转换能力",就是指政府对产业结构向更高层次演进的推动能力。要把握机遇,取得经济新的增长,就要在提高产业结构转换能力上下功夫。

当然,这里所指的转换能力,并不是单纯依靠行政手段、过于繁琐和具体的干预企业,而是把市场机制的作用与政府的引导作用结合起来,着重是运用产业结构政策,包括先导产业、支柱产业的选择,瓶颈产业的缓解,以及相应的投资政策、技术改造政策、产业的进入和退出政策、产业鼓励和产业限制政策,等等。把经济手段、法律手段、行政手段贯串于产业结构政策之中,配合以财政税收政策、信贷政策、预算分配政策,来进行政策引导、政策协调、政策扶持和政策限制。

推动产业结构的演进现时的着力点应放在哪里?这又要看目前经

济结构调整的主要矛盾是什么。经济结构调整涉及一、二、三产业，这里着重是讲调整的重点——工业结构的调整。近年来，"软着陆"的成功，使宏观经济环境有了很大的改善，但四十多个月的紧运行，也使长期积累的矛盾表层化。在微观层面上尤其如此。企业经营困难，产成品积压和亏损面居高不下，产业结构趋同也未得到有效的解决，资金的短缺和金融风险的加大，再就业形势严峻，等等。进行结构调整，比较可行和具有可操作性的，是把产品结构的调整作为切入点，这既可以推动结构的优化，又可以缓解企业经营的困难。有了一批有较强竞争力的产品和产品群，就可依托这些产品群和大企业、大集团，推进产业结构向更高层次演进。围绕这些转换，在紧货币的情况下，扩大直接融资，运用资本营运、资产重组等形式，组织金融对结构调整的支援。这样，优化产品结构和形成产品群、优化产业结构和组织产业群、资金链的延伸和加大金融的扶持力度，就成为现时推进结构转换最主要的着力点。

产品结构的优化和产品群的形成

产品结构目前的主要矛盾，一是产品结构与国内外市场消费需求结构不适应；二是封闭式的产品结构，过多的低水平重复。这都是多年积累的深层次矛盾的暴露。运用产业结构政策，就是从调整和改善供给结构入手，使之与需求结构相平衡。

近年来，随着人均收入的提高，国内消费需求发生了很大的变化，国外的需求也在向更高的层次攀登，这就造成了产品结构在许多方面不适应市场的需求。1996年末，江苏乡以上工业企业产成品存货达527.4亿元，比上年又增加9.3%，利润比上年下降13%，亏损上升37%。而且，产品结构雷同重复，造成了设备的大量闲置，据第三次工业普查资料，在817种工业产品生产能力中，有半数产品生产能力利用率低于60%。这些都集中表现为竞争力的下降和市场占有率的减缩，而国外产品却乘虚而入占领越来越多的市场份额。

调整产品结构,核心的问题,就是要调整出一批能在市场上具有强大竞争力的产品。推动产品结构转换,也就是围绕提高产品竞争力来进行。提高产品和企业的竞争力是一个综合工程,包括产品的选择、生产规模和市场占有率、投入产出比的提高和生产成本的降低、科技装备水平和开发能力、市场营销策略,等等。提高产品和企业竞争力之所以迫切,是因为我们所面临的竞争,不仅是国内市场上的过度竞争,而且就在国内市场上也存在着与国外产品的竞争。可以说这是一场国际水平的竞争。

这样的竞争,要求我们在产品结构上要有新的思路。比如,产品的选择、项目的选择。我们的许多企业并不是不想调,相反,严峻的竞争局面,正使调整成为越来越多的企业的要求。但难点在于调来调去,大家仍挤在一起,摆脱不了雷同重复的困境。实际上,国际高水平的竞争,已迫使许多企业根据需求越来越细分化的情况,在产品和项目的选择上相应地进行细分。90年代,国际上已形成一种观点:竞争不再是行业之间的竞争,而是某一行业特定产品的竞争。也不再有行业的巨人,而只是某一行业某类产品的巨人。这是专业化分工一种发展的趋势。这种现象也来到我们的经济生活之中,产品结构的调整要在细分上下功夫,找出特色的产品,找到更多的发展空隙。企业不要要求在一个行业上成为强者,只能在某些小类中特定产品和专业化生产上成为强者。

在营销策略上同样如此,也要适应市场细分化的特点,讲究自己的市场定位。国外新近兴起的市场定位学,核心是企业的产品和服务,要适合和满足某一特定顾客群的需要,找到自己的市场定位。企业不可能在所有市场上都成为强者,只能在特定的市场、在某一顾客群中成为强者。找好市场定位已成为企业成功的一条诀窍。比如:奔驰汽车是定位于大型豪华汽车的市场,沃尔沃(富豪)则定位于汽车的"安全性"。可口可乐定位于满足传统顾客群的需要,百事可乐则适应年青一代的偏好。借鉴这些新的生产经营策略,在产品选择上适应需求的细分而在结构上细化,在营销上注意找出自己的市场定位,就可以"柳暗花明又一村"地找到新的发展机遇。

在产品细分上找出路,将不是解决一两个企业的问题,而且是要向新的产品群发展,促进更多的"小巨人"出现。产品群的形成,可以是以大中型企业带领众多的小企业组成的专业化协作网络,也可以是众多的小而精、小而专的企业在一定区域的集聚;可以是不同档次的同一产品的生产,更理想的是同一生产领域在细分的基础上形成相互配套的产品群。这些苗头已在许多地区出现,类似江阴的汽车配件产品群,武进的电子电器产品群,扬中"中国最大的工程电器岛"的建设,等等。虽然现在仍存在"散、乱、低"的现象,只要加以调整、提高,都会成为区域的特色产品,成为具有竞争力的产品群。

在产品结构调整上,强化政策的引导和推动,需重视以下一些环节:① 引导行业和企业善于捕捉信息,对市场形势、竞争形势多作分析,对产品和产品细分多作研究,特别要打破囿于地区局限,封闭式的思考问题,放眼全国、全世界找调整的出路,从而对产品转换作出正确的选择。观念调整在结构调整的关键时刻就显得格外重要。② 严把"进入"、"退出"关,提高进入壁垒。让有资金、技术实力的企业进入,把不具备必要素质和发展无望的企业推出去,严格限制低水平重复。现在全省实施的热点项目审批制,有些县市实行的低门槛进入不贷款、不批准、不立项的"三不"扎口政策,都是提高壁垒的必要措施。凡已形成法律壁垒的,都要认真执法,以引导和矫正企业的行为。③ 推进技术结构的转换。技术结构对调节供给结构有很强的作用。技术结构总是由高新技术、先进技术、中等技术、落后技术等不同层次的技术所构成的。为了突破低水平重复的困扰,需要所有层次的技术都要提高。尤其是短线产品和举足轻重的领头企业更要尽可能地采取先进技术。推进技术进步,除运用已行之有效的产学研结合,开发火炬、星火项目,发挥技术市场作用之外,现在更要注意的是,不能只是走引进——引进——再引进的道路,引进是必要的,但应该是引进——消化——吸收——创新,提高自己的开发能力。老是跟在别人后面,没有自主创新的先行发明,是不可能到国际市场上一比高低的。政府在这方面要按国际惯例加以保护、协调和进行必要的鼓励。④推行行业管理,建立行业协会。对产品群集聚的地区尤其需要,以便统一企业资质评审,确定标准、统一质保、统一销售策略,进行同行议价,改变无序的竞争状况,形成拳头,发挥群体优势。

产业结构升级和培育支柱产业群

产品调整和产品群的形成,会为产业结构的调整打下良好的基础,一定的支柱产业总是由若干大企业集团和若干个产品群所支撑的。每个时期主导产业(支柱产业)的选择和确定,是经济结构高度化关键的一环。主导产业(支柱产业)的转换是产业结构转换的重要标志。

这里所说的产业结构,不是按照三次产业分类法,而是按照联合国的标准产业分类法,着重讲工业的产业结构。现在产业结构调整的主要矛盾问题,一是支柱产业的正确选择和培育;二是产业结构雷同和重复建设。这两个问题又是相互联系在一起的。

支柱产业或称主导产业的选择。在经济发展的一定阶段,总有某些产业起着主导作用,带动生产结构向更高层次发展。选择和确定支柱产业(主导产业),应与所处的经济发展阶段相吻合。现在江苏所处的发展阶段,仍是工业化中期向后期推进的阶段。1996年江苏人均GDP已超过1000美元(8520元人民币)。中国作为大国经济,也可以在较早的阶段转换自己的经济结构。但在人均GDP低于2~3000美元时,仍是第二产业迅速发展和高度化时期,第三产业也只是开始加速。工业结构演进的规律一般是:资源配置重心,由轻工业为主导向以重化工业为主导转变;在重化工业内部,又是由原材料型工业为重心向以高加工度工业为重心转变。江苏目前正处在这两个转变期,应该以重化工业作为今后的带头产业。现在确定的机械、化工、电子、汽车四大支柱产业是正确的。更要注意的是在重化工业发展中的产业偏斜,也就是说,目前拉动重化工业发展的,主要是能源、原材料等初加工工业和交通、城建等部门,而相对冷落了重化工业的核心——机电产业。

这些高加工度产品开发不足,不能不把国内市场让给外国产品。据统计,江苏拥有的数控机床只占机床总数的 0.7%,大大低于国外 80% 的水平。现在应该把矫正这种偏斜提上议事日程。虽然交通、城建、原材料等重化工业是必须补上的课,但只能保持适当的力度,而要用更大的力量扶持机械、电子、汽车这些具有更高附加值和技术密集型的产业,使之成为经济的带头产业。

支柱产业的选择与确定,也有个结构雷同的防范问题。对已有的重复建设,现在是采取大企业、大集团为主体进行资产重组,跨地区、跨行业、跨所有制的进行突破。这虽有难度,但是一个正确的路子。现在要注意的是新一轮的更高层次更大规模的产业趋同已开始出现。已经再三告诫,在各省市的发展计划中,有 22 个省市把汽车工业列为支柱产业;24 个省市把电子工业列为支柱产业;23 个省市把化工列为支柱产业,而且大都以石化为重点。这当然要敲警钟。可反过来说,沿海省份、乃至中西部一些基础较好的省市,不以机械(汽车)、电子、化工为支柱产业、主导产业,那又该找什么产业呢?这里也有个结构细分的问题。江苏在大行业上只能以电、汽、化为支柱产业,但在产业细分上又有自己的特色产业、特色产品。省内各个区域更应如此,都要从细分上找到自己的出路,而且要以大企业集团为主进行开拓,避免结构雷同又重来。

在产业结构调整上,提高产业结构转换能力,主要是:(1) 选择和确定支柱产业,主要是把握产业结构中长期演进的趋势,找出不同经济发展时期的带头产业。支柱产业并不一定是现有产值比重最大的产业,而是按照收入弹性最大化、生产率上升幅度最大化和产业关联度最大化三个基准正确加以选择,才可以有产业结构的协调和经济的持续发展。(2) 三类产业:支柱产业(主导产业)、传统产业(衰退产业)和高新技术产业(新兴产业),各有不同的调整方式,支柱产业是现在的带头产业,是重点扶持的对象;传统产业是过去的带头产业,现在着重是改造复壮;高新技术产业是未来的带头产业,既要扶持,又要加以保护,再加上对瓶颈产业(交通、原材料)的化解,这样,就可以形成一个总体的产业调整方针。现代的支柱产业一般不是一个产业,而是多维化的支柱产业群。支柱产业群一般不能跨越经济发展的阶段,但支柱产业群包括哪些产业,还有一定的选择余地。由于新技术革命的发展,以及中国大国经济的条件,现在"有限目标"发展的高技术产业中,某些产业提前进入支柱产业群也是有可能的。(3)企业集团是结构调整的主力军。支柱产业的培育发展,必须要有大企业、大集团的支撑。当然,江苏在中小企业数量特大的情况下(江苏乡以上工业企业中,大、中、小企业之比为 $1:4.12:98.68$,大大超过全国 $1:2.59:88.7$ 的比例),也要重视产品群的支撑作用。前者是企业规模经营层次上的集聚,后者是产业区域化层面上的集聚,把两方面的力量汇集起来,会更有力地推动产业结构调整的进展。江苏实行大企业、大集团战略是正确的,也取得了成就。重点企业集团数量不一定很多,问题是更重视提高素质,提高资本经营的本领,通过"放大效应"取得资产快速增值;提高技术开发能力;提高国际经营能力,成为产业升级的主要动力。(4)对传统产业实行援助政策,以减少其在产业转型和产业转移中的代价。援助主要是三个方面的内容:一是改善企业运行、恢复活力的政策,包括发展规模经营、关停并转、解决历史包袱和减轻负担、进口替代等政策;二是产业技术改造政策,包括企业设备更新,引进国外先进技术和消化、吸收、创新;新产品开发和产品结构调整;三是产业转移政策,区域产业重新布局,生产能力转移和技术、产品的转移。相应地提供优惠实施条件:低息贷款,财政贴息,税收减免,振兴法规,等等。江苏纺织仍是最大产业之一,1996 年产值 1433 亿元,占全省工业总产值 21.4%,有的市,如无锡市纺织工业在实行高质量、高科技含量、高附加值、高市场容量"四高"之后,已成为全国唯一月月盈利的城市。对纺织这个传统产业的改造要给以援助。除加快技术改造和组建前后道生产配套的企业集团以外,向苏北转移,也应是通过合资合作,不仅转移生产能力,而且转移技术和产品,使整个产业仍保持其活力。

资金链:结构调整的杠杆

无论是产品结构调整、产品群的开发、支柱产业和高新技术产业的发展、传统产业的改造,等等,无一例外地都要依靠资金来启动和运转。可是现在资金并不宽裕,这种形势就要求我们尽可能地拉长资金链,或者说资本链,从间接融资到直接融资,从增量资产到存量资产,从信贷资产到企业资产,运用一切可以运用的资本,推进结构调整的进展。

——从间接融资来看,银行不仅是因为实行适度从紧的货币政策而规模有限,更是因为多年集聚起来的金融风险正在暴露出来,而面临一个防范和化解金融风险的任务。金融风险确实不同于一般行业的风险,它不只是局部的影响,而会构成对整个社会经济结构的震动和破坏。前几年,一些泡沫经济的影响,企业的高资产负债率,以及账外账经营等违规违纪行为所形成的债务危机,必然会酝酿着信用危机,银行信贷资产质量低下,呆账坏账等不良资产居高不下,金融机构亏损严重,大量贷款流失,严重影响银行信贷资金的周转。江苏同样存在类似的风险,而且又是全国金融案件高发地区之一。现在,亚洲地区不少银行受到"呆账病"的折磨,区内呆账总额已达6600亿美元,其中:日本3660亿,泰国155亿,韩国110亿,台湾地区银行呆账比例已高达40%。造成呆账的主要原因,是银行过分热衷于融资房地产。"呆账病"也传染到我们,而我们的原因则是房地产投资+企业的巨额债务。目前金融系统实行严格的金融自律和金融监管,这是防范金融风险和保证金融安全不能不采用的措施。

提高结构转换能力,在这种情况下,不能对银行有过高的要求。只能在防范金融风险、保证金融安全的大环境下,推动银行对结构调整的支援。这不仅是金融本身的要求,也是保一方平安的问题。银行信贷对结构调整的支撑,主要是:(1)成为扶优限劣的强有力工具,成为实施鼓励政策和限制政策的后盾;(2)成为催化重点产业、重点企业集团、促进新的经济增长点的手段;(3)成为资产重组、加快南北挂钩、产业转移的润滑剂;(4)成为支持企业改革的杠杆,争取企业、银行资产的保全和增值,企银联手,共谋发展,创造经济运行的新局面。

——从直接融资来看,直接融资和资本市场,应有较大的突破。虽然直接融资同样遇上紧财政、紧货币的制约。但这是今后发展的方向。拓宽直接投资的渠道,在资金供给者和需求者之间架起一条直接的通道,分流部分储蓄由市场来配置,这既可筹集资金,节约融资成本,又可以减轻企业的负债率,减轻银行不良资产的压力。现在居民手中有钱,1996年末,全国居民手中的金融资产已达27110亿元,每年都以30%的幅度增长,应该加以引导和运用:(1)基金的运用。扩大直接融资,首推运用基金。基金发行成本低,发行程序简单。省里可以确定的要及早运作,需争取的积极争取。目前困扰基金市场的宏观条件和市场要素已有很大的好转。不仅设立基金,而且要争取基金上市。(2)红筹股的运用。省里已在实施,这是"中策现象"在国内的运用。但行动也宜早不宜迟,等到大家一哄而上,会增加运作的难度。(3)通过组建股份公司、股份合作制企业,既转换机制,又可筹集资金。已上市的公司要注意扩股的运用。债券、股票市场等国家仍有较严格的限制,业绩优良的上市公司可以运用扩股来扩大经济实力,塑造大集团的形象。当然,扩股也是一把"双刃剑",要根据实际情况慎重进行。(4)海外债务资本市场的运用。在海外上市已引起企业的重视,这是对国际股本资本市场的运用,但也不要忽视国际债务资本市场的利用。不能把企业举借外债都视为国家债务而加以控制。其实,要真正减轻国家外债负担,就是要企业在没有政府直接担保下进入国际债务资本市场,自负其责。只有完整地利用国际股本和国际债务资本市场,才能消受国际资本市场的全部好处,扩大海外融资的源头。

——资产重组。这可能是结构调整运用得更多的武器。资产重组是以资本为纽带,在企业间对资产进行重新组合和资源的合理配置,促进经济的集聚和产业结构的优化,形成新的生产力。资产重组现在已成为普遍使用的手段,并把资本经营机制引入企业,但要重视质量,重视有效重组。资产重组,要看企业的需要与可能,一企一策,一企多策,重组之后,管理及时跟上,以巩固和发挥重组的成效。资产重组要把市场机制作用和政府引导推动结合起来。现在运作上值得注意的有:(1)国有企业间的无偿划转,在同一地区或跨地区、跨部门的划转,所需启动资金不大,主要是协商认可,动作力度可大一些,尽可能地加以运用。(2)现在以有偿兼并、收购、参股、控股进行资产重组比较普遍,也取得了成效。但要相应地重视健全产权交易市场,规范交易行为,提高重组的效应。(3)对资源配置重复与短缺并存的行业,要通过重组打破传统的资源配置和资产结构的人为的阻隔。(4)江苏已在进行控股公司试点,对有条件的行业主管部门组成控股公司,或授权大型集团公司经营,步子都可以大一些,也可以借鉴上海运用中介公司为资产重组、产权转移服务的经验,以便对产权置换、现金控股、重组控股、单项托管、一揽子托管、承债渗股、债权变股权、收购培育等方式进行大胆的试验。

(原载《江海学刊》1997年第5期)

国有企业从解困到再造辉煌要搞好三个结合

目前,不少国有企业面临的形势相当严峻,不少企业仍处于困境之中,但"祸兮福所倚",困境正在为国有企业走出低谷创造条件,在深化改革中涌现出一批成就显著的典型,通过结构调整和机制转换发生了根本性的质的改变。可以说,国有企业摆脱困境,再造辉煌已是初露曙光。

实践表明,要使国有企业走出困境,需要抓好以下三个结合:

1. 把结构调整与企业改革有机结合起来。改变国有企业生产经营的困难状况,有很多好的思路。比如:抓大放小、资产重组、国有企业战略性重组、退出一些该退出的领域,等等。既是改革与发展的内容,也是结构调整的重要途径。无论采用哪一种思路,都要把结构调整与企业改革密切结合起来,既讲改革之道,也讲优化结构、经营之道;不仅转换经营机制,而且转变生产方式,以便更有效地改变国有经济微观层次的面貌。

——前些时期的"抓大放小"是有成效的,但并不是一抓就好,一放就活,改变和战略重组一定要与优化产品结构、产业结构以及改善经营管理有机地结合在一起。

产品结构调整是结构调整的突破口、切入点。企业有了好的机制,又有了好的产品,才能更快地从产权不清、政企不分的困扰下解脱出来,又摆脱产品积压、销售不畅、资金短缺的困境。调整产品结构主要是:① 尽可能地利用"抓大放小"所创造的机会,以名牌产品为核心,把众多的中小企业组织起来,为名牌企业和名牌产品进行生产配套、原辅材料配套和服务配套。② 不少企业困于调来调去仍挤在一条船上,摆脱不了低水平重复的境地。这应该有新的思路,尤其是从产品细分上找出路,在自己特有的市场定位上找出路。随着竞争向更高的水平发展,竞争不再是行业之间的竞争,而是某一行业某类特定产品的竞争,也不再有行业的巨人,而只有某一行业某类产品的巨人。这种现象也来到我们的经济生活之中,产品结构调整要在细分上下工夫,找出特色产品,在细分基础上搞小而精、小而专,寻找更多的发展空间。同时,也注意自己的市场定位,不苛求在可有的市场上成为强者,而在特定的市场,在某一顾客群中成为强者。③ 产品的细分不仅是解决一两个企业的问题,而是向形成产品群的方向发展。产品群可以是由大中型企业带领众多的小型企业所形成的专业化协作网络,也可以是由许多小而精、小而专的企业在一定区域的集聚;可以是不同档次的同一产品的生产,更理想的是同一生产领域在细分基础上形成的产品群。④ 新产品的开发。既要注意市场的现实需求,开发一些短平快的产品,又要重视潜在的市场需求,及早开发研制具有国内国际先进水平的产品,保持自己的领先地位。产品调整的核心是调出一批有强大竞争力的产品。好的机制加好的产品,企业走出困境,再造辉煌是可以计日成功的。

——现在,资产重组已成为结构调整的主旋律。这更突出了战略重组和合理配置资源,又是体制创新、机制创新一个新的浪潮。现在经济周期正处于由萧条转向复苏的转变过程中,这是资产重组的最佳时机。资产重组是以资本为纽带,在企业间对资产进行重新组合和资源的合理配置,促进经济加速集聚和产品结构产业结构的优化。通过实践,资产重组已出现了许多形式:兼并、收购、现金控股、重组控股、承债参股、单项托管、一揽子托管、债权变股权、收购培育,等等,只要有利于规模化和资产流动,都可以根据实际情况加以运用,尤其是国有经济内部进行无偿划转,力度可以大一些,可以在主要城市推行一揽子的划转授权,以取得较大的突破。现在资产重组正在成为普遍使用的手段,更要重视资产重组的质量、资产重组的有效性。资产重组主要是企业行为,行政只是引导、协调、扶持,特别要提高企业资本经营的意识,学会资本成长和扩张的本领。

——与结构调整相结合,在国有企业的改革上还应注意:一是国有小型企业改革模式,一直是有争论的问题。其实,模式不能是一刀切,国有小型企业可以采取不改变所有制的承包、租赁、委托、联合经营等形式,也可以在变革所有制的情况下,在实行股份制、股份合作制、出售产权、合资嫁接上,迈出更大的步子。二是改革不仅解决明晰产权问题,也要重视建立有效的治理结构,在所有者与经营者之间形成合理的制衡关系。也就是建立合理的法人治理机制。这是最重要的机制,相应地还要建立营销机制、用人和人员流动机制、分配机制、技术进步机制,真正实现机制的转变。

2. 把资产优化配置与人力资源优化配置结合起来。国有企业摆脱困境,再造辉煌面临又一个难题,是富余人员的剥离问题。由于就业压力大和以往企业经营目标的多元化,人员过多是一个沉重的历史包袱。许多产业,不论是重工业的煤炭、冶金、建材,还是轻工和纺织;不仅中小企业,尤其是大中型企业,都面临一个"减人增效"的问题。不能不使人们感到,人员结构的调整是整个结构调整中一个最困难的问题。可人力资源的优化配置,又是整个生产要素优化配置的一个重要组成部分。在这个问题上,一定要走出一条新路。从各地已有的经验来看,富余人员安置是分几个层次来解决的。

——最基本的层次是社会保障体系的建立和完善。搞社会主义市场经济,没有健全的社会保障体系是绝对不行的,否则,社会主义市场经济还是一个不完整的体系。现在解决社会保障,主要是通过设置两至三条保障线来解决的:离退休人员生活保障线、职工最低工资标准保障线和城市家庭人均收入最低保障线。

——再一个层次是富余人员分流、就业问题。这大致上是通过向第三产业转移,以及职工自谋职业分流来解决的。解决这方面问题面广量大,需要调动方方面面的积极性,千方百计为下岗职工的再就业牵线搭桥。

——再就业另一个层次是在职工进行选择,再加以培训和提高素质,然后根据需要,把这些人员向高新技术产业和新兴的第三产业转移,适应经济结构优化和产业升级需要进行人员的配置。进行这项工作,重要的方式是对职工进行托管。再就业服务中心可以通过托管多渠道地解决下岗职工的就业问题。

3. 把资本扩张和资金使用结合起来。搞好国有企业再一个关键是资金问题。"钱从那里来?"这是个重点也是个难点。现在"稳中求进"的形势,资金的供给并不宽裕,这就要求我们尽可能地延伸资金链、资本链,从间接融资到直接融资,从信贷资产到社会资产,从存量资产到增量资产,并把资本扩张与资金使用结合起来,集中力量支持资产流动重组。

直接融资这是今后资金运行的发展方向。现在上市股票、柜台交易已开始运用,还应争取对投资资金、红筹股设置,以形成资本的供给市场;企业调整自己的资本结构向社会资金开放,包括大型国有企业在控股的前提下吸引社会资金,中小企业内社会投资和注资,以形成资本的需求市场。这就可以建立资本的良性循环,在资金供应者和需求者之间架起一条直接的通道。在这方面的突破,又可以带来降低企业资产负债率,减轻银行不良资产的效果,化解单一间接融资所造成的金融风险。

资金链延伸之后,重要的是把资金使用与资产营运结合起来,推动资产流动重组的进展。资产重组现时大体上是在三个层面进行:一个层面是国有企业之间的划转;一个层面是通过市场,有偿兼并、参股控股,进行跨地区、跨行业、跨所有制的资产重组;再一个层面是通过产业转移,进行区域布局调整。在国有企业之间划转的层面上,即将一些劣势国有企业的资产无偿划拨给优势国有企业,可需启动资金不大,但也会有债务问题、减人增效问题,以及技术改造等问题,需要妥善予以解决。在兼并收购层面上,问题可能要繁杂一些。户权变动需严格手续,户权转让要规范交易行为,不仅有承担债务、职工安置问题,也有现金收购、参股控股的资金筹措问题。在产业转移层面上,要实施援助政策，包括产业转移的鼓励政策，以贴息、税收优惠鼓励跨地区的合作经营；包括技术改造的扶持，鼓励生产能力和技术、产品同时转移；也包括改善企业运行，恢复活力的政策，解决历史包袱和减轻负担，改善经营管理，等等。

（原载《江苏改革》1997年第9期）

国有企业改革要有新的突破

——学习江泽民同志在中央党校的重要讲话

"经济体制改革要有新的突破","必须在转换经济体制、优化经济结构、发展科学技术以及提高对外开放水平等方面,取得突破性进展。""加快国有企业改革,是摆在全党面前的重要而又十分艰巨的任务"。这是江泽民总书记5月29日在中央党校重要讲话中的重要内容之一。学习江泽民总书记这一重要讲话,就是要在经济体制改革、着重是国有企业的改革中,敢闯敢试,寻求突破性的进展,开创改革的新局面。

寻求公有制实现形式上的新突破

"国有经济是国民经济的支柱"。把国有经济搞好,不仅是关系到国民经济发展的问题,也是关系到社会主义命运的政治问题。国有企业的改革已进行了多年,目前从总体上仍没有摆脱困境,而面临的市场竞争又空前激烈。如果改革与发展旷日持久,将会为此付出更多的追加成本。

国有企业的改革,并不是改变国有经济所有制的性质,而只是改变国有制的实现形式,是"寻找能够极大促进生产力发展的公有制实现形式"。公有制与市场经济是否相容,这是议论已久的问题,寻找国有制的实现形式,将使这一问题取得新的突破。这样提出问题,也可以避免争论,有利于国有企业改革的顺利展开。邓小平同志的"初级阶段论"和"市场经济论",是我们现时发展经济的理论依据。在社会主义初级阶段,实施以公有制为主体、多种所有制共同发展是必然的历史选择,国有经济不需要在所有经济领域实行"大一统"的格局。在市场经济条件下,国有企业建立现代企业制度,向多元投资主体公司转换,也是必然的选择。对基础产业、新兴科技等关系国计民生的关键性企业,可以实行国有独资、国有国营的模式;对一些重要行业和骨干企业,可以实行国家控股,包括绝对控股(75%)、优势控股(50%)和有效控股(50%以下);对一般行业和企业,可以由国家参股,进行必要的扶持和引导。这都是国有制的实现形式。采用多种多样、丰富多彩的公有制实现形式,利用较少的资本调动和支配大量的社会资本,并把国有资本合理配置于各个产业、各个行业之中,将更有效地发挥国有经济的主导作用。

国有企业改革另一突破的方向,是从搞活单个企业转向从整体上搞活国有经济,途径是"抓大放小"。正如江泽民总书记在"5·29"重要讲话中所指出的:要"集中力量搞好一批关系国民经济命脉、具有经济规模、处于行业排头兵地位的国有大型企业的改革与发展。要下决心打破条条块块的分割,切实解决'大而全、小而全'和不合理重复建设问题。要以资本为纽带,通过市场组建跨地区、跨行业、跨所有制和跨国经营的,竞争力较强的大企业集团。要继续采取改组、联合、兼并、租赁、承包经营和股份合作制、出售等形式,加快放开搞活国有小型企业的步伐"。明确国有制的实现形式,是为优化国有企业产权结构和产业结构、行业结构铺平了道路;抓大放小,则是实行国有经济适当"精干"的战略,同时优化国有企业的组织结构。集中力量抓好一批国有大型企业和企业集团,使其在发展经济、稳定市场上起骨干作用。又可以以大型骨干企业和企业集团为核心,把众多的中小企业组织起来,形成专业化协作的网络。放开搞活国有小企业,可以是在不改变企业所有制的情况下,通过承包经营、租赁经营、委托经营来放开经营,也可以是变革所有制,实行股份制、股份合作制、产权出售等等形式来搞活国有小企业。大企业成为具有较强市场竞争力的企业集团,小企业放开搞活,这就可以在整体上搞活国有经济取得突破性的进展。

在国有资产流动重组、资本运营上有新突破

目前,国有制实现形式有所突破,国有经济在整体搞活上有所进展,一个重要的原因,是运用了资产流动重组和资本运营这个武器。

资产重组是以资本为纽带,采用并购、控股参股、托管经营、产权置换等等形式,在企业之间进行生产要素流动和重新组合,进行优化配置,促进经济加速集聚,使低效、无效的资产转变为高效使用的资产。江泽民总书记在中央党校的重要讲话中倡导:"一切反映社会化生产规律的经营方式和组织方式都可以大胆利用。"资产重组即是这样的大胆利用。我国的资产流动、产权转让和企业兼并渊源于1984年,1988年曾出现过一次高潮,但地域不大,层次不高。1992年之后,随着社会主义市场经济的发展,产权改革的深化,尤其是近年的经济结构调整,企业并购、资产流动重组,才在广度和深度上有了前所未有的进展,兴起了一个新的浪潮。企业并购由少数地区、少数城市向全国扩展;由一对一的并购向一对多的复合并购拓展;由本地区向跨地区、跨行业、跨所有制发展。资产流动重组在三个层面上进行:一个层面是国有经济内部的互相划转;一个层面是通过市场兼并收购、股权转让、参股控股;再一个层面是产业转移中资产流动重组。

资产流动重组,最有效的手段是资本运营,即通过资本的形式,对资产存量和增量进行管理、交易和重新组合,使其在流动中取得放大的效应,获得最大限度的增殖。资本运营在市场经济发达国家是应有之义,是司空见惯的现象,可在我们国家,有许多问题还需要探索。首先碰到的问题是,国有企业突破了资产作为实物的传统观念,把资产作为资本来经营、运营,可谁是资本运营的主体,谁来进行资本运营呢?这就有一个如何使出资者到位,如何营造资本经营的主体的问题。目前作为国有资产运营和管理的主体,大体上有三种类型在试运行:一种是全国性的行业总公司改组成的国有资产控股公司,一种是地方或中心城市组建的综合性或行业性的国有资产经营公司,再一种是对大企业

集团试行国有资产授权经营。虽然国有资产运营主体还在发展的过程之中，运营的国有资本数量比重也不是太大，但实践的经验已经表明，营造资本运营主体所取得的效果，比政府直接运营国有资本要好得多，而且谁在营造资本运营主体迈的步子快一些，谁在资产流动重组上的力度就更大一些。实践经验也证明，几种类型中，以真正作为市场主体的企业和企业集团担任资本运营的主体，是取得较高运营效率的最佳选择。以中心城市为依托的国有资产控股公司，也可以在一定程度上优化市场结构，取得较好的运营效果，也是现阶段一种有效的形式。新的突破正在积累新的经验，未来的国有资本运营主体，可能要走以大企业和企业集团为主、以中心城市和全国行业性控股公司为辅的道路。

资本运营的手段，归并起来，不外乎几种模式：(1) 并购模式。这是资产流动重组中最普通、最活泼的模式，也出现了不少成功的范例。除控股参股而外，少数企业已开始运用"买壳上市"，将自己的业务注入"壳公司"，由非上市公司收购上市公司。(2) 联合模式。联合组建新的公司，取长补短，走出困境或谋求更大的发展。强强联合则往往是着眼于极大地提高市场竞争力。(3) 资产剥离模式。将非经营性闲置资产、低效资产从公司中剥离开来，貌似收缩而实是谋求更大和高效的扩张。(4) 托管模式。通过契约，将财产经营权和处理权进行有条件的转让，它的最大好处是可以回避一些敏感问题和操作上的难点。这些模式在运作中往往是交错使用，或者是先委托经营，经过磨合再正式兼并；或者是使用并购、联合等多种形式，扎木成排，组织企业群体或企业集团；国有企业和乡镇企业互相联合兼并取长补短，等等。这些符合市场经济的运作方式，虽然还处于拓展的过程中，但已经开始显示出它的威力，多少年难以突破的条块分割开始受到巨大的冲击，多年积累的大而全、小而全和低水平重复正在逐步被克服，大量闲置的资产设备开始进入了流动和合理组合的轨道，更多的资源在市场机制下开始走向优化配置。资产重组、资本运营新的突破，为国企改革和发展带来了新的契机。

配套改革要跟上,利用资本市场发展国有经济

国有企业改革新的突破,不能只是单兵突进,而是要配套推进,形成合力。这包括政企分开、国有资产经营公司的组建、社会保障体系的建立和健全、资本市场的发育等等,没有这些配套改革,国企改革将步履艰难,突破了也往往难以巩固。

随着经济结构的展开和国有企业改革的深化,现在对政企分开、营造资本经营的主体以及实施再就业工程,都已引起了重视,也采取了必要的措施。相对而言,金融体制的改革和资本市场的发育,倒是显得相当滞后。现时国有企业一个很大的困扰,是过高的资产负债率,这与冗员多、企业老化、社会保障体系不健全有关,成为一道道妨碍国有企业前进的阻碍。而国有企业高资产负债率的形成,固然有多种因素,但主要原因之一是长期实行单一的间接融资体制,企业融资渠道只有银行一条,社会资金直接进入企业到现在也只是一个极为狭窄的入口。国有企业靠银行贷款,而其资产盈利率总体上又低于银行利息率,这就造成企业越来越多地拖欠银行的利息和本金,向银行转嫁企业的低效率和亏损,形成银行的呆账坏账等不良资产。这种情况在经济紧运行情况下表现得尤为明显,不仅使银行与企业之间循环不畅,可用资金不多,而且越来越加重了金融的风险。

单一的间接融资体制已经到了非改不可的时候了,直接融资要有新的更大的突破,要积极发展公开上市股票、柜台交易股票、内部非交易股票、投资基金等等资本市场。让企业通过直接吸收社会资金充实自己的资本金,降低企业资产负债率,中小企业主要是通过股份合作制、内部股投资来解决资金的困难。相应地,银行的不良资产也会逐渐减少,从而化解现在已表现得相当集中的金融风险。尤其是资产重组、资本运营,没有直接融资、没有资本市场的支持,启动和运转都将十分困难。企业并购需要资金来支付被兼并企业的产权价值,要清偿债务,安排职工,进行技术改造,启动新的企业又要追加注入资金。现在全国

需盘活的存量资产大约是1万亿左右,没有巨额的资金注入,是难以使经济结构得到真正的优化的。在资产重组、资本运营中能大显身手的是上市国有公司,它可以通过发行股票募股,获得比其他企业优厚的资本金,从而具有资本扩张能力。不仅如此,上市只是万里长征的第一步,上市公司不仅要把当年业绩搞好,而且未来的成长性要强,这又会促进企业以此为契机,转换机制,从传统的资产经营转为资本经营,使企业不断成长,继续保持难能可贵的资本扩张权。非上市公司也可以通过柜台交易、买壳上市等等方法,吸收社会资金,使融资渠道向多元化发展。利用资本市场促进国有经济改革和发展,这已是当前一个迫切的任务。

不能否认,国有企业现在面临的形势依然相当严峻,可是也不能否认,"祸兮福所倚",困难正在为走出困难创造条件。只要沿着现有的思路,敢于创新,敢于突破,国有企业摆脱困境、重铸辉煌是可以计日成功的。

(原载《群众》1997年第9期)

重塑企业生机的新动力：
所有制结构调整与经济结构调整相结合

我们正在寻求新的突破。江泽民同志在十五大的报告中指出："要坚持社会主义市场经济的改革方向，使改革在一些重大方面取得新的突破，并在优化结构、发展科学技术和提高对外开放水平等方面取得重大进展。"把改革作为动力，使改革和优化经济结构结合起来，以改革的新突破推动经济工作的新进展，这是贯彻十五大报告精神必须重视和遵循的一个方针。

所有制结构和产权制度改革的重大突破

十五大报告关于所有制结构问题的论述，是理论上的重大突破。现在的情况是，经济结构调整正在进入攻坚阶段，调整工作越是深入，体制的制约越是明显。平常被快速增长所掩盖的矛盾，在紧要关头就突出地显现起来。这就需要所有制问题的新突破。改革理论上的新的突破，必然会带来实践上一系列新的突破。

——十五大报告指出："公有制实现形式可以而且应当多样化。一切反映社会化生产规律的经营方式和组织形式都可以大胆利用。要努力寻找能够极大促进生产力发展的公有制实现形式。"所有制实现形式，是指具体的财产组织形式。这就突破了认为公有制只有国有和集体所有两种实现形式的传统观念，从而在行动上也结束了股份制在试点阶段的徘徊，代之以从多方面进行新的探索。包括：在多个投资主体和混合经济的发展上的探索，即使国有经济，也可以由单一的国有股东转化为多元国有法人股东,以真正克服所有者缺位的弊病。对混合经济,江苏动手得并不迟。1995年第三次工业普查资料表明,江苏历年来政府职能部门和国有企业通过参股、控股向非国有工业的投资达150多亿元,1995年运用这部分资本制造的工业总产值占全部工业产值的9.2%,高于全国8%的水平。但也是"醒得早、起得迟",还留下一个很大的发展空间。尤其是"苏南模式",以集体为主这确乎是公有制的实现形式,但现在已认识到过于单一的形式,并不能适应市场经济条件不同情况的需要,所有制结构的不尽合理不能不成为生产快速增长的羁绊。"苏南模式"的发展,应该是多种公有制实现形式的组合。可以改组为股份合作制,也可以是多法人的混合所有制;可以是不改变产权所有的承包经营、租赁经营、托管经营,也可以是改变产权所有的出售产权和股权,把部分企业转为民营。注入这些新的因素,"苏南模式"才会在"极大促进生产力发展"上出现新的突破。

——十五大报告指出:"建立现代企业制度是国有企业改革的方向。""把国有企业改革同改组、改造、加强管理结合起来。要着眼于搞好整个国有经济,抓好大的,放活小的,对国有企业实施战略性改组。"江苏国有经济的比重并不大。1995年第三次工业普查资料表明,江苏国有工业的资产总额占全部工业资产的比重,已从1985年的48.2%下降为1995年的32.9%;国有工业总产值占全部工业总产值的比重,也从1985的41.1%下降为21%。但这并不是说江苏国有经济战略性改组的任务不重。江苏由于改革的滞后,国有企业、尤其是大型企业实行普遍的规范化的公司制改革,还是一个十分严峻的任务。而且要从股本社会化程度过低、产权结构仍不合理的框框里解放出来,真正发展多元化的投资主体,以较少的国有资本调动、吸引大量的社会资本。江苏也要在国企战略性改组中,优化布局结构,从一般竞争性领域更多地向战略性领域集中,从分散的中小企业向大企业、大集团集中,从劣势企业向优势企业集中。江苏发展大企业、大集团的战略动作是有成就的,但现有的重点企业集团,尤其是纺织、家电以及机械行业的集团公司,都面临一个"过渡进入"而竞争异常激烈的市场,难以巩固自己的优势地位,亟需在资产重组、结构调整的深层次上予以解决。

——十五大报告指出:"非公有制经济是我国社会主义市场经济的重要组成部分。对个体、私营等非公有制经济要继续鼓励、引导,使之健康发展。"这又是江苏应该重视的问题。尤其是越发达的地区,个、私经济越是难以站得住脚。根据第三次工业普查资料,苏南地区国有工业和集体工业,1995年占全部工业总产值的比例为12.4%和71.2%,私营工业和个体工业的比重仅为0.7%和2.1%(其余为三资企业等);苏北地区国有工业和集体工业的比重各为31.9%和50.6%,私营工业和个体工业则各为1%和10.8%。为了满足人们多样化的需要和增加就业,平等对待和保护非公有经济,就显得更为重要。

所有制结构调整与经济结构调整相结合

调整和完善所有制结构和深化企业改革,现在有了极好的宏观环境,但在具体进展上,还要与当前正在展开的经济结构调整紧密结合起来,使两个调整相互推动,相得益彰。

两个调整相结合放大的好处,一是可以结合优化结构和资产重组的需要,有重点、有步骤地推进所有制结构调整和企业改革,不刮风,不搞运动。二是结构调整、资产重组要求企业产权制度改革和公司制改组到位,而所有制调整和企业改革是否有效,又要看经济增长的质量是否提高。把好机制同好产品结合起来,企业才真正是生机勃勃的。

根据抓大放小的战略性改组的思路,在具体运作上,一个关键的措施,是利用资本市场培育高成长的大企业、大集团。

十五大报告指出:"以资本为纽带,通过市场形成具有较强竞争力的跨地区、跨行业、跨所有制和跨国经营的大企业集团。"利用资本市场,通过兼并收购、参股控股等资本经营进行资产重组,这是营造高成长企业集团的一副良方。它不仅可以促成企业的超常规发展,而且会促进企业脱胎换骨、转换机制。一般来说,保持企业的稳定性和持续发展,主要是靠主业经营,而要造成公司业绩翻天覆地的变化,就非利用资本市场和资产重组不可了。尤其是股票市场,上市公司往往是最有资本扩张力的企业。这些改造为公众公司可以挂牌上市发行股票募股,上市以后可以配股,这就获得了巨大的资本扩张权。然后在资产重组中,通过兼并收购、参股控股、合资合作、划转托管等等资本运营,对公司进行不断地放大,寻求企业的高速成长。另一方面,资本市场也对上市公司具有压力和推动力。股民们既要求公司当年业绩好,也寻求公司未来成长性强,如果上市公司不能真正转换机制,既搞好企业,又善于搞资本经营,那就会受到"以脚投票"的待遇,以至逐步堕入"垃圾股"的泥潭。

上市公司虽然只是少数,但对培育高成长的大企业集团却有着特殊的功能,对利用资本市场一点不能松手。江苏现有的一批重点企业集团只是在成长之中。这些企业集团有一定的规模,但70%的销售收入只在10～20亿元之间;有一定的竞争能力,但由于外部面临着激烈的市场竞争,内部的组织框架、治理结构尚须理顺和健全,还需要在新的基础上提高自己在国内外的竞争能力;这些集团已开始向跨地区、跨行业、跨所有制迈步,进行资本运营,但仍有些囿于一定的区县之中。

这些重点企业集团有的已经挂牌上市,多数尚未步入资本市场。为了利用资本市场加速大企业集团的成长,一方面,要用好上市指标,选择符合产业政策、经营水平高、发展潜力大的企业,通过资产重组,精心包装上市;另一方面,对已上市的公司进行规范,促使其脱胎换骨地转换机制,从生产经营型转向资本经营型,选择时机,继续通过资产重组进行再扩张,不断提高企业的素质和竞争力。

在具体动作上,需要抓住的另一个关键措施是,在调整所有制和放开搞活的基础上,对小企业进行战略重组。

十五大报告指出:"采取改组、联合、兼并、租赁、承包经营和股份合作制、出售等形式,加快放开搞活国有小型企业的步伐。"在江苏来说,国有小企业要放开搞活,更多的乡镇企业的小企业也要放开搞活。也要把放开搞活与地域性的战略重组结合起来。是为了把中小企业网络在大企业集团的周围,还是为了在专业化分工基础上在一定地区形成产业群、产品群，或者形成一批小而精、小而专的小巨人，在战略重组的引导下，该股的股、该联的联，该承包、租赁的承包、租赁。也有部分小企业，可以通过出让、拍卖，转为民营企业、合股企业。通过企业改革与资产重组的结合，再塑企业生机。

"劳动者的劳动联合和劳动者的资本联合为主的集体经济，尤其要提倡和鼓励。"这种股份合作制是保证小型企业能够健康发展的制度安排。它是在劳动联合的基础上吸纳了股份有限公司的一些成分，在共同劳动、共同占有、利益共享和一人一票民主管理制度的基础上，增加了按股分红。而且，股份合作制还有很大的灵活性，只要遵循上述基本原则，在具体安排上可以有不同的灵活性，只有入股成员自愿，经营人员和技术、销售人员可以持大股，也可以设立一定的公有股。不过公有股要有适当的形式，真正解决所有者到位的问题。

两个调整的结合更有利于企业技术创新机制的形成

十五大报告指出："要推进企业技术进步，鼓励、引导企业和社会的资金投向技术改造，形成面向市场的新产品开发和技术创新机制。"衡量改革和资产重组后的企业是否有后劲和发展潜力，是否有较强的未来成长性，很重要的一条是看它是否提高了技术创新的能力，是否成为技术开发的主体。我们现在推进技术进步的路子很多，如高技术研究、产学研结合、火炬计划、星火计划、高新技术产业开发区，等等。相对而言，企业的技术开发、技术创新机制却比较薄弱。国外的评价也是如此，并建议技术开发主体要从设计院、所转到企业，只有实现这种转变，才能适合市场需要进行技术开发。引进吸收是必要的，但引进先进设备并不等于引进新技术，

(原载《江苏经济探讨》1997年第11期)

陆桥经济带：中西部发展的"金腰带"

"坚持区域经济协调发展，逐步缩小地区差距"，这是我国"九五"计划和 2010 年远景目标纲要中确定的战略方针。为了实现这一目标，通过河流和铁路干线促进地区的协调发展是一条捷径。

新亚欧大陆桥，国内段全长 4131 公里，占全线的 37.40%，贯穿东中西部，途经江苏、山东、安徽、河南、山西、陕西、甘肃、宁夏、青海、新疆10 个省份。这一广袤的地带，资源富集，但又是一个开发、发展相对滞后的巨大空间。根据沿桥区域的地质勘探和空中遥感勘测的情况来看，煤炭、石油、天然气、有色金属储量都非常丰富。但由于历史原因，这个地带开放度低，经济发展总体水平仍相当落后，产业结构不尽合理，人员素质较低。新亚欧大陆桥为内陆地区开辟了一条大通道，有利于打破闭塞状态，既可以利用国外的资金、技术和管理经验，又可以利用东西结合的优势互补，加快中西部的开发，拉动整个地带经济发展。

发展的模式，可以是自东向西梯度推移，但陆桥国内段之长，沿桥区域之广，地区发展之不平衡，加之荒原大漠自然条件等差异大，及沿线二元结构突出，许多地方属于欠开发和未开发地区，仅靠梯度推移是不够的，即使像京津沪这样经济实力强大的中心城市，梯度推移的力度也会因跨度过大而不断衰减。

主要的发展模式应是以大中城市为依托，培育沿线的增长极，或沿线的经济增长点，并以此为中心实行墨渍扩散，进行"点——轴——面"的开发，分段开发，区域互补，由这些中心城市象串珠一样连建成线，以带动整个区域的发展。

经过对新的经济增长点的催化和培育,新亚欧大陆桥沿线的许多增长极正在成长。这包括:

——徐连经济带。作为东桥头堡的连云港市,港口建设和临海经济都有了迅速的发展,港口集装箱年装卸能力已达 40 万标箱,形成了较强的海陆运输衔接转运能力,正在向国际枢纽港迈进。

——中原城市群。以郑州为中心,环绕大陆桥,把周边的洛阳、焦作、新乡、开封、许昌、平顶山等 10 多个城市作为外环,组合成中原城市群。这个城市群,也是洛郑汴高技术产业带所在地,它集中原工业和商贸之精华,形成一个发挥综合群体优势的经济密集区。通过对城市群基础设施、产业布局、城镇体系的统一规划协调,它将成为增强沿桥中部地区经济社会发展的领头雁。

——关中经济带。关中是西北地区城市密集度最大的地区。大陆桥的开通,又促使关中地区以陆桥为主轴,围绕西安,把宝鸡、银川、咸阳、渭南等城市联结一起,形成一个城市经济带和高技术产业走廊。西安是西北地区唯一的特大城市,改革开放以来,它已成为西北地区最大的科技中心、商贸中心、金融中心、教育中心和旅游中心。西安和关中经济带最大的优势是科技领先、教育发达,以及军工企业的优势,这个地区不仅是石油化工的基地、能源基地和有色金属基地,而且也成为发展先进技术装备的进口替代产业基地,成为技术装备和人才培训基地。

——兰州经济区。地处大陆地理几何中心和新亚欧大陆桥中心的兰州,素有"坐中四联"之称,东距连云港 1700 公里,可得"借船出海"之利,西去阿拉山口 2200 公里,可得"乘车出边"之便。兰州多年来的建设,已是西北的第二大城市,是西北的商贸中心、文化中心、科技中心和工业重镇。兰州的科技综合实力居全国第九位,人才密度仅次于北京、西安、成都,居全国第四位。这个区的优势产业是石化、能源和有色金属。

——乌鲁木齐经济区。乌鲁木齐是一座新兴的综合性工业城市,是新疆的重要工业基地、商贸中心和旅游中心。1992 年已跻身于"中国城市综合实力 50 强"的行列,居第 24 位。乌鲁木齐正在建设成向西出口商品的生产基地、国内外商品的转口基地和旅游城市,继而形成扩大前沿边境口岸,向中亚、西亚、中东伸展的西北沿边开放格局。

这些"发展极"的成长发育,"连点成线"后,必将成为带动全线发展的巨大拉动力。

(原载《外经导报》1998年第3期)

市场化进程在江苏

从1978年党的十一届三中全会以来,我国渐进式的改革已走过了20年的历程。这是光辉的20年,改革开放给我们带来了历史性的变化。构架社会主义市场经济的新体制,虽然是党的十四大明确提出的目标,但改革开放从一开始就是以市场为取向的。国民经济市场化、国际化和城市化所创造出来的客观需求和供给潜力,已成为我国经济长时期高增长的基本动力源,使我国的现代化呈现出一派锦绣前程。

市场有强大的创造力,市场经济迄今为止仍是配置资源的最有效的方式。江苏20年来的快速发展,一个重要的因素是得益于市场化的进展。衡量市场化水平的几个基本点:① 市场在资源配置上的作用;② 市场主体的发育及市场参与度;③ 市场体系的发育程度;④ 依托市场进行调节的宏观调控体系的形成,等等。在这些方面,江苏与全国有着共性,也有着自己的个性。当然,市场化的几个基本点都是构建社会主义市场经济的几个大部件,它们是互为条件和互相促进的。但是在进展上有"快变量"和"慢变量",互相配套而又有所牵制。江苏在市场化这些方面的进展,都呈现出自己不同的特色。

一、发挥市场在资源配置上的基础性作用

把市场作为资源配置的基本方式,按理说是市场化各个要素共同发展的最终结果。可是江苏市场化进展的一个很大的特点,是首先向传统的资源配置方式进行冲击。这就是乡镇企业的异军突起。改革从

农业和乡镇企业等非国有部门起步,是中国经济体制改革的一大特色,也是改革顺利进展的成功之路。江苏在这方面的出色成就是:乡镇企业起步早,发展快,尤其是党的十一届三中全会以后,"春风又绿江南岸",改革开放的春风,大大地促进了这些富有活力的企业的成长。80年代是江苏乡镇企业的"起飞"阶段,1978年江苏乡镇企业的总产值是63亿元,到1988年,乡镇企业总产值迅速上升到944亿元。90年代,乡镇企业更是"三分天下有其二",1996年,乡镇企业的总产值已经达到6558亿元。从改革层面上看,这既是避难就易,又是把农村剩余劳动力转移到具有更高生产力的部门,促进了农村工业化和整个经济的繁荣,为改革的深化发展提供了保障。而且,乡镇企业的崛起,也造成了一种改革的势头,催化了城市大中型企业的转轨变型。

乡镇企业一起步,首先就碰到了资源配置的问题。而在传统的计划经济体制下,资源配置的行政方式总是排斥市场的。乡镇企业从诞生之日起,就只能从市场要任务,从市场找资源,由市场来实现自己产品的价值。乡镇企业创业者的"四千四万"(走遍千山万水,说尽千言万语,想尽千方百计,吃尽千辛万苦)就是它的真实写照。省里市里也多次寻求把乡镇企业纳入计划的轨道,但结果都是遭到排斥。乡镇企业闯开了市场调节之路。也理所当然地受到限制和责难。先是三就地(就地取材、就地生产、就地销售)的限制。80年代初又被指责为"三挤一冲击"(挤国有企业的原材料、能源和市场,冲击国家计划)。当时的调查报告基本上否定了这个指责,认为是补的多,挤的少,保护了乡镇企业。然而,现在看来,乡镇企业就是带头冲击了国家计划和资源配置的行政方式。资源配置的方式制约了经济的起飞,为了解决这个矛盾,江苏运用了过去曾经运用过的物资协作的方法。这种跨地区、多渠道的经济协作的扩大,也成了江苏改革的一大特色。整个80年代,江苏都是物资协作力度最大、范围最广的省份。在"六·五"期间,江苏物资协作占全国的20.9%,居全国榜首。"七·五"期间的协作项目又比"六·五"期间增加了6.6倍。在这个时期,已不仅是乡镇企业,由于江苏国有大中型企业比重少,故而计划分配也少,"粥少僧多",协作的渠道一开,城市工业,先是城镇集体,而后是开始转轨变型的部、省企业,也纷纷打开厂门,汇入了物资协作的洪流,不断撕裂计划分配方式的缺口,靠市场调节来发展自己。

　　冲击和突破是重要的一步,但更重要的是除旧布新,形成资源市场配置的新机制。乡镇企业、城市企业的市场开拓和物资协作远不能解决新的配置机制。真正的以市场为基础的资源配置方式,是在市场竞争的条件下,由市场供求关系决定的价格传递出各类资源的稀缺程度,促使人们把资源投向需求强度和使用效率最高的地方,以达到最有效的配置资源。这是一系列的艰苦的工作,要有以市场供求为基础的价格形成机制,要有足够的竞争。江苏在这方面的特色是:在80年代价格调放结合的改革中,为了最大限度地争取计划外物资,率先突破了单一的国家调拨价,1980年就实行市场协作物资保本价。1984年随着国家对计划外生产资料价格的逐步放开,形成了国家定价、国家指导价和市场调节价多种价格并存模式。虽然,双轨制价格存在很多弊端,但在当时历史条件下,毕竟对江苏的经济发展起到了促进作用。90年代,江苏的改革由过去侧重于突破旧体制转向侧重于建立新体制,才基本上确立了市场形成价格的机制。到1995年,在全社会商品零售中,市场调节价上升到85%,生产资料市场调节价上升到95%,全省市场调节价达到90%,这就为资源的市场配置奠定了基石。竞争机制在这个时期也有了发展,首先投入市场竞争的是乡镇企业,在竞争中提高质量、翻新花样,提高市场覆盖率。转轨变型的城市工业,也在面向市场中学会了竞争的本领。再加上这个时期的对外开放,在改革层面上,不仅把国际竞争引入国内,促进了竞争机制的发展;在价格上也摧毁了长期扭曲的价格体系,在进出口中把过低的初级产品的价格抬高,也把偏高的制成品价格压低,使之接近国际市场的价格。1995年以来的结构调整以及随后的资产重组和资本运营,又把资本流动和产权交易提上了议事日程,使资源向优势企业、优势产业流动,把无效、低效的资产变为有效、高效的资产。资源配置的市场方式又大大前进了一步。虽然,在价格机制、竞争机制、资产重组还有大量和艰苦的工作,但以市场为基础进行资源配置已是一个不可逆转的方向。

二、使企业成为独立经营、自负盈亏的市场主体

市场化的程度如何,一个重要的标志是生产经营主体的发育程度和市场参与度。市场为什么有创造力,就是因为参与市场的经营者有创造力。市场为它们提供了一个发挥各自创造力的舞台。市场经济的实质和特征,在于它的自主性,它需要有能在市场活动中自主决策和自主选择的市场主体。

江苏市场主体发育的特点,也得从乡镇企业说起。改革从农村开始,固然把千千万万个农民变成了自主经营的主体,但是更为重要的是出现了乡镇企业这个经营主体。它一开始就是受计划经济的限制多,而受计划的束缚少,相对而言,有着比较多的自主权。这种自主经营在1984年实行承包制中得到巩固。率先实行"一包三改"(实行承包经营责任制,改干部委任制为聘用制,改职工录用制为合同制,改固定工资制为浮动工资制),是江苏乡镇企业一大特色。比之国有大中型企业,承包制对中小为主的乡镇企业有更大的正效应,使承包者在生产经营上有较多的自主权。承包制使乡镇企业在80年代继续发展和度过了经济变动的难关。但是随着改革的深化,却暴露出了乡镇企业虽然是突破传统体制的闯将,可在构建社会主义市场经济框架中,却不是合格的市场主体的弱点。以集体为主的江苏乡镇企业,受到封闭式农村社区的束缚,社区党政组织实际上成为企业的支配者,由此带来了盲目决策、过高的资产负债率和过大的非生产性开支。这就有了90年代以产权制度改革为核心的脱胎换骨的改革。根据"大型骨干企业集体控股上水平、中型企业多方参股增活力、小型企业拍卖转让搞转制"的思路,明晰了产权,突破了投资主体单一化,实现了以公有制为主体、多种所有制共同发展和政企分开。到1996年末,全省改制为股份有限公司约44家,有限责任公司2984家,组建企业集团1412个,股份合作制2.4万家,拍卖转让9673家。乡镇企业大有希望,它将在市场主体发育上

登上一个新的台阶。

　　市场化程度最低的是国有企业。国有企业是改革的难点,也是改革的中心环节。江苏的特点是国有企业比重不是太大。1978年国有工业企业总产值占全省工业总产值近80%,到1996年已下降为19%。但这一批企业是必须搞活的国民经济的脊梁。江苏对国有企业改革一个突出的措施是发展企业间的横向经济联合,推进国有企业的改造。用"靠上去、引进来"的办法,推动省部企业与地方企业、军工企业和民用企业、城市企业与乡镇企业、生产企业与科研院校、本省企业与外省企业的多形式、多层次的联合。这又是一次向行政性资源配置和"条块分割"的冲击。国有大中型企业成为联合的骨干,以这些企业为依托,按专业化分工协作的原则,逐步建立一批企业群体、企业集团,并从生产经营的联系发展到以资产为纽带的联合。先是常州,然后是无锡、苏州,再后是扬州,都在规模经济上有了长足的发展。这都为90年代全省实行大企业、大集团的战略奠定了基础。江苏在1987年,也在国有大中型企业中引进乡镇企业的经验,实行了多种形式的承包经营责任制。1988年,全省预算内工业企业承包面超过80%,国有大中型企业则全部实行承包。但这种承包负面效应比较大,它凝固了政企的附属关系,妨碍改革的深化,而执行中"死比例、死基数"与活环境的矛盾十分突出。苏州市形容4年承包是:1987年是承包的春天,春光明媚;1988年是承包的夏天,热气腾腾;1989年是承包的秋天,秋风萧瑟;1990年是承包的冬天,寒气逼人。1993年以后,国有企业改革由放权让利转为企业制度创新,按"抓大放小"、"产权清晰、权责明确、政企分开、管理科学"的基本要求,迈上了建立现代企业制度的改革征程。工程是艰巨的,但这是一条正确的道路,它不仅将搞活国有企业,而且闯开了一条市场与社会主义"兼容"之路。

三、培育和健全市场体系

　　培育市场体系,这是市场化进程的题中应有之义。市场主体离不开相互交换的市场客体。而且,必须完善包括生产要素在内的市场体系,单一的商品市场是不可能很好地发挥市场机制的作用的。江苏在市场体系建设上并无独特之处,但也有几个"起步迟、发展快":

其一是市场体系建设上起步迟,而生产资料市场发展快。江苏改革开放之初,主要是靠城镇企业开拓市场和物资协作,随着计划分配调拨体制的削弱,建立大宗商品交易的批发市场,就越来越显得迫切。江苏在这方面起步较沿海兄弟省市为迟,但在先后培育了吴江丝绸市场、常熟招商城、张家港羊毛市场、东海水晶市场等一批消费市场外,生产资料市场却后来居上,有了较快的发育。1985年苏州市建立苏州物资贸易中心,并以此为枢纽,形成了城乡一体化的市场网络。在徐州建成了交易额达86亿元(1996年)的区域生产资料市场,以及无锡化工市场、无锡不锈钢市场、江南商品物资交易城等一批有相当知名度的大型市场。就市场数量增长和市场成交额增长而言,生产资料市场的发展优于消费品市场和农副产品市场。到1996年,全省较早发展的日用工业品市场总计96家,总成交额675.39亿元。而随后起步的生产资料市场已达到61家,总成交额497.44亿元。

其二是资本市场起步较迟,但发展较快。到1997年底,全省已上市公司38家,共募集资金177亿元。我省沪市A股交易量,1992年为5.6亿元,1997年达1886亿元;深市交易量,1995年为22.56亿元,1997年达1184亿元。应该提到的是我省的农村合作基金在90年代有很大的发展,并在无锡建立了产权交易中心,使中小企业的股票得以交易和转让。这对支持中小企业和科技民营企业、发展科技创新都有很好的促进作用。这些金融组织在防范金融风险中都被关闭和停歇。然而东南亚金融危机的教训说明,台湾曾有很多类似的金融组织和基金,过去曾被视为金融结构最乱最散,现在却发现这些基金在支持中小企业和技术创新上发挥了很好的作用,是最好的金融结构。防范金融风险是必要的,但不能因噎废食,堵塞了资本市场深化发展的通道。

其三是农村联产承包起步迟,而适度规模经营和产前、产后服务体系发展快。完善市场体系一个重要的方面,是按市场化的原则,建立农业产前产后的服务体系,使农副产品的收购和农用生产资料的供应渠道畅通。江苏在1983年才在98.6%的生产队大面积地推开了家庭联产承包责任制,但1986年即大力发展农业产前、产中、产后的服务体系,在1987年又进行了农业现代化试验,逐步在有条件的苏南和苏中地区实行两粮制(口粮田和责任田),推行农业适度规模经营,开始了农村的"第二次飞跃"。90年代江苏的农业产业化,尤其是苏北和苏中的农副产品的产业化如雨后春笋,形成了"群龙飞舞"的贸工农一体化,供产销一条龙的经营方式。到1997年,全省土地规模经营单位近2万个,经营面积110万亩;多种经营和开发性农业规模经营单位9万个,经营面积150万亩。1997年,农副产品经营大都纳入了产业化的轨道,全省各类产业化经营组织720个,其中:龙头企业带动型320个,中介组织带动型176个,专业市场带动型157个,其他67个。带动农户820万户。当然,农业的"小生产、大市场"这个深层次的难题并未就此解决,但是农业市场化、农民行为市场化水平飞速提高,却是不争的事实。

四、依托市场进行调节的宏观调控体系

市场化改革越是深入,怎么摆正政府和市场的位置就日益凸现出来。现代市场经济并不排斥行政干预,反而需要宏观调控、行政干预来弥补"市场失灵"和"市场缺损"。所以关键并不在于要不要行政干预和宏观调控,而是政府如何干预,和采取何种手段进行调控的问题。从我国现行的情况来看,这个问题就更为复杂,政府在艰巨的体制转型中,要把培育市场作为最重要的职能,进行"行政造市场",这还需要强有力的政府作用。虽然较早的提出了转变政府职能,变直接调控为间接调控,但相对来说,这方面转变还是较为滞后。东南亚金融危机又给我们提供了新的启示。东亚的"政府主导型经济"大致比较适合于国家经济发展初始阶段。在市场发育不成熟的状况下,较强的政府力量,对协调经济是正效应大于负效应。但是,当市场化程度已达到了相当高的阶

段以后，政府的作用应该弱化，让市场发挥基础性的调节作用。其过程是政府的强作用——培育市场经济——政府的弱作用——在政府调控下充分发挥市场的作用。我们现在还处于政府强作用的阶段，但转变方式的设计、时机和力度的把握，都是一门高超的领导艺术。

江苏作为省一级的政府，还碰到一个宏观调控和中观调控的问题。是否需要双层调控，学术界争议颇多。现在看来，从理论上说，市场经济天然是一个分散决策系统，需要有分层次的管理和调节；从实践上说，中国之大，不能没有中央和地方两个积极性，有了地方调控这个加压站，才能机动灵活，使整个宏观调控适时适度。但是过去长时期在"集权"和"分权"上打圈子，却不是解决分层管理的好办法。江苏过去在权限下放上也下过一番功夫，联系财政"分灶吃饭"，给市县在自求发展上扩大了一定的权限。这确实调动了市县发展经济的积极性和主动性，收到了成效。但实行结果是利弊各现，最主要的问题是强化"块块分割"、盲目投资和重复建设，不利于总量平衡和产业结构的优化。所以"双层调控"是需要的，但一定要在合理界定政府和市场作用范围的基础上，来界定中央和地方的调控职能。将来分层调控可能是：中央调控，主要是总供给和总需求平衡，货币供应量及金融调控，税收和财政，国际收支和外汇储备，产业政策，物价总水平，等等。中央和地方共同调控的系列，包括经济增长，投资总规模与投资结构，人口增长和劳动力配置，消费基金的增长，社会购买力与商品可供量等等。以地方调控为主的，主要是本地财政预算收支平衡，交通通讯，市政建设和社会公益设施，改善投资环境，等等。

20年来市场化的进展，聚沙成塔，集腋成裘，为以市场为取向的改革开创了一个崭新的局面。只要锲而不舍地沿着党的十一届三中全会所开创的改革开放的道路前进，在新世纪来临之际，江苏将成为率先建立起社会主义市场经济框架的省份之一。

（原载《江苏经济探讨》1998年第10期）

技术创新:新一轮经济增长的动力

加大技术创新力度,依靠科技进步使经济登上新的境界,对江苏这样相对发达的省份来说,已经显得愈来愈重要。从近期来看,技术创新是加快经济结构调整、加快经济增长方式的转变,从而走出低迷,迎接新一轮发展的关键措施。从远期来看,是构造与知识经济相适应的创新体系的重要组成部分。虽然,我们尚处于完成工业化的发展阶段,但要早为之计,绝不能等工业化实现之后再转向知识化,而是要走工业化与知识化协调发展之路。这是时代对我们的要求。

为了加快技术创新,从80年代中叶以来,我们进行了一系列的探索,高新技术产业开发区的建设,火炬带、星火带的布局,"产学研联合开发"的发展,等等,都为提高技术创新能力积累了有益的经验。而90年代,建立和完善国家创新体系的提出,以及由经贸委和科技部推出的"技术创新工程"、由教育部推出的"211工程"和中科院组织实施的"知识创新工程"等三大工程的启动,更使科技创新在深度和广度上展现了一个全新的局面。在这样的背景之下,江苏不仅给高新技术产业开发区、火炬计划、星火计划赋予了新的内容,而且几个大的动作:以高校、科研院所为依托为产学研联合开发工程的发展,大中型企业技术中心的成批建立,科技企业孵化器的建立和科技孵化器群体的形成,为中小企业提供技术服务的四级生产促进中心的建立和风险投资的起步,等等,都是新的突破,推动江苏技术创新起着质的变化。

建立创新体系是个新的事物,打开这样的局面是来之不易的。巩固和发展这些成果,还需要继续迈进。

——技术创新要有机制创新的支撑。尤其是在产学研联合开发和风险投资上,如何形成适合我国国情、充满活力的机制,都是迫切需要解决的问题。与京、沪、深等城市和沿海主要省份相比较,江苏在传统产业的高新技术改造上成就比较显著,而在高新技术产业发展上则显得逊色。江苏科技园、科技创业中心等孵化器建设上有很大进展,全省已建立各类孵化器16家,占全国1/6,进驻企业318家,占全国1/8。这对小型高科技企业初创起着"温床效应",但风险资金发展滞后,形不成一个金融支持体系和市场运作的机制,还是难以造成一个高科技企业雨后春笋般大发展的气势。江苏高新技术风险投资公司设立的比较早,风险投资基金也将从1.5亿扩大到6.5亿,相当于上海风险投资的水平。但这主要是财政拨款,还不是市场机制意义上真正的风险投资,如何进行比较规范的改造,是亟需探索和解决的问题。

——强化企业技术开发主体的作用,企业要有强烈的技术创新意识。江苏已在重点企业建立技术中心53家、重点工程研究中心10家、企业博士后工作站9家,这都是技术创新的闪光点。但仍是处于开步走的阶段,还要利用科研机构企业化转制的机会,强化企业的技术中心。没有条件设立技术中心的企业,也要通产学研结合,引进、采购新技术,开展创新行为。也要鼓励科研机构在走入经济中,成为或加强为中小企业服务的技术中介机构。现在令人担心的是,许多企业冷落技改,更无论技术创新。实际上现代经济的低速是黎明前的黑暗,是更新固定资产、技术改造、进行低成本扩展的大好时机,要有强烈的创新意识,勒紧裤带,投资技改,萧条过去,就会显示出自己的竞争力。

——技术创新和知识创新。在创新工程中,江苏宜以技术创新作为切入点,但也绝不可忽视知识创新。知识创新是技术创新的基础和源头。培养有创新意识和能力的人才,形成能让有创新才华的人脱颖而出的机制,提高知识生产率和终身学习制,都是今后要密切注意的问题。

重视技术创新、加快技术创新,这是造就江苏经济新优势的必由之路。

(原载《江苏经济》1999年第7期)

发展中国家工业化中的
地区协调发展问题

任何国家在实现工业化过程中,都会碰到区域发展不平衡的问题。由于自然资源禀赋不均和社会经济发展不平衡,区域间差异的存在是一个必然的现象。但与发达国家相比,发展中国家区域间差异相对要大得多。这种差异,往往不仅是富裕与贫困的差距,而且是贫困程度不同的差距,是总体发展水平极低条件下的差异。

任何国家在实现工业化的过程中,都会碰到区域发展不平衡的问题。但是大国与小国迥然不同,国土面积越大,地区之间的差距也就越大。尤其是发展中的大国,不仅自然条件差异极大,更由于经济形态的千差万别,区域的不平衡性就更为凸现,缓和和缩小区域间不平衡也更为艰巨和需要更长时间。

任何国家在实现工业化过程中,都会碰到区域发展不平衡的问题。但在不同的时代,有着不同的环境和机遇,缩小和消除区域之间的差距,也有不同的路径和手段。现在发展中国家面临的两个突出问题,是知识化和全球化。发展中国家是在没有完成工业化的情况下进入知识化,在没有完成市场化的情况下迎接全球化的。发展中国家要适应这些新情况,在缩小和消除地区差别上,发挥后发优势,走出新的路子。

一、发展中国家存在着巨大的地区差异

(一)发展中国家地区差异的类型

从世界各国区域差异的状态来看,发达国家的地区经济差异处于

收敛状态,中等收入国家则处于从扩大到收敛的转换过程中,而大多数发展中国家仍然是以较快的速度继续扩大地区之间的差异。发展中国家的地区差异虽然有各种各样的类型,但主要有以下几种:

——沿海与内地的差异。发展中国家的经济经常是沿海地区率先发展的,沿海地区以自己的区位优势,开放度高的优势,以及投资效益好等等优势,取得较快的经济社会发展,从而不断拉大与内地的差距。在一些发展中的大国,不仅不同区域之间存在差异,即使区域内部,也存在着很大的差距。

——工业差异、产业结构之间的差异。工业区域一般是发展中国家重点开发的区域,工业集中和二、三产业发达的地区都具有较高的生产率,随着发展中国家工业化的发展,这些地区与广大的农业地区便形成明显的差距。

——城乡差异。城市由于经济活动和人口的相对集中,形成信息量大、交易费用省、投资效率好的良好的市场环境,城市的集聚效应也对资源流动形成巨大的向心趋势,促使城市加快发展,于是形成城乡差异。城乡差异越来越成为人们重视的问题。

——贫富差异。发达地区与落后地区的收入存在着差距。在发展中国家,这种收入分配不均的现象比发达国家更为突出,造成了贫富悬殊。在一些发展中大国,不仅存在着贫富不均的情况,而且存在着庞大的绝对贫困人口,这是尤其值得重视的问题。

——自然条件不同形成的差异。一些地区自然条件优越,自然资源富裕,另一些地区高寒缺水,荒漠滚滚,开发条件极差,因而形成一些区域繁荣富裕,而另一些区域则一贫如洗。

发展中国家区域差异的成因,归纳起来主要有以下几点:

——自然资源差异因素。包括自然条件和自然环境的不同,区位的不同,天然资源丰度的不同,因而形成地区发展水平的不同。

——社会环境差异因素。区域的社会历史发展进程不同,长期的殖民统治,或者半殖民地、半封建的地位,给发展中国家带来了深重的灾难,有些问题至今仍沉疴难医;加上交通不便、民族隔阂,以及文化教育、人力资源开发的程度的不同,商品意识和经营传统的差异等等,都会影响地区发展的不平衡。

——经济环境差异因素。工业、服务业发展水平的高低,开放度的大小,交通系统、信息系统的发达程度,也都是地区差距形成的重要因素。

——决策差异因素。各国在发展战略、经济规划、经济政策等方面的不同选择,也会导致大不相同的结果。采取平衡发展战略或采取不平衡发展战略,在消除区域差别的效果方面是大相径庭的。平衡发展战略可以在一定程度上取得地区均衡发展,但牺牲了国民经济总体效益,结果是无力支持落后地区而延缓了地区的协调发展;而不平衡发展战略则突出效率,可以在把"蛋糕"做大以后,更有力地推动地区间的相对平衡。同样,发展中国家实行"进口替代"工业化战略和"出口替代"工业化战略,也会产生很大的差异。实践证明,"出口替代"工业化的平均增长率,要比长期执行"进口替代"工业化会取得更快的发展速度。经济决策的不同对地区差异的形成和变化,也有着十分重要的影响。

(二) 地区差异的承受界限

在工业化过程中,虽然地区差异是不可避免的,但应该找到什么是人们可以承受的地区差异和不能承受的地区差异。弄清这些界限,才能正确地进行决策。这大致上是,地区差异扩大到损害总体经济增长时,就是不能承受的差异。在这种情况下,改变发展战略,选择不同的政策目标也就是必要的。

二、发展中国家地区差异的实证分析

这里选择了巴西联邦共和国、泰王国、阿拉伯埃及共和国、印度共和国和中华人民共和国五个发展中国家,作一些比较研究,先阐述这些国家地区差别的异同之处,然后再探讨它们在消除或缩小地区差别方面的经验和教训,以冀对缓解和消除发展中国家地区差异有合乎经济发展规律的理解。

(一) 巴西联邦共和国

巴西是拉丁美洲最大的国家,也是位居世界第五的大国。幅员辽阔,经济形态比较复杂,地区之间差异也大。但巴西地区之间的差异,主要不是自然环境的因素,而是经济布局和产业结构的不同,以及各地社会经济发展水平不同所造成的。

从自然环境来看,巴西是自然条件极为优越、自然资源极为丰富的国家。浩瀚无垠的亚马逊森林是世界最大的林海,有"世界之肺"的美誉。前寒武纪的古老台地,又为巴西生成了金、铁、锰、铂等等丰富多样的矿藏。在发展经济方面,巴西可说是得天独厚。

但巴西各区域之间在经济发展方面的差异仍然很大。全国 21 州分为 5 个大区,即北部、东北部、东南部、南部和中西部。最发达的是东南部,其次是南部。中西部开发较迟,而北部是一个尚待开发的处女地,东北部则是全国最贫瘠的地区。

区域之间的差异,首先是由于各地经济发展水平的不平衡所引起的。巴西工业化始于 30 年代资本主义经济大危机之后。二战期间,巴西工业曾得到一次发展的机会。二战之后,巴西接受了"进口替代"的工业化方针,有力促进了民族经济的发展。在实行这一发展战略过程中,曾有过两次高速发展时期,第一次是 1957—1961 年,第二次是 1968—1974 年。这几个时期的快速发展,都是按照市场经济规律,首先集中在经济基础较好、回报率高的东南部和南部地区。而且,巴西长期实行"进口替代"工业化战略,资金来源主要是由巴西全国经济开发银行提供的。80 年代以来,更多地注意吸收外资和国际贷款,这都需要注重效益原则。不过,巴西虽然执行"进口替代"战略长达 30 年之久,但由于采取不平衡发展模式,仍然能够创造继德国和日本之后的"巴西奇迹"。但是这种模式在一定时期,也拉大了地区之间的差距。

巴西发达地区的发展,主要集中在主要的几个大城市。东南部主要是圣保罗、里约热内卢、贝洛奥里藏特等等。圣保罗及其周围的圣保罗州是东南部的明星,其工业产品占全国的一半。巴西的钢铁工业是战后迅速发展的工业,钢铁量由 50 年代的 78.9 万吨提高到 80 年代的

2222万吨,名列世界第七。钢铁生产主要集中在东南部的米纳斯热纳州、圣保罗州和里约热内卢州。在不平衡发展模式下,充分利用大城市的集聚效应,发挥增长投资的功能是必然的选择。但过度的集聚也会逐渐形成集聚的不经济,并拉大了城乡的差别。

巴西各地区之间的差别,也表现为地区经济结构的不同。战后巴西经济快速增长,使巴西从一个农业国迅速发展为一个新兴工业化国家。巴西一、二、三次产业在 GDP 的比重,1993年为 11∶37∶52,但工业、服务业主要集中在东南部的四个州、南部地区的三个州,中西部这个辽阔的中部内地的工业,虽然随着新首都巴西利亚的建立有了一定发展,但到80年代,这个地区仍以畜牧业、农业为主。北部地区包括亚马逊河流域的绝大部分,人口只占全国的4.9%,经济主要是林业、畜牧业和锰矿、锡矿的开采,是一个尚待开发的地区。东北部的9个州是巴西第二个人口稠密地区,也是巴西最贫瘠的地区,主要的经济是农业和畜牧业,而且是以低下的技术水平来经营的。

贫富悬殊或两极分化,是巴西的一个严重社会问题。巴西是世界上少数几个贫富悬殊的国家之一。军人政权在长达21年的统治期间片面追求高增长率,忽视社会问题的解决。在工业化过程中,政府为解决资金问题,大力推行赤字财政政策,造成了极为严重的通货膨胀,1987年通货膨胀率为365.9%,1989年为1863.6%,1993年仍达1000%以上。通货膨胀使人民实际生活普遍下降。巴西的分配严重不均,10%的最富有者占有国民收入的47.7%,而50%的下层阶级只占有国民收入的12.9%。在80年代中后期,巴西处于失业、半失业状态的居民达1000多万人。在巴西1.5亿人口中,有3200万人在挨饿,有3500万人是文盲。

(二)泰王国

泰国区域间的差距,大致类似巴西共和国,但泰国国土面积比较小,约为51.71万平方公里,大部分地区属热带季风区,气候温和,资源丰富,因而区域差异的形成,主要是区位不同、地区之间经济发展水平不同、开放度不同以及实施非平衡发展战略所造成的。

泰国历史上是一个农业国家，二战期间，经济遭到严重破坏。60年代开始进入有计划发展阶段，加快了工业化的进程。1960—1978年的高速发展时期，国内生产总值的年均增长率达到10％。1987—1990年，再次进入高速发展时期，国内生产总值年均以11.1％的速度增长。1991年及1992年，因受海湾战争和国内政局动荡的影响，增长速度放慢，但仍达到7.5％，1994年又达8.2％。目前，泰国已从一个传统的农业国成为闻名于世的准新兴工业化国家，被誉为"亚洲的第五条龙"。

泰国工业化进程的快速发展，主要得益于几个方面：一是按不平衡发展的规律，首先重点开发沿海一带有最优投资效益的地区，使有限的资源得到最有效的利用，然后带动全局。二是较早地由"进口替代"工业化转向"出口替代"工业化。对外开放度大，吸引较多的外资进行经济建设。

不过，这种非均衡的发展模式虽然可以获得经济的高速增长，但在一定时期内会扩大地区之间的差距，包括沿海与内地的差距、工业与农业地区二元经济结构的扩大，和收入分配的差距的扩大。

泰国从60年代开始实行有计划发展经济的措施，在前四个五年计划中，都向沿海地区倾斜，尤其是以曼谷地区作为发展的重点。泰国在这个时期制定了许多优惠政策，通过外商直接投资、证券投资、外国和国际组织低息贷款，以及无偿经济援助这四条渠道，吸引外国投资。在发展初期，直接投资增长最快，但80年代以后，证券投资有了大幅度的增加，股市的外国投资占15％～30％，1989年，泰国股市的外国投资达35.9亿美元。巨额外资的投入，首先是投向回报率高的包括曼谷在内的沿海地区。于是沿海地区得到迅速发展，而内地各府发展缓慢，加剧了沿海和内地的不平衡。

泰国的工业起步较晚，但工业化进程很快，问题是布局极不平衡。泰国的北部、东北部和南部原来都是农业地带，至今仍然没有多大的变化。到90年代，泰国工业生产总值的78％来自曼谷地区，北部、东部、南部分别只占3％、5％和2％，地区的二元结构明显凸现。

伴随这些差距的扩大，贫富之间的差距也在不断拉大。泰国全国

40%的富裕阶层拥有全国收入的76.9%,而60%的贫困人口收入所得仅占23.1%。到90年代,泰国贫困人口仍占5950万人的23.7%。贫困人口的大量存在,也影响文化教育事业的发展,造成人力资源开发严重不足。

泰国在工业化过程中由于走了"先发展、后治理"的路子,使得自然资源遭到严重破坏,导致环境日益恶化。泰国的森林覆盖面积由1951年的60%减少到90年代的20%,矿藏资源也遭到很大破坏,水资源污染严重,土地盐碱化程度也大幅度上升。

(三) 阿拉伯埃及共和国

阿拉伯埃及共和国的地区差异又是一种类型。埃及区域之间之所以存在巨大的地区差异,既有深刻的社会历史因素,也有它独特的、差异极大的自然地理环境和自然条件的因素。

尼罗河三角洲是埃及最繁华的区域。它孕育着埃及五千年的文明,也是现代工业集聚地。埃及长期遭受帝国主义的殖民统治,工业基础薄弱,但尼罗河三角洲当时还是比较繁荣的经济中心。1952年埃及革命胜利后,开始实行"进口替代"工业化战略,发展自己的民族工业,50年代工业平均增长率达到7%。这些工业主要集聚在尼罗河三角洲地区,纺织工业集中在开罗、亚历山大等城市,最大的钢铁中心设在开罗附近的赫勒万。发达的农业和现代化的工业,使尼罗河三角洲地区的经济发展水平大大优于其他地区。

尼罗河流域是埃及主要的农业区域。人们形容这个地带:沿着尼罗河干流是一条形似彩带的极为狭长的绿色地带,而濒临地中海的尼罗河三角洲则是这条彩带的领结。地处下埃及的11个省即尼罗河三角洲地区农业、畜牧业都比较发达以外,中埃及的4个省也是肥沃的尼罗河冲积土,农作物以苜蓿、玉米、棉花为主,也种植一定数量的蔬菜、瓜果。上埃及地区土壤与中埃及类似,但终年无雨,农作物全靠尼罗河的灌溉。中、上埃及比上不足,比下有余,虽然都是农业为主的地区,但比其他沙漠地带又要优越得多。

与尼罗河三角洲和尼罗河流域反差很大的西部沙漠和东部沙漠地

区,都是浩瀚无垠的沙漠和水源贫乏的不毛之地。埃及国土面积为100.2万平方公里,沙漠却超过了90万平方公里。尼罗河以西到利比亚和埃及边界的西部沙漠就占了全国面积的2/3以上,整个地区不是砾石遍地,便是沙漠茫茫。这里仅有几块有名的绿洲,才是有人烟之处,即新河谷省的赫莱绿洲、赫哈里杰绿洲。但这些绿洲不仅交通不便,而且沙漠每年以十米的速度推进,威胁绿洲的安全。另一块红海省的东部沙漠,面积达22万平方公里,居民也只是聚居在沿海一带或矿井周围。濒临地中海的马特鲁省、赫西奈省,也是沙漠遍地,了无生机。一些省份极为繁华,一些省份则一无所有。埃及独特的社会历史条件和自然环境,造成了地区间经济发展的极大差异。

埃及的这种情况,也造成了人口集聚密度方面的极大差异。在西部沙漠、东部沙漠地区,人烟稀少,甚至几乎没有人烟,在90多万平方公里的范围内,只散居着不到50万的人口,每平方公里平均不到半个人。而尼罗河三角洲却是世界上人口最稠密的地区之一。面积很小的开罗省,每平方公里多达1000人。首都开罗人口近1000万,占全国6370万人的20%以上。

埃及城乡差异也很大。农村人口稀少,很多地区人们过着自给自足的生活,而85%的人口集聚尼罗河三角洲的大城市,尤其是首都开罗过于庞大,人口密集,交通拥挤,服务不全,基础设施压力过大,不断侵占耕地,已出现了集聚不经济的现象。

(四)印度共和国

印度是南亚次大陆的国家,国土面积大约297万平方公里,也是世界第二人口大国,1994年人口已达9.18亿。印度自然条件优越,自然资源丰富,耕地占国土面积的50%,是亚洲耕地面积最大的国家。在工业化过程中,印度各地区之间之所以存在着巨大的差异,有着深刻的社会历史根源。作为一个发展中大国,印度的社会经济形态比较复杂,不仅200多年殖民统治所造成的恶果难以消除,而且由于独立后执行了长达30多年的进口替代工业化战略,社会改革又不彻底,人口压力过大,造成经济发展迟缓,也无力改变地区间所存在的严重不平衡状态。

　　"进口替代"工业化战略和"尼赫鲁模式"可以说是造成印度经济发展缓慢的主要原因之一。印度独立后,在"尼赫鲁模式"体制的框架下,周期性地实行"进口替代"的工业化政策。这在一定时期可以加快工业化和现代化的进度,对扭转殖民时期的畸形经济结构,对增强经济发展的自主能力作出了重要贡献,使印度成为发展中国家经济水平较高的国家。但时间过长就会显示出它的局限性。因为这一模式下的过度保护遏制了竞争,过多的行政干预造成了企业普遍的低效益。80年代以后,虽举行了较大的改革,但90年代又遭到财政赤字、高通胀、高外债、国际收支不平衡的困扰。这就造成了印度经济的五低:发展模式低运作,计划经济低效益,私营经济低市场,经济增长低速度,人民生活低水平。从50年代到70年代末的30年间,印度国内生产总值年均增长仅3.5%。迄今,印度各地区之间的差距仍在扩大,而国家整体经济实力增长不快,无力支持落后地区的发展。

　　工业区域与农业邦存在着巨大差异。印度工业最早是从东、西海岸的加尔各答和孟买开始发展的,棉纺工业主要集中在孟买和艾哈迈达巴德,孟买还有机械、汽车、石油制品、电子产品、造船等等工业。麻纺工业集中在加尔各答,其他比较发达的工业还有机械、军工、车辆、电机、冶金等等。首都新德里和南印门户金奈都是比较发达的工业中心。沿海和新德里沿边工业区都比较发达,而印度的心脏部分农业地区却比较落后。到80年代末,印度的农村人口仍占全国人口的73%。发达的工业区域和广大的农业地区形成了很大的差异,地区二元结构明显凸现。

　　农业邦之间也存在着很大的差异。印度作为发展中的大国,即使是农业邦,各邦发展也极不平衡。印度的"绿色革命"在农业发展中取得很大成就,基本上解决了粮食短缺问题。但是"绿色革命"仅限于旁遮普、哈里亚纳和北方邦的西部等一些土地肥沃、灌溉条件和基础设施较好的地区。这些邦过去经济比较发达,"绿色革命"后就更为富裕,而其他偏远的农业邦仍处于贫困落后状态。到80年代末,农业发达的邦与不发达的农业邦之间,每公顷粮食产量差距达 3 倍左右。印度也有资源多的邦,如中央邦和比哈尔邦矿产都很富裕,但这些邦都属于穷邦行列,资金、劳动力外流到沿海发达地区而得不到开发,也加剧了地区之间的不平衡。

收入分配不平衡,贫富悬殊严重存在。由于印度经济发展迟缓而人口迅速增加,因而人均收入低,在 80 年代仅为 260 美元。贫富悬殊、绝对贫困问题都比较严重。城市中贫困线以下人口比重,60 年代初为 40%,60 年代末上升为 47%,70 年代为 38.2%,80 年代为 28%。农村中贫困线以下人口比重,从 50 年代的 54%,下降为 60 年代初的 39%,60 年代又回升为 56.5%,70 年代为 51.2%,80 年代为 40%。农村的土地改革又不彻底,占户数 5% 的大地主占有土地的 54%,最底层的 20% 的农户却一寸土地也没有。贫富差异,贫困率过高,一直是印度的一个严重问题。

(五) 中华人民共和国

作为一个发展中的大国,中国是世界上自然地理、经济社会、自然差异最大的国家之一。不仅千差万别的自然环境带来了区域之间的巨大差异,更由于 100 多年半封建、半殖民地的地位留下了贫穷、落后的底子,一时还难以消除。建国以后,中国的经济建设取得举世瞩目的成就,2000 年中国的国内生产总值已突破一万亿美元。但中国经济发展起伏波动,以及不同时期发展战略的转换如均衡发展战略和非均衡发展战略的先后实施,对地区之间的发展差异都有着重大的影响。

中国区域之间的差异主要是:

1. 沿海与内地的差异。中国在"七五"计划期间,将全国划分为东、中、西三大经济带,但本质上仍是沿海与内地的区别。两者在国内生产总值的比重上的变化是:1978 年为 52.5∶47.3;1986 年为 53.11∶46.89;到 1995 年为 59∶41。在增长速度上,改革开放之前,东中西部年均增长速度之比为 6.81∶6.78∶7.25,西部高于东部 0.44 个百分点。1980 年以后,增速比变为 12.8∶9.3∶8.7,东部比西部快 4.1 个百分点。东部的经济增长之所以快于西部,有很多原因,但主要原因是东部有着巨大的区位优势,开放度高、体制比较活。以实际利用外资为例,1995年全国实际利用外资481.33亿美元,其中东部地区占85.53%,中部地区占16.69%,而西部地区仅占3.78%。沿海地区是中国最早发展起来的区域,在1949—1979年间与内地的差距曾一度缩小,1978年后又逐步扩大。

2. 地区内部的差异。中国幅员辽阔,无论是比较发达的地区或不发达的地区,内部都存在着不小的差异。广东是现时经济最发达的地区,但全省国内生产总值的70%集中在占全省面积23%、人口占31%的珠江三角洲。人均国内生产总值,珠江三角洲比山区高2.71倍。江苏79%的国内生产总值集中在苏南和苏中,其中苏南占42%,苏北仅占21%。浙东北与浙西南、鲁东与鲁西,都存在着相当大的差异。消除差异,不仅是经济区域之间,在省内也是一个严重任务。

3. 农业经济的区域差异。建国后,中国农业经济虽经过"大跃进"等运动的剧烈折腾,但仍有很大的发展。1952年粮食总产量为1639亿公斤,1978年达到3048亿公斤,1998年又增至4950亿公斤,以占世界7%的耕地养活了世界上1/5的人口。但东中西部农业经济发展上也存在很大的差异。1995年在全国的农业生产总值中,东中西部的比重为49.23:33.19:17.58。农业和农村经济的差异又集中表现在乡镇企业发展的差异上。乡镇企业是具有中国特色的经济现象。乡镇企业异军突起,是农村经济的一朵"奇葩"。1995年中国乡镇企业增加值1459.5亿元,其中东部完成57.86%,中部完成31.17%,西部只占10.97%。最高的山东为1940.3亿元,而最低的青海只为4.2亿元。这是农村经济的一个很大的差异,也是中国农村特有的差异。

4. 绝对贫困的存在。贫困仍是中国一个严重的问题。虽然共同富裕是社会主义建设的一个基本目标,但从部分人富裕到共同富裕是一个相当长的过程。建国之初,中国农村处于普遍贫困的状态,绝对贫困人口达2.5亿人。经过有计划、大规模的扶贫工作,1985年下降到1.25亿人,1995年又降为6500万人。这些贫困人口主要分布在中、西部地区的深山区、裸石山区、荒漠区、高寒山区、黄土高原、边疆地区,有些地区其至连基本生产、生活条件都不具备。全国贫困县最多的省区是：云南73个，陕西50个，贵州48个，四川43个，甘肃41个，均在中西部地区。这些贫困人口有一半年均收入低于300元，人均口粮不足200斤。即使刚刚脱贫的，一遇灾害，随时可能返贫。解决绝对贫困，是缩小地区差异的一个重要内容。

三、寻找区域协调发展的正确道路

（一）区域协调发展战略的选择

为了区域之间的协调和均衡发展，发展中国家选择过均衡发展战略，也选择过非均衡发展战略。事实证明，均衡发展战略在收入的公平分配以及缩小地区差距上可以取得一定的成效，但从长远来看，这并不是一个成功的战略。这是因为，地区发展差异问题，说到底是有限资源不能在同一时间使用于所有地区的问题。资源总是有限的，这就要选择：是将有限的资源分配给效率高的地区，从而提高国民经济总体效率，实现把"蛋糕做大"，能够为落后地区的发展提供必要的条件，还是宁肯降低效率而让资源在各地区之间平均分配，到处"撒胡椒面"？是选择更多的公平，还是选择更高的效率？从战后发展中国家工业化的经验来看，在国民经济总体水平不高的情况下，只能采取非均衡的增长战略，在经济总体水平大幅度提高以后，再从不平衡向相对平衡发展。当然，经验也证明，实行不平衡发展战略的过程中也要寻找效率和公平之间的平衡点，把重点发展和协调发展结合起来，并在地区不平衡发展妨碍总体增长时，适时进行战略转换，以解决公平为首要选择的政策目标。

（二）区域协调发展的主要经验

战略确定之后，在具体实施上比较成功的经验主要是：

——政府规划和政策扶持。缩小和消除地区之间发展的差异，政府的作用是极其重要的，在发展中国家尤其如此。这是由于地区发展的差异，在客观上需要对资源进行重新分配和必要的转换。然而在一定的地理和社会经济条件的约束下,资源又不能完全自由流动,政府在空间上组织协调,就是不可缺少的。当然,经验也证明,政府对资源进行无偿调拨,或过多地参与项目投资,实行"输血经济",效果并不一定好。政府除了起规划和牵头的作用之外,还要采取包括财政投资和转移支付等手段,用于基础设施建设、人力资源开发和投资环境的改善。

现有的地区差距缩小以后,由于新技术革命,会使原有的产业衰退,新兴产业兴起,又会导致新的地区差距,又需要政府去组织新一轮的平衡工作。就是在这种循环往复、螺旋形上升的过程中,取得整个地区社会经济的不断发展。这是区域协调发展的普遍规律。

四、发展中国家消除地区差异的实证分析

(一) 巴西联邦共和国

巴西比较重视开发落后地区,也是在不平衡发展中,较早采取措施组织地区协调发展的发展中大国,而且取得了一定的成效。早在40年代,当时的巴西总统瓦加斯就向全国发出"向西挺进"的号召,提出"巴西的真正目标是向西",并在50年代建立了开发机构,试行以财政手段加快对落后地区的开发。巴西实行了一整套的地区协调措施,包括:

——政府规划与开发扶持。1968年巴西经济进入高速增长时期,在发达地区加快发展的同时,也要求落后地区加快发展。政府提出了"一体化"的发展战略,促使落后地区加入全国快速发展的行列,同时合理分配收入,以缩小贫富差距。50年代巴西建立了亚马逊经济开发计划管理局、东北部开发管理局,60年代又实施了三个综合发展计划,来促进全国一体化的进程。1974年以后,巴西受世界经济危机的影响,经济进入调整时期,但仍然重视对落后地区的开发。在1974—1979年的第二个国家发展计划中,仍规定投资1000亿克鲁塞罗,在东北部建立工业中心。在1980—1985年的第三个国家发展计划中,又提出"发展进程的方向应该是使巴西经济达到部门和地区之间的最优平衡和改善购买力低的各阶层的收入状况。"

——以财政手段扶持落后地区的开发。巴西长期执行"进口替代"的工业化战略,因而运用国内财政手段增加投资,就成为推动落后地区经济发展的重要资金来源。在实施3个综合性发展计划的过程中,规定将所得税的30%作为全国一体化计划基金。1980年,用于地区开发的支出占联邦预算总支出的15%。在税收上,60年代规定,凡按东北部开发管理局的规划在该地投资设厂者,免除所得税50%,追加投资者可以免缴税款。另外,政府还减少了落后地区的税赋。70年代,全国的税赋为12.2%,而东北部的税赋为5.9%。在1964—1974年间,转移到东北部的联邦税收从13%提高到68%。

——运用"增长极",建立新的增长中心,来促进落后地区的发展。1956—1960年间,巴西在中西部建成新首都巴西利亚,并发展了电力、汽车修理、机器制造等工业,使中西部地区国民收入所占比重从1959年的2.4%提高到1980年的5.5%。政府还在东北部投资1000亿克鲁塞罗建立石化中心,使伊利亚州的经济迅速发展,被誉为东北部的"圣保罗"。1967年,巴西在北部森林地区的马瑙斯设立自由贸易区,经过20年的发展,该市已成为重要的贸易集散地和高科技产品中心。

——基础设施建设向北部倾斜。以新首都为中心,建成了1.7万公里的公路网,70年代完成了世界著名的亚马逊公路,建成了以马瑙斯为中心的交通网络。在水利设施上,在亚马逊地区建造了总装机容量800万千瓦的图库鲁伊水电站,为落后地区的发展提供电力资源。

——发展落后地区的农业。巴西农业的国际化、现代化程度很高。为了开发落后地区,巴西先后建立了东北开发署、亚马逊开发署和中西部开发署,实施一体化计划和地区发展计划,带动整个农村经济发展。巴西尤其重视把中西部稀树草原地区开发成为粮仓,针对东北部干旱严重的状况,大力发展水利设施,积极在这个地区发展无污染的有机农业,力求在新世纪之初建立世界最大的无污染农业出口基地。

——开发人力资源。巴西政府近年来投资7亿美元设立东北部教育基金,帮助落后地区培养教师,免费开放教科书。1996年又通过电视卫星,启动对偏远地区的"远距离教育计划",以消灭文盲,提高劳动者的素质。

巴西采取的上述措施,对区域相对平衡发展发挥了很大作用。1980—1986年,巴西全国经济增长速度为2.7%,而东北部为7.4%。不平衡模式下经济的高速增长,也为开发落后地区提供了较好的条件。但作为发展中大国,地区协调发展任重而道远。近年来,巴西为高通胀、高债务所困扰,协调地区发展也不得不延缓,即是发展较快的东北部地区,虽然80年代初仍保持着6.9%的速度,但95%的人口生活并未得到显著的改善,贫富悬殊的状况仍很突出。

(二) 泰王国

在80年代,泰国已察觉到地区差距的扩大影响经济的进一步发展。而且工业过度集中的曼谷地区已形成了严重的集聚不经济,如基础设施建设压力过大,电力、电话、码头、公路以及水资源不足,环境污染等等,形成了这个地区发展的瓶颈,影响外资的进入。因此,从1984年开始,泰国即鼓励外资向内地各府投资。到1992年实施第七个经济与社会发展计划时,更是把主要力量放在扭转地区经济发展不平衡上。这主要包括以下几个方面:

——区域经济发展规划。在泰国的第七个五年计划中,既确定了要保持经济适度增长的目标,也强调了繁荣内地、分散收入的经济发展战略,以便改善内地与农村的收入分配,让广大民众分享经济繁荣的成果。在具体措施上,政府用财政拨款和外资贷款对内地和农村进行开发,鼓励投资者开发东北部边远省份。政府用于此项目的的预算达540亿铢,占财政预算的10%。政府还号召集中资金,加快内地和农村的基础设施建设,并在边远城市建立工业林,以促进小型工业的发展。

——利用外资加快区域的协调发展。在区域发展的支持政策中,泰国比较重视对外资的利用。从1984年开始,就逐步改变主要在沿海对外资实施优惠政策的办法,把全国分为三个投资区:第一投资区为曼谷及沿海地区,给予的优惠政策较少;第二投资区为中部10个府,给予一般的优惠条件;第三投资区为内地的57个府,可享受特惠权益和最大的优惠待遇。继80年代颁布《促进投资法》,确定投资范围及鼓励性投资项目后,90年代又颁布鼓励投资办法,进一步放宽政策,鼓励外商向20类工业、向内地、向高科技产业投资。

——扶持农业的发展。随着工业化程度的提高,泰国农业发展速度相对减缓,在全国的比重由1961年的40.4%下降到1994年的11.5%。在泰国第七个五年计划中,强调了推广土改,调动农民的生产积极性,同时以财政拨款支持农村和农业发展,以求农业与快速发展的工业同时兴旺。另外,也以发展农产品出口来带动农业生产。1994年,泰国农产品出口达961亿铢,成为世界上农产品出口的大国,泰国大米、木薯、菠萝罐头出口均占世界第一位,橡胶居第二位,玉米居第四位,蔗糖居第五位,冻鸡居第十位。

——为了协调区域发展,也对开发人力资源、扶贫、治理污染、改善环境提出了一系列的要求。政府要求在计划期内,把贫困人口由23.7%降为20%,把教育预算增加到历年最高水平1200亿铢,占财政预算的19%,以加快人力资源的开发。在区域发展控制政策中,特别强调了对发达地区的污染治理和环境改善。

但是,实现这些规划,从区域的不平衡发展到相对平衡的发展,需要有一个相当长的过程。可是在1997年,以泰铢危机开始,爆发了一场亚洲金融危机。泰国由于在国内金融制度尚不健全、金融市场尚不完善的条件下过早开放金融市场,实现金融自由化而受到了伤害。作为遭受亚洲金融危机冲击的第一个国家,泰国经济经历了长达18个月的持续下降,到1999年第一季度才恢复了正增长。这次严重的金融危机,使泰国经济的快速发展受到极大挫折,也大大延缓了泰国繁荣内地、使区域经济相对平衡发展的过程。

(三) 阿拉伯埃及共和国

埃及在协调地区经济发展方面主要抓了以下几个方面:

——按照资源状况进行合理的布局。埃及在工业化过程中,不仅原有的纺织工业、机械工业得到了发展,而且60年代建立起来的新兴工业包括冶金工业、机器制造工业、金属加工工业、造船业等也发展得很快。石油工业则是后起之秀。虽然工业仍集中在尼罗河三角洲,但也按照资源不同的分布,对各地进行了合理的布点。石油开采主要是在苏伊士湾,两座最大的炼油厂也设在苏伊士城。在50年代至70年代的找油活动中,在尼罗河三角洲的阿布基尔、阿布马迪和西部沙漠区的阿布拉迪克发现了气油田。为了更好地使用这些天然气,在塔尔克哈和德克拉建立起两个重要的化肥厂,分别和阿布马迪和阿布尔气田组成生产联合体,生产氨肥和尿素。埃及的铁矿主要分布在南部的阿斯旺地区和西部沙漠的拜哈里耶绿洲,以及红海沿岸的古赛尔地区。锰矿主要分布在西奈半岛的乌姆布尔迈和沙姆沙伊赫地区。这些矿藏的开采,有利于区域的开发,也有利于区域的均衡发展。阿斯旺水坝的建成,一年发电量可达100亿度,占埃及发电量的1/3,不仅发展了能源建设,也繁荣了阿斯旺地区。

——利用外资促进落后地区的发展。埃及实行"进口替代"工业化,虽然促进了民族工业的发展,但总有很大的局限性。70年代埃及进行经济改革,实行开放政策,80年代又着重实行"生产型"的开放政策,把外国投资用于生产建设,逐步以出口替代工业化代替了进口替代。尤其是在石油的发展上,埃及向外国投资者敞开大门,实行各种优惠政策。在苏伊士湾进行石油勘探和开采的外国公司可分享20%的原油产量,作为成本回收。在红海进行石油开放的优惠更多,外国公司可分享40%的原油产量。这些优惠吸引了50多家外国公司的进入。国际石油公司在塞得港附近发现了新德油田,阿联酋和科威特石油公司也在埃及东部沙漠地区勘探和开发石油。可以说,在利用外资促进区域均衡发展方面,埃及的确取得了一定的成效。

——重视农业的发展。工业化得到了进展,农业停滞就会成为发展中的障碍。埃及在50年代就进行了土地改革,然后在土改的基础上,组织合作社和国营农场,推动农业的现代化。埃及可耕地约750万费丹(1费丹含6.32亩),约占全国面积的4%。为了改变靠尼罗河泛滥进行灌溉的传统方法,1964年建成了阿斯旺水坝,保证了农业灌溉用水。为了鼓励棉花种植,政府还规定棉花收购的最低价,并给使用农药的棉农提供补贴。

——协调地区发展最艰难的是"向沙漠进军"。在70年代萨达特当政期间就发出了"向沙漠进军"的号召,也拟订了若干开发沙漠的规则,包括重点开发西部沙漠新河谷省的达赫莱绿洲和哈里杰绿洲,发展灌溉,改良盐碱地。还有一个利用马特鲁省塔赖洼地的宏伟计划,准备开凿渠道,引地中海海水到这个长300公里的洼地,形成一个与尼罗河三角洲大小的人工湖,发展渔业生产,而且可以增加降雨量,天长日久,就会使西部沙漠逐步披上绿装。在东部沙漠则设想建立新的吸引中心,缓解开罗的集聚不经济问题,把尼罗河的水引向红海省,形成新的增长极。实现这些计划需要巨大的投资和经过长期的艰苦努力。但埃及由于受3次埃以战争的影响,以及90年代外债加重、外汇奇缺、外援减少所造成的经济困难,使这些改革自然的宏伟计划难以实现。

(四)印度共和国

——印度是一个底子比较薄的发展中大国,长期的殖民统治给其带来了深重的灾难。独立以后,印度的经济和社会发展虽然取得了很大成就,但长期工业化进展缓慢,地区差异仍然处于扩大化的过程中。只是在贫富过于悬殊影响社会安定的情况下,才采取了一定的协调措施,并无整体规划和根本性的措施来解决地区发展不平衡的问题。

——区域发展计划。印度没有对全国进行过经济区域划分,也没有解决区域的战略规划,主要是在各个五年计划中,提到解决地区发展不平衡和贫困、失业问题,并制定了一些相应的计划和支持政策。诸如在70年代初曾提出小农发展计划,对贫困农民提供生产资料和安排水利设施,70年代中期实施了"干旱地区发展计划"、"沙漠开发计划"等等。这些措施虽然在局部地区取得了一定成效,但未能在解决总体地区差异方面有较大进展。印度第七个五年计划(1985—1990)虽明确提出"发展战略是为了对贫困、失业和地区间发展不平衡等问题发起直接的进攻",但当时的经济发展遇到很多困扰,一时也无力组织区域的协调发展。

——60年代末期着重发展农业的"绿色革命"。印度在第二和第三个五年计划期间把重点放在工业化上,尤其是优先发展重工业,忽视了农业的发展,致使60年代中期接连发生粮食危机。1967年以后,不得不全面调整经济,提出"绿色革命"的口号,即重点发展农业,引进优良品种和农业新技术,并辅以水利设施、化肥、农药的投入,提高农业机械化程度。70年代"绿色革命"取得显著成就,粮食产量从50年代的5400万吨提高到10800万吨,从大量进口粮食转为少量出口粮食。但印度土改在尼赫鲁"不同代表旧秩序的人决裂"的思想指导下,仍保留了封建地主的统治,改良式的土改没能提高农民的生产积极性;再说"绿色革命"仅限于旁遮普邦、哈里亚纳邦的西部,这就使得印度重点发展农业以协调工农业之间、地区之间经济发展的政策不能不带有很大的局限性。

——印度在扶贫、解决绝对贫困问题方面也做了不少工作。针对严重的农村贫困问题,印度于70年代初实施了小农发展计划,70年代中期实行了"以工代赈计划"(全国农村就业计划)、"干旱地区发展计划"、"灌溉流域计划"等等,70年代末又开始实行"农村综合开发计划"。1980年开始的第六个五年计划继续执行农村综合计划和农村就业计划,规定每一发展区每年扶持600家最底层的贫困户,400户通过农副业脱贫,100户通过农村工业脱贫,100户通过服务业脱贫。"六五"计划期间,扶贫开支达到166.17亿卢比,信贷总额达310.16亿卢比。"七五"计划期间,计划扶贫拨款为907.4亿卢比。这些计划都取得了一定的成效,但印度人口增长过快,增加了就业的困难,贫困率高仍是印度的严重问题。

——农村人力资源开发。主要是普及农村教育和消灭文盲的问题。印度重视农业教育和发展农业科研,在各个邦都建立了农业大学,培育的农业专家80年代已达10多万人,全国性的农业科研所也发展到30多所。但80年代印度的文盲率仍高达60%,主要是在农村。1981年国情普查时,还有4.8亿文盲。印度在成人教育、扫除文盲上进行了不少工作,把扫除文盲列入国家计划。在第六个五年计划中,对低阶层给以特别的重视,开展识字教育,并对这些阶层中的文盲给以职业训练,以提高其素质。

(五) 中华人民共和国

中国在组织区域协调发展上,是动作的早也动作比较大的国家之一。针对中国自然资源和经济社会发展的具体情况,中国采取了以下主要做法:

——均衡发展与非均衡发展战略的选择。中国最初选择了均衡发展战略。50年代即着手消除沿海与内地的发展差距,60年代至70年代出于战备的考虑,在西部八省一市进行了"大三线"建设,以巨大的投资,使生产力空间格局发生了极大的变化,为西部奠定了现代工业的基础,也使"大三线"成为强大的战略后方基地。不过,均衡发展虽然在缩小地区差距上取得了成效,但是牺牲了效率,不可避免地延缓了国民经济整体效益的提高。1978年以后,根据邓小平关于"一部分人、一部分地区先富起来,最终实现共同富裕的思想",选择了非均衡的发展战略,发展重心适度向东部地区倾斜,坚持效率优先、发展优先。经过20多年的高速发展,使国民经济的总体效益有了极大提高,较高收入地区用于再分配的资源总量的增大,也为落后地区加快发展提供了物质基础。当然,在这个发展过程中,也不可避免地使原来缩小的地区差距重新拉大。于是在世纪之交,中国又提出了西部大开发的战略。这是又一次战略调整,发展重心开始向西部倾斜。但在几次倾斜过程中,中国都比较重视寻找效率与公平的平衡点,寻求空间平等与总体经济效率并重的新模式。对东部的高速增长"只给政策,不给钱",以改革开放促进东部的发展,以便有更多的资金支援中西部地区。在实施西部大开发时,也注意到继续保持东部沿海地区的发展势头,实施西部大开发绝不意味着延缓东部的发展,而是为东部进一步发展创造新的空间和条件,东西联动,协调发展。

——政府推动与市场机制的运用。中国在实施均衡发展过程中,规划由政府制定,项目由政府确定,并直接进行投资,资源由政府分配。"一五"计划期间,主要是优先发展重工业,既利用东北、上海原有工业基地,同时又在华北、西北和华中建设新的工业基地。当时限额以上项目694个,设在内地的就有472个。从"三五"计划开始,着重进行"大三线"建设,同样以政府为主。这期间受"文化大革命"的干扰,很多项目设计不合理,而且普遍效益不佳。改革开放以后,在实施非均衡发展期间,政府仍起主导作用,但随着市场机制的形成,资源根据要素区域流向法则,从西部向收益较高、风险较低的东部地区流动,"孔雀东南飞",政府则通过财政转移支付等方式,对东中西部进行协调。到1995年,全社会固定资产投资,东部占63.8%,中西部仍占32.99%,不分地区的占3.21%。

80年代,邓小平提出过"两个大局"的思想,即东部沿海地区加快开放,较快地发展起来,中西部地区要顾全这个大局;另一个大局就是当发展到一定时期,如20世纪末全国达到小康水平时,就要拿更多的力量帮助中西部加快发展,东部沿海地区也要服从这个大局。世纪之交,根据邓小平这一思想重新进行规划,提出了西部大开发。在实行这个战略中,更多注意了政府与市场两手并用。政府建设资金的投入和财政转移支付主要用于基础设施建设、生态环境建设和环境保护,培养合格的劳动者,创造合适的投资环境,以鼓励外商和其他地区到西部投资。

——发展农业和乡镇企业,缩小工农差距和城乡差距。中国一贯重视农业的发展,但长期实行的人民公社制度却阻碍着农业生产力的提高。改革开放以后,农村实行联产承包制,在技术水平基本不变的情况下,农业产出仍得到前所未有的提高;随后又进行了土壤改良,改造中低产田,改进耕作技术,进行适度规模经营,发展农业机械化,以及大力发展多种经营和农业产业化。但这些措施主要是落实在东部地区,西部的农业仍处于比较落后的水平。

70年代以来,中国的乡镇企业以及乡镇企业集聚的小城镇的发展不仅繁荣了农村,缩小了工农差距,而且避免了大城市的过度膨胀,在许多地区形成了大中小城市合理分布的城市体系,缩小了城乡差距。这是中国独特的经验,这在许多发展中国家中都没有出现过。这次西部大开发,国家对西部地区乡镇企业的发展,给予了高度的重视。

——消除绝对贫困。80年代以前,中国绝对贫困人口达到2.5

亿。新中国成立以后,尤其是改革开放以来,中国在消除贫困方面做了大量工作,每年拨付的扶贫资金达100亿元。特别是在扶贫方式上,从救济式扶贫转向开发式扶贫,从输血转为造血;近年来,还加大了科技扶贫、项目扶贫的力度,并鼓励富裕地区开展对口扶贫。经过七八年的努力,使绝对贫困人口从1979年的2.5亿减少到80年代末的8000万。1994年,国家又开展了《国家八七扶贫攻坚计划》,提出在21世纪的最后几年内,基本解决8000万人的温饱问题。到1995年底,绝对贫困人口已减少到6500万人,1997年又减少到5800万人。但消除绝对贫困仍是一个艰巨的任务,5000万不是一个小数目。而且越到后来越是"难啃的骨头"。在解决了绝对贫困之后,还要当心返贫,还要解决相对贫困问题。看来,中国消除贫困的任务还要锲而不舍地长期抓下去。

五、知识化、全球化新形势下的新思路

半个世纪以来,发展中国家对工业化过程中区域的协调发展进行了艰苦的探索,取得了一定的成就,也积累了不少的经验。但真正要比较彻底地解决这个问题,仍然是任重而道远。现在值得注意的是,世界经济格局正在发生重大的变化。经济全球化已成为不可逆转的历史发展潮流,而全球化的节奏又是与信息技术的飞速发展相一致的,21世纪将是知识经济时代。发展中国家绝不可放过这个千载难逢的机遇,一定要跟上知识化和全球化的新形势,抓住时机,趋利避害,寻求经济上的新发展,并在此基础上寻求组织区域协调发展的新思路。

经济全球化将是21世纪经济发展的主流,世界上所有国家或迟或早地将被纳入这一潮流之中。在全球活动的跨国公司将凭其雄厚的资金、技术实力,在全球进行战略资源的重新配置,构建新的国际分工体系。尤其是跨国公司所掌握的众多的高新技术,在产业配置中将成为全球化程度最高的产业。

虽然,全球化并非共同繁荣的坦途,而是一把锋利的双刃剑,但发展中国家仍然要抑弊扬利,主动参与这个新的国际分工体系,通过合资

合作、技术转让、加工贸易等等方式,力求分享全球化的利益,促进自身高新技术产业的发展。

现在许多发展中国家正是在这一条道路上加速发展。泰国和东南亚许多国家通过高新技术产品的加工贸易和合资合作,迅速地发展了电子制造等高新技术产业。在全球电子信息产业第二次大转移中,中国东部沿海,从广东到上海、江苏,又在形成新的全球性的电子信息产品加工基地。印度由于在参与国际分工协作中造就了大批软件人员,因而在发展软件产品上取得了极大的成功,在软件技术上处于国际领先地位,1998年软件业总产值已达30亿美元。发展中国家在参与国际分工协作中,开始可能处于被支配的地位,但经过不断地积累,不断提高自己的实力,以及积极地发展自主创新,就可以在高新技术产业上取得长足的发展,跟上时代的步伐。

协调区域间的发展,也应抓住这一机遇。

——吸引跨国公司到不发达地区投资,以带动不发达地区参与国际分工协作。跨国公司投资自然会有其选择性。以资源为导向的关注自然禀赋优越的地区,以市场为导向的则注意区位优势好和市场赢利率高的地区。内地资源丰富、劳动力和土地成本低廉,仍对跨国公司有一定的吸引力。至于投资效益,跨国公司往往对优惠政策不屑一顾,而更注意基础设施建设、配套工业以及管理水平等软件建设,只要能创造较好的投资环境,跨国公司自然是会进入的。

——加强沿海比较发达地区、内地不发达地区和外商之间投资合作,形成三者之间的良性互动。沿海地区以世界市场为目标发展出口导向型产业,沿海地区又与外商合作,以取得内陆中间产品为目标向内陆投资,实行优势互补,促进不发达地区的发展。

——扩大开放领域,吸引更多的外商向不发达地区投资。包括逐步开放保险、电信、旅游等服务领域,以此带动内地服务业的发展;在基础设施建设上,更多地运用BT、BOT方式,吸引外资参与不发达地区的建设;有计划地开放产权交易市场,让外商参与不发达地区国有企业的兼并重组,以促进其现代企业制度的建立,等等。

继续完成工业化,是发展中国家的历史任务,但在当前世界经济形态转换的关键时期,发展中国家不能等待工业化完成之后再发展知识化,而是要把工业化和知识化结合起来,以知识化、尤其是信息化带动工业化,实现生产力的跨越式发展。在区域协调发展上,也要运用这个难得的机遇。

——不发达地区要从"有所为有所不为"的角度出发,调整自身的产业结构,发展以电子信息、生物工程、机电一体化等为代表的高新技术产业。这虽然会有一定的难度,但什么问题都有两面性。随着网络化的飞速发展,技术、信息、管理经验在全球的流动不断加速,这就可能使不发达地区以过去没有过的速度跟上知识经济的步伐。七八十年代,作为美国"阳光地带"的中西部地区的经济状况不佳,失去了原有的活力和竞争力。但在政府政策的支持下,中西部几个州集中精力调整经济结构,着重发展信息服务业,使其成为这几个州的主导产业,生产率跃居全美前列,于是重新焕发出"阳光地带"的风采。

——不发达地区要用高新技术和适用的先进技术改造传统产业。尤其是20世纪中叶,发展中国家在不发达地区建立起来的"增长极"和工业中心,现在在产品结构、产业结构、技术结构上已显得老化和相对落后,应着重加以改组、改造,让它们在点轴面辐射中继续发挥应有的作用。

(原载《发展中国家工业化比较研究》2000年12月)

从企业发展战略再造上
提升企业的竞争力

　　直面入世,我们企业所面临的挑战可能是大于机遇。经济全球化、信息化的迅速发展,正在重塑世界经济模式,重构企业微观经济运行机制。经济全球化和信息化,给企业的竞争环境、竞争规律带来了全新的变化。企业如果不能适应这种形势,以最大的努力实现产业转型与提升,即从传统企业向数码时代、网络时代的新型企业转型,从传统式管理向现代化管理转变,从模仿式运作转为创新式运作,我们就将缺乏新的竞争力,甚至会在全球化浪潮中面临被淘汰的危险。

　　为了实现转型与提升,企业不仅要重视质量和效益,也要重视开拓市场、占有市场的能力,尤其是注意到培育企业的核心竞争力,这都是很大的进步,但在新的形势面前,这还远远不够。现在要以创新意识,从企业发展战略的"再造"上,来提升企业的竞争力。

　　强化"决策力",培育企业持久不衰的核心竞争力。世界500强的经验说明,它们有极强的战略决策意识,企业的总裁们考虑的不是眼前的蝇头小利,也不是近期的发展,而是培育以50年为参照系的企业核心竞争力。而且所培养的核心竞争力,又是具有延展性、拓展性的,能够不断开拓出新的产品和新的服务,成为持续不衰的竞争力。

　　开拓"合作竞争"或"协作型竞争"的新路子,形成"双赢模式"。市场经济是竞争经济,也是分工合作或协作的经济。"合作竞争"或"协作型竞争"是今后发展的大趋势。"战略联盟"和"虚拟企业"都是合作竞争的必要形式。新一轮的企业竞争将是广泛合作基础上的竞争。

　　打造核心技术,实施名牌创新战略。核心技术并不等于企业核心竞争力。企业的核心竞争力可能来源于不断创新的产品和服务,或来源于不断创新的管理,以及不断创新的营销手段,人力资源的管理,等等,严格地说,它是企业业务资源和知识资源的优化整合。但随着知识越来越成为最基本的生产要素,技术创新成为培植企业核心竞争力的关键。如何提高自主创新能力,打造自己的核心技术,就显得越来越重要。名牌战略重要,但名牌也要依赖技术创新,而不断发展、不断创新。

企业文化战略和企业形象战略。企业文化是一种力量,即企业文化力。企业形象也是一种力量,即企业形象力。这些力量的组合,都会促进企业竞争力的提升。

搞好服务竞争、服务培植和服务创新。服务竞争在现代市场竞争中的作用越来越突出。质量概念不仅包括产品质量,也包括服务质量。没有高的服务质量,就不会有好的企业形象。

发展现代物流,推动企业物流向社会化专业物流转变。发展现代物流,是企业降低成本,取得第三利润源泉,增强核心竞争力的重要举措。现在不少企业仍沿用计划经济时期以生产为中心的管理模式,造成企业原材料和产成品库存过大,占用资金较多。改变这种状况,使企业逐步把原材料、零部件采购、运输、仓储和产成品整理、配送从企业分离出来,才能有效地降低成本,增强企业的核心竞争力。

企业发展战略"再造"的创新意识,还需要我们的企业重视体制改革,不仅是组织创新,而且要制度创新。

适应全球化、信息化的发展,不仅大型企业要提升和转型,乡镇企业等等中小企业也要相应的提升和转型,也要以全球化为坐标,重新考虑自己的地位和经营定位。现在台湾、香港、新加坡都十分重视中小企业的提升和转型,这已是一股潮流,也许后进地区乡镇企业的转型还不那么迫切,可是像江苏这样比较发达的地区,尤其是苏南的乡镇企业,转型和提升都是别无选择的现实。

中小企业的提升和转型,可以通过与国内外大企业和高科技企业协作配套来进行;可以通过参与出口加工贸易,尤其是高新技术产品加工贸易来进行;可以通过参与技术创新,形成一批创新企业来进行转型;可以是通过技术改造,发展高生产能力的中小企业等。也可以通过参与农业产业化,发展科技型龙头企业进行提升和转型。中小企业的转型和提升,在一开始往往是被动的全球化,等到积累了实力,可以自主创新时,就可以逐渐转为主动的全球化,主动地参与国际分工合作。

(原载《江苏经济》2001年增刊)

"发展要有新思路"的若干思考

十六大报告以"全面建设惠及十几亿人口的更高水平的小康社会"为主题,把让老百姓富裕起来,人民生活更为幸福美好,共同富裕,均衡小康,作为发展的新目标,这是一个具有历史意义的宏伟决策。小康的内容又有了质升华,从"小康水平"到"小康社会",涵盖了经济、社会的方方面面,不仅物质生活,而且精神生活,民主权利,生活环境,实现六个更加:"经济更加发展、民主更加健全、科教更加进步、文化更加繁荣、社会更加和谐、人民生活更加殷实",这就为人的全面发展创造了更好的环境。

全面建设小康社会,首先是要坚持"发展是硬道理",发展要有新思路。十六大报告提出了许多新思路、新提法,值得经济学界认真思考和认真探索。

一、抓住重要战略机遇期。报告指出:"21世纪头一、二十年,对我国来说,是必须紧紧抓住并且可以大有作为的重要战略机遇期。"从发展中国家经济发展规律和历史经验来看,一个国家人均GDP达到1000美元时,是一个重要的战略机遇期。21世纪头20年,我们国家大约是从人均GDP 1000美元发展到人均3000美元这么一个阶段。在这个战略机遇期,有些什么一般的发展规律,在我国的具体情况下,又有些什么特殊规律?有什么新的阶段性的特点和难点,都是需要探讨和思考的问题。

比如说:在人均GDP达到1000美元的区段,是经济结构发生巨大变动的区段,服务业的上升,制造业的优化和技术进步的加速,等等,都是要抓紧解决的问题。特别是在当前经济全球化和科技革命的背景下,我们应该更多运用国际经济结构调整和国际生产大转移的机遇,加速自己的结构优化和提升。过去我们曾错过了几次国家生产转移和技术革命的机会,这次我们一定不能再失之交臂。现在利用外资形势大好,我们也成为产业大结构的首选之地,但我们并不能就此满足,而要更加讲究效益,更加讲究利用外资的质量。2002年我国国外投资可能超过500亿,江苏更是外资大量涌入。国外直接投资将超过美国而居世界第一。可是我们也要看到,利用国际资金并不只是直接投资这一种方式,通过债券、并购,是利用外资更重要的方式。美国利用债券方式去年即吸引外资1400多亿美元,而我们搞QF11,即合格的境外机构投资者投资境内证券市场等等,才是刚刚启动。从整个利用外资来看,我们对美国仍然是难以望其项背的。在利用外资质量上,产生大转移是个大好机遇,尤其是外资进入采用"整体移植"、"团队作战"的方式,可以大大提高产品的竞争力,也可以让外企更好地生根立足。但我们也要清醒地认识到,这是个双刃剑,在一定时期,我们配套插不上手,自立创新一时又难解决,我们既没有多少实惠,又会有多少企业垮台,多少工人下岗。全球产生大转移机会难得,可是这个全球资源大调整,也是要我们付出代价、形成一定的"阵痛"的。我们要抓紧时间,把协作配套做好,把自主创新做好,趋利避害,让自己更快的融入国际分工协作之中,才能取得更大的效益。

比如说:这个发展区段是投资和消费结构进一步优化的区段。按照一般的发展规律,在人均GDP100美元到1000美元的区段,国民总投资一直是上升的,但人均GDP大于1000美元之后,却略有下降,大致保持在25%上下的水平上。个人消费在此区段却是逐渐下降,在大于1000美元之后,却略有回升,保持在65%上下的水平。我国的情况都比较特殊,一直保持较高的投资水平,而消费的水平却比较低。因此在此区段处理好投资与消费的关系,国民总投资应该略有降低,并稳定在一定的水平上,不再只是依靠投资的增长去取得发展。在居民消费上则应提高消费率,努力拓宽消费领域和优化消费结构。江苏消费率约为33%左右,2002年前三季度居民收入增长12%,低于17%的全国平均水平。这种状况所带来的后果极为严重。培育消费,既重视消费的增长,又重视消费结构的升级,这是促进经济自主增长因素增长的需要,更是全面建设小康社会的需要。

比如说,城市化问题,在这个机遇期也将成为一个突出的问题。城市化是伴随着工业化而发展的。一般的发展规律,人均收入500美元时,大约有50%以上的人口为城市人口,人均收入达到2000美元时,城市人口才稳定在75%左右。我国城市化滞后,已是基本工业化、全面建设小康社会的梗阻。我国城镇化水平为37%,江苏为42%,而世界平均水平为47%,发达国家为75%。在现在这个发展区段,必须加快城市化建设。城市化建设的关键是把农民变为居民,把他们从低生产率部门转到高生产率部门,在工业化和服务业中起作用。现在刀刃不是用在这方面,而是过份热衷于"形象工程"和"政绩工程",这是一个盲区。此外,过去江苏在发展乡镇企业时,相伴地发展了小城镇,这却是一个很好的基础,可以促进大城市、中小城市和城镇的协调发展。

再比如:在这一重要的战略机遇期,我们面临着扭转居民收入差距扩大问题,包括城乡收入和东中西部的差距问题。在中国的大国条件之一,这种差距就更为凸现,缩小和消除难度就更大。按照一般的发展规律,在国民经济整体水平不高的情况下,这些差距总有一个先扩大,然后再逐步缩小的过程。缩小,总先要把国民经济总体效率这块"蛋糕"做大,要实行非均衡发展战略。在人均GDP1000美元到3000美元这个发展区段,差距是继续扩大,还是逐步缩小?可能还是扩大的趋势,只是这个区段,要通过种种手段,遏制差距的扩大,把差距缩小到人们可以承受的水平。随着整体经济水平的提高,以更多的手段,把城乡差距、区域差距缩小到更低的限度。这样的发展过程很难逾越。"发展——缩小"这一过程可能要反复多次,才能收到较大的效果。

二、走新型工业化之路。"走出一条科技含量高、经济效益好、资源消耗低、环境污染少、人力资源优势得到充分发挥的新型工业化路子。"

走新型工业化之路，首要的问题是依靠新技术和新兴产业，抓住新技术不断出现和新兴产业不断更替的机遇，发挥后发优势，取得后来居上，形成跨越式的发展。

国际上对经济形势的预测，在未来十年内，不会再有克林顿时期那样的快速增长。克林顿当年是瞄准了未来的制高点，发展互联网、数字通讯为核心的信息产业，取得了整整10年的超常繁荣。现在布什热衷于打仗，如果不在知识经济上有新的大突破，不可能使克林顿时代超常的繁荣再现。倒是中国这些发展中国家，由于在知识经济，首先是信息产业上的差距，可以补上这一课，通过"填补"，取得跨越式的发展。从我们的情况来看，我国经过20多年的快速增长，再要实现翻两番的目标，也即保持7.2%年均增长幅度，仅仅靠经济规模的扩大、经济规模的叠加，是不大可能的。必须依靠高新技术、依靠工业化战略创新，以信息化带动工业化，以工业化促进信息化，大力发展以信息化为龙头的高新技术产业，才能发挥后发优势，保持持续快速的发展。

现在主要问题是我们在技术创新上上不去。我们在信息产业上有相当发展，信息化带动工业化，江苏也取得了不小成就，问题是自立开发、自立创新上得太慢，没有强有力的风险投资的推动，风险投资缺资金，也缺人才，没有形成退出机制。这些问题是否可以通过合作合资，争取有较快的发展。

其次是解决经济增长和资源、环境的矛盾，真正做到可持续发展，也是重要的。这是我们从注重当前效益向同时也注重长远效益的转变，应巩固这个成果。难点是我们已经走了"先发展、后治理"之路，江苏尤其如此，走了可持续发展之路难度自然要大一些。

再有，就业问题，处理好资本技术密集型与劳动密集型产业的关系，高新技术产业与传统产业的关系，处理好虚拟经济与实体经济的关系，这都是值得经济学界深入探讨的问题。好在我们是大国规模，可以为多部产业"发动机"提供良好发展空间，产业发展空间巨大，需求的广阔性和多样性，有可能更好地处理这方面的关系。

三、让一切创造社会财富的源泉充分涌流。这是报告中一个精彩的提法:"放手让一切劳动、知识、技术、管理和资本的活力竞相迸发,让一切创造社会财富的源泉充分涌流,以造福于人民。"

我们既是社会主义初级阶段,要让非公有经济有足够的发展;我们又要与知识经济时代相衔接,肯定非劳动收入的价值,确立劳动、资本、技术和管理等生产要素按贡献参与分配,让这些要素充分活泼起来,创造财富,造富人民。

做到这一点并不容易,需要从以下方面努力:

——首先要有社会环境和社会氛围。"社会更加和谐"、"环境更加宽松"。没有这个前提条件,人们的积极性是调动不起来的。物质文明、精神文明需要有政治文明的支持。不是不注重思想道德建设,而是以新的思想道德替代传统的思想道德。

——然后是提高消费水平。发展经济的根本目的是提高全国人民的生活水平和质量。要让所有人民都能分享改革开放取得的成果。提高消费水平,包括消费的增长,和消费结构的升级。消费的增长,重点放在低收入居民家庭、放在农村农民,否则,就难以形成整个消费的增长。这次小康内涵增设脱贫指标,增设社会保障制度,等等,就是要向这方面倾斜。消费结构升级,我们正在步入新一轮的消费周期,消费政策要适应这个新变化。收入增长,消费扩大,才能大面积的调动人们的积极性。

——国有企业和个私企业。个私企业积极性要调动,国有企业在改革中承担了很大的改革成果,国有企业的积极性也要充分调动。

——分配制度的改革。让劳动、资本、技术和管理等等要素按贡献参与分配,创造财富的动力。规范分配秩序,扩大中等收入者比重,深化分配制度的改革,是为了与时俱进,适应知识经济的到来。

(原载《江苏经济学通讯》2002年第12期)

第四编

城市化与城市圈

第四章

地下から地上へ

具有中国特色的"城乡融合"之路

一个新型的城乡关系正在长江三角洲的太湖地区形成。虽然它还处于发展和完善的过程中，但这是实实在在的具有中国特色的社会主义的"城乡融合"之路。

这种城乡关系的特色是：

1. 农村剩余劳动力以"离土不离乡"、"进厂不进城"的方式向非耕地经营转移，并以此为突破口，把封闭、半封闭的农村社会经济系统改造为开放式的社会经济系统。

2. 农村劳动力的转移以小城镇作为"蓄水池"，在城乡的结合部加强小城镇建设，走自己城镇化的道路，形成新型的小城镇、小集镇经济社会体系。

3. 然后以小城镇为纽带，把城市和乡村、工业和农业连结起来，以城市为中心，组织城乡各类网络，促进城乡这个大系统内各子系统的协同动作，发展"城乡融合"的新格局。

作为一个系统来研究，这个城乡体系还有许多问题需要探索。但是这个新的体系已经显示出它是生机勃勃、富有活力的，对于我们如何从自己的国情出发，建设具有自己特色的城乡关系，也是有深刻启示的。

一

任何国家工业化的过程，都有一个农村人口向城市转移，农业劳动力向非农业部门转移的过程,虽然在不同社会条件下,有着根本不同的方式。在我国来说,80%的农业人口搞饭吃,正是经济落后的表现,因此,必须妥善解决农村剩余劳动力的转移问题。而这个问题,在人多地少的太湖地区又显得特别尖锐。

农村剩余劳动力的转移,并不只是解决农村劳动力的就业问题。更重要的是,把农村劳动力的转移作为突破口,对城乡经济结构重新进行组装,把半自给性的封闭式的经济社会系统改造为开放式的经济社会系统。

我们都知道,一个发展的系统必定是一个处于非平衡状态的开放系统。孤立的系统,只与外界交换少量能量的闭合性系统,是不能形成为一个有活力的有序结构的。必须有大量和频繁的交换,才能成为"活"的富有生命力的系统。

太湖地区,这里主要讲江苏省太湖地区,包括苏州、无锡、常州三市十二个县,是全国最富饶的地区之一,传统称呼这个地区为"鱼米之乡"和"丝绸之府"。新中国成立以后这个地区也有长足的发展。根据1983年的统计,这个地区:

总面积:18110平方公里

总人口:1222.9万人

农村人口:968.13万人

农村劳动力:548.9万人

总耕地:1166.38万亩

农村人均耕地:1.2亩

全区工农业总产值:304.15亿元

粮食总产:120.84亿斤

棉花总产:128万担

乡镇工业总产值:83.44亿元

人均生产粮食:1260斤

人均工农业产值:2487元

但是七十年代以前由于长期处于自给半自给的经济条件下,从经济系统上来说,它仍然是一个封闭、半封闭的经济系统。

1970年以后,江苏太湖地区农村劳动力开始向非耕地经营转移,也开始了对原来陈旧系统的改造。"离农不离乡"这个口号,就是江苏太湖地区首先提出来的。这个地区人口稠密异常,按1982年人口普查数字,人口密度为每平方公里672人。按总人口计,人均土地2.22亩,耕地0.95亩;按农村人口计,人均土地2.81亩,耕地1.20亩,每个劳动力平均耕地2.12亩。由于人多地少,这个地区历史传统从来就是男耕女织,农工相辅,农业和比较发达的手工业的结合延续了好几千年,在现代化建设中,农村劳动力的转移就成为一个比其他地区更为迫切和尖锐的问题。

七十年代初期,当时的动乱条件,却给农村提供了一个历史机缘,使苏锡常的农村工业能利用"近郊之便,血缘之亲"等等有利条件,"拾遗补缺"得到迅速的发展。农村劳动力大多数向乡镇工业转移,部分地向农村副业转移。十多年来,农村的劳动力结构发生了相当大的变化,形成了农副工三支大军,基本上结束了农民世世代代单纯务农的历史。以无锡市的无锡县为例,这个县的农村劳动力结构在1970年是:用于农业的占89.6%,用于副业的占2.4%,用于农村工业的占8%;到1980年,用于农业的占66.3%,用于副业的占3.9%,用于农村工业占26.5%,用于其他占3.3%;到1983年,农副工劳动力的比例更进一步改变为45.6:5.6:36,用于其他占12.8%。

根据1982年全国人口普查数字,这个地区农村人口仍然接近70%。仍然是70%的人搞饭吃吗? 不,实际不是那么个情况。劳动力的使用,苏州市用于农业生产的劳动力已从1982年的80%左右下降为56.1%,无锡市下降为48%。只不过转移的形式是"离土不离乡",转化过来的农村劳动力只是"务工社员",以区别于进行农业生产的"务农社员"。因而在统计表里仍然只能列在农村人口这一栏。

1978年以后,由于国家决策的正确,农村联产承包责任制的发展,苏锡常农村劳动力以更快的速度向非耕地经营转移。1978年以前,农业劳动力是每年平均以1.2%的速度转移。从1978年到1983年,则每年平均以 2.3% 的速度转移。苏州市从事农业生产的劳动力 1978 年为 70.5%，到 1983 年已下降为 56.1%。

农村劳动力不断向非耕地经营转移，劳动力结构的改变带来了农村产业结构的变化，促进了农村产业结构的多元化。1983 年，三市农村工农业总产值中，农业产值占 22.3%，副业产值占 9.2%，农村工业产值占 63.5%。苏州市农村产业结构中农副工三业之比，1978 年为 48.1∶13.3∶38.6，1980 年为 30.5∶12.5∶57，1983 年为 22.4∶13.9∶63.7。苏州市农村社会总产值所以能在五年中翻一番，从 27 亿增加到 56 亿，主要是靠乡镇工业比重的不断增加。

农村半自给的经济正在转化为大规模的商品生产，半封闭的经济社会系统也在向开放的经济社会系统转化。城乡之间不再只是原来的农副产品进城和工业品下乡的少量的狭小范围内的交换，而是物流、人流、价值流、信息流的全面交流。农村不仅提供粮棉油，而且提供工业产品；乡镇企业的产品不仅进城而且出省、出国，"上天入地"（为宇航工业和地下勘探配套生产）；农村不仅为城市大工业配套，而且为城市提供各种劳动服务；城市工商业扩散下乡，农村也出资进城盖楼办店，搞名特产品展销。

农村输出的增加，必须要有输入的增加，需要从城市取得信息，引进技术，引进人才，引进设备，引进资金，引进先进管理方法。

这里只讲两个例子，说明农村在这些方面的变化。一是农村引进技术如饥似渴，他们千方百计到城市寻求科学技术，尤其是乡镇企业，利用自己惰性较少而活力较大的优势，引进技术，引进人才，"利用别人的'头脑'发自己的财"。无锡县 1982 年有 145 个企业（约占乡镇企业 10%）与 199 个大专院校、科研单位挂钩。苏州市所属的沙洲县塘桥乡，在 24 个乡办厂中，有 11 个厂与大专院校、科研单位、大型厂矿挂钩，占乡办企业的 45%。这个乡的电子计算机贮存器厂，聘请南京大学、清华大学、华东师大和国防科工委的有关研究所等 14 个单位的 18 位教授、研究员、工程师为技术顾问，他们的产品已被作为人造卫星地面控制的器件。这是从一个方面说明开放和交流所引起的变化。

再一个是这个地区乡镇企业干部的更新换代,也说明了开放和交流所引起的变化。乡镇企业的第一代,多数是年老体弱的农村基层干部,他们缺乏经营管理的经验,主要是凭借原有的各种联系,借助下放工人的技术,办起了以综合厂为主的各类企业。但这一代很快就不适应经营管理和市场多变的要求,于是出现了第二代的乡镇企业干部,留用了学会经营管理、提高了素质的基层干部,起用了农村知识青年和各种能人。接着,又出现了乡镇企业干部的第三代,这些大都是既懂技术,又善于经营,并立志改革的新一代的企业家。象"贝贝足球"的经营者就是这样的企业家。他抓住了中央领导同志讲"足球要从娃娃开始"这个信息,从上海著名的正泰橡胶厂引进了生产小足球的技术,取得了国家体委和经委的支持,多次举办了少年儿童"贝贝杯球赛",这样就把原来的无名小厂办得兴旺发达,产品行销全国。

以农村劳动力转移为突破口,农村经济日益走出了原来的狭隘境界,摆脱了自给半自给状态。大规模发展商品生产,向开放系统转化,这就带来了农村经济的空前繁荣。这个地区的"无常江",即无锡县、常熟县、江阴县年产值都超过20亿元。沙洲县、武进县年产值都接近20亿元,成为全国少有的一些发达的县分。

这里值得注意的是,农村劳动力的转移有我们自己的特色:

第一,农民没有破产,农村没有衰落,伴随着农村劳动力转移的不是血与火的洗礼,而是兴旺发达的火红的光景。用农民自己的话说,是"高高兴兴地变为工人",是"甜蜜的转移"。

第二,农民没有"离乡背井",而是"离土不离乡",就地消化、就地转移。这一条的好处下面再讲。

第三,这个转移的过程,不是加深城乡的对立,而是增进了城乡联合,带来了城乡相互支持、相互促进。

剥夺农民,促使农民破产,进而驱赶农民流入城市的过程,必然带来了城乡的对立;"离土不离乡",在兴旺发达中使农民转化为工人的过程,带来的是"城乡融合"。这就是我们的特色之所在。

二

太湖地区农村劳动力的转移，不是一下子进入大中城市和进入大工业的，而是以小城镇作为"蓄水池"。乡镇工业的兴办，也正是以小城镇作为集聚点。

这样循序渐进，有利于保持农村经济发展的稳定性。系统的演变总是按照量变到质变、螺旋形上升的轨道前进的。不同的演变方式，对经济社会系统发展稳定性的影响也是不同的。

究竟采取何种方式，这就要看演变的方式是否适合系统的环境。从经济社会系统来说，就是要适合自己的国情，适合当时当地的具体情况。

以往的实践说明，"离土不离乡"，"进厂不进城"，以小城镇作为人口集中和乡镇企业的集聚点，这既适合我们现阶段生产力发展的水平，也为今后城乡合理布局开创了一个新的格局。

从系统所处的环境来说，太湖地区虽然是比较富裕的地区，但从现代化角度来衡量，农业生产集约化的程度仍然比较低，农村商品率也还是低水平的。全国的环境更是如此。没有足够高的农业劳动生产率和足够的剩余农副产品，是不可能支撑城市和城市工业大发展的。这是一。

其次，太湖地区的小城镇，虽然星罗棋布，但由于长期的单一经营和农村处于半自给的状态，小城镇在一个漫长的时期内，走着一条曲折而又始终得不到兴盛的道路。小城镇作为农村各区域经济、政治文化中心的作用没有得到发挥，小城镇作为劳动力的"蓄水池"的潜力没有得到充分发掘。

再一个是，太湖地区的几个大中城市苏州、无锡、常州，由于长期存在的条块分割和城乡分割，人为地限制了城乡横向联系的发展，因而存在着集聚过多的现象。无锡市市中心人口密度每平方公里达48000人，苏州市、常州市都在30000人以上，城市的超负荷现象都比较严重，不仅造成生产、生活上的困难,也引起了投资效果的下降,集聚效益降低,集聚成本上升。这些城市过快的增长,将会在城市建设上造成一系列更大的困难。

为了适应这些情况,实行"离土不离乡"、"进厂不进城",以小城镇作为吸收劳动力的"蓄水池",作为发展经济的集聚点,就成为一个战略性的措施,成为系统演化的最佳方案。

农村工业的发展以及其他产业的发展,是需要有一定程度的集聚的。但是根据我们经济发展的特点,实行大力发展小城镇、适当发展中等城镇(包括县、市)这种适度集中又适度分散的做法是适宜的。这种城乡结构,能够更好地促进城乡经济的发展;能够取得更好的经济效益,以尽可能少的生产成本和运输成本,取得尽可能多的纯收益;能保证城乡社会再生产的正常循环和协调发展;能更好地维护城乡生态平衡,防止环境质量的恶化。

一些发展中的国家,在没有稳固的农村经济的基础上,过快地发展大中城市的教训是值得借鉴的。以小城镇为集聚点发展农村工业和农村各种产业,一个很大的好处是,这既为城市大工业服务,又为农村服务。它不脱离农村,而作为农村的一个子系统,作为农村经济的组成部分,对农村整个经济的发展作出巨大的支持。苏州市乡镇企业利润每年用于支持农业生产的金额都有 8000 万至 1 亿元,超过了国家对这里的农业投资。最早是"以工补农",实际上是以工补农村的一切建设,农田基本建设、农业固定资产的添置是靠乡镇工业的补贴;修桥补路、城镇建设也是靠乡镇工业的支持;在文化教育方面,办书场戏院,办文化馆、站,以至不少乡镇修建供农民游乐的亭台楼阁,无一不靠乡镇工业出钱或贴钱。1982 年,苏州市乡镇工业利润用于支援农业生产的有以下一些项目:

农业固定资产的添置	475 万元
农田基本建设	1156 万元
支援穷队	351 万元
社员分配	4487 万元

集体留利　　　　　　　　　　　1544万元

这几项加起来，相等于乡镇企业全部利润的32.5%。农民的收入，很大一部分也来自乡镇企业。苏州市农民分配收入来自农副工三业的比重，1982年为55∶17∶28，1983年为40∶30∶30。

更重要和更有深远意义的是，发展小城镇建设，合理城乡的空间布局，充分发挥"城镇群体"的优势，在太湖地区这个城镇星罗棋布的区域，将会开拓一个城乡密切结合的新格局，而不要重复某些发达国家城市过分集聚再行分散的做法。伴随着现代化建设的发展，必然要出现城镇化的趋势，问题是要适合我们自己的国情，走中国式城镇化的道路，而不要重蹈别人走过的弯路。

我们还面临着新技术革命的挑战。在新技术革命条件下，生产组织和管理体制将有一系列的变化，某些部门和行业将出现企业小型化、分工专业化、生产分散化的趋势，小批量、多品种的灵活生产体制也将占有更大的比重，中小企业和以先进技术为基础的家庭工业也将应运而兴。正象外国朋友所说的，苏州姑娘用于刺绣的纤巧灵活的手，可能转化为发展电子工业的纤巧的手；现在绣花、花边等等家庭手工业会发展成为应用微电脑进行生产的家庭工业；一批中小企业也会成为发展新兴产业的先锋。乡镇企业和小城镇在新的时期将承担新的历史使命。我们应该看得更远一些，开拓城乡布局的新格局，在未来可能给我们带来更有利的发展条件。

三

发展的系统必然是开放的系统，但并不是有了开放和交流就可以演化和发展。一个系统的发展，必须是既有开放和交流的条件，又有系统内各子系统的协同动作。开放产生促协力，系统内各子系统协调同步产生协同力，必须是促协力和协同力同时作用，才能形成一个持续发展的稳定有序的结构。

以城市为中心，以小城镇为纽带，把广大农村与城市更紧密地连结起来,在城乡这个大系统内组织各子系统的协同动作,形成整体上的有序,同样是城乡结合、相得益彰,从而得到发展的必要条件。而且,城乡协同会产生"放大"现象,可以使整个系统的功能放大,而不仅仅是各子系统功能的算术相加。

太湖地区城乡布局一个显著的特点是,大中小城市密集,相互促进又相互制约,形成相当大的"城镇群体"的优势。这个地区共有集镇397个,平均37.12平方公里即有一个集镇,超过全省平均51平方公里一个小集镇的密度,更远远超过全国平均3000平方公里一个小集镇的密度。苏锡常三市共处沪宁沿线,同庇运河之利,外向江海,内环太湖,都是实力雄厚的大中城市。除常州外,苏锡已进入大城市的行列。苏州人口54万,无锡近70万。小城镇的兴旺发达,乡镇企业的蓬勃发展,城、镇、乡如不协同动作,协调发展,就会在许多方面发生"撞车",造成整体上的无序。这主要是:

城市与城市之间的协同,各城市之间的地域分工,以及各个城市专门化生产的安排。苏锡常三市毗邻,无锡至苏州和常州不过是30公里左右,如果这些城市性质相近,产业结构、产品结构、技术结构基本雷同或近似,其相互吸引力必然减弱,而相互排斥力会相应增大。各城市之间没有各具特色的地域分工,不仅相互排斥,而且在整体上也难以形成更大的综合功能。

城市集镇之间的协同,如何形成纵横交织的各类城乡网络。城乡之间人流、物流、价值流、信息流的交换必须有一定的渠道,才能有效地流通而不至于阻塞。一定区域内的城市、集镇,并不是一个个孤立的产业与人口的集聚点,而是整个城乡系统中的有机组成部分,应该交织成为联系畅通的网络体系。

城市工业与农村工业的协同。不仅城市之间有重复布局、结构雷同的问题,城市工业和农村工业也有个相互协调的问题。它们之间既有竞争而相互促进,又要通过联合、协作而互为补充。协调发展会构成新的生产力,相互排斥则会带来一系列新的矛盾。

在城乡这个庞大的系统内,这不过是一个例举。实际上需要协调的方面还很多,人口就业问题,各产业部门之间的协调同步问题,生产与科技发展、智力开发的协调问题,社会再生产和自然再生产的协调、各类良性循环的组织,以及区域与区域外的协调等等,都是系统内各子系统的协同,从而形成整体上有序的必要条件。

系统的演化,既取决于系统内部的变化,也取决于人为的控制方式和控制条件,取决于正确的发展决策。

太湖地区城乡关系的发展,已经提出了一系列的问题,现在正在着手进行的有:

发展苏锡常三市的地域分工,三个市将成为对内外更加开放的城市,既运用上海这个原有的对外开放的渠道,又运用长江这条"黄金水道",三市共同开发苏州市的张家港,加快对外开放的步伐。张家港距吴淞口144公里,与各市直线距离,苏州72公里,无锡45公里,常州45公里。这就可以沿扇形展开,组织港市有机结合,形成港口——城市群体。在这个群体里的各个城市进行地域分工。改造现有的传统产业,通过联合的协作,在发展上有所侧重,而形成各自的特色。对新兴产业,则从各地的经济技术条件和已有的特色出发,明确进行专业分工。这样,苏锡常的分工将进一步明确,各自的专门化生产将逐步形成,成为各具特色的生产地域单元。各生产单元的相加所产生的"放大"现象,又会使"港口——城市群体"的整体具有更大的综合功能。

发展城乡各类网络体系。苏锡常实行市管县的体制,给城乡横向联系的发展提供了更好的条件。发展最早的常州,正在城乡之间开拓各类网络体系,包括发展"一条龙"的工业专业化协作网络、科技网络、流通网络、金融信贷网络、交通邮电网络、文教卫生网络,这种趋势现在正方兴未艾。常州市专业化协作一个新动向,是以名、优、新产品为中心,把城乡工业交织成为"企业群体",也即一种多层次的承包系列结构。已组成的有家用电器、自行车、照相机、录音机、电机电器等等15个群体,每个群体不仅有新的优势、新的竞争力,而且积聚了新的后勤。常州照相机厂,按原来的方案,需要国家投资1300万元,增加2000个职工,用十年时间才能建成为年产20万架照相机的"大而全"的企业。

通过组织城乡"企业群体",把大部分零配件扩散和承包给乡镇企业生产,不需国家投资,不再扩建新厂,1984年即可达到年产20万架照相机的生产目标。无锡市和苏州市这种专业化协作都有相当大的发展。无锡县的乡镇企业生产,1983年纳入部、省计划或为省市收购的占20.8%,与上海、无锡各市和县属工业配套生产,进行专业化协作的占22.3%,两项共计占43.1%,也就是有将近一半的产品已经纳入城乡专业化协作的网络体系。

调整农业生产结构,加强农业的基础作用。城乡结合的发展,需要有发达的农业作为基础。农业劳动力的转移,农业产值在各业总产值中比重的下降,这是现代化建设中的必然出现的现象,但并不是说农业这个基础就可以削弱,恰恰相反,应该把农业生产推进到一个新的发展阶段,在新的条件下取得城乡、工农之间新的协同。太湖地区农业生产结构在很大程度上受整个粮食形势的制约。过去这个地区粮食和农副产品征购任务比较重,因此以生产粮食为主的单一生产结构很难改变,这样的生产结构越来越不适应城乡市场多样化多品种的需要,而农业生产报酬低和农村工业报酬高也成为一个越来越尖锐的矛盾。现在全国粮食形势很大的好转,就给太湖地区提供了一个机会,可以重新调整全区农业生产结构,把单一型的农业生产转变为复合型的农业生产,把商品粮基地转变为多种经营的商品基地。同时,传统的劳动密集型农业将向资金密集型转化,把低收入、低附加价值的状况,改变为依靠高技术而获得高收入、高附加价值的生产。农业生产结构的调整,将有利于农业生产的稳定和强化,为城乡结合在广度和深度上的发展提供良好的基础。

依靠科技进步和进行智力开发。苏锡常三市发展总的方向是向高精尖进军,因此,依靠科学进步、进行智力开发就是又一个战略性的问题。不仅在城市要发展生产科研型企业、生产科研型产业和生产科研型城市,在农村也要以先进技术武装乡镇企业和改造农业。不仅在城市要加强智力开发,在农村也要自力更生培养自己所需要的人才,不仅在城市里开办大学,在农村也开办自己的大学。沙洲县开办职业工学院,这是江苏全省第一所为当地培养人才的县办大学。苏锡常三市都是生产基数比较大的地区,三市工农业总产值占江苏全省总产值的36.8%,这些地区发展的后劲,主要靠科技进步和劳动者素质的提高。所以,在这个地区组织科技进步和智力开发与生产的协调,就成为一个比其它地区更为突出的问题。

协调城乡这个大系统内各子系统的关系,是一件十分繁杂和艰巨的工作。但是我们已经开始了这个"工程",当这种变化达到某一特定的阈值时,就会形成一个"活"的稳定有序的城乡体系。我们是根据"城乡融合"的指导思想去组织城乡结合的,我们通过城乡结合的不断深化,最终必将达到"城乡融合"的目的。

(原载《小城镇　新开拓》1985年2月)

都市圈域产业的整合与协同

一、产业整合首要的是把握都市圈域产业发展的大趋势

产业整合,首先要关注都市圈域产业发展的具体形态,把握产业今后发展的大趋势,从而作出最佳选择,形成自己的产业优势。

在国际产业发展的大趋势中,著名产业经济学家厉无畏认为,特别值得重视的几个方面为:一是产业集群的趋势。即生产某些产品的同类企业在一定区域集聚在一起。这是在市场经济条件下工业发展到一定程度的产物。产业集群是现阶段产业竞争力和城市竞争力的重要源泉。产业集聚度越高,产业集群优势越强,产业的竞争力和城市的竞争力也就越强。二是产业融合的趋势。高新技术向传统产业渗透,一、二、三次产业的互相交叉、互相融合。三是产业生态化趋势。生态工业园区的建设和循环经济的发展形成产业生态化的趋势。

产业集群可提升产业和城市的竞争力;产业融合可推动产业创新;产业生态化趋势则保证可持续发展。在这些产业发展的国际大趋势中,目前对长三角都市圈和苏锡常都市圈影响最大的是产业集群的趋势。长三角正凸现集群式发展的新特点,在全区培育和合理布局产业集群,已经成为都市圈域产业整合的重要任务。

产业集群,按产业经济学的解释是:"在特定区域里相互联系的公司和机构在地理上的集中"(波特)。也即同一产业中相同和相近的企

业集聚在一定的区域,并吸引相关的服务机构,形成一个有效的经济群体。长三角这些集群经济大体上是以工业园区或工业小区为载体,或者是同一产业的企业"抱团扎堆",集聚成簇,通过企业外部的垂直联系或水平联系,形成产业集群,为国内外大型企业配套;或者是在专业市场支持下,众多同一产业的企业,按产业链链接而成的产业集群;或者是以大型企业为核心,中小企业集聚配套,上下游联动的产业集群;或者是外商在产业转移中"整体移植"、"团队作战",产业链比较完善的产业集群。产业集群并不是同一产业的企业简单地集聚,而是按产业链形成密切联系的分工协作关系。这种关系越是深化,产业集群就越是成熟、越是完善。

以上海为中心的长三角都市圈的产业集聚,是多年积累的结果。从两个著名的模式:"苏南模式"和"温州模式"开始,就有了产业集群的孕育,而发展于"工业园区"、"工业小区"时期,完善和凸现于近年来的国际产业大转移。产业集群的层次是多样化的,在传统的轻纺产业中,有市场带动型的,也有围绕大型企业而形成的产业集群;传统产业中的石化、能源、机械制造、汽车等行业,也在不断摆脱大而全、小而全的窠臼,发展专业化分工和链条式生产方式中,组成了产业集群。更为完善和更为成熟的产业集群,则产生于近年来大规模的IT产业的大转移。尤其是外商在转移中实行"整体移植",大中小企业配套,上下游联动,组成"群居链"的发达的产业集群。现在,这些散落在各市县的产业集群,正在超越单纯地理接近的概念,在更大范围内分工协作,既合作又竞争,逐渐把各自的产业集群聚合为"经济带"和"工业走廊"。

当然,现阶段苏锡常和长三角的产业集群,仍处在一个发展的过程之中,在经济一体化过程中,如何在全区域促进产业集群的完善和发展,仍是产业整合必须承担的任务。

二、行政的藩篱仍是圈域产业整合的主要障碍

都市圈域产业整合需要从各方面创造条件,但主要还是要在行政

区域藩篱上能有大的突破。诚然,打造长三角大都市圈已大大升温,以"加强合作"为出发点,以"共进共荣"为落脚点,互融互通,合作共赢,已成为沪苏浙越来越强的集体意识,都市圈域经济一体化进程也开始迈出实质性的步伐。可是,我们也得冷静对待事情的另一方面,不仅江浙,即使作为龙头的上海,也往往不能不考虑地区的切身利益。近年周边地区颇有烦言的主要是几件事:一是"世博"的举办,上海需要动迁4000户企业,周边城市都以为这是接受辐射的大好机会,可上海则采取自己区县内部消化了事。对周边地区一些抱怨,上海政协一些委员颇不以为然,认为别的不说,仅仅就业问题,就足以令人头痛,如果搬迁这么多企业,下岗失业又该怎么办?就地消化,上海有上海的考虑。二是173与沿江开发的碰撞。2003年7月20日《现代快报》报道:"国际资本由沿海而沿江进入内陆腹地,江苏的沿江大开发,再一次推动江苏的外向型经济进入全新格局,吸引世界制造业加速向中国转移,由此而完成江苏、华东,至中国与国际经济的对接。然而,就在江苏大搞沿江开发的同时,大上海拿出西部嘉、青、松173平方公里,隆重推出建立吸纳国际资本的超级盆地的173计划,倾力打造大上海的低商务成本试点园区。173计划与江苏沿江开发战略,目标上不约而同,空间上不期而遇。"对这些事例,评说不一,怎么才是比较理性的分析,眼下的标准应该是以长三角的整体利益为重,从构建经济一体化的层次上来判断是非。总是突破藩篱天地宽。

就地消化。各人都有各人的就业问题,各人都有各人的GDP增长问题,不能全然置之不顾。当然,比较理想的是,按市场运作规律,突破人为的市场屏障,该就地消化的就地消化,该辐射出去的辐射出去。上海所以成为当之无愧的都市圈的核心,就是体现在具有强大的创新功能和服务功能。珠三角再造优势,重要的两条:一是与港澳融合,组成"增长大三角";一是"拓展腹地",向粤北、粤东、湘南,以至武汉,"圈层推进"。他们认为腹地越是宽阔,越能发展自己。上海和长三角也应是"风物长宜放眼量",应有这样的眼界,这样的气派,也只有这样,才能真正成为中国经济发展新的发动机之一。江苏的沿江开发,只是近距离的腹地拓展,这更应该成为上海和长三角首先支持的地区。

重复建设在计划经济条件下是一个痼疾,时不时会重复出现。但现时经济发展条件已在转换,确实不能再用计划经济的思维去看待重复建设。在新的情况下,防止重复建设要有新的探索。

衡量重复建设一条重要标准是看供求关系,重复建设的破坏性就在于它造成供求失衡,产能过剩,消耗资源,损害产业效率。但是在长三角和苏锡常板块,产业布局在很大程度上是以国际资本为主导的,许多产业集群已融入国际产业链中。国际资本尤其是大跨国公司通过系统化投资和整个产业链投资,"全球资源,本土运作","立足中国,面向世界","中国制造,全球销售"。这样出现的重复建设和产业结构,就难以用原来的供求平衡的概念来衡量,同样的产品,只要国际上有市场,而且有市场竞争力,就不存在重复建设的问题。值得关怀的,将不只是国内供求关系和通货紧缩的问题,而是国际的风云变幻和全球经济走势。

长三角和苏锡常板块在发展产业集群的过程中,也会遇到重复建设问题。尤其是在长三角和苏锡常板块这样自然禀赋和人文素质均质化的区域,集聚往往是散落在各个点上,这就难免要出现重复建设,甚至是集群越是高密度,重复建设越会更多地出现。但是外资企业整体移植所形成的产业链式的集群,只要在国际市场产销衔接,就不是过去概念上的重复建设。对于其他的重复建设,就需要错位和引导,同样是IT产业,可以错位发展,即使是同一个产业链,也可以寻找自己在产业链中的优势环节,成为具有自己特色的集群。错位是对付重复建设的有效手段,这也是下一节要着重讲述的问题。

三、产业整合着重是培育具有国际竞争力的产业集群

产业选择。培育和发展何种产业集群、产业群落,取决于对产业的选择。

现时长三角大区域的产业集群、产业群落仍然是多层次的,既包括冶金、石化、能源、机械、交通运输设备等等制造业的产业集群;包括技术含量和附加价值高的劳动密集型产业集群;也包括以电子信息、生物医药、新材料工业为核心的高新技术产业集群;以及金融贸易、信息物流为代表的现代服务业产业集群。在长三角大区域范围内,可以形成若干各具特色的产业集群、产业群落,而重点是培育一批在国际上具有相当竞争能力的企业集团为龙头的产业集群、产业群落作为整个区域的骨干。

扶持产业集群、产业群落的发展,有一条原则是"看得见的原则",也即扶持那些处于萌芽状态,尤其是已经形成的集群或群落,而不是从零开始,人为地去创造一个集群。所以说"看得见",即说明集群已初步经过了市场的检验和具有市场发展前景。长三角产业集群、产业群落的空间展开,本文限于资料,只能着重对苏锡常圈域以及上海与周边板块的协同作一些例举和剖析。

上海冶金、石化、机械、装备制造业,拥有一批名列全国前茅的大企业和特大企业,像上海大众、通用汽车、宝钢集团、上海石化、江南造船等等。围绕这些企业,往往形成全区乃至全国为其协作配套的地理分散型的产业集群。产业集群和企业集群在严格意义上是有差别的,企业集群有地理接近的要求,而产业集群则集中与分散兼而有之。现在统称产业集群,而以地理接近型和地理分散型加以说明。但最近一些时候,上海在装备产业新一轮升级中,更多注意了发展近地型的产业集群,引导同一产业在一定区域进行定点集聚发展。已经布局的有:在青浦集聚发展精密机械、新材料、微电子产业,在嘉定集聚发展汽车产业,在奉贤集聚发展输配电产业。上海的高新技术产业集聚度比较大,多数企业集聚在漕河泾新兴技术开发区和张江高科技园等等高新技术开发区,并在高技术层次上构筑起比较完善的产业链。至于上海金融、保险、贸易、航运、会展等方面,也呈现相当大的集聚度。

拱围大上海,在东西两翼展开了一个气势宽阔的制造业产业带。其中的高新技术产业,是西向沪宁高速、东走沪杭甬高速,在沿线的高新技术开发区进行集聚,形成闪烁一片的产业集群。这里正是台商IT产业大转移的热点。在产业转移的同时,也转移来了大中小配合、上下游联动的产业链经济。每一家IT核心企业都像一个"台风眼",通过产业链的作用大大放大了产业的集聚效应。在两翼制造业产业带上的冶金、石化、能源、交通设备等等产业,包括一批大运输量、大用水量、大吞吐量和大用电量的大企业、大项目,则主要在江苏的沿江地区和浙江沿海一线展开。

在这样的广阔的空间范围进行区域的产业整合,主要是解决几个关键问题:

——错位发展。产业集群一个很大的特点,是为同类产品、同类行业提供了更为丰富的错位发展的机会,为同类产品提供了产品差异化更大的潜力。在产业集群的区域,产业细分和专业化分工越来越细化,便于城市之间实施行业错位、产品错位、技术层次上错位,尤其是产业集群即使是已构筑起比较完善的产业链,也是可以分解的。每个环节都是可以增殖的,城市之间、开发区之间可以采取产业链分解的战略,慢慢地给自己进行产业定位,从产业综合型向产业特色型发展。即使是同一产品,不仅可以因质量、技术层次上的不同而形成差异化,也可以以品牌、品种规格、原材料的不同实现差异化。通过这样的错位和差异化,就可以逐步与周边的城市或园区形成合理的产业分工,形成互补互助的错位发展。

——特色园区。园区是产业集群的载体,特色集群与特色园区是相伴而行的。在这次产业整合中,也应该对区域内众多的园区进行整合。对新一轮的圈地运动应坚决予以扼制,对过于分散的予以调整和合理布局。一些创业园区、孵化器可与高新技术产业园区整合在一起,以利于协同发展。更重要的是推动园区向更高层次发展。园区作为区域发展的新亮点,现在应该考虑的是园区如何持续发展,如何攀登新的高度。波特在这方面也有一个观点,认为发展中国家经济落后一个重要原因是缺少发达的产业集群。今后园区发展应该在构造和培育发达的产业集群上展开,定位于围绕产业链建设具有集聚效应的特色园区上,培育发达的产业集群。园区另一个关键性任务是,如何在创业、技术创新上有新的突破。长三角众多开发区孵化器不少,孵化成效甚微;政策环境虽然积极打造,可缺乏强有力的投融资体系的支撑;吸引人才作了不少努力,可人才集聚度仍然不足,等等,难以适应区域产业结构升级和优化的需要。在现有条件下,怎么闯出一条自己的路子来,很值得探索。美国硅谷的创新主要来自于原创性技术产品的开发,台湾新竹工业园则集中于科技产品的产业化和规模化生产,新竹的风险投资渠道、技术创新激励措施也与硅谷不同。成功的经验可以借鉴,但不能复制,总是要有适合自己情况的新道道。

——创新体系。如果说持续创新是企业集群的生命力,那么构建完善的创新体系就是长三角发展的生命力。长三角现有产业确实是生机勃勃、活力四射,可真正要成为世界制造业基地,缺乏核心技术仍是区域的切肤之痛;虽然高新技术产业有很高的密集度,可创新体系却缺乏应有的完善度;长三角创新资源虽然丰富,但还没有整合为强有力的创新能力。上海作为区域的核心城市和龙头,创新功能远远高于其他城市。

——本土经济。长三角原来的外资规模就比较大,从2002年起在承接全球产业转移中,又超过珠三角而成为外商投资的首选地区。全球产业大转移催化了产业集群的快速成长,而产业集群的格局,又超越其他因素成为吸收外资的主导力量。外资大量涌入固然是大好事,但长三角偌大的区域,不能只由扎根性弱的外源型经济来主导,必须有强大的内源型的本土经济。多元化的经济增长动力源,才能同时保持区域经济的爆发性和稳定性。现时增强本土经济,着重是两个方面:一是打造具有自主创新能力的核心企业、规模企业;二是鼓励创业,加速科技型民营企业、科技型乡镇企业的发展。打造核心企业,上海和周边地区,在高新产业还难以与外资争雄的情况下,目前比较注重基础较好的冶金、机械等等现代制造业中大型企业的重组和改造。强化这些本土经济,也有一层意思,是作为产业结构缺失的补充。实际上,上海和周边城市在高新产业上,也应不失时机地培育本土的核心企业。这可以是当地企业的整合、重组，促进已有相当实力的企业成长壮大，也可以利用IT产业的集群优势，吸引京津圈、珠三角圈的IT品牌企业就地设厂或合作办厂。现在苏南板块已开始有这类企业在发展。一种类型是苏州新区的国芯科技有限公司，是国家信息部与摩托罗拉合作的结晶。国芯先由海归人员创办，在进入实质性产业化阶段，又吸引国内许多企业参股，然后与摩托罗拉合作，形成现在的规模。再一种类型是无锡希捷国际科技。希捷名列全国大企业第59名。希捷与锡园科技生产的硬磁盘驱动器，在国际市场上已三分天下有其一，成为亚太地区最重要的电脑硬盘生产基地。长三角要更大规模地吸引国内品牌大企业。长三角已有的产业集群优势，是吸引外资的强磁场，也应该是吸引内资的靓点。加速民营科技企业的发展，将是一个更艰苦的工作。外商"整体移植"，上下游企业几乎全都是转移而来，即使像昆山这样配套能力强、配套工作做得好的地区，也往往插不上手或滞留在较低的分包层次上。所以，发展当地的科技型企业，强化本土的配套能力，就显得更为迫切。可目前企业困难多多，没有强大的风险投资支持，也缺乏成熟的转化机制。那么另辟蹊径，既要有政府专款设创业基金，又要争取企业参与，促进转换。建立创业服务体系，帮助创新创业者获得资金、技术、人才、信息和创业经验，这都是提高创业成功率的必要措施。

四、产业整合的关键是企业主体与市场运作

产业整合靠谁来整合？要靠"政府之手"，更主要的是靠"市场之手"，靠企业这个市场主体的市场运作。政府引导，但不是主导；政府协调，但不是政府运作。这个思维方式一定要改变过来。

整合可以通过两种形式来进行：一种形式是同类产业企业扎堆集聚，通过企业外部的垂直联系与水平联系，建立企业之间的产业联系网络，形成产业集群。另一种形式是以一些核心企业、规模企业为主体，跨地区、跨行业对关联企业进行兼并、重组，将产业联系内部化，整合成若干具有规模优势的企业集团。集团通过市场化运作，可以更好地规

避地区分割，突破行政壁垒，在区域内自行优化资源配置，建立产业组织体系，并以企业集团为龙头，组成地理接近型或地理分散型的跨地区的产业集群。现在，发达国家，包括美国的许多州，都纷纷抛弃原来以单一企业为主的产业政策，设计和执行集群型经济发展战略。长三角也应不失时机地发展和完善集群经济，发展一批以跨地区企业集团为核心的具有国际竞争力的产业集群。然而，在现有条件下，企业自行进行整合谈何容易，这就要借助行政的力量。政府要更加开明、开放，为企业的运作创造良好的环境。

——企业通过市场化运作自行整合，先要有市场运作的条件，要有开放和规范化的市场环境。企业的市场化运作，首先要通过市场一体化，营造一个与国际接轨，符合市场经济规律的市场化运行规则。要以立法等形式，打破地方主义、条块分割，在市场准入上，对本地企业与外地企业一视同仁，凡是外资可以进入的领域，民资都可以进入。在市场退出机制上，统一规范，统一运作方式，使落后企业能及时退出，优势企业得以扩张，取得资源的优化配置。城市吸引力的强弱，不仅仅取决于资源存量，还取决于吸引资源增量的能力。一个城市越是开放，市场环境越是规范，它吸引的资源也就越多，企业的运作越会灵活自如，企业的自行整合也会取得更好的效果。

——交通设施一体化是区域市场形成的必要条件，也是产业集群合理布局的重要基础。交通设施一体化是现在发展得最快的一项一体化。打造"3小时都市圈"已是连接上海，打通长三角快速通道的首选。以上海为中心正在形成集水运、铁路、公路、航空、管道等现代运输方式为一体的综合交通网络，将会带来生产力布局的重大变化。交通设施一体化不仅会大大降低企业市场化运作的交易成本，而且一体化所带来市场条件和产业错落有致的合理布局，也为企业的自行整合创造了良好的环境。

——企业的自行整合，需要金融、贸易、信息、物流等等现代服务业的支持。上海作为国际经济、金融、商贸、航运中心，是现代服务业高密度集聚的城市，应该以高水平的服务辐射全区，给企业的整合以强有力的支持。包括上海大型企业、投资中心在全区的并购、重组,包括证券市场、外汇市场、银行开拓异地业务等等,为长三角企业融通资金,包括通过技术市场、人才市场,为长三角企业输送必要的技术人才、管理人才,包括以强大的现代物流对长三角企业的支持。

——生态环境的一体化,加强环境保护的协调,把产业协同调整与环境保护、整治结合起来,坚持可持续发展,也是企业整合的一个必不可少的基础条件。

当然,在企业自行整合的运作过程中,"行政之手"不只是扶持和营造环境,也有引导、规范的作用。各个城市的整体规划、产业布局、产业政策、生态建设,等等,企业运作必须遵循这些规定。企业的兼并重组,尤其是外商的跨国并购,也要遵守现行的法律规定。无论是在各城市间推行经济、社会一体化,营造一个开放和规范的市场环境,还是对企业活动进行有效的规范和引导,都需要加强城市之间的沟通、协调,凸出城市间的协同。为了叙述的方便,这里仅就苏锡常都市圈为例,对城市间的协同作一些探索。苏锡常是江苏建立的第一个都市圈。建立之初即曾引起上海的警惕。学术界对是否需要建立这样一个都市圈也有质疑。实际上,现在构建的苏锡常都市圈,只不过是以上海为龙头的长三角大都市圈中的一个次级都市圈。这个都市圈的作用,可能主要是在推进经济社会一体化过程中,起着城市间协同的作用。有人说,苏锡常三市之间只有竞争,而很少合作。这在过去相当时期是指三市经济的发展是千帆竞发,各不相让,三市产业层次虽有一定差异,但差别不是太大,因而各成体系,产业之间垂直联系与水平联系不多,更谈不上城市间有多少扩散、辐射关系。现在,情况有了新的变化,在区域一体化发展的要求下,三市之间需要形成互动互补的关系,这就更需要凸出协同。三市之间竞争关系仍然是不可避免的,这主要是指吸引外资的竞争、产业集群的竞争、创新能力的竞争,等等。存在一定的竞争并不是坏事,这可以促进竞争各方在关注对方的同时,尽最大努力提高和完善自身,从而形成互动的关系。但竞争必须是良性的、有序的竞争,是合作竞争,形成双赢,形成互补。这就要竞争的各方积极地进行调整和协同。协同内容,重要的是各个城市要根据市场和对方的状况,适时调整自己的策略和行为;对企业的战略发展方向进行必要的引导;对已形成和可能存在的正面冲突进行及时的疏导,尽量形成差异性市场和错位发展;对不良的市场局面进行疏导和纠正,把不良竞争转化为良性竞争和互动关系,等等。这种基于良性竞争的博弈和协同的过程,正是城市间互动互补关系形成的过程。抓住了这个关键,就是抓住了苏锡常这个次级都市圈的要领。

参考文献

1. 《经济日报》,2003 年 1—8 月。
2. 《江苏经济》、《城市评论》,2003 年第 1~6 期。
3. 沈玉芳、张超《论长江三角洲未来产业整合战略》,《上海经济》2001 年第 10 期。
4. 沈玉芳《长江三角洲城市产业协同调整战略》,《城市评论》2002 年第 10 期。
5. 符正平《论企业集群的产生条件与形成机制》,《中国工业经济》2002 年第 10 期。

(原载《现代经济研究》2004 年第四期)

第五编

外向型经济与经济国际化

寻找外向化发展新的生长点

沿海地区经济发展战略提出之后,引起各方面的关注。议论纷纷,可以互相切磋、互相补充。但不论如何,沿海地区强调外向化发展总的方向是对头的。在新技术革命世界化和经济关系国际化的当今世界里,封闭或半封闭状态是难以求得发展的,进一步开放和进一步改革是取得迅速发展的必要条件。现今更需要探索的问题,是如何估价我们所面临的机遇和寻找外向化发展新的生长点,使外向发展有实质性的进展。

抓紧运用新的机遇

究竟如何估价我们所面临的国际机遇,应该说,尽管50年代和60年代的有利环境不会重现,但是一个新的有利机遇确实是存在的。我们不仅面临这样的机遇,而且沿海各个省份正在不同程度上利用这个机遇。日元升值以及台币韩元上升所引起的五大地区产业结构的调整,国际资本流动的增加,以及国际市场的重新分配,不论国际环境提供的机遇大小如何,都是我们可用和正在利用之机。当然国际经济的发展是变幻多端的,比较完整的看法应该是"挑战与风险同在,希望与困难并存",股市暴跌之后可能导致西方经济的衰退,贸易保护主义的抬头,国际市场竞争的日益激烈,等等,我们也应有充分的必要的准备。参与国际大循环,参与国际分工和国际竞争,首先就要有这样的本领。善于掌握和预测国际经济形势的变化,寻找和捕捉一切有利的机遇,也能应付国际经济的变幻,在各种环境下都有适时转换和适应的能力。

还值得注意的是,沿海地区可运用的机遇,是两个而不是一个,即国际机遇和国内机遇。沿海地区不仅面临一个新的国际机遇,而且有加快发展的本身的要求和本身的条件。从发展中国家发展的规律来看,从传统经济向现代经济转变过程中,必须有一个总量加速增长的过程。沿海地区尤其是长江三角洲和珠江三角洲的经济发展,已经达到以至超过了从准备阶段进入加速增长阶段的"临界点"或"转折点"。这个国内出现的机遇,我们也要充分加以运用。在国际上有一个不要贻误时机的问题,在国内同样有一个不要贻误时机的问题。

当然,中国之大,各地区经济、社会发展之不平衡,全国都要达到加速增长的"临界点",那还需要相当长的时期,而且可能比一般的发展中国家更为滞后。沿海地区经济发展战略,就是"加快沿海、稳定全国"的决策。应该让东部先行,充分运用东部地区的拉动作用,而不应人为地加以拉平。"梯度转换"是一个规律性的现象。只有在比较利益选择和从东到西有步骤推进产业结构逐步高度化的基础上,建立东部中部西部的关系,才能使全国经济发展出现新的活力和取得共同发展。

实行沿海地区经济发展战略,把沿海经济转上外向化发展的轨道,就是把两个机遇结合起来,使国内机遇通过国际机遇、国际大循环得以更快的实现。凭借自身的力量来取得经济的加速增长以实现现代化是一个路子,但是,那是一个漫长的过程。在经济国际化日益深化和新技术革命日益世界化的情况下,发展中国家的经济起飞越来越依赖于国际市场和国际大循环。亚洲"四小"的经济起飞,莫不是在从内向型到外向型转轨之后实现的。所谓外向型经济,并不是我们的目的,而是经济发展的一种战略,以及为实现这个战略所形成的经济体系。通过外向化发展所形成的出口创汇和利用外资——引进先进技术设备——优化产业结构、提高竞争能力——带动整个国民经济发展的循环扩大机制,对经济总量的增长起着"发动机"的作用。这种额外的推动力,会给达到转折点的经济带来加速度,促进这些地区更快地实现经济起飞和实现经济的现代化。

寻找外向发展新的生长点

新的生长点与新的增长因素是一个动态的概念,各地区经济发展的水平不同,外向化发展展开的程度不同,它所需把握的新的生长点也就各异。各个地区应根据自己的特色,分析自己的优势和劣势,从而确定自己的新的生长点。从江苏这样的省份来说,现在值得注意的是:

(一) 形成新的经济运行机制

发展外向型经济这个决策确定之后,近期的着眼点,不只是放在扩大开放度上,而应该放在加快形成适应外向发展的经济运行机制上。外向化发展要取得新的进展,必然伴随着一场深刻的改革。外向化发展必须取得改革的支持,把深化改革作为新的生长点,才能取得新的活力。尤其是外贸体制的出台,这是一个带有全局性战略性的改革,不仅在外贸体制上需要理顺关系,建立新的循环,而且要相适地深化金融体制、价格体制、人事劳动体制的改革,优化各种体制要素,就成为更为迫切的任务。

体制改革也有一个空间,即地区之间的配套协调问题。现在,一些开放改革综合试验的省份已经迈出新的更大的步伐。尤其是广东在外贸和财政体制大体就绪之后,正在着力于金融体制的改革,价格体制的改革,以及计划体制改革,强化市场机制。在沿海地区之间也是形势逼人,谁在创立新机制和新体制上过于迟缓,谁就会处于被动的地位而拉大差距。

外贸体制改革目前存在着多种模式。广东模式是"条条承包,条块保证";上海模式是把外贸承包和财政承包同时下达的条条为主,"两包一挂";江苏、浙江模式是"切块到市,层层承包";福建模式是沿海沿江地区切块承包,其余地区仍以条条为主。各类模式在原有体制上变动程度不一,因而引起的振动的幅度也不一样。各种模式都有自己的长处,也各有自己的短处。江苏的"切块到市",可以在进一步下放权力、调动各级的积极性、发挥江苏县区经济组织协调能力强的优势等等方面取得新的进展,但也不能忽视强化块块也会带来加剧分割,加剧条块矛盾,加强指令性计划又难取得实际效果等等新问题新矛盾,堵塞原有渠道,打乱原有的循环。从近期来说需要重视理顺关系,疏通渠道,建立新的循环。从远期来说,应同外贸改革以后的深化改革相衔接。今后外贸经营实体主要是:① 生产企业,出口企业集团直接进行进出口经营;② 专业进出口公司;③ 专业进出口联营,即外贸企业和生产企业以入股形式进行联营。现在的改革,应有利于这些经济实体的发展。

目前理顺关系,特别要正确处理以下一些关系:

其一是条块关系和块块关系。理想的外贸体制应该是既有充满活力的出口生产企业、企业集团和外贸企业,又有协调平衡功能较强的管理协调机构。因此,在外贸体制改革中,① 要鼓励具备条件的骨干企业和企业集团直接经营进出口,给予经营自主权和在政策上提供条件;② 实行政企分开,使外贸企业真正成为经营实体,发挥外贸企业的积极性;③ 要给块块必要的调控权,使块块真正起到保证作用,做到条块共同保证。

其二是国际大循环和国内循环的关系。这两个循环是互相结合而不是互相排斥的,所谓循环,主要是社会再生产的循环,是生产的要素在国内和国际之间的流动。国际大循环是以国内循环的畅通为基础的。"两头在外",应区别不同的商品有不同的"两头在外",而不能一刀切。电子、化工等产业可以较快地实行大进大出,纺织、轻工仍然要主要依靠同内地合作,建立稳定的原材料基地。进一步发展外向型经济,不仅要向外跑,而且要向内跑,发展同内地的横向联系。在国内市场上,沿海地区扩大出口以后,是要让出一部分市场,但是在优化产品结构和提高产品档次的基础上,一步一步地让出较低层次商品的市场。无论是资源或者市场,仍然是要利用两个市场两种资源而不是一个市场一种资源。

其三是创利和创汇的关系。外贸体制改革的核心是解决放开经营、自负盈亏的问题。但是目前依靠基数内亏损补贴,超额部分倒二八分成,以及增加外汇留成和退税等等还难以解决自负盈亏的问题,从而激化了创利与创汇的矛盾。但是企业总是按照自身的经济利益产生行为动机和确定行为目标的,只能是"吃饱了肚子再创汇",把创汇放在第二位。同时,创利与创汇的矛盾,现今并不完全表现于内销和外销的矛盾上,而主要是转移更多货源到外口岸和经济特区,在这些地方会高价或通过外汇市场调剂取得高额利润来完成创汇任务。

外贸改革是当前改革的重点,但同时也要围绕外向发展的要求,抓紧金融、价格、劳动人事等等体制的改革,通过配套的改革,加速新的运行机制的形成。

(二) 扩大利用外资,取得新的辅助推动力

资金不足,缺乏足够的投资动力,这是发展中国家首先会碰到的难题。江苏现在的经济发展,是具有凭借自身的力量来取得加速增长的,但在财政负担很重的情况下,不能不考虑在利用外资,获得追加资本,取得新的辅助推动力上有更大的突破,把利用外资作为一个新的生长点。为了取得突破,在现今这个紧要关头,可以不完全受利用外资要控制在所取得外汇 20～25% 以内的"警戒线"的束缚。应该说这是相当长的时期的平均指数,而不是每年必须控制的数字。只要宏观上有健全的外资管理体制,微观上有负债经营的本领,在经济发展初期和关键时刻,外资利用可更集中一些。江苏利用外资只占总投资额的 3～4%,南朝鲜在经济发展最初五年中利用外资占总投资额 50% 以上,它是实施以债务支持经济发展的发展策略,数额虽大仍取得了较好的效果。当然,利用外资是具有两重性的,是提前挪用了国民收入,以未来的资源流出换取当前的资源流入。因此建立一个有效的外资管理机构和体制,就十分重要,做到利用外资有规划、有目标、又有策略。规划和干预是为了保证外资有正确的投向,资金运用有效得当,首先是利用外资建立出口生产基地,扩大出口能力,以形成经济良性循环。而经济的蓬勃发展,又会在国际金融市场上获得优惠资金和吸引更多直接投资,

同时提高自身的积累能力和储蓄能力。规划和干预也是为了及时的协调,在资金缺乏的情况下扩大外资利用,而在外债增长过快时,适时进行调整和压缩。在策略上既注意吸引直接投资,也注意运用借入外债的形式,直接投资形式最大的好处是可以避免外债负担过大,但不容易取得利用外资上大的突破。究竟运用何种形式,要从各地区的具体情况出发,南朝鲜借入外债的形式占97%,而新加坡直接投资占90%,都取得了较好的效果。吸引直接投资,重要的是要有外资吸收的能力。这包括提高劳动者的素质,高效率的经济管理能力,以及社会再生产各部门的平衡,消除现有基础设施上形成的"瓶颈"。不提高在现有水平上有效使用资本的能力,是难以扩大外资吸收和利用外资的。在借入外债上要注意策略包括短期贷款和中长期贷款要合理安排,避免偿还高峰带来的风险;固定利率和浮动利率要合理搭配,分散利率的风险;官方贷款、国际金融机构贷款和商业贷款要有合理比例,尽可能取得较好的贷款方式;外债货币结构和外资来源、借债市场多元化,避免外债货币结构单一化和借债市场同一化可能带来的种种风险。

(三)"结构效应"的运用

所谓"结构效应",即产业结构的转换对经济增长的推动作用。为了取得尽可能快的经济增长和更大的经济效益,人们对增加投资、提高技术水平、改进经营管理、提高劳动生产率比较注意,这当然是重要因素,殊不知推动产业结构合乎规律的转换,也是求速度、求效益的重要途径。善于运用"结构效应",就是善于从推动产业结构演进中求经济发展的速度和效益。优化产业结构主要是解决产业结构的合理化和高度化。结构转换所以能对经济增长起促进作用,这是因为,经济总量增长的速度取决于资源的动员和有效配置,而结构状态在很大程度上决定资源配置的效果。产业结构比较合理,比例协调,同国内外需求结构相适应,与技术发展相适应,那资源配置是合理的,能保持经济的持续增长。如产业结构严重失衡,又与国内外需求不相适应,技术水平落后于当代技术的发展,这种资源配置的效果是低下的,经济增长必然是缓慢和不稳定的。特别是从中长期看,经济总量的增长更依赖于产业结构的转换,这主要体现在经济增长要靠具有高于平均增长率的新兴产业来支撑,要靠对传统产业的大规模技术改造。成熟以至衰退的产业比重过大,遇到市场饱和技术进步枯竭而日趋下降,会造成负增长,从而导致经济萎缩。运用"结构效应"也越来越引起人们的重视,一方面是适应国际市场的需要,一方面也是国内市场竞争的日趋激烈,迫使我们沿海地区不得不更上一层楼,迈上新的台阶。苏州市去年搞产品档次的梯形结构,把筛选的60只产品排成三个梯队:具有现实优势的产品15只,这些产品处于产品生命周期的成熟期;具有潜在优势的产品20只,这些产品正处于成长期;有后备优势的产品25只,这些产品目前尚处于萌芽期。无锡纺工多品种、多档多形式开发新品种新产品,说明我们正在从不自觉到自觉运用结构转换的效应。

这里需要注意的是,经济增长得越快,产业结构变换率越高。经济的高增长率和产业结构的高变换率是联系在一起的。沿海地区正在进入加速增长的阶段,更应该注意产业结构的适时转换。首先是解决产业结构的合理化,一、二、三次产业以及农轻重比例的合理化,是大结构的优化。大结构的演变规定次层次结构的演变,大结构的优化规定次层次结构的优化。同时,也要重视产业结构的相对高度化,特别第二产业向更高的层次演进。在劳动密集型产业和资金、技术密集型产业的关系上,劳动密集型产业还有相当时期发展的余地,我们应该充分利用当前的国际机遇,发展"三来一补",发展劳动密集型产品,不能错过时机。但这些毕竟是低层次的产业,我们还要武装机电工业,发展新兴产业和高技术产业,提高新兴产业所占的比重。沿海地区产业结构应转换得更快一些,力争形成高一个层次的产业结构,才能保证经济发展的后劲,发挥沿海地区的拉动作用。

再一个值得注意的是,通过国际大循环可以更有效地实现产业结构的转换。通过国际大循环所形成的循环扩大机制,可以推动我们的产业结构对国际需求的跟进速度,按国际需求优化和改造我们的产业结构和产品结构。而通过对新技术的引进、消化、创新,消除原有产品结构和需求结构之间的技术断层,从而加快产业结构和产品结构演进的速度。

(四)"后发性效应"的运用

先进国、先进地区具有较多的优势,后进国,后进地区为什么又能赶上先进,以至后来居上呢？可见后进国,后进地区也有它的后发展的优势,可以取得"后发性效应"。怎么运用"后发性效应"赶上先进,这也应成为一个新的生长点。新兴产业发展的过程,在目前条件下,难以超过"雁行发展过程",即第一阶段,本国这些产品尚未发展,大量引进这些产品然后再逐步减少,形成第一只雁;第二阶段,本国发展了这些产品,从较快的发展到逐步减慢,形成了第二只雁;第三阶段是发展到一定规模,由于后进国、后进地区的后发展优势,形成了在国际市场上有较强的竞争能力,形成第三只雁。从这里可以发现后起国、后进地区的优势,即它可以回避风险多、花费大的技术开发过程;可以利用先进国的资本和技术;可以把廉价劳动力同现代技术相结合,获得相当强的竞争能力。这种引进先进技术经过消化吸收创新,再打回去进行竞争,也叫做"反回头效果"或"回波效应"。为了取得"后发性效应",后进地区一是要保持廉价劳动力的优势,工资成本上升是必然的现象,但上升过快过猛,不仅出口竞争力下降,而且吸引投资的能力也会降低;二是要把廉价劳动力与先进技术相结合,与先进管理相结合,使廉价劳动力的优势得以充分地发挥;三是像江苏这些地区要发挥自己技术力量较强和工人素质较高的优势,注重消化吸收创新,尽可能缩短"雁行发展过程",尽早取得"反回头效果"。同时,引进与自己的技术开发也要结合起来,而不要忽视必要的自力开发。

"后发性优势"并不是所有后进国、后进地区都能运用得很好,取得较大的效果。后发展优势在许多情况下都会被抵消,都会受到制约。后起国"后发展优势",会被国际贸易的不利地位所抵消;廉价劳动力的优势,会被低劳动生产率所抵消;廉价劳动力如不同先进技术相结合,也不能取得强劲的竞争能力,工资成本优势,同样会被交通、邮电落后状态所抵消;没有一套适应外向化发展的体制和机制,比如体制改革不配套,低效率的经济管理以及汇价不合理,外贸经营上的浪费,等等,也会制约和抵消"后发展优势"。这都是不可不注意的问题。

(原载江苏省社科院《要报》1988年第7期)

广东的再考察与再思考

1987年5月,我们曾对广东的外向发展作过一次考察,同年12月,又随顾省长率领的江苏代表团再次去广东、福建进行调查研究。两次考察对比,许多方面给人以新的启迪。为了进一步研究沿海地带的外向发展战略,特对一些值得探索和思考的问题,录以备考,以飨后来者。

广东经济迅速增长的启示

广东经济近年来迅速增长,尤其是出口创汇的突飞猛进,给人以深刻的印象。十一届三中全会之前,广东出口额大约在10亿美元左右,1979年实行特殊政策之后,1980年突破第二个10亿,达到22亿美元,随后由于政策变动,出现一个时期的徘徊。1985年开始突破第三个十亿,达到30.35亿美元,比1984年增加5.2亿。1986年和1987年都以每年增加十亿美元的幅度增长,1986年出口创汇42.9亿、1987年出口创汇52亿美元。这两年广东出口创汇分别比上年增长41%和23%,超过国民生产总值的增长幅度。今后广东打算在相当时期内,外贸出口每年增长十亿美元,财政收入每年增长10亿人民币。到2000年的目标是,国民生产总值比1980年翻三番,从256亿提高到2054亿,人均国民生产总值达到1826美元(按1980年美元计算)。出口创汇翻三番多,从1980年的22亿增加到2000年的200亿美元。

广东对外贸易的迅速发展,带动了国民经济的全面增长。1986年广东的社会总产值占全国的比重,从 1980 年 5.35% 提高到 6.8%,国民收入从 1980 年的 5.95% 提高到 7.3%,工农业总产值从 1980 年的 4.75% 提高到 6.4%。

广东经济连年的高速增长,很发人深思。这不是一时偶然的现象,而是合乎规律的发展。这表明广东的经济发展正处在一个"转折点"或"临界点",它正在进入一个新的发展阶段,只要有一定的条件,经济就可以加速增长。不仅是广东,而且沿海比较发达的地区,都面临着两个机遇:一个是国内机遇,一个是国际机遇。

国内机遇:即沿海比较发达的地区经济发展已达到一个"转折点"。发展中国家现代经济的成长都有它自身的规律,大体上是经过准备条件阶段、加速增长阶段和稳定增长阶段,或称之为起步阶段、高速增长(起飞)阶段和发育成熟阶段。尤其是从传统经济向现代经济转化,都要经历一个总量上加速增长的阶段。是不是达到经济发展的"转折点"或"临界点",主要标志是① 实现了初步工业化;② 二元经济结构有根本的改变,一个重要的标志是农业剩余劳动力有 50% 以上转入非农产业,自然经济的比重大幅度减少,自我积累的能力进一步增强;③ 人均国民生产总值达到 300 美元以上,处于 300~1000 美元的区间,经济有了相当的实力;④ 人均收入达到相当水平,具有较高的储蓄能力;⑤ 有适应经济加速增长的体制和机制。有了这些基本条件,特别是二元经济结构的根本转变,经济成长便达到了一个"临界点",发展经济学称之为"刘易斯转折点"。

在乡镇企业的发展中也显示过这种现象,当一个乡有了 5000 万元的产值,一个县超过了 20 亿产值的"临界点",经济就会跳跃式的发展。这是不以人们意志为转移的。同样,一个地区、一个国家在人均国民生产总值 300~1000 美元区间,是经济发展最活跃的阶段,也是经济结构变化最快的时期。广东、江苏等沿海省份不仅已实现了初步工业化,而且农业剩余劳动力已有 50% 或接近 50% 转入非农产业。按 1980 年美元计算,1987 年广东人均国民生产总值 770 美元,江苏已超过 900 美元。珠江三角洲和长江三角洲人均国民生产总值均超过

1300美元。按世界银行以三年平均汇率计算，广东为400美元，江苏为480美元，珠江三角洲和长江三角洲均已接近700美元。

因此，可以说在我国现代经济成长中，沿海地带是全国最富有活力的地区，而珠江三角洲和长江三角洲又是沿海地带最富有活力的地区，是首先达到经济发展"转折点"的地区。利用当前有利机遇，加快沿海地区经济的发展，是一个根本性的大决策。如果采用拉平的办法，更多照顾东部、中部、西部的共同发展，只好大家缓辔前进。中国之大，经济发展之不平衡，以全国来衡量，达到经济加速发展的"转折点"，比其他国家更为滞后；如果像广东那样，让沿海地区先行一步，然后实行梯度转移，带动全国经济的发展，在经济上可以更有效地起带动作用，在政治上可以进一步树立社会主义国家的威望。

国际机遇：当前世界经济正处在一个转折时期，进一步国际化，调整与改革，科技进步已成为当今世界经济发展的三大潮流。现在不仅仍然存在着可以凭借新技术实现跳跃式发展的机遇，而且日元升值，台币韩元随之上涨，不仅给我们带来了扩大出口贸易的机遇，也出现了一个利用发达国家和新兴国家调整产业结构来加速我们产业结构调整和优化的机遇。广东、福建正在运用这种机遇，加快利用外资的步伐，发展"三来一补"。广东主要是来自港澳，福建正在发展同台湾的经济关系。对沿海地区来说，目前都面临着一个良好的时机。

国内机遇是内在的动力，国际机遇是外部环境，把两个机遇充分利用起来，就会形成一股强劲的力量，促进经济的加速成长。当然，经济的加速增长绝不是速度高而不稳、波动幅度过大的发展，而是具有既有较高速度又是长期稳定协调发展的基本特征。稳定并不意味着低速增长，加速增长也必须是持续稳定的发展。广东前六年已达到13.1%的年增长速度，提出后十四年要求平均速度为10.1%，这是可能做到的。

实行外向为主的倾斜战略

广东与江苏相比，都注重双向展开，利用两个市场和两种资源，但广东更倾斜于外向发展,倾斜于利用国际大循环;而江苏比较倾斜于利用国内循环,利用国内市场和国内资源。

前几年的发展说明,当广东利用国际大循环的路子尚未理顺,而江苏利用国内循环的路子比较顺手的情况下,江苏经济的发展快于广东,但当广东理顺了对外经济关系之后,广东经济的发展会更强劲有力。

这是因为,利用国际大循环,实现资源的转换,换回本国无法生产的先进设备和先进技术,可以更有力更有效的组织经济的发展。亚洲"四小"经济起飞,莫不是在内向型转为外向型之后实现的。南朝鲜转型前的1953—1961年国民生产总值年增长率为4.1%,转型后的1962—1972年平均增长率为9.8%,台湾转型前1953—1962年增长率为7.5%,转型后的1963—1973年为11.1%;新加坡转型前1959—1965年增长率为6.6%,转型后1966—1973年增长率为13.3%。

所谓倾斜,即是真正把工作的着重点转到发展外向型经济的轨道上来,更注意国际大循环。没有倾斜就没有重点,也没有协调的问题。广东着重利用国际大循环,但也注意适用国内循环,这就逐渐在形成一个良性循环:

出口创汇和利用外资⎫
国内交换和吸收内资⎭——引进先进技术、设备,利用国内外中间产品和原材料—优化产品结构和产业结构,提高国际市场上竞争能力—⎰更多的出口创汇,更多的参与国际分工与国际交换
⎱更大范围的开拓国内市场,发展同国内的商品交换

亚洲"四小"曾成功地运用过这种良性循环,称之为具有乘数效应的"循环扩大机制"。我们在大国条件下,如何把国际循环和国内循环有机结合起来,还是需要进一步研究的课题,但广东注意利用国际大循环,同时利用国内循环路子是值得重视的。

广东实行外向发展的倾斜政策,具体表现在一系列政策和对策上。

国内市场和国际市场,首先把目标瞄准国际市场。深圳、珠海和珠江三角洲都非常注意国际市场的动向,找寻国际有利机遇。内销和外销,通过随行就市、优质优价和综合补偿等办法,减少内销与外销矛盾,

能出口的尽可能组织出口。

在投资结构上,广东资金投向主要是引进先进技术、先进设备,发展出口生产和出口生产基地,相应的发展交通电讯等基础设施。广东用于生产基地建设的投资达 25 亿和 5 亿外汇,这些基地建成后,可提供 27 亿美元的出口商品。

在经济结构上,围绕外向发展的要求,进行一系列的调整和改组。

通过参与国际大循环,广东的技术水平获得显著的提高,取得了跳跃式的发展。不仅出口创汇大幅度的增长,而且"广货"在更大范围占领全国市场。在食品、服装等等方面,代表款式、花样、品种新潮流的,许多东西不再是上海而是广东。

重视产业结构的调整和优化

广东的发展说明,经济增长越迅速,特别是外向发展,要求更多产品进入国际市场,就迫切需要改变产品结构和产业结构的低度化和不合理状态。

经济加速增长必然呈现出两个基本特征:一个是总量的高增长率,一个是经济结构的高变化率。

产业结构的调整和优化,大体上是三个方面:① 产业结构的合理化,即一、二、三次产业之间、农轻重之间,以及各次产业内部在量的比例上的协调;② 产业结构的高度化,即产业技术结构和组织程度的提高,产业素质的提高;③ 产业的空间(区域)合理分布。

广东近几年加快了产业结构和产品结构的调整。在提高产业素质上,利用国际大循环,大量引进技术,实行传统产业的全行业改造,发展高技术产业。在组织程度上,在广泛发展三来一补的同时,也发展大型骨干企业,组织企业集团。在产业结构合理化上,注重了交通邮电基础设施的发展。"六五"期间,采取引进外资、银行贷款、地方自筹、民办公助、捐赠资助等办法,五年累计投资 56.6 亿,年平均增长 40.1%,改建永久性桥梁 490 座,在珠江三角洲建立了海陆空综合性立体交通网。

发展现代化通讯事业也有显著成就,广州、东莞都是集资和利用外资,各开通程控电话3.8万门和2万门。有36个市县对香港开通了直达电话。在一二三产业的协调上,第三产业有了较快发展。广东的第三产业在1978年以前一直是下降的,从1952年占国民生产总值28.6%、1957年的27.1%下降到1978年的23.3%,1978年以后才逐渐发展到1985年的26.6%。对广东第三产业特别是服务业、商业发展是否过快,一直有不同的看法。但他们认为,现在第三产业虽然有了较快的发展,但这种发展具有"补偿"性质,总的来说,发展规模依然不足,结构上也不尽合理。第三产业是由四个层次组成的:即流通部门、为生产和生活服务的部门、提高科学水平的部门和为社会公共需要服务的部门。1985年广东第三产业中第一层次占56.6%,第二层次占20.2%,第三层次占11.1%,第四层次占12.1%。这说明,传统性的第三产业,如商业、饮食业偏重,新兴的第三产业,如信息咨询、房地产业、科技开展等行业偏轻;服务型的第三产业偏重,提高型的第三产业偏轻。第三产业仍然要继续发展,特别是要协调结构,着重发展新型的信息、房地产、金融、旅游等第三产业。

重视资金的形成

资金积累、资金形成是决定经济成长的关键要素。发展外向型经济,组织经济的高速增长,就要千方百计地增加资金供给,扩大资金形成的规模。广东经济的迅速发展,并且有足够的后劲,就是重视扩大资金形成的规模,包括利用外资。"六五"期间加上1986年,广东社会固定资产投资达819亿。外加实际利用外资49亿美元。就经济实力而言,江苏胜于广东,但资金形成规模,资金的投入,广东大于江苏。

广东在财政上实行包干,外贸上取得突破之后,着重是抓金融体制改革。这个思路很值得重视。资金匮乏是发展中国家经济成长的主要障碍,必须有持续的资金形成才会有持续的经济增长。广东抓金融,主要是如何在国家宏观指导下,建立一个以市场调节为主,与国际市场密

切联系的,多形式、多层次、多渠道融通资金的金融体制。包括:

——发展金融市场,在短期资金市场基础上,开拓长期资金市场。根据全省国民收入的一定比例确定发行股票、债券的规模来发行股票和债券。在各经济中心城市设立一批企业资产评估机构和专门从事股票、债务代理发行、承购包销和买卖的证券公司,以利于整个业务的进行。

——逐步在各大中城市建立外汇调节市场。所有留成外汇均可进入市场调剂。设立经营外汇业务的金融机构,经批准可办理即期或远期外汇买卖业务。

——发展多种类型的金融机构。包括建立地方的非银行金融机构,鼓励省信托投资公司与外资金融机构合资兴办财务公司或信托租赁公司。

——改革信托管理体制。信贷资金实行切块管理。逐步扩大省存贷款的利率浮动权,存款准备金缴存比率的自主权和向国内外同业拆借资金的自主权。

——对外借款,按照每年还本付息总额不超过全省自有外汇25%的限度,编制对外借款和发行债券计划,经批准后实施。

这些措施都将有利于资金的积累和资金形成规模的不断扩大。

以改革促开放,形成适应外向型经济的运行机制

广东以改革促开放,促进外向型经济发展,也给人以深刻印象。他们是从突破中理顺经济关系,改革旧的体制,逐渐形成新的运行机制。在新旧体制交替过程中,由于旧体制的粘性很大,存在许多合理不合法的事情。广东的做法是理顺体制,用足政策,敢于变通,择优决策,巧妙安排,团结默契。对实际工作中遇到的问题,敢于创新突破,敢于灵活变通。没有红头文件的,经一定的请示手续,进行探索试验;有红头文件的,就宽不就严,就高不就低;中央各个部门规定互相矛盾的,由地方决定,从实际出发,确定实施方案。

广东正在加快全面综合改革和全面开放,深化改革的目标是争取三五年内,建立起有利于有计划商品经济发展和发展外向型经济的新的体制的框架。

除财政包干和金融体制改革之外,外贸体制改革也有很多突破。以随行就市、内外同价解决了内销和外销的矛盾;以综合补偿和外汇市场,解决了交通邮电基础设施还贷和高亏产品的出口问题;以用活周转外汇;加快了外汇的周转率;下放外贸经营权力,调动了各市县的积极性,同时也以进口执行国家最高限价,出口执行国家最低限价,进行必要的宏观控制;下放外贸利用权,扩大外资利用的范围。广东外贸改革还在深化发展,逐步实行外贸全面包干,实行独立核算,自负盈亏,放开经营,协调对外。

广东的价格改革步子也跨得大,除解决内外贸价差矛盾之外,价格放开的幅度比较大,引进市场机制从各方面取得了成效。广东在价格上的浮动,以及利率、工资上的浮动更多吸引全国的资金、物资、人才流向广东。广东的改革会同其他省份体制不相协调,造成种种摩擦,但是价格放开毕竟是发展的方向。广东打算用三年时间理顺主要商品价格,用两年时间完善配套措施,这将更加有利于外向型经济的发展和经济的加速增长。

广东正在深化企业改革,实行政企分开,建立国有资产管理体系和经营机制,以实现国有资产的增值和收益的扩大。同时积极推行股份制,大中型企业和企业集团可以互相参股、控股,也可以到外省互相参股、控股。完善企业的竞争机制,发展横向联合。广东的人事劳动制度也有新的进展,目标是职工和工资的增长要与经济的发展、市场物价变动相适应,把效益放在第一位,在促进提高效益前提下体现社会公平。经济特区许多企业已经是:"干部是聘任的,职工是合同制,资金是借来的,设备是租赁的",这样的企业上下左右莫不奋发拼搏,以求生存和发展。

广东的农业的发展,尽管评价不一致,但也是一种探索。农村改革进一步的深化,主要是通过农村土地使用权有偿转让和农产品价格改革,推动承包的土地向专业户集中,创办各种类型的农场,实现土地的规模经营和集约经营。同时,大力发展开发性农业和创汇性农业,以外引内联推动农业和农村的现代化。

广东的经验说明,开放必然伴随着一场深刻的改革。发展外向型经济,带动经济的加速发展,没有一套相适应的经济运行机制是步履维艰的。广东在七八年间,在突破中逐步理顺体制,虽有过曲折和失误,但终于创出一条适合自己发展的路子。

(原载江苏省社科院《要报》1988年第2期)

山东考察纪实

近年来山东经济发展与江苏的对比

此次山东考察,给人的印象是,山东经济的发展正在加快,1987年的发展已经是和江苏并驾齐驱、等速前进。

(单位:亿元)

	国内生产总值	比上年增长%	国民收入	比上年增长%	工农业总产值	比上年增长%
山东	642	13.2	560亿	13.1	1191.8亿	19.4
江苏	862	13.8	753亿	13.5	1754.59亿	20.37

1980年以来,山东与江苏经济发展的差距,大体上经历了这样一个过程:1980年两省国内生产总值和国民收入不相上下,山东的国内生产总值和国民收入均相当于江苏的99%,工农业总产值差距大一些,山东为江苏的84.18%。从1980到1985年,两省差距拉大,到1985年,山东国内生产总值为江苏的84.5%,国民收入为江苏的80%(79.55%),工农业总产值为江苏的70%。1986年和1987年,两省的差距继续有所扩大,但幅度减小。1986—1987年山东的国内生产总值大体上为江苏的75%左右,国民收入则保持74%上下,工农业总产值为江苏的68%左右。

(单位：亿元)

		80	81	82	83	84	85	86	87
工农业总产值	山东	524.27	545.53	593.49	666.28	772.82	895.47	997.87	1191.8
	江苏	622.76	673.9	737.23	824.96	1003.75	1270.5	1458.17	1754.59
国民收入	山东	271.02	292.7	316.4	351.91	4i7.64	460.2	494.96	560
	江苏	272.89	298.57	335	382.4	466.31	578.46	663.9	753
国内生产总值	山东	320	—	—	—	498	550.5	588	642
	江苏	321.8	—	—	—	528	651.54	751.99	862

山东经济发展加快，比较突出的是几个方面：

1. 农业的稳定增长。山东的粮食是六年连增长，江苏则有过波折，1985—1987年基本上是三年徘徊。棉花两省都有过两年连续下降，但山东恢复的略快一些。从1985年开始，山东的农业总产值（新口径）已超过江苏，跃居全国第一。

(单位：万吨)

		81	82	83	84	85	86	87
粮食	山东	2313	2375	2700	3040	3138	3260	3393.7
	江苏	2511.65	2855.45	3052.75	3353.6	3126.52	3339.56	3257.7
棉花	山东	67.5	96	122.5	172.5	106.23	94.1	124.4
	江苏	56.35	57.6	66.28	66.59	47.91	40.11	44.4

农业总产值 (单位：亿元)

	85	86	87
山东	276.55	277.4	299.5
江苏	232.84	247.42	255.08

2. 出口创汇。江苏近年来是逐年上升的,山东曾有过两次波折,但山东的出口贸易额一直大于江苏。1987年,山东出口总额为29.8亿美元,扣除8.5亿石油出口之外,也大于江苏的21.1亿美元。

(单位:亿美元)

	80	81	82	83	84	85	86	87
山东	17.6	18.9	16.6	18.1	22.9	26.7	21.4	29.8
江苏	8.5	11	12	13.75	14.9	15.6	17.2	21.18

3. 投入的增加。85年到87年,山东全民和集体所有制的固定资产投资均大于江苏,年末城乡居民的储蓄余额也大于江苏。

全民集体所有制固定资产投资 (单位:亿元)

	85			86			87		
	总数	全民	集体	总数	全民	集体	总数	全民	集体
山东	130.6	100.4	30.2	165.8	122	43.3	234.4	155.6	78.8
江苏	100.9	82.23	18.67	120.0	97.1	23.4	150	122	28

城乡居民储蓄金额 (单位:亿元)

	85		86		87	
	总数	比上年增长	总数	比上年增长	总数	比上年增长
山东	130.2	28.5	175.6	34.9	242.4	38
江苏	99.5	32.9	139.59	40.5	193.69	38.8

4. 乡镇企业的发展。山东的乡镇企业比之江苏还有相当的差距,但发展速度在加快。这里主要是把两省的乡镇工业作些比较。

(单位:亿元)

	80	81	82	83	84	85	86	87
山东	51.58	54	64.2	73.97	98.23	123.4	169	310.8
江苏	110.25	125.74	134.19	162.09	236.33	383.32	496.31	656.43

1987年,山东的国民生产总值、国民收入、工农业总产值均比1980年翻了一番,七年实现了第一个翻番(江苏五年)。在第一个翻番的新增产值中,农业新增产值占20%,乡镇工业占40%,全民所有制新增产值占30%,其他方面占10%。

趋势预测:苏鲁两省经济发展的路子并无过大的差别,体制和经济环境也大同小异。江苏与广东对比,广东外向发展的倾斜度明显地大于江苏;广东利用外资、引进技术所取得的技术上跳跃式的发展,也超过了江苏;广东经济结构的调整快于江苏;广东经济体制改革的步伐也大于江苏。但山东与江苏相比,在这些方向都没有太大的差别,只是商品意识和经营能力上存在着差异。因此,今后苏鲁两省的差距是否逐步缩小,以至山东的发展是否会超过江苏,最关键的问题,是在发展中、尤其是外向化的基本思路和战略决策上有无新的重大突破,从而导致两省落差的缩减。山东正在努力取得突破性的发展,而且在外资、农业、基础设施等方面超过了江苏。江苏对此要有紧迫感。

山东"东部大开放,西部大开发"的发展战略

山东很重视发展战略的研究,既立足于近期行动,又着眼于长远考虑,并根据形势的变化修改补充原有的发展战略。山东发展战略,原来提法是,扬长避短,重点发展,逐步转向内涵发展为主,依靠技术进步振兴经济,远近结合,充分利用沿海"窗口",搞好内联外挤,带动全省经济的发展,实现"富民兴鲁"。

1987年实现第一个翻番之后,曾设想第二个翻番的路子是实行四个转变:从数量增长型向质量推进型转变,由外延向内涵为主转变,由

粗放经营向集约经营转变,由半封闭向全开放转变,强化基础,优化结构,使经济进入一个新的成长阶段。

沿海地区经济发展战略提出之后,以及黄淮海大平原作为粮棉油生产的一个重点开发区,山东认为"东部参加国际大循环和西部参加农业大开发,对山东经济发展有决定性的影响",因而提出了"东部大开放,西部大开发"的发展战略。

——这个战略既注意到东部的外向化发展,又重视西部的开发,以参加黄淮海大平原开发为主,根据不同地区提出不同要求,对沂蒙山地、湖区、滩涂和海岛的开发,进行分类指导。

——把东部大开放和西部大开发有机结合起来,处理好沿海和腹地的关系,以东部大开放带动西部大开发,以西部大开发促进东部大开放。东挤西协,南联北靠,四面借力,全方位开放。

山东正在寻求新的突破

山东寻求新的突破,首先是在大开放、在外向化发展上的新突破,同时也积极组织大开发上取得新的突破。

1. 在外向化发展上,山东正谋求同韩国经济往来上有新的突破。他们采取只做不说、不宣传的办法,通过民间贸易、学术交流、华侨关系发展同韩国的经济关系。韩国的"山东热"也给山东提供一个极好的机遇。他们打算把劳动密集型产品转移到距离最近的山东,也希望帮助山东发展汽车工业,生产 10 至 50 万辆小轿车。山东在韩国的华侨 10 多万人,威海卫距韩国只有 94 海里,机帆船当天即可来去。威海、烟台、青岛都在同韩国进行接触,行动最快的是青岛,青岛已派出原外经委主任、现担任贸促会会长组团去韩国,韩国由部长一级出面接待,并草签了一些项目和意向书。与韩国经济关系上的突破,将会使我们更全面地利用"四小"调整产业结构的机遇。山东在这方面能有大的发展,将会使山东外向型经济有突破性的进展。江苏也应重视这个机遇,采取只做不说的办法发展同韩国的经济关系,或与山东联合开发同韩国的经济往来。

山东在发展对外经济关系上，通过各种方式扩大自己"知名度"的做法，也很值得重视。山东在国际上的"知名度"似乎高于江苏，但山东仍重视扩大自己的"知名度"。山东最近在北京举行了一系列新闻发布会，淄博以花灯宣传自己的"知名度"，潍坊以风筝宣传自己的"知名度"，烟台以葡萄酒宣传自己的"知名度"。潍坊去年被定名为"世界风筝都"，烟台被定名为"国际葡萄酒城"。实际上他们都把花灯、风筝、葡萄酒与洽谈贸易合而为一，利用一切机会扩大"知名度"，发展对外经济关系。

山东在发展外贸上，一方面重视对原有大中型企业的技术改造，以扩大出口创汇。山东在今年北京新闻发布会上，推出450家企业，进行公开招标，使这些企业在合资的优惠条件下，进行大规模的技术改造，以这些企业为骨干推动出口创汇的发展。另一方面也重视创汇农产品的发展。山东的出口产品结构中，农副产品、原料和初级产品的比重大于江苏。山东认为在近期内对改变出口商品构成不宜过分强调，在现有条件下，丝毫不应放松出口土特产品的一切可能性。在潍坊等农业资源丰富的地区，比较成功地组织创汇农业的发展。潍坊在乡镇企业中建立起34个农副产品商品基地，形成五大生产体系：包括以苎麻、花生、果品为主导的"贸工农"生产体系，以肉鸡、肉兔、水貂为主的"贸工牧"生产体系，以沿海滩涂开发为主的"贸工渔"生产体系，以民间工艺、木版年画、风筝为主的"贸工艺"体系。潍坊对农业资源的开发和贸工农的展开，超过江苏北部几个市。潍坊全市720万人，小于扬州（899万人）、盐城（739万人）、淮阴（927万人）、徐州（726万人），但潍坊1987年外贸收购额10.7亿，超过扬州（9.13亿）、盐城（5.44亿）、徐州（3.56亿）、淮阴（3.2亿）各市的收购值。

山东外贸体制改革的做法比较稳妥。今年在准备工作没有做好以前，维持原有渠道不变，仍由各分公司承包。从1988年7月份开始，将服装、轻工、工艺三公司的业务承包下放各个市，明年一月一日以后，再进一步将其他公司包给各个市。山东外贸今年增长的幅度也比较大，

1—4月,全省收购额增长30%以上。

2. 通过参与国际交换与国际况竞争,优化产业结构,运用结构效应推动经济的发展。

青岛市在这一点上做得比较突出。1984年,中央负责同志要求青岛从产品的结构论证入手,明确自己发展的重点产品和重点行业。从1984年开始,共引进设备5518台套,从重点企业改造入手,对青岛这个老工业基地开展了全行业技术改造,并以家电为中心发展了新兴产业。1984年开始起步已迟了一些,但青岛坚持高起点,同国际名牌厂家合作,引进七十年代末、八十年代初的先进技术,包括同西德合作生产的琴岛—利勃海耳电冰箱,同西德矮克发合作生产的照相机,同三洋合作生产的分体式空调器,同松下合作的青岛彩电、洗衣机等等,成为青岛"五朵金花"。产品的国产化程度也在发展,电冰箱国产化程度,零件比和价格比各为90%和52%;彩电各为78%和85%,照相机为88.2%和54%,洗衣机为100%。引进技术优化产品结构,使全市80%的市属企业的技术装备有了明显的改善。企业的组织规模也有了新的发展,近几年同27个省市10个部,50多所大专院校合作,发展了横向联系,组成12个企业集团。1987年,在沿海经济发展战略提出以后,青岛又按照外向发展的要求,进行了产品结构和产业结构的第二轮论证,重新修改产品结构和产业结构的规划。

青岛优化产业结构另一个方面,是下功夫提高城市基础设施的建设水平和承受能力。从1984到1986年,青岛用于城市基础建设的总投资占全市固定资产投资总额的11.8%。青岛电力工业总产值1986年比1978年增长1.39倍,交通运输1986年比1985年增长12.8%,高于全国平均水平3.8个百分点。

青岛通过参与国际交换与国际竞争,推动产业结构的合理化和相对高度化,实现了经济持续的跳跃式的增长。社会总产值、工农业总产值、工业总产值年递增速度,1984年为14.1%、11.1%、9.5%,1985年为20.8%、16.3%、15.6%,1986年为17.3%、13.7%、15.7%,外贸出口商品收购总值平均每年增长11.92%。运用"结构效应"成了青岛求速度、求效益的重要途径。

3. 两个基础的建设。

山东重视抓好两个基础：一是狠抓农业这个基础。山东所以能够六年粮食连续增产，棉油波动不大，主要是在两次农业生产结构调整中做得比较稳妥。在1979年到1984年的种植业结构调整中，比较放手的让各地区因地制宜、调整结构，改变了种植业结构单一的状况，使长期压制在以粮为纲框框里的农业生产力得以释放出来。在鲁西北大面积扩大了棉花种植，在东部地区扩大了花生等经济作物的面积。六年间，农业总产值平均每年递增9.7％。在1985年的第二次调整中，山东确保了粮食的稳定增长，在棉花种植面积下调的同时，增加花生等种植范围，千方百计补偿压缩棉花所带来的损失。山东的第二次调整说明，随着农村工业和副业的发展，比较利益就是一个突出的问题。农业与工副业以及第三产业的落差越大，越是要注意调整的稳妥性，尽可能采取"微调"的做法，而不要大来大去。山东的棉花虽然也经历了两年下降，但恢复得比江苏快，这一方面是江苏的乡镇企业的发展快于山东，工农之间比较利益的矛盾大于山东，另一方面，也是山东在调整工作上做得比较稳妥取得了效果。

山东抓好农业另一个比较突出之点，是狠抓开发性的生产。山东开发的潜力大于江苏，把这方面力量发挥起来，将是一支不可忽视的力量。山东重视开发，而且根据不同情况，分类指导，对鲁西北的开发，沂蒙山区的开发，沿海滩涂的开发，湖区的开发和海岛的开发，都分别制订了不同的开发方案。1987年，山东又提出在农业要做好三篇文章：一是充分挖掘现有耕地的潜力，重点改造7000万亩中低产田；二是积极开发4600万亩荒山荒坡和草场，发展林果业和畜牧业；三是大力开发利用3000亩浅海滩涂及其周围岛屿和400万亩淡水水面，发展水产养殖。

其二是抓能源、交通邮电等基础设施。山东资源的丰富大大超过江苏，但山东经济发展同样受制于电力不足、交通邮电落后以及水资源的缺乏,这些"瓶颈"远远没有解决。山东的交通运输好于江苏,山东的财政收入大于江苏,能在交通运输事业方面有较多的投入。电力发展,1986和1987年,每年增发电机容量约70万千瓦。山东已积极采用"迂迴发展"的办法,解决基础工业和加工工业之间的失衡状态。山东连年干旱,淡水资源严重缺乏。人均占有淡水资源473立方米,相当全国人均占有量的1/6。一般年份可供水量仅能满足社会总水量的2/3。青岛这样的工业、旅游城市都严重缺水,原有水库已不敷应用,准备以"引黄济青"的大工程来解决用水问题。

4. 资金形成和资金投入的扩大。

1985年以前,苏鲁两省全民所有制单位固定资产投资基本相当,但1985年以后,差距拉大,山东的投入高于江苏。集体所有制投资在1985年之后,也呈现差距扩大的趋势,山东也高于江苏。

集体所有制单位固定资格投资,可能统计口径不一,实际差距不如下列表格里显示的那么大。但全民所有制投资,山东国家投资重点项目多于江苏,因而投资的总额也大于江苏。从1979至1987年,山东实际利用外资19.73亿美元,其中国家统借统还的就达17亿美元。

全民所有制单位固定资产投资 （单位:亿元）

	80	81	82	83	84	85	86	87
山东	35.83	29.63	43.39	14.91	67.06	100.42	121.95	155.6
江苏	34.73	30.9	42.01	47.29	56.94	82.23	97.1	122

集体所有制单位固定资产投资 （单位:亿元）

	85	86	87
山东	30.2	43.3	78.8
江苏	18.67	23.4	28

资金来源,除国家投资之外,山东财政收入大于江苏。1987年,山东财政留用72.79亿,多于江苏。城乡居民年末储蓄余额,山东历年均大于江苏。大致上是储蓄余额增加幅度小于江苏,但绝对数字大于江苏;人均储蓄额基本相等(江苏人均307元,山东人均304元),但总量大于江苏。

投入大意味着后劲大,山东正在努力增强自己的后劲。现在问题是,在投入相差不大的情况下,决定的关键是投资的质量。谁能取得更快的发展,就决定于资金投向的正确和资金利用效率的提高。

山东在发展中也有些值得注意的新问题:

——山东正在寻求新的突破,但新的突破只是向敢于突破的人招手。山东的同志也感到自己思想解放得还不够。这当然不能完全怪罪于孔夫子,而是要善于适应外向发展的特点,寻求新的增长因素。类似发展与南朝鲜的贸易关系等等,需要形式多样,早日取得实质性的突破,才不至于坐失良机。处于开放第一线的烟台市长深感要有一套按国际惯例办事的体制,更多地引进市场机制形成适应外向发展的运行机制。确实如此,开放的突破也需要改革上的突破。

——山东是资源大省,石油、煤炭之丰富大大超过江苏,山东也重视了处理好东部和西部的关系。但正如山东同志所说的,资源的丰富不能成为包袱,不能满足于自己内部的小循环。在参与国际大循环,以及东部先行,带动全国的形势下,小循环必然要同国内和国际大循环结合起来,可以以自己的资源换取资金、技术,也可以组织更多的跨省市合作,根据比较利益和合理利用的原则,该利用的国内和国际资源也要充分地加以利用,大进大出,让资源成为发展商品经济的推动杠杆。

——青岛市引进先进技术优化产品结构和产业结构的效果是比较显著的,但是考察的其他城市似不那么突出。山东和江苏一样,都需要在"科教兴鲁"和"科技兴省"上迈出更大的步子。沿海地区如不通过包括引进技术在内的技术进步,使自己的产品结构和产业结构跨上新的层次，不仅影响自己发展的后劲，也无力对全国的发展起拉动作用。沿海省份的欠发达地区，也应该努力把先进技术和廉价劳动力结合起来，运用"后发展优势"赶上先进地区，而不能仅仅依靠低水平的重复，那只能跟进而不会取得跨越性的发展。

（原载江苏省社会科学院《要报》1988年第9期）

机遇·运行机制·新的生长点

——寻找外向化发展新的生长点

沿海地区加快外向化的经济发展战略提出之后,引起了各方面的关注。在新技术革命世界化和经济关系国际化的当今世界里,封闭或半封闭状态是难以求得发展的,进一步开放和进一步改革是取得迅速发展的必要条件。因此,现今更需要探索的问题,是正确估价我们面临的新的机遇和寻找外向化发展的新的生长点。

抓紧运用新的机遇

目前,我们正面临着一个新的有利的国际机遇:日元升值以及台币韩元上升所引起的亚太地区产业结构的调整,国际市场的重新分配,国际资本流动的扩大等等。所有这些,都是我们可以利用之机。当然,国际经济的发展是变幻多端的,环境往往是"挑战与风险同在,希望与困难并存"。我们对此应该有充分的准备,善于运用国际经济周期性波动的时间差和地区差。国际经济和国内经济无非是四种对应状态:国际经济繁荣,国内经济也繁荣;国际经济不景气,国内经济也不景气;国内经济繁荣,国际经济不景气;国际经济繁荣,国内经济不景气。在第一种对应状态下,应扩大出口,提高我国在世界市场所占比重大的紧俏商品的价格,提前偿还外债;在第二种对应状态下,应扩大引进资金、技术的规模,利用经济特区进行发展;在第三种对应状态下,主要是在资金上大进大出,扩大资金、技术的引进,增加对外投资;在第四种对应状态下,应在物资上大进大出,大力发展出口,适当增加生产资料和生活资料的进口。无论国际经济形式有何种变化,我们都应该有足够的适应能力。

沿海地区不仅面临一个新的国际机遇,而且有加快发展的本身要求,也有一个国内机遇。从发展中国家发展的规律来看,从传统经济向现代经济转变过程中,必须有一个总量加速增长的过程。从发展中国家经济发展一般要经过准备条件阶段,加速增长(起飞)阶段和稳定增长阶段来分析,沿海地区、尤其是长江三角洲和珠江三角洲的经济发展,已经达到以至超过了从准备条件阶段进入加速增长阶段的"临界点"。这些地区不仅实现了初步工业化,而且具有相当的经济实力,人均国民生产总值以1980年美元计,已超过1000美元,以3年平均汇率计,也已超过600美元;人均收入达到相当水平,有较强的储蓄能力;同时在体制转轨上和新机制的创立上也处于领先的地位。以上这些有利条件,我们也要抓紧予以利用。

实行沿海地区经济发展战略,把沿海经济转上外向化发展的轨道,就是把两个机遇结合起来,使国内机遇通过国际机遇、通过国际大循环得以更快的实现。只凭借自身的力量来取得经济起飞,当然也是一种发展的路子,但那是一个漫长的过程,在经济国际化日益深化和新技术革命日益世界化的情况下,发展中国家的经济起飞越来越依赖于国际市场和国际大循环。发展外向型经济,并不是我们的目标,而是经济发展的一种战略,以及为实现这个战略所形成的经济体系。通过发展外向型经济,将形成出口创汇和利用外资——引进先进技术、设备——优化产业结构——带动整个国民经济发展的良性循环,这种循环扩大的机制,对经济总量的增长起着"发动机"的作用。这额外的推动力,会使经济发展加快速度,促进这些地区更快地实现经济起飞。

形成新的运行机制

加快发展外向型经济这个决策确定之后,近期的着眼点不只是放在扩大开放度上,而且要重视尽快地形成适应外向化发展的经济运行机制。外向化发展要取得新的进展,必然伴随着一场深刻的改革。外向化发展必须取得改革的支持,才能取得新的活力。从这个意义上说,形成新的运行机制也是外向发展一个新的生长点。尤其是外贸体制改革的出台,这是一个带有全局性战略性的改革,不仅需要优化外贸体制,而且要配套进行金融体制、价格体制、计划体制、人事劳动体制的改革。经济运行机制通常是指在一定体制条件下,各种经济现象之间互相作用的关系。它是各种经济因素综合作用的结果,因而优化各种体制要素,使经济在一定边界内正常运行,就是一个更为迫切的任务。

体制改革也有一个空间配套协调问题,即各地区之间的配套协调问题。现在一些改革开放综合试验的省份在深化改革上已迈出更大的步伐,在财政包干和外贸体制已理出眉目的基础上,更着力于金融体制、价格体制的改革以及计划体制的改革,强化市场机制。在沿海地区之间也是形势逼人,谁在创立新机制和新体制上过于迟缓,就会成为"低谷",就会处于被动的地位而拉大差距。

外贸体制改革现在存在着各种模式。广东模式是"条条承包,条块保证";上海模式是把外贸承包和财政承包同时下达的"条条为主,两包一挂";江苏、浙江模式是"切块到市,层层承包";福建模式是把沿海地区切块承包,其余地区仍以条条为主,下放给各级外贸公司。各种模式都有自己的长处和短处,但长处较多的是条块共同保证。"强化块块",可以在进一步下放权力、调动各级的积极性,发挥县区组织协调经济能力强的优势等等方面取得新的进展,但不能忽视强化块块也会带来加剧分割,加剧条块矛盾,加强指令性计划又难以取得实效等等新问题新矛盾,堵塞原有渠道,阻塞原有的循环。从近期来说需要重视理顺关系,疏通渠道。从远期来看应同今后外贸体制进一步深化相衔接。目前特别要处理好以下一些关系。

一是条块关系和块块关系。理想的外贸体制应该是既有充满活力的出口生产企业、企业集团和外贸经营企业,又有协调平衡功能较强的管理协调机构。因此,在外贸体制改革中,(1)要鼓励具备条件的骨干企业和企业集团直接进行进出口经营,给予必要的经营自主权和在政策上提供条件;(2)实行政企分开,使外贸企业真正成为经营实体,并通过入股参股进行跨地区多层次的联合,逐步成为大商社一类的大型外贸公司和工贸、农贸联营企业;(3)要给块块以必要的调控权,使块块真正起到保证作用,做到条块共同保证。

二是国际大循环和国内循环的关系。这两个循环是相互结合而不是相互排斥的,国际大循环应建立在国内循环畅通的基础上。所谓国内和国际循环,主要是社会再生产的循环,是生产要素在国内和国际之间的流动。"两头在外"应根据不同商品采取不同的"两头在外",而不能"一刀切",电子、化工等等产业可能较快地实行"两头在外",而纺织、轻工仍然要主要依靠同内地合作,建立稳定的原材料基地。进一步发展外向型经济,不仅要向外跑,而且要向内跑,发展同内地的横向联系。在国内市场上,沿海地区扩大出口以后,是要让出一部分市场,但是在优化产业结构和提高产品档次的基础上,一步一步地让出较低层次商品的市场。

三是创利和创汇关系。外贸体制改革的核心是放开经营,自负盈亏。但是目前依靠基数内亏损补贴、超额部分倒二八分成,以及增加外汇留成和退税等等办法,还难以解决自负盈亏的问题,从而激化了创利和创汇的矛盾。但企业总是按自身的经济利益产生行为动机和确定行为目标的,只能是"吃饱了肚子再创汇"。同时,创利与创汇的矛盾,现今并不只表现于内销和外销的矛盾上,而主要是表现在转移更多的货源到外口岸和经济特区去,在这些地方卖高价或通过外汇市场的调剂来完成创利任务。

在搞好外贸体制改革的同时,也要围绕外向化发展的要求不定时地深化金融、计划、价格等等体制改革,只有各种体制要素的优化和配套,才有可能使经济运行机制一步步接近最优状态。

寻找外向化发展新的生长点

新的生长点和新的增长因素是一个动态的概念,各地区经济发展的水平不同,外向化发展展开的程度不同,它所需要把握的新的生长点也就各异。各个地区在分析自己的特色、自己的优势和劣势的基础上,可以比较准确地确定自己新的生长点。从江苏这样省份来说,现在值得注意的是:

(一)吸引更多的国际金融资源,取得新的辅助推动力。资金不足,缺乏足够的投资动力,这往往是发展中国家首先碰到的难题。江苏现在的经济实力,是可以凭借自身的力量来取得较快的发展的,但在财政负担很重的情况下不得不考虑在利用外资,获得追加资本上有更大的突破,把利用外资作为一个新的生长点,取得新的辅助推动力。为了取得新的进展,在现今这个紧要关头,不要完全受利用外资要控制在所掌握外汇的20～25%的"警戒线"的限制。应该说这是相当长时期的平均指数,而不是每年必须控制的数字。只要宏观上有健全的外资管理体制,微观上有负债经营的本领,在经济发展初期和关键时刻,外资利用可以更集中一些。江苏外资利用只占全省总投资额的3～4%,而南朝鲜在经济发展最初五年,利用外资占总投资额50%以上,它是实施以债务支持经济发展的发展策略,数额虽大仍取得了较好的效果。从二十年平均数来看,南朝鲜利用外资也只占总投资额的28%。利用形式也要从各地区不同情况出发,既重视吸引直接投资,也不忽视借入外债的形式。这两种形式都有成功的先例,南朝鲜借入外债形式占97%,而新加坡反之,直接投资占90%,可是都取得了较好的效果。直接投资形式最大好处是可以避免外债负担过大,"用足"政策,享受更多优惠条件。但有条件也可以适当扩大借入外债的形式。当然,利用国际金融资源总是有两重性的,是以未来的资源流出换取当前的资源流入,因此建立一个有效的外资管理机制和体制就十分重要,做到利用外资有规划、有目标又有策略。规划和干预是为了保证外资有正确的投向,资金运用有效和得当,并及时加以协调和调整,保证外资利用效果和利用与偿还的平衡。在吸收直接投资上,重要的是要有外资吸收的能力,这包括有较高素质的劳动者,高效率的经济管理能力,和社会再生产各部门结构的平衡,消除现存基础设施上的"瓶颈",不提高在现有发展水平上所具有的有效使用资本的能力,是难以扩大资本吸收能力的。在借入外债上也要注意策略,包括对短期贷款和中长期贷款的合理安排,避免偿还高峰所带来的风险;官方贷款、国际金融机构和商业贷款合理的比例,尽可能取得较好的贷款方式;固定利率和浮动利率的合理搭配,以及外债货币结构和借债市场的多元化,尽可能分散这些方面所带来的种种风险。

(二)"结构效应"的运用。所谓"结构效应",即通过产业结构的转换对经济增长的推动作用。经济要取得尽可能快的增长,人们对于增加投资、改进经营管理、提高技术水平、提高劳动生产率比较注意,这当然都是经济增长的重要因素。殊不知推动产业结构合乎规律的转换,也是求进度、求效益的重要途径。这是因为,产业结构的状态在很大程度上决定资源配置的效果,即活劳动和物化劳动的有效运用,而资源的动员和有效配置又决定经济增长的速度。产业结构的合理化,比例协调,同国内外需求结构相适应,那就表明资源的配置是合理的,可以保持经济的持续增长。反之,产业结构的严重失衡,表明了资源配置的效果是低下的,经济增长也就是缓慢的或不稳定的。特别是从中长期来看,经济结构的转换对经济增长更有着重要的作用。这主要体现在经济的增长要依赖于对传统产业的技术改造,依赖于具有高于平均增长率的新兴产业的支撑。成熟以至衰退的产业比重过大,会遇到市场饱和和技术进步枯竭而日趋下降,会造成负增长,从而导致经济萎缩。运用"结构效应"已越来越引起人们的重视,一方面是适应国际市场的需要,一方面也是国内市场竞争的日趋激烈,迫使沿海地区的产业结构和产品结构不得不更上一层楼,迈上新的台阶。

这里需要注意的是,经济增长得越快,产业结构的变换率越高。经济的高增长率和产业结构的高变换率是联系在一起的。沿海地区正在进入加速增长阶段,更应注意产业结构的适时转换。这首先是产业结构的合理化,同时也注意产业结构的相对高度化。沿海地区应不失时机地利用国际机遇,发展劳动密集型和劳动密集与知识密集型相结合的产业,但像江苏这些地区也要积极发展资金、技术密集型产业,适时向附加价值高的产品领域转换，依靠大型的骨干企业和企业集团，发展自己的附加价值高的拳头产品。这是涉及到在产业结构成长过程中，特别是主导产业的选择，是否适合以筱原基准和赫希曼基准作为产业结构成长的基准。即以"高收入弹性"和"高生产率上升"，以及关联系数强，尤其是后向关联度高作为基准。从全国现有经济条件来看，还不能急于采用筱原基准和赫希曼基准，不能不继续发展收入弹性低的基础结构和初级产品的生产，以及能吸收劳动力的生产率上升率低的产业，也不能用前向关联度高、后向关联度低而忽视能源、农业等等产业的发展。但是沿海地区应采取两手抓的办法，在不放松农业、能源发展或通过"生产发展迂回化"来发展这些产业的同时，积极着手发展高收入弹性和高生产率上升的产业，以及前后向联系都高和后向关联度高的产业，为适时地进行产业结构的转换准备条件。

（三）"后发性效应"的运用。先进国、先进地区具有较多的优势，后进国、后进地区为什么又能赶上先进以至后来居上呢？可见后进国、后进地区也有它"后发展优势"，可以取得"后发性效应"。如何运用"后发性效应"赶上先进，也应成为一个新的生长点。在目前条件下，新兴产业的发展，还难以越过"雁行发展过程"，即从大量引进到本国发展这种产品，然后在发展到一定规模时，由于后起国、后进地区的后发展优势，再回到国际市场去进行竞争。从这里可以发现，后起国、后进地区的发展优势，主要是回避了风险多、花费大的技术开发过程；可以利用先进国的资本和技术；可以把廉价劳动力同现代技术相结合，获得较强的竞争能力。这种引进先进技术经过消化吸收创新，再打回去进行竞争，也叫做"反回头效果"或"回波效应"。

为了取得"后发性效应"，特别要把握几个方面：一是保持廉价劳动力的优势。工资成本上升是开放以后的必然现象，但上升得过快过猛不仅出口竞争力下降，而且吸收外资的能力也会下降；一是把廉价劳动力与先进技术相结合、与先进管理相结合。这里的关键是依靠技术进步，并在技术进步过程中不断提高劳动者的素质。要更有成效地引进国外先进技术，加快科技水平的跟进速度，也要通过科技体制的改革，搞活技术市场，把现有的潜力挖出来，特别善于运用"头脑"，在政策上放宽放活，鼓励科研人员为生产服务，更迅速地把科技转化为生产力。廉价劳动力与先进技术相结合，这是"后发展优势"的精髓。一是像江苏这些地区要发挥自己技术力量较强的优势，更多注意消化吸收创新，尽可能缩短"雁行发展过程"，尽早取得"反回头效果"。引进也是和自主开发相结合的，在引进的同时也有计划进行新技术和高技术的自主开发。同时，加强基础设施也是发挥"后发展优势"的必要条件。

发挥"后发性效应"，在经济水平发展不同的地区，有不同的侧重点和不同的措施。从全国来看，我们都属于正在发展中的后起国，但沿海与内地在发挥"后发展优势"上会有明显的不同。同样，在江苏扩大了经济开放区之后，经济开放区占全省面积的59.5%，人口的64%。经济发展的不平衡，发挥"后发展优势"也会是多层次的。比较发达的地区应该更侧重于引进消化吸收创新和技术开发，把科技更迅速地转化为生产力；比较后进的地区应该更侧重于发挥廉价劳动力的优势和劳动者素质的提高，相应地提高劳动生产率。

"后发展优势"并不是所有后起国、后进地区都能取得较大的效果的。"后发展优势"、"后发性效应"在许多情况下都会被制约和抵消。后起国在国际贸易所处的不利的地位，会抵消后起国的"后发展优势"；廉价劳动力的优势，会被低劳动生产率所抵消，廉价劳动力如不同先进技术相结合，也不能取得强劲的竞争能力；工资成本优势，同样会被交通、邮电落后的状态所抵消；再有，没有一套适应外向化发展的体制和机制，各种体制不配套，经济管理的低效率，汇价不合理和外贸经营的浪费，等等，也会制约和抵消"后发性效应"。这都是不可不注意的问题。

（原载《江海学刊》1988年第5期）

江苏经济发展与浦东开发开放"接轨"的方方面面

浦东开发开放,将大大增强上海作为长江流域"发展极"的功能。地处上海紧邻的江苏,特别是长江三角洲地区,应该充分运用自己的区位优势,成为上海"墨渍扩散"的紧密层,作为上海的一翼,对上海与长江流域协调发展作出应有的贡献。江苏在这方面的作用如何,就决定于能不能作好同浦东开发开放的"接轨"工作。

这次"接轨"不同于以往的区域协作。浦东开发带动整个长江流域的新飞跃,将不再是在产品经济和传统体制基础上的对接,而是在逐步建立社会主义市场经济基础上,按照商品经济原则实行新的分工协作。"接轨"将不断摆脱产品经济模式以及在此基础上块块经济的羁绊,从而取得联合协作,优势互补的更大效应。

浦东开发开放将放大上海"发展极"的辐射能力

浦东开发开放,将再造上海中心城市的综合功能,使它成为长江流域一个充满活力的"发展极"。上海"发展极"最主要的特征是,聚集有强大增长势头的部门和有创新能力的行业,通过一系列创新,包括产业创新、技术创新、组织创新和体制创新,而产生的不断放大的聚集扩散效应。特别值得重视的是:

——产业结构的新组合:突出第三产业,重塑上海金融贸易中心的地位,在长江流域"再造一个香港"。浦东开发开放,重点发展现代化的金融保险业、内外贸易业、房产地产业、信息咨询业等等第三产业,逐步形成以金融贸易为支撑点、第三产业为主体的格局,并建立完善的市场体系,通过人流、物流、资金流、信息流的集散,带动整个长江流域的发展。

——科学技术的新组合。包括突出高新技术、引进技术层次高和产业发展的高度化。浦东开发开放不是一般产业的聚集,而是高新技术产业的聚集。浦东新区张江科学园区的建立,将与浦东西曹河泾新兴技术开发区相呼应,形成高新技术教育、科研、中试、生产、经营和开发一整套功能。

——放大开放度,加快上海经济外向化、国际化的发展。特别是浦东新区将建立高度开放的综合性自由贸易区——外高桥保税区,先进的出口加工区——金桥出口加工区,现代化的金融贸易区——陆家嘴金融贸易区,以及张江科学园区。这四个功能区将是上海加大外向开拓的四根支柱。保税区的功能是:对外贸易,转口贸易,仓储及出口加工,港口,金融服务,这些活动都给予免关税、免许可证、外汇金融留成、各国货币自由流通等特优待遇。金桥出口加工区的功能是:出口加工、制造、装配。陆家嘴金融贸易区的功能是:发展现代化的金融、贸易、信息、商业、对外服务等等产业,促进城市功能的高度化。张江科学园区的功能是:技术转化功能,信息集散功能,人才培育功能,产业孵化功能,管理创新功能。浦东开发开放同时启动四个功能区,就将更好地发挥浦东的对外开放窗口、技术窗口和管理窗口的作用。

——转换经济运行机制,建立以市场调节为主,市场调节与宏观调控相结合的机制。政府对经济运行也将从直接调控转为间接调节为主,形成新型的管理体制。

江苏与浦东开发开放的五个"接轨"

江苏经济发展与浦东开发开放"接轨"表现在方方面面,但主要是五个"接轨"。

——战略接轨。战略接轨最重要的是创新的战略。上海之所以成为整个长江流域的"发展极",主要依靠"创新"的战略。江苏与浦东接轨,同样要实行"创新"的战略。长江三角洲各个城市,也都要从自己的优势出发,进行一系列的技术创新、组织创新、产业结构创新和体制创新。

创新的重点是技术创新,是产业素质的提高和产业的高度化。江苏在技术创新上,要注意处理好两个关系:一是利用时间差、层次差和提高产业素质的关系。沿江开发开放必然是多层次的,在现阶段,江苏充分利用时间差和层次差,这是抓住了机遇。同时也不能放松产业向高度化发展,这也是抓住机遇,推动产业向高技术、深加工升级。二是处理好技术发展和国内外两个市场的关系。高新技术的开发也要依靠市场机制,依靠国内技术市场,增强自力更生开发的能力;依靠国际技术市场,取得信息、资金和先进设备。还可以加强与香港合作,在允许的范围内,把江苏雄厚的科技力量和香港信息、资金优势结合起来,推动新技术的发展。

——政策接轨。浦东开发开放,政策增量很大,几乎是经济技术区和特区有的,浦东都有了,还有一些特区没有的,浦东也有了。比如,允许外商开办百货商店、超级商场,允许外资开办银行、财务公司和保险公司,设立开放度很大的外高桥自由贸易区,等等。江苏、长江三角洲与浦东实行完全吻合的政策接轨目前是不可能的,只能是有政策增量的尽可能用足用活,没有政策规定的,尽可能利用浦东的条件,共建共享。

对用足用活现有政策,值得注意的是,既要放开搞活又要有正确的宏观指导。改变"审批经济"的现状,简政放权,是政策搞活一个重要方面。上海在下放审批权,江苏也在下放审批权,这是开发开放的需要。但同时也要重视产业导向,并运用经济政策、经济杠杆落实这种导向。上海允许兴办、鼓励和特别鼓励等不同的优惠政策。江苏也应该有类似的导向。

对浦东优惠条件的应用,应是积极参与,尽可能享受浦东开发前带来的先发性利益。现在浦东和上海的一些特殊条件,其他地区是不可能有的。比如,股票市场不可能遍地开花,可以利用上海的证券交易所,上海可以向长江流域和全国发行股票、债券,长江流域各省市也可以在上海发行债券和股票。保税区也不宜设置过多,搞不好,会有成本超过收益的风险。江苏要充分利用张家港保税区,但外高桥保税区有它更大的优势,也要加以运用。参与宜早不宜迟,以便获得先发性利益。

——硬件接轨。上海基础设施已有了实质性的启动,今后三年将以两桥一路促三区,即以南浦大桥、杨浦大桥、杨高路促进三个功能区的建设,"一年一个样,三年大变样"。江苏的基础设施也正在进行实质性的启动:沪宁高速公路,江阴长江大桥,宁通、宁连一级公路和通榆二级公路,苏北铁路,南京新机场,以及沿江沿海港口群的发展,苏南程控电话和苏北自动电话的开通。硬环境的改善已迫在眉睫。在吸引投资的各种因素中,低劳动成本已不像过去那么被重视,而市场规模、工业化程度和基础设施的质量,更为投资者所注意。软环境和硬环境的改善,会像滚雪球那样吸引一连串的投资者。

江苏硬环境建设,既是自身发展的需要,也要重视同上海这个"发展极"的聚集扩散相衔接。今后上海的辐射扩散将沿着三个增长轴进行。沿铁路增长轴:北至徐州,南迄南昌,包括南京、杭州、合肥、南昌等20多个省辖市。沿江增长轴:南自杭州湾、舟山、宁波到温州沿海,北向延伸到苏北沿海至连云港,与陇海欧亚大陆桥相连结。沿这些增长轴加快进行基础设施建设,有利于与浦东开发开放接轨,增强江苏承东启西、南北交流的作用。

建设开发区,是一个接轨性很大的动作。沿长江流域,从上海郊县,以至宜昌、重庆,都在发展开发区。江苏以南京、南通高新技术开发区和苏锡常火炬带为骨干,形成了众多开放县镇所组成的多层次开发区、开发带、工业小区。昆山之路给大家提供了一个榜样,仅仅苏州就有了100个开发区和工业小区。这些开发区迅速开发的锐利武器是房地产事业,利用房地产的滚动开发,获得了开发资金和开发速度。该怎么看待开发区如雨后春笋、到处脱颖而出的现象呢?应该说这比以往的村村点火、处处冒烟,乡村企业遍地铺开是一个进步,是把引进项目聚集到工业园区中来,"筑巢引凤"也好,"引凤筑巢"也好,只要有凤来栖,不是盲目发展,就应当开发。在这个基础上再有意识加以扶持引导,通过优胜劣汰的过滤,形成若干个类似昆山这样层次较高的开发区。

——结构转换接轨。江苏产业结构的转换,要适应浦东产业突变的形势,要使第三产业加速发展,第二产业向高技术、深加工升级,第一产业转换经营机制,把农业推向市场。

第三产业的行业结构,在上海也有了明显的变化。金融保险业的崛起,房地产业、信息咨询业、旅游业相继形成,已使上海的第三产业由商业为主、交通运输为辅,转变为金融保险业、商业和运输业鼎立的局面。按多数国家第三产业发展的趋势来看,商贸总占据着主要的地位,然后是金融保险业。江苏第三产业的内部结构,要大致与上海相衔接,在发展商贸、交通的同时,争取金融保险业有新的突破,房地产业、信息咨询业、旅游业有新的发展。发展第三产业要有特殊措施,包括投资的倾斜;发行债券、扩大融资;以低息贷款支持信息咨询、技术服务的发展;以路养路支持交通运输事业的发展,特别是在一定范围,允许外资进入运输业、咨询服务业和商业。

第一产业。江苏农业的发展,也面临着一个转换农业经营机制,把农业推向市场的问题。江苏要形成以市场调节为主的新机制,不能丢掉农业这一块。要抓住当前改革深化发展和农产品牌价和市价比较接近的机遇,充分运用市场机制促进农业的新发展。转换农业经营机制,可以在条件比较成熟的苏南地区先行试点,经过同各方面的撞击反射,再全面推开。

——运行机制的接轨。浦东和江苏都在进行运行机制的转换,这是深化改革和开放的必然趋势。明确以市场调节为主,这是机制转换的一次飞跃。实现这个飞跃,主要途径是抓住国家——市场——企业这根链条,实行联动式的深化改革。在这根链条上,企业机制正在进一步启动,南京开出的"五条快艇",无锡推动转换机制的七种形式,苏州的"外向带动",都是促进企业机制转换的改革措施;市场建设也在启动,包括市场体系、市场机制、市场组织、市场规则的配套建设。有了市场并不等于有了充分作用的市场机制,这需要通过价格、工资、利率的放开搞活,逐步扩大市场机制的作用。而市场机制的完善,还要有市场深层构造的重塑,包括市场规划的建立、市场组织的培育和市场调控体系等等。

现在主要矛盾是政府职能的转换。转换的理想目标政企分开,是"小政府、大社会",管住总量平衡、结构调整和社会事业的发展,而对市场实行参数调节,从直接调控转向以间接调控为主。但在过渡时期,可以首先弱化过于集中的管理,根据市场调节完善的程度,对政府职能重新予以界定。财政体制、外贸体制,是深化改革难度最大而又必须有所突破的体制。生产主管部门首先是削减过份集中的管理权限,只管应该管的事情。思路比较清晰的部门,正在转向:(1)管规划、管发展战略,当前生产放手让企业去搞,未来和后劲,主管部门多出主意和策划;(2)管市场培育,促进市场机制的完善和发展;(3)管政策环境和政策导向,为企业创造良好的外部环境和用足用活政策;(4)管预警系统,使本系统经济运行与经济发展的预期目标不要偏离过大。

接轨有关的若干问题

1. 近期接轨和远期接轨。近期目标主要是利用浦东开发开放前形成的大气候,在外引内联上充分利用时间差和层次差;发展与上海接轨的基础设施;发展市场建设,完善市场机制;及时在浦东设立窗口,等等。远期目标主要是在高新技术上接受辐射和协同发展;发挥各自的优势,推动主导产业的升级转换;利用上海放大开放度的条件,推动经济的外向化和国际化。

2. 注意关贸总协定的国际规范,逐步向国际市场接轨。浦东在扩大外向化、国际化发展过程中,参照了关贸总协定的种种规范。江苏在与浦东接轨中同样要注意这一点。关贸总协定与国际货币基金组织、世界银行,是当今国际经济贸易关系的三大支柱。我国将恢复与关贸总协定中断多年的关系,而成为该组织的正式缔约国。进入关贸总协定的好处是:可以享受该组织多边的、无条件的最惠国待遇,作为发展中国家还可以有普惠制待遇,有利于出口的发展;但同时要承担一定的义务,如逐步地削减关税,放宽非关税措施(许可证、配额,等等),增加贸易的透明度。从1948年以来,缔约国的加权平均关税率已从40%下降到目前的5%。这次乌拉圭回合又增加了三个新议题:即知识产权、服务贸易以及与贸易有关的投资问题。这对浦东以及长江流域发展高新技术和引进先进技术,突出第三产业的发展关系都十分密切,在今后发展中,应该密切注意关贸总协定的新动向。

3. 承东启西,双向接轨。江苏作为上海聚集扩散的外围,应该在整个长江流域发展中发挥应有的作用。浦东开发与长江流域协调发展的主要障碍是条块分割,财政切块、金融切块,成为结构雷同、重复建设的主要根源。要实现中央的战略决策,以浦东开发为契机,带动长江流域经济发展,就要重视运用市场的作用,实行双向接轨,从各方面突破条块分割,发展广泛的横向联系,通过互相参股、组织企业集团,组织生产联合体,以更灵活的办法,发展资金和资源的协作。江苏搞好自身的开发开放,也为整个流域提供更好的开发开放条件,以自己的港口、开发区、保税区为内地提供服务,通过市场的物流、资金流、信息流的集散,同内地加强联系,真正做到承东启西,在整个流域发展中作出自己的贡献。

(原载《城市经济》1992年第8期)

江苏沿江"三带"开发战略

早在 80 年代,对长江流域的发展,就有过"π"形开发的战略构想,即以沿海作为"～",以陇海沿线和长江流域作为"ι",对这一地域进行综合性的开发。随着浦东的开发带动整个长江流域的发展,这个构想正在变为现实。作为长江全流域这条巨龙的"龙脖子","π"形战略构想在江苏化为"三沿"开发战略,即沿海开发、沿江开发和沿陇海兰新全线的开发。这是江苏 90 年代乃至跨世纪的战略构想。江苏将在"三沿"开发中,重构自己新的经济优势。

——"三沿"开发,承东启西,更紧密地与浦东接轨,也把江苏发展置于长江流域的整体开发之中。上海浦东的开发,将沿着三个增长轴进行辐射,即沿铁路增长轴:北至徐州,南迄南昌;沿江增长轴:从下游以至中上游的 20 多个港口城市;沿海增长轴:南迄杭州湾与温州沿岸,北向延伸至苏北沿海以至连云港,让上海成为带动沿海、沿江的火车头。江苏的"三沿"开发,正是与浦东开发紧密接轨。江苏为整个流域开发作出自己的贡献,而整个流域的开发和资源的合理配置,又促进了江苏经济的加速发展。

——"三沿"开发所构成的生产力合理布局,将使江苏潜在的优势转化为现实的优势。江苏集"黄金海岸"和"黄金水道"于一身,但是这些金色的优势并没有得到充分的发挥。"三沿"开发,将使国土资源和综合优势得到充分和有效的利用,合理的布局会转化为新的生产力和新的经济优势。

"三沿"开发的重点是沿江。这是江苏精华之所在。江苏沿江市、37县,聚集了较大的经济实力。这个地带面积4.8万平方公里,只占全省的48%,人口3786万,占全省的56%;而1991年国民生产总值1090亿元,占全省74%;人均国民生产总值2879元,高出全省人均758元,外贸供货额237亿元,占全省的85%;三资企业2013个,占全省90%。让这个效益最高、见效最快的区域优先发展,将对全省起带动作用,并推动整个长江流域的发展。

沿江开发总的布局,是形成三个开发带:

沪宁沿线高新技术产业带。这个地带城市工业和农村工业基础都相当雄厚,已进入点轴到面的推移阶段。工业结构也由一般加工工业向技术、资金密集型产业发展。新的产业带将沿着沪宁铁路,沪宁高速公路和大运河这些交通轴线,发展高新技术产业,并运用高新技术改造轻纺传统产业。把南京、南通高新技术开发区和苏锡常火炬带联结起来,通过点轴面辐射,让广大县区"星火"燎原。

长江沿岸地带主要是加速开发长江岸线,按"深水深用、浅水浅用"的原则,重点发展宁镇扬,张家港、江阴、靖江和南通、吕四三个港口群。充分利用长江水运、水资源的优势,布置运输量大、耗水多的重型工业和其他基础工业,形成石化、电力、钢铁、建材、船舶修建工业的产业群。

南通的吕四港及苏州的浏河——七丫口地带,将是沿江开发新的生长点。吕四是不可多得的良港,具有巨大开发价值,可以建成为国际原油中转码头、大型贮煤场、大型火力发电站和集装箱码头,布置石化、钢铁、船舶等产业,建设成东海、黄海油气资源开发的后方基地。从长远来看,吕四到南通运河开凿之后,可形成新的江海航道,避开长江口拦门沙,而使长江海口获得新的发展潜力。苏州的浏河——七丫口,紧邻上海,毗联宝钢,可成为布置大型基础原材料工业的良港。

沿江"三带"的开发,将从各方面聚积新的经济优势:

——沿江"三带"将成为全省社会主义市场经济建设的先行者,形成适应国际经济运行惯例的社会主义市场经济新优势。沿江七市市场取向的改革起步较早,依靠市场调节的乡镇企业也占很大比重(48%),苏州、无锡更高达56%和63%,乡镇企业在发展中不断突破传统体制,催化了城市企业的转轨变型。七市市场培育也有相当的规模,在这个区域著名的市场有苏州物资集团、吴江东方丝绸市场、常熟招商场、无锡米市等等,包括金融、技术、劳务、信息、房地产市场在内的市场体系正在形成。经济活动的市场化,将成为沿江开发的主要动力。

——沿江"三带"将成为全省外向发展的排头兵,形成充分利用国际资源和国际市场外向开拓的新优势。经济国际化是社会主义市场经济的一大支柱。沿江地带将更大规模地参加国际分工合作,与国际市场耦合,从经济外向化向经济国际化迈进。

——沿江"三带"将成为科技进步的领航者,形成高新技术的新优势。国内市场和国际市场优胜劣汰的激烈竞争,给科技进步注入了新的活力。这个地带将跟踪八九十年代世界先进技术,大力发展高质量、高附加价值、高技术含量、高创汇的产业,在微电子、机电一体化、生物工程和新材料领域形成新的优势,形成新的产业带。

——沿江"三带"将实现产业结构的高转换,在产业结构上形成新的优势。在产业结构合理化上,着重是发展第三产业,补上仅占国民生产总值 20% 这个薄弱环节,在第一产业提高质量、第二产业向高度化调整结构的同时,让第三产业蓬勃兴起。在组织结构上,沿江将兴建一大批大型项目,乡镇企业也要上规模、上水平,要么与城市工业联合形成规模经济,要么向小而精、小而专发展,加快产业结构的合理化和高度化。

——沿江"三带"将加速基础设施建设,在交通、通讯、港口发展上形成新的优势。这个地带将在原有的基础上,重点开发张(张家港)澄(江阴)靖(靖江)中心港口城市群体,以及南京的栖霞——龙潭岸线、扬州卞港和南通沿海岸线。建设江阴过江通道,发展沿江公路和铁路,形成水陆空立体交通体系,支撑沿江地带经济的加速发展。

(原载《开放导报》1993 年 3 月)

经济国际化呼唤相应的经济立法

经济国际化,是构筑社会主义市场经济框架的重要基石之一。恢复关贸总协定缔约国地位,又催促我国经济国际化向更高的层次发展。尤其是东部经济比较发达的地区,更需要在经济运行层次上率先实现经济国际化。浦东的开发开放和上海建设新世纪国际化大都市目标的提出,都意味着以浦东为龙头的长江三角洲,乃至整个长江流域将率先与国际经济接轨。作为上海周边地带的江苏,发展经济国际化已是一个紧迫的任务,必须提上议事日程了。

经济国际化在更大范围内的发展,必然要有相应法律的引导、规范、保障和约束,也就是要有一个与经济国际化发展相适应的法律环境。对江苏来说,如何在立法上向国际标准靠拢,如何运用经济国际化的法律调整,也成为经济立法上一个刻不容缓的任务。

外向型经济的接续战略

经济国际化的趋势虽然源远流长,从19世纪末开拓了世界市场,"就使一切国家的生产和消费都成为世界性的了。""过去那种地方和民族的自给自足的封闭状态,最终被各民族各方面的互相往来和互相依赖所代替"(马克思)。但是经济国际化的深化和加速,却是二次世界大战以后的事情,特别是80年代中叶以来,各国经济国际化出现了前所未有的速度和规模。

经济国际化是外向型经济的接续战略。它既是外向发展的必然结果,又与外向型经济有质的不同。它是在经济开放度不断提高的基础上,经济周转和生产循环加深依赖世界市场的新的发展阶段。

经济国际化的基本环节主要是:

1. **生产经营国际化。**一国或一个地区企业的经营要从国内经营型向国际经营型转化。生产循环从国内循环向同时参与国际循环转化。其主要内容是:(1)生产要素流动国际化;(2)发展跨国经营和跨国公司;(3)产业国际化,一国的产业体系符合国际合理分工的原则;(4)在技术标准和经营方式上按国际规范办事。

2. **金融资本国际化。**这是经济国际化最重要的一个环节。其主要内容是:(1)在具备一定经济实力之后,逐步放开利率和汇率,实行利率自由化和汇率自由化;(2)扩大金融市场,逐步放开外汇市场;(3)银行国际化和借贷资本国际化,按国际惯例处理综合化的银行业务。

3. **市场和贸易国际化。**逐渐取消国内和国际市场的隔离,使商品、资金、原料、技术和人才等生产要素自由流动。其主要内容是:(1)价格向国际市场靠拢,逐步把国际市场价格作为国内市场价格形成的标准;(2)逐渐放宽和取消进口限制,提高市场的开放度,实现贸易自由化;(3)逐步降低关税,淡化国内市场与国际市场的界线,让商品、货物自由流通。

在外向型经济发展到一定程度时,更高层次的经济国际化,往往以汇率和放宽进口限制为突破口。日本和台湾省在80年代提出经济国际化时,主要目标是两条:一条是放宽进口限制,促进贸易自由化;一条是取消外汇管制,实行汇率自由化。我国在深化改革中,也打算在3~5年内,实行汇率并轨和汇率自由化;并随着"复关",逐步放宽进口限制,进一步实现贸易自由化。

长江三角洲和长江流域经济国际化的深化和发展,是以上海浦东开发开放为龙头,江苏经济国际化是以上海为依托,与上海现代化国际性大都市协同动作。上海经济国际化的重点是金融国际化和市场、贸易的国际化,逐步成为国际资本的聚散中心和流动中心,成为万商云集的商贸集聚中心,国际市场的主要窗口和晴雨表,而突破口更可能是金融先行。

江苏的经济国际化,不可能像上海那样,在金融国际化和大贸易格局上有较快的突破,而应该从自己的实际出发,在发展上有所侧重。特别是产业国际化,在江苏经济国际化进程中应该有更重要的位置,力求在产业国际化上有超前的发展。江苏的外向发展已经有较好的基础。到1992年,外贸出口额已达46.7亿美元,到1993年6月,累计批准的三资企业已达15256家。在这个基础上,可以根据国际合理分工的原则,进行产业的调整与重组,既要注重第三产业的发展,使三次产业结构合理化,又要注重江苏的电子、化工、纺织、机械等等关键产业的率先国际化。这些产业要按国际国内合理分工,进行多层次的发展,既有劳动知识密集型的,也要运用江苏"火炬带"和一系列高新技术开发区的优势,发展高新技术产业。江苏在国际竞争中,要培育一批有较大市场覆盖率和较强竞争能力的拳头产品,组建一批大公司、大企业集团,勇于与国际跨国公司建立联系,发展若干个国际经营型的跨国公司。江苏已有一些企业开始向这方面迈步,走这个路子,才能更有效地发展产业国际化。

当然,与此同时,江苏也不放松同浦东开发协同动作,发展市场国际化和贸易国际化。上海市场国际化的思路,是着力建设十分发达的六大市场烘托三个中心,即以国际贸易市场和期货市场烘托国际贸易中心;以证券市场、资金拆借市场和黄金、外汇市场烘托国际金融中心;以跨国集团和控股公司的云集以及产权市场烘托国际经济中心。市场国际化是经济国际化的基础。江苏要从两方面推进市场的国际化,一方面是提高自身市场的质量,以便通过"复关"同国际市场接轨;一方面是充分运用浦东这个窗口,运用上海的各类市场,特别是证券交易市场、离岸金融市场、长期资本市场、众多的期货市场,以及产权市场、信息市场、技术市场,等等,推动贸易的发展和资金的集聚,形成国际性的经济循环。

当然,江苏的经济国际化应该有序地发展,不能一哄而起。在现阶段,江苏还需要在基本条件上下工夫,把沪宁高速公路、江阴长江大桥、空港和港口群、邮电通讯等基础设施继续搞好;改革经济运行机制,包括金融体制、财政体制、价格体制和外贸体制的改革,使与国际经济、国际市场对接有一个良好的体制基础;在地区上,江苏各地经济发展的不平衡,经济国际化发展也应该是循序渐进,先在南京建设国际性的大都市,在苏锡常通大力发展比较优势的产业部门,形成国际化产业带为重点,衔接上海发展现代化国际大都市的扩散效应,由南向北逐次推进,有序地发展经济国际化。

经济国际化需要相应的法律环境

商品、货币、资本和生产国际化的发展,客观上就要求国内和国外的经济活动有一个统一的规则,要求国内和国外经济法的接轨。否则,国内外法律的差异,就会从各方面带来法律障碍。推进江苏经济国际化,已是江苏省委省政府的战略决策,并作为江苏经济发展新生长点。创造一个适宜的法律环境,是江苏经济国际化顺利发展的前提条件:江苏应该加快步伐,按国际标准制定和修改经济立法,从各方面进行相应的法律调整。

——市场经济的法律调整。发展市场经济体制和运行机制,是与国际经济接轨的体制基础。江苏率先发展经济国际化,也就需要率先进行市场经济的法律调整。全国人大常委会已把五年形成社会主义市场经济法律体系框架,作为自己的立法目标。江苏人大也应与全国相衔接,并从自己的具体情况和实际需要出发,进行必要的地方立法。

市场经济的法律调整,主要内容是形成相互联系又彼此区别的三个方面的法律规范体系,即经济主体法、市场法和国家行为法。

经济主体法,是规范市场经济主体的法律性质、地位、权利义务的法律法规。社会主义市场经济的发展,需要用法律保障企业经营管理的自主权,运用国家力量保障产权人正常行使自己的权利。我国已经制定的《企业法》、《企业破产法》所规定的方向是正确的,现在着重是要抓紧出台《公司法》，贯彻落实《全民所有制企业转换经营机制条例》，在修改补充《全民所有制工业企业法》的基础上，制定《国有企业法》，并制定适用于各类企业的《企业破产法》，使法律赋予企业的权利、义务和责任都落到实处，成为现代意义上的企业。

市场法是关于市场交换和市场管理的法律法规，它是市场经济法律调整的核心。市场只有通过竞争才能实现资源的合理配置，但竞争必须要有规则，这就要由法制的力量来规范和调整，市场法的细分化，可以分为商品市场法、劳务市场法、技术市场法、房地产市场法和文化市场法，等等。也可以分为市场交换法和市场管理法。市场交换法是调整买卖双方商品交换的法律法规，包括经济合同法、技术合同法、票据法、证券交易法、对外经济贸易法、反不正当竞争法，等等。市场管理法则是市场管理部门负责监督和实施的法律法规，包括价格法、商品质量法、会计法、计量法、商标法、保护消费者权利的法律，以及对外贸易中的海关法、外汇法，等等。

国家行为法是调整和控制国家机关行为的法律法规。包括《国民经济稳定增长法》、《预算法》、《国有资产管理法》、《银行法》、《外汇管理法》、《产业结构合理化促进法》、《农业基本法》、《反倾销法》、《个人所得税法》，等等，对政府行为进行有效的法律控制，也使政府的宏观管理和宏观调控更有效率。

全国人大和国务院正在抓紧制定规范市场运行的法律法规，包括规范市场经济程序的反不正当竞争法（已颁布）、经济合同法（修订）、证券法、会计法；规范宏观管理，宏观调控的预算法、农业法、银行法、仲裁法、个人所得税法（修订）、国有资产管理条例、反贪污贿赂法；规范市场主体行为的公司法，等等。并对以往的法律法规进行修改和补充，形成适应社会主义市场经济要求的层次清晰，内部和谐一致的法律体系。

江苏率先实现社会主义市场经济的框架，应该在全国立法的基础上，制定适合自己具体要求的贯彻条例，必要时，也要以与上海浦东相衔接，进行适合市场经济要求的地方立法。

——运用国际标准的法律调整：江苏在扩大开放中，已注意按国家标准完善和构造经贸法律体系,但同恢复关贸总协定和经济国际化的要求仍相距甚远。市场经济是全面开放的经济,市场经济的国际性,要求我们在法制上尽快地与国际经贸规则接轨。

在近年的乌拉圭回合中,对我国复关提出了五个前提条件:(1)以关税为主要手段,非关税措施要有合理性;(2)承诺价格改革的时间表;(3)全国统一外贸政策法规;(4)增加外贸政策法规的透明度;(5)完成价格改革前接受选择性的保护条件。根据这些要求,我国正在缩短与关贸总协定的差距,包括进行计划体制和价格体制的改革,减少指令性计划和进出口的指令性;发展外汇调剂市场,为汇率自由化创造条件;减少非关税壁垒,为贸易自由化创造条件,逐步统一全国税收法制。随着我国的复关,特区、开放城市以及开发区的种种优惠也将逐步取消,创造平等竞争的经济环境。

这些动作固然是国家的整体经济行为,但全国地区发展的不平衡,不能否定多层次对外开放格局的事实,各地区在不同层次要有自己的地方立法和按国际标准的法律调整。特别是在汇率自由化和贸易自由化这些关键问题上,能与浦东开发开放的有关条例接轨,适时制定推进价格改革、发展外汇调剂市场和对外贸易等方面的补充条例。

——运用国际惯例的法律调整。开放经济具有明显的国际规范性。任何国家在开放和经济国际化的过程中,都要以国际统一标准来规范自己的开放经济行为。这些约定俗成并为各国普遍接受的国际规范,有的是以"准则"、"通则"、"公约"、"规则"等条文出现。也即成文的国际惯例,但更多的是不成文的国际惯例,即国际上普遍采用的一些对外开放政策,制度和做法。两者的区别,是不成文的国际惯例更着重于一些具体的做法,特别是对外贸易、国际金融、国际保险、国际运输活动中一些具体做法;而成文的国际规范、国际惯例则着重在对外开放的基本政策、管理制度和开放的运行机制等等。不成文的国际惯例包括:在投资方面,给予外来投资者以"国民待遇",给予投资、原料供应、税收标准、资金融通等方面与本国投资者的同等待遇;在市场方面,主要以关税保护为主;在经营管理方面,采用与国际通行做法相一致的经营管理方式,如股份制经营、进出口代理制、专利、商标、技术诀窍转让,等等。在经济国际化过程中,目前需要运用国际惯例调整的主要是:开放领域的扩大和全方位化,要有更多的产业部门对外开放;产品和服务达到国际标准;生产要素在国际范围内进行循环;企业经营走向跨国化;经济运行机制自由化;宏观管理间接化,等等。对这些方面,江苏要适应率先国际化的要求,将有关规则补充到法律法规或推行适合国际惯例的做法,按国际惯例进行法规意义的调整。

——运用关贸总协定"例外"条款的法律调整。复关之后,向低关税靠拢,逐步废除进口数量限制是必然的趋势。但低关税不是无条件的,废除数量限制以及汇率自由化等,也不是无前提的,而是要充分利用关贸总协定的"例外"条款,进行立法以保护民族工业,防止复关以后给一些行业带来过大的冲击。尤其是江苏这样经济国际化迈步较早的地区,更要注意这方面的法律调整,关贸总协定的"例外"条款,包括:反倾销反补贴例外、农渔产品例外、保障国际收支平衡例外、穷国经济发展例外、保护幼稚工业例外,一般例外和安全例外,要运用这些"例外"进行立法或制定地方的有关条例,如《幼稚工业保护法》、《特定产业振兴法》、《反倾销反补贴法》、《综合贸易法》、《投资法》或暂行条例,等等。我国遭受反倾销反补贴投诉和制裁逐年增加,实际上外商也在我国进行倾销。美国柯达彩色胶卷在本国内售价5美元左右,日本富士大体也是这个价,但都以1美元的单价"只限在中华人民共和国销售"向我倾销。我国现在只征收120%的关税,如按反倾销对待可征收200%以上的惩罚性高关税。没有这些保护性的法律调整,既不能保护自己的民族工业,也不能对别人进行必要的制裁。

经济立法指导思想的创新

伴随着社会主义市场经济的发展,法律已上升为经济社会关系的主要调整器。市场经济需要法律,好比体育比赛需要规则一样,为了适应社会主义市场经济发展的需要,立法的指导思想也要有所突破和创新。

1. 突破立法的滞后性,实行"立法在前"。法律往往是事先调整。没有规矩不能成方圆,没有市场经济的法律调整,就不会有社会主义市场经济的有序化;没有国际经济化的法律调整,也会在许多方面形成经济活动的法律障碍。立法的滞后只会增加经济行为的主观随意性和经济秩序的混乱,这在现实生活中已屡见不鲜。没有《公司法》,而办公司的热潮几度兴起,创办了几十万个公司;没有《证券法》,而证券交易部兴旺异常;没有《票据法》,期货交易照样频繁进行。这种现象所带来的程序混乱是不言而喻的。因此,不能拘泥于"成熟一个,制定一个"、"宜粗不宜细"的立法模式,而应把"成熟一个,制定一个"与"立法超前"结合起来,从不同需要出发,更多地把"行动在前,立法在后"改为"立法在前、行动在后"。

2. 从传统体制下的立法,向市场经济体制下的立法转变。这主要是以计划法为核心的经济法律体系向以竞争法为核心的经济法律体系转变;以所有制为基础的企业立法向以企业财产责任形式为基础的公司立法转变;以内外有别双轨制经济立法向以内外一致的单一经济立法转变。这种转变越是滞后,法律障碍就会越大。市场经济要求明确经济主体的自主地位,明确经济主体进入和退出市场的条件,不改变原来的指导思想和立法框架,只能把经济主体仍置于行政附属物的地位。同样,以所有制为基础的企业立法,使各类企业的经营条件不平等,也会影响企业的公平竞争;内外有别的双轨制立法,既影响我国吸引外资的法律环境的评估,又会在我们开放深度不断扩大的情况下,给民族工业带来巨大的困扰和压力。江苏在实现经济国际化过程中,更应该重视这些转变。

3. 立法的配套与内部协调。经济国际化的法律调整,不仅是经济方面,而且是社会、文化等等方面。比如《社会保障法》、《文化市场法》等,建立与市场经济相配套的医疗保险制度、养老基金制度、贫困救济制度、失业保险制度和文化管理的法律法规。现行法律另一个值得注意的问题,是各种法律法规相互矛盾和冲突,司法与立法脱离,立法与现实脱离等等法律适用方面的问题,纷然杂陈。使国内企业无所适从,使国外投资者陷于一个矛盾和混乱的法律环境之中。因此,对各类法律的协调就是一个重要的任务。修订、补充往往更难于制定,因而在今后的立法中,一开始就要重视协调问题,注意配套协同。

4. 大胆借鉴国外市场经济和经济国际化的立法经验。对我们来说,这方面的立法是新鲜事物,对发达国家和新兴工业化国家和地区来说,它们已经积累了比较完备的法制法规,而且许多已为国际社会所普遍接受。在国际上,实行市场经济和经济国际化,有许多成功的经验,也有不成功的教训。一个重要的因素,就是能不能形成正常的经济运行秩序,而市场经济的有序化,首先就是一切经济活动和管理行为的规范化、制度化、法制化。市场经济也即法制经济,或法制型经济,没有法制的引导、调整、保障和约束,结果当然是不堪设想的。大力借鉴和吸收国际公认的先进的立法经验,把法制法律方面的文明成果为我所用。有了维护社会经济运行的恒动力,市场经济和经济国际化就有了顺利发展的法律基础。

(原载《江苏人大参考》1993 年第 31 期)

关于我省利用外资情况的评析

"开放的江苏将开放得更好"。江苏的开放正在出现许多新变化、新动向,面对这些新情况,需要有新的思考和新的对策。这里着重就利用外资的新变化作些分析,对如何提高利用外资的质量作些探索。而强化这方面的工作,法律手段就是不可或缺的重要手段,"以法治省"也就显得更为突出。

江苏利用外资的新动向

90年代以来,江苏利用外资新的趋势,是越来越多的跨国公司来江苏落户,以及国际金融资本正在进入江苏,尤其是在进入方式上,比之过去有了许多新的变化,正在从投资兴办企业向更多地控股、兼、并、收购的方式发展。

1993年以前,世界跨国公司在江苏投资项目累计61个,但1994年一年即达56个,协议出资7.86亿美元;1995年又新批107个,协议出资20.5亿美元。以上累计,跨国公司在江苏投资项目已达227个,协议出资36.46亿美元。在江苏投资的66个跨国公司,包括美国的杜邦、摩托罗拉、普强制药、超微半导体、哈里斯半导体、佳殿、卡特彼勒等公司,德国的西门子、百德补、博世、巴斯夫等公司,荷兰的飞利浦,瑞士的迅达,瑞典的爱立信,日本的富士、日立、松下、三菱、索尼、富士通、丸红、福田、三井、东丽、帝人、伊藤忠等商社和株式会社,韩国的三星电子、大宇集团,等等。国际上100家著名的跨国公司,已有近半数投资江苏。投资项目也比较大，1995年一年，外商投资1000万美元以上的项目，即有461个，1996年年初，外商在江苏投资1000万美元以上的项目，又达到1200个，很多是跨国公司所投资的。

跨国公司和国际金融资本进入方式新的发展趋势是：

——控股和并购方式的增多。90年代跨国公司发展战略一个新特点是，由投资新办企业向控股、兼并、收购转化。这种趋势也在江苏出现。近年来几次大的合资：中美合资的无锡佳殿浮法玻璃项目，将是我国目前最大和最先进的浮法玻璃生产企业，外方投资占80%，中方占20%；扬中大桥拆股吸引外商投资，马来西亚购得大桥股权51%；扬子石化与德国著名跨国公司巴斯夫公司合资建设"世界级高科技一体化石油化工联合基地"，双方股权为50∶50。

这种现象同样出现在全国。早几年外商是对一些骨干企业控股，全国轴承业三大骨干企业之一哈尔滨轴承厂，合资外商控股51.6%。目前外商已在向行业控股发展，从随机收购到有目的收购各地的同一行业的骨干企业：化工行业中全国最大的59家定点轮胎厂，被外商控股的有10家；医药行业中最大的13家企业中，外商控股51%以上的有7家，控股50%的有5家，中方控股的只余一家。外资收购国有上市公司也有开端，五十铃和伊藤忠购买北京旅行车公司股票25%，美国福特高价收购"赣江铃"B股20%，如获批准，外方都将成为第一大股东。

——合资中收购中方名牌商标。一种方式是中方名牌许可合资企业使用，收取商标使用费；一种方式是中方名牌作价入资。跨国公司合资一般是采取收购和作价入资的办法。上海"美加净"是作价入资以后再赎回来的。上海"霞飞"、广东"洁银"、"洁花"都已易主。在洗涤剂行业中，P&C公司的名牌"碧浪"、"汰渍"正在取代我方的名牌。"香雪海"与韩国三星合资后，首批生产1.6万台电冰箱均为"三星"牌，上市的微波炉也是"三星"微波炉。

——国际金融资本的进入方式是在我国设立基金会。在上海设立的"上海商业投资基金"，是由力宝上海投资公司、美国汉华银行亚洲证券公司、香港东宝财务公司和康奈国际发展公司四家组成,共投资1亿美元,主要向江苏、浙江和上海工商企业投资。

——独资企业发展迅速。1991年江苏外商独资企业仅91家,协议外资9402万美元;1992年新批274家,协议外资8.29亿美元;1993年新批814家,协议外资20.17亿美元;1994年新批715家,协议外资20.52亿美元;1995年新批907家,协议外资55.8亿美元。这些企业大都集中在苏锡常地区。在最能获利的地点设立生产、研究与开发、金融、会计等职能复合一体化的子公司,这也是跨国公司发展的另一个新趋势。

——从试探性投资转向大规模、关联性的投资。飞利浦公司在江苏投资已达13个项目。伊藤忠在江苏已投资15个企业;三菱公司在农产品加工、轻纺、冶金投资已达8个项目;德国西门子在江苏已投资6个企业。

机遇与挑战并存,吸引与监管同重

跨国公司和国际金融资本的进入,一方面是给我们带来了新的机遇。跨国公司资金雄厚,因而一般投资项目规模都比较大,技术含量高,企业整体管理水平高,有长期的战略目标,灵活的营销策略以及畅通的销售渠道。国际金融资本拥有最大的资本,国际上真正能大量用于投资,尤其是长期投资的资金,并不是来自工业资本和商业资本,而是来自投资银行、保险公司、投资基金这样的金融资本。这些资本的进入,将更有利于我产业结构的升级和产品结构的更新换代。机遇已经来临,我们不能错过,应采取相应措施积极加以吸引和利用,否则,这些资金就会流入其他新兴工业化国家。

另一方面,我们也不能忽视这些新动向给我们带来的挑战。跨国公司天然地存在着追求垄断市场的自发倾向,它并不欢喜合资这种形式,而"欢喜完全控制自己的经营活动",因而在合资全过程中,总是充满着渗透与控制的活动。对国际金融资本的合作,也会有同样的问题,而且也有个提高利用质量，提高外资利用的效率的问题。

要积极利用跨国公司和国际金融资本的投资，也要善于利用这些投资。必须注意吸引与选择、监管相结合，发展中国家利用跨国公司投资比较成功的都是采用了这种战略。引进外资的最终目的是为了壮大自己，壮大民族工业、民族经济，发展自主型的现代经济体系，而不能受制于人。

现在对民族工业、民族经济有不同的争议。应该说，在经济国际化、世界经济融合的大背景下，民族工业、民族经济的内涵应有所扩大，应包括国际分工的参与和融合。如果仍是按照百分之百是本国资本的要求，将延缓经济发展和技术进步的过程。日本富士通、松下都是日本的大型公司，但也是与西门子、飞利浦合资的企业；如果企业向海外筹资，那股东更会遍及世界各国。世界经济国际化的发展，要善于在国际经济融合中重塑我们的民族经济、民族工业。但我们也绝不能忽视利用外资与民族经济冲突和矛盾的方面。这里的关键在于，重要的产业和企业是否在我方控制之下，这些企业的生产最重要部件、关键技术，主要的生产经营活动，技术开发能力是否为我所掌握。如果在这些方面处于被动和附属的地位，那就会后患无穷，不仅会失去市场，而且会威胁到民族经济的生存与发展。从这个角度来说，保护民族工业、民族经济仍有重要现实意义。绝不可掉以轻心。

按照国际惯例，许多国家对外国公司的进入都有相关的规定。法国规定外商不得从事若干行业的经营，也规定要取得对法国公司的控制需要得到政府的许可。日本则一直强调外商在日投资不得妨害本国有关工业的发展。日本在经济起飞的年代里，曾把国内企业分为三类，执行不同的外资政策：一类是综合竞争能力不亚于外资企业的产业部门，允许外商拥有100%的股份；对若干新兴产业，本国竞争能力尚有一定差距的，外资进入一般在50%以下的股份；对少数产业，如石油、矿业、农林水产业则控制更严，需有关主管部门的批准。在证券投资中，也规定外商可取得的股票不得超过10%。在一个企业中外商取得股票的累计额，上述一、二类产业累计不得超过25%，第三类产业限制在15%以下。

许多发展中国家利用跨国公司投资的趋势,也都是从无限制阶段发展到利用和限制相结合的自主型经济发展阶段。如印度尼西亚,在70年代以前,向跨国公司开放度很大,1970—1974年,开始加强监管和限制,划出相当一部分工业行业禁止跨国公司进入,并加强对投资技术结构的审查。从1974年以后,更规定外商投资一般不超过49%;原有的全股权跨国公司投资项目,须在一定年限内把超过规定部分卖给当地人;在石油生产中实行跨国公司不拥有股权的"产品分成合同制",等等。通过这些措施,逐步把跨国公司投资纳入本国指导和管理的范围之内,保证了自主型现代化工业的发展。

吸引与引导、监管同时并重,主要的措施大致上是:

——引导与选择。包括:(1)产业政策对投资投向的引导,把外资引向本国亟需发展的产业领域。(2)投资方式的选择,可以是股权投资,也可以运用非股权投资;可以合资经营,直接投资,也可以向国际金融市场融资,发展间接投资。

——强化监管。包括:(1)按不同行业规定投资股份比例,一般应保持中方的多数股权;(2)投资部门的限制,若干要害行业不吸收外商投资;(3)约束跨国公司的垄断倾向和合资中的渗透与控制。跨国公司不仅以控股作为首次进入方式,而且运用种种技巧进行控制活动,包括通过增资迫使中方让出股权,通过董事会的运用、关键人员的任命、关键部门的掌握,对信息经销的控制进行种种渗透活动,即使是处于少数股权的地位,也会逐步扩张其控制的能量。

——坚持技术选择。跨国公司的进入,固然有提高产业和企业技术水平的一面,但"以技术换市场"并不容易做到,尤其对一些关键技术、技术诀窍,往往是采取封锁态度,对高技术不进行技术合作。因此需要更加重视技术审查,坚持引进高技术和产品的更新。一些高新技术,应进行自力更生的开发,需要进行合作,也可以在技术合作中成为平等的伙伴。

——品牌的处理。应该利用外资促进自己名牌的发展,而不能随意丢掉来之不易的名牌。名牌是极有价值的无形资产。外商在中国市场与中国企业进行竞争，往往是实施"商标战略"，这是很高明的一手。收购中国名牌之后，或者逐步淡化，降低档次，或者束之高阁，而以跨国公司的名牌取而代之。这种战略，既可以不费大力气就除去一个强劲的竞争对手，又可以稳占中国名牌原有的市场份额，以无形资产换取有形的巨额利润。因此，在品牌处理上，一定要慎之又慎，或者只给予许可使用权，或者把坚持使用中方名牌，保持必要比重和档次作为合资合作的条件，确保中方名牌的合法地位，确保中方名牌在合资中不断发展。

强化监管，会不会使跨国公司、金融资本望而却步？实际上决定跨国公司和金融资本投资的，主要是市场活力、区位优势、发展预期和发展前景，等等。还会存在若干年的"东亚奇迹"是会有相当大的吸引力的，而我们不能为了合资成功而放弃自己的民族利益。

建立一个吸引与监管并重的外资法律体系

吸引与监管并重，不仅要运用行政手段、经济手段，更要重视法律手段。与外商打交道，法律手段将是越来越重要的手段。法律手段具有国家意志的属性，因而具有普遍的约束力，明确的规范性。它有高度的强制性：当经济主体的经济行为符合法律要求时，它作为一种潜在的强制力量而存在；一旦违反，它就成为一种现实的强制力量而发挥作用。江苏现在开放的层次已相当高，需要有一个"以法治省"的法律环境。一个吸引与监管并重的外资法律体系，将是"以法治省"的重要组成部分。有了这样的法律体系，江苏的开放会更处于主动的地位。

针对利用外资出现的新情况，外资法律都应体现吸引与监管并重的精神，根据这个精神对有关法律进行必要的补充修订。现在需注意的有：

——产业政策导向的有关条例和实施办法的制定。为了对外商投资进行必要的选择，使外商投资符合江苏产业发展的需要，可根据《国家指导外商投资目录》、《指导外商投资暂行规定》的实施办法,明确今后鼓励、允许、限制和禁止四个方面的具体范围,强化外资投向的引导。

——形成比较完善的竞争法律体系。我国已制订了反不正当竞争法,反垄断的法律体系也应提上议事日程,制定有关条例、实施办法,增加有关条款,以完善竞争法律体系,以法律手段保护公平竞争,制止外商垄断、控制和不正当竞争等等行为,保护民族经济的发展。

——充分运用公司法、涉外经济合同法、中外合资经营企业法、中外合作经营企业法等有关规定,或制定实施办法,强调平等互利原则、主权原则和适用国际惯例原则,使谈判有法可依,提高谈判的水平和技巧。在与跨国公司合作的过程中,双方的目标差异可能会更大一些,控制和反控制的矛盾在所难免,无论在资产评估、技术层次、经营管理、产品销售、名牌使用等等环节上都要坚持我方利益。是否可以控股,也要按照有关规定执行。尤其是我方竞争能力尚有较大差距的行业,更应慎之又慎。有关部门要加强合资合同的审查批准,在立项、审批、注册等方面进行必要的限制引导。

——预防与控制国际投资欺诈有关法律和条例。随着国际金融资本的活跃,伪装国际财团、基金组织的欺诈行为也迅速发展,即使发展中国家也在所难免。而且,只依靠国内力量,往往难以遏制国际欺诈。因此,需要早为之计,从国内法和国际法两方面进行工作,既完善国内对国际投资的监管,以及对国际欺诈预防和惩治的法规、条例,又使国际合作法律化,加强预防和控制金融欺诈的国际协作。

(原载《人民与权力》1996 年第 7 期)

面对利用外资的新动向
我们的对策该如何

"开放的江苏将开放得更好"。江苏的开放正在出现许多新变化和新动向,面对这些新情况,需要有新的思想和新的对策。这里着重就利用外资的新动向作出分析,对如何提高利用外资的质量作出探索,以便在更高的层面上作好利用外资的工作。

江苏利用外资的新动向

90年代以来,江苏利用外资一个新的趋势,是越来越多的跨国公司来江苏落户,国际金融资本正在进入江苏。不仅利用外资的规模扩大,而且在进入方式上,比之过去也有了许多新的变化,更多地从投资兴办企业向控股、兼并、收购的方式发展。

1993年以前,世界跨国公司在江苏投资项目累计是61个,1994年一年就达56个,协议出资7.86亿美元;1995年又新批107个,协议出资20.5亿美元。到目前为止,跨国公司在江苏投资项目已达227个,协议出资36.46亿美元。在江苏投资的跨国公司,包括美国的杜邦、摩托罗拉、普强制药、超微半导体、哈里斯半导体、佳殿、卡特彼勒等公司,德国的西门子、百德补、博世、巴斯夫等公司,荷兰的飞利浦,意大利的依维柯,瑞士的迅达,瑞典的爱立信,日本的富士、日立、松下、三菱、索尼、富士通、丸红、福田、三井、东舶、帝人、伊藤忠等商社和株式会社,韩国的三星电子、大宇集团,等等。国际上100家著名的跨国公司,已有近半数投资江苏。投资的项目也比较大,1995年一年,外商投资

1000万美元以上的项目,即达461个。1996年年初,外商投资在1000万美元以上的项目累计已有1200多个,很多是跨国公司所投资的。

跨国公司和国际金融资本进入方式新的特征是:

——控股和并购方式增多。90年代跨国公司发展战略一个新的特点是,由投资新办企业向控股、兼并、收购转化。这种趋势也在江苏出现,近年的几项大的合资:中美合资的无锡佳殿浮法玻璃项目,将是我国目前最大和最先进的浮法玻璃生产企业,外资投资占80%、中方20%;扬子石化与德国著名跨国公司巴斯夫公司合资建设"世界级高科技一体化石油化工联合基地",双方股权为50∶50;扬中大桥拆股吸收外资,马来西亚购得大桥股权51%。

这种现象同样在全国出现。早几年外商是对一些骨干企业控股,全国轴承业三大骨干企业之一哈尔滨轴承厂,合资后外商控股51.6%。近几年,外商投资已在向行业控股发展,从随机收购到有目的收购各地同一行业的骨干企业。化工行业中全国最大的59家定点轮胎厂,被外商控股的有10家;医药行业中最大的13家企业中,外商控股51%以上的有7家,控股50%以上的有5家,中方控股的只余1家。外资收购国有上市公司股票也有了开端,日本五十铃和伊藤忠收购"北京旅行车"公司股票25%,美国福特公司高价收购"赣江铃"B股20%,如获批准,外方都将成为这些公司的第一大股东。

——独资企业发展迅速。1991年江苏外商独资企业共91家,协议外资9402万美元;1992年新批274家,协议外资8.29亿美元;1993年新批814家,协议外资20.17亿美元;1994年新批715家,协议外资20.52亿美元;1995年新批907家,协议外资55.8亿美元。这些企业大都集中在苏锡常金三角地带。在最能获利的地点设立生产、研究与开发、金融、会计等职能复合一体化的子公司,这也是跨国公司发展的另一个新趋势。

——从试探性投资转向大规模、关联性的投资。飞利浦公司在江苏投资已达13个项目;伊藤忠在江苏已投资15个企业;三菱公司在农产品加工、轻纺、冶金投资已达8个项目;德国西门子公司在江苏已投资6个企业。

——国际金融资本的进入方式是在我国设立基金会。在上海设立的"上海商业投资基金",是由力宝上海投资公司、美国汉华银行亚洲证券公司、香港东宝财务公司和康奈国际发展公司几家组成,投资1亿美元,主要向江苏、浙江和上海工商企业投资。

——合资中收购中方名牌商标。一种是中方名牌由合营企业使用;一种是中方名牌作价入资;再一种是借用外方名牌,打开国际市场销路。跨国公司一般采取收购或作价入资的办法。上海"美加净"是作价入资后再赎回来的。上海的"霞飞"、广东的"洁银"、"洁花"都已易主。在洗涤剂行业中,三大跨国公司之一的P&G公司的名牌"碧浪"、"汰渍"正在取代我们的名牌。"香雪海"与韩国三星合资以后,首批生产的1.6万台冰箱均为"三星"牌,推出的微波炉也是"三星"微波炉。

机遇耶?挑战耶?

跨国公司和国际金融资本的进入,一方面是给我们带来了新的机遇。跨国公司资金雄厚,因而一般的投资项目都比较大,技术含量高,而且企业的整体管理水平高,有长期的战略目标,灵活的营销策略以及畅通的销售渠道。国际金融资本拥有最大的资本源,国际上真正能大量用于投资、尤其是长期投资的资金,并不是来自工业资本和商业资本,而是来自投资银行、保险公司、投资基金这样的金融资本。跨国公司和国际金融资本的进入,会带来有利于我们产业结构升级和产品更新换代的机遇。机遇已经来临,我们不能错过,要采取相应措施积极加以吸引和利用。

另一方面,我们也不能忽视这些新动向给我们带来的挑战。跨国公司天然地存在着追求垄断的自发倾向。因而在合营过程中,将更多地存在渗透和控制的活动。同国际金融资本的合作,也有走向的问题。而且我们利用外资的规模已相当巨大,外债余额已达1000亿美元,占GNP的2.9%,接近3%的警戒线。如何提高利用外资的效率,也是一个迫切需要解决的问题。

积极利用跨国公司和国际金融资本的投资,也要善于运用这些投资。引进外资的最终目的,是为了壮大自己,壮大民族经济,发展自立型的现代经济体系。如果外资的持续流入,没有促进我们产业结构和出口结构的明显优化,大幅度提高我们的国际竞争能力,那就意味着市场的丧失和债务危机的积累。发展中国家利用跨国公司投资比较成功的经验,都说明了这一点。我们绝不可掉以轻心。

现在对民族工业、民族经济有不同的争议。应该说,在经济国际化、世界经济融合的大背景下,民族工业、民族经济的内涵应有所扩大,应包括国际分工的参与和融合。如果民族工业只能在百分之百是本国资本基础上发展,那将会延缓经济发展和技术进步的过程。富士通、松下都是日本的大型公司,但也是与西门子、飞利浦合资的企业;至于企业向海外发行股票,那股东更会遍及世界各国。世界经济国际化的发展,要善于在开放和国际分工合作中重塑我们的民族经济、民族工业。但我们也绝不能忽视利用外资和民族经济的矛盾与冲突。这里的关键在于,重要的产业和企业是否在我方控制之下,这些企业的生产重要部分、关键技术、主要的生产经营活动,技术开发能力是否为我方所掌握。如果在这些方面处于被动和附属的地位,那就会授利于人,不仅会失去市场,而且会威胁到民族经济的生存与发展。从这个角度来说,保护民族工业、民族经济仍有着重要的现实意义。利用外资应相应地采取吸引与加强监管相结合的战略。

按照国际惯例,许多国家对外国公司的进入都有相关的规定。法国规定外商不得从事若干行业的经营,也规定要取得对法国公司的控制需得到政府的许可。日本则一直强调外商在日投资不得妨害本国有关工业的发展。日本在经济起飞的年代里,也曾多次调整外资政策。70年代把国内企业分为三类,执行不同的外资政策:一类是综合竞争能力不亚于外资企业的产业部门,允许外国投资者拥有100%的股份;对若干新兴产业,本国竞争能力同外资企业尚有一定差距的,外资进入一般只拥有50%以下的股份;少数产业如石油、矿产、农林水产业,进行更为严格的限制,外商投资需经主管部门的审批。在证券投资中,也规定外商所取得的股票,不得超过该企业发行股票的10%。在某一企业中所有外商所取得股票的累计额,一、二类产业不得超过25%,第三类产业限制在15%以下。

发展中国家则更注意对跨国公司投资适时采取利用与限制相结合的战略。比较成功地利用外资的国家,一般都是从无限制发展阶段转向利用和限制相结合的自主型经济发展阶段。印度尼西亚,在70年代以前,对跨国公司开放度很大,1970—1974年,开始加强监管与限制,划出相当一部分工业行业禁止跨国公司进入;并加强对投资技术结构的审查。从1974年开始,更规定外商投资一般不超过49%;原有的合股权跨国公司投资项目,在一定年限内把超过规定的部分卖给当地人;在石油生产中实行跨国公司不拥有股权的"产品分成合同制",等等。通过这些措施,逐步把跨国公司投资纳入本国指导和管理的范围之内,保证了自主型现代化工业的发展。韩国在亚洲"四小龙"中是以借外债作为利用外资主要形式的,而且主要是靠商业贷款。但先后在70年代和80年代初也适时调整了利用外资的政策,为了防止外债规模过大,先控制外债的增长幅度,并缩小对外债务的总额;同时调整外资的投向与结构,根据韩国产业调整升级的需要,将2/3的借款投向制造业、尤其是电子、金属、炼油和汽车工业,推动了产业的升级和国民经济稳定、高速的增长。

强化吸引与监管相结合,会不会使跨国公司和金融资本望而却步?实际上,决定这些资本进入与否的,是市场的活力、区位优势、区域的发展前景等等。还会存在若干年的"东亚奇迹"是会有相当大的吸引力的。只要这些条件存在,国际资本的流向是不会有大的改变的。

——投资方式的选择。吸引跨国公司投资,有资金雄厚、技术高的一面,但双方的目标差异可能会更大,我们应该注意投资方式的选择。这包括:投资方式的多样化,可以是股权投资,也可以是非股权投资;可以合资经营,也可以向国际金融市场融资,发展间接利用外资;也包括对投资的部门限制,在要害部门或企业不吸收外商投资。是否允许控股,也要根据不同产业予以区分,尤其是产业综合竞争能力与外资企业差距较大的,一般应保持中方的多数股权。为了强化选择,需要提高我们的谈判水平和谈判技巧,无论在资产评估、技术层次、经营管理、产品畅售、名牌使用等等环节上都要坚持我方的利益。

——技术含量选择。跨国公司的进入,固然有提高企业和产业技术层次的方面,但真正以"技术得市场"并不容易做到,处理不好,往往会丢掉市场而没有得到技术,尤其是真正先进的技术。因此,应坚持技术的选择和产品的更新。加强对技术含量的审查,对国内已有的技术,不再重复引进。并合理确定内销比例,不要轻易让出市场。尖端的高新技术,比较可靠的方法是采用政府出面借债或由政府担保在海外融资,由企业和科研机构自力更生进行开发。

——品牌的处理。名牌是极有价值的无形资产,在合资中对名牌的处理要慎之又慎。应该利用外资促进自己名牌的发展,而不能轻易丢掉来之不易的名牌。外商进入中国市场进行竞争,一个重要的手法,是实行"商标战略",收购中方名牌,或者作价入资后,逐步淡化、降低档次,以至束之高阁,而代之以跨国公司的名牌。这是很高明的一手,既可以不费大力气除掉一个强劲的竞争对手,又可以轻易地占有中国名牌原有的市场份额,以无形资产换取有形的巨额利润。为了保护自己的名牌,可以向海外筹资发展自己的名牌,如果合资,也应坚持中国名牌的份额和档次,防止中方名牌的名存实亡。

强化引导与监管,不仅要运用行政手段、经济手段,也要建立健全相应的外资法律体系。法律手段具有普遍的约束力和明确的规范性,与外商打交道,法律手段将越来越显得重要。这包括产业政策的有关条例、实施办法和行政法规;包括比较完善的竞争法律体系,我国已制定了《反不正当竞争法》,反垄断法规法律也应提上议事日程,以法律手段保护公平竞争,制止垄断、控制行为,保护民族经济的发展。随着国际金融资本的活跃,也要注意国际金融欺诈行为的侵入,及早制定对国际欺诈的预防和惩治的法规、条例,并使用国际协作法律化,以预防和控制国际金融欺诈行为的发生。

(原载《江苏开放》1996 年第 4 期)

走进 WTO,农业和农村 "富民强省"要有新视野

入世了,我国经济在更大范围和更深程度上融入了经济全球化的潮流。迈出这一步,自然会给我们的经济和社会环境带来巨大的变化。实施"富民强省",就得积极应对这些新情况和新变化,尤其是农业和农村。"富民强省"的根基是农民和农业,可是在强大的国际竞争对手面前,农业的竞争力又是最单薄的。走进 WTO,最令人担心的就是农业和农村。可以说,农副产品面临的国内外竞争从来没有这么激烈,农村面临的压力从来没有这么严重,农民和农村"富民强省"所遇到的挑战从来没有这么严峻。

有些同志主张,不要夸大入世所带来的挑战,到时候自会"柳暗花明又一村"。可是,总是把冲击和挑战估计得足一点好。冲击也并不都是坏事,许多潜力都是竞争激发出来的,动力也是在战胜挑战中得到提升的。入世我们不是没有准备,江苏农业的规模经营起步是比较早的;农业产业化也有了一定的基础,年销售收入 500 万元以上的龙头企业有 1900 多家;在农业结构调整中,已朝着弱化粮棉油等土地密集型农产品,强化畜牧、水产和园艺业等劳动密集型农产品的路子迈进。调减粮食种植面积 700 多万亩,把农经之比从 76∶24 调整到 68∶32。可这只能说,我们在以往低水平、低层次的竞争中,还可以算得上中上流,现在面临的是国际上一流的竞争对手,是高层次、高水平的竞争。农业和农村的"富民强省"在新情况下要有新视野,从新的高度做好应对工作。

新视野之一:农业产业化要构筑新的平台

提升农业产业化的水平,这是实现农业和农村"富民强省"的一项紧迫的任务。应对入世,提升农业产业化要抓两个关键:一是根据比较优势的原则,发展农业产业化。在江苏来说,是凸出禽畜、水产、蔬菜、瓜果、花卉等劳动密集型产品的产业化。当然,作为一个发展中的大国,吃饭问题、粮食安全一点含糊不得。但粮食购销体制的改革给江苏带来了更多的机遇,可以比较放手地发展劳动密集型农产品和产业化。在入世应对上,许多发展中国家,像墨西哥和巴西都是采取这样的战略,从美国进口粮食,而向美国出售畜禽、蔬菜、瓜果等精细农产品,发挥自己的比较优势。印度则比较重视粮食安全,同时注重发挥劳动密集型农产品的比较优势。

另一个关键是要抓更高层次上的农业产业化的运作模式,构筑农业产业化新的平台。走进WTO,我们的对手是现代化程度和劳动生产率很高的大农场和国际大公司,相比之下,我们的组织化程度太低,农业产业化过于零散,往往难以扣紧产供销等产业链,难以充分运用产学研一体化的机制,尤其是难以形成农户和加工、营销的利益共同体,分散的农户和大市场的矛盾依然故我。随着入世后竞争的加剧,这些矛盾还会凸现出来。提升农业产业化的运作模式,构筑农业产业化新的平台就成为一个关键问题。

今后农业产业化该是一种什么模式呢?作为中国现代化农业的旗舰"超大现代农业集团"是值得重视的一个样板。这个农业集团形成了"公司自建"、"公司+农户、企业连基地"的产业化经营模式,也突破了区域的限制,在全国范围建立基地和分公司。它的特点是集团建立基地的用地,是由当地政府作为中介向农民租用,租赁期与农民承包期相一致。出租土地的农民就成为公司的农业工人,既拿租金,又拿工资。基地又与龙头企业连在一起,集团既有高效畅通的营销体系,又有多层次的强有力的技术服务体系。这种新的模式的优越性在于能组成比较紧密的产供销产业链,形成公司与农户利益共同体和千家万户小生产者和大市场的对接机制,也能更有效地适用高新技术,打造名优品牌。而且可以较多地吸纳农村劳动力,推动农村剩余劳动力的转移。"超大"就是凭借这些优势,加速了超大农业公司的形成,它又是具有中国特色的创新,既适应新的情况,又易于学习推广。

扶持农业产业化,就是扶持农业和农民,扶持农业产业化跨上新的平台,入世以后农村的"富民强省"才会有保证。江苏应该在原有的基础上拓开自己的新视野。其一,是要在众多的龙头企业、专业合作社或基地中,扶持几个具有发展前景的农业企业,通过联合、合作、兼并,采用"超大模式"做大做强。现在全省虽有2000多个专业合作社、3500多个专业协会,1900多个龙头企业,但农业组织化程度仍然偏低,覆盖面偏小。有了几个"超大"农业集团,再加上众多的专业合作社、龙头企业等等,就可以大大地扩大农户的覆盖面。其二,要打破地区和部门界限。入世对外开放,先要对内开放。欢迎外资投向农业产业化,也欢迎"超大"集团那样的企业来江苏发展。江苏农垦农业产业化有相当基础,应该扶持一些企业跨部门、跨地区成长壮大。其三是政策扶持。农业企业要跨上新平台,一定要按市场规律办事,政府再不能搞"错位"的"拉郎配"。政府的职责是政策引导、扶持,创造良好的经济环境。现在继续实施积极的财政政策,重要的一条即是向农业倾斜,对农副产品精深加工、农业产业化攀登新的平台进行贴息和扶持。在发达国家,政府不干预企业内部事务,但补贴依旧,不过是花样翻新,并大力支持企业开拓国际市场。如加拿大,不仅带领企业出国访问,而且帮助企业进行谈判,通过银行为其销售融资,支持企业提高国际竞争力。政府只要坐正了位置,扶持农业仍然责任重大。

新视野之二:以高科技为支点,使农产品在质量、安全上与国际接轨

入世之后,与世界强手相比,我们农产品比较劣势之一,是农产品

质量不高,没有什么叫得响的品牌,乃至毒米、毒肉、毒油、毒酒等等事件层出不穷,食品安全也成了问题,影响农产品的声誉。而我国农产品要更多地进入国际市场,虽然关税和配额等等壁垒打开了,可还有质量标准、卫生标准、绿色食品标准等壁垒仍横亘在我们面前,品牌和技术的鸿沟依然难以逾越。为了减弱和消除这方面的比较劣势,既要在食品安全上有与国际市场接轨的视野,质量检测要严格,对破坏食品安全的违法行为打击要严厉,以恢复和提高农产品的信誉。更重要的是在调优上做文章,以高技术或先进适用技术为支点,提高农产品的科技含量,在农产品品质上也能与国际接轨。

解决农产品质量安全问题,不能只在种养加那个环节上解决问题,而是要在整个产业链上配套成龙地运用高技术。农业的出路在于科技。我们的竞争对手,一些发达国家正在建成近现代生物技术推动下的育种、农药、化肥、农用生物制剂等新技术体系,抢占计算机和信息技术推动下的设施农业、精确农业、宏观监控等新技术体系的先机。一些国家的精确农业正在进入佳境,就是利用电脑和全球卫星定位系统,根据每块土地的不同情况,进行合理的精确的耕作。采用这种耕作方法,是在拖拉机上安装精确农业系统,然后将每块土地的土壤状况、作物品种、病虫害情况和历年收成等资料输入系统。当拖拉机在田野上奔驰时,精确农业系统就会指示它既合理又精确地进行播种、施肥和喷洒农药。发达国家农业科技已发展到如此高度,我们不重视运用高科技提高农产品质量,那差距就会越来越大,穷者愈穷,富者愈富。从目前实际情况出发,我们在与国际接轨上,至少要做到:按国内外市场需要优化品种结构,按国外客商要求对企业进行技术改造,按国际卫生标准、绿色食品标准进行精深加工。

运用高技术和先进适用技术,现在还要解决一个科技服务体系的问题。的确,过去我们曾有过一个相当健全的农业技术服务网站,也发挥过不小的作用。可是这个服务网络在向市场经济转轨的过程中没有转得过来,以至网破、线断、人散,许多技术措施难以落到实处,这也成为目前科技成果转化率低的一个重要原因。所以,技术服务体系的建设要有新视野、新思路。在市场经济条件下,必须把过去的体系大刀阔斧地转变为以企业为主体进行技术服务体系的建设。上面提到的"超大现代农业集团"就为我们提供了验证。超大集团南京分公司既有自己的研发机构：农业科技研究所,又成立了由省农科院、南农大知名专家组成的专家智囊团,并创办了高科技示范实验基地,真正把产学研捏到了一起。同时又建立了多层次的技术服务体系,由高技术人才组成的专家组,负责项目规划、论证;在一线的专业技术指导人员负责日常技术操作;还聘请有丰富种植经验的菜农参与田间日常管理,使耕作方式更适合本地实际。土洋结合,高中低兼顾。在农村实施"富民强省",不能不关注农业的科技支撑。在目前情况下,一些过渡性的技术服务体系可能还会有一定的作用,但以企业为主体是今后发展的方向。

新视野之三：营销上也要运用合作竞争战略

入世以后,在经济运作中出现的一些新事物,往往会帮助人们拓开视野,打开新的思路。最近媒体传播的美国马铃薯协会"叫卖"中国市场就是一个例子。入世以后,我国承诺农产品的税率将下降20%～30%,国外的谷物、肉类、果品乃至水产品,当然要抢滩中国市场。但是美国土豆进军中国市场的特点,不是散兵游勇、单兵作战,而是6000多个种植者捏成一团,由代表它们的美国马铃薯协会承担。这给人以启示,不仅生产领域,拓展到经营销售领域,也要运用"合作竞争"的"双赢"战略,协同作战进行合作竞争。

"合作竞争"或"竞争合作",是随经济全球化竞争愈加激烈的情况下出现的新概念。市场经济必然伴随着竞争,但市场经济是竞争经济,也是分工协作的经济。传统的竞争是"你死我活"的,"赢家"是以"输家"为代价的。这种对抗性的竞争,固然有促进企业进步的威力,但人们越来越感觉到这并非企业生存和发展的最佳运作方式。人们已在探索,能不能把竞争与合作协调起来呢？新经济的到来,成了"合作竞争"强有力的催化剂。在信息技术的支持下,信息的采集与发布,使企业之间的竞争完全在透明的方式上进行,"合作竞争"得以迅速拓展。竞争借助市场机制展开的同时,也体现它协同、分工合作的效能。这既包括企业之间在生产领域互补性的合作竞争,也推而广之,延伸到整个经营过程,制造商、供应商、经销商联合进行"合作竞争",有的企业称之为"集成经营"。经营并不是单兵出击,而是转向集成,联合做大"蛋糕",共同赢利。美国马铃薯协会代表众多种植者"叫卖",也是一种集成,也属于"合作竞争"或"集成经营"的经营方式。

"合作竞争"是今后发展的大方向。现在我国企业、行业之间的竞争还停滞在"你死我活"的对抗性竞争上,我们不否认它的作用,但反反复复打价格战,过度竞争、无序竞争,不仅给企业、也给整个行业带来损害,带来全行业亏损,几乎是只有"输家"而无"赢家"。美国的知名的整合营销传播创始人唐·舒尔茨批评这种竞争:对一些盲目进行价格拼比的企业来说,该打价值战的时候还打价格战,对市场是致命的。正在我们价格战绵延不断的时候,国外同行却集中精力开发新一代产品,提高产品科技含量和附加价值,同我们打价值战,最后吃亏的还是我们。在农产品领域,为了争夺有限的出口市场,也是相互压价、互相排挤,搞"你死我活"的竞争,养鳗业如此,紫菜业也如此,结果两败俱伤而一蹶不振。是该学会"合作竞争"、"集成经营"的时候了!

同样不能忽视的是,我们还缺少美国马铃薯协会那样的行业协会,在日本是从收购、流通批发、直到终端市场一条龙服务的"协同组合"。我们有不少好的行业协会,可也有那么一些行业协会,还摆着一副部门行政管理的架子,成为横亘在政府与企业之间的"二婆婆",乃至成为一个牟利的工具,只收费、不服务。美国马铃薯协会的经费是从哪里来的呢?是服务,会员每售出100磅马铃薯就交2美分作为活动经费。如果一个行业协会不把自己定位在中介组织上,尽心尽意地为全行业服务,搞信息交流、市场培训、产品销售、策划和咨询服务,在服务中取得应有的报酬,那是非垮台不可的,不是有些行业协会已经停止运转了吗?

新视野之四：服务业和农业集团将成为农村剩余劳动力转移的主渠道

实现农业和农村"富民强省"，转移农村剩余劳动力是必须要跨过的一个门槛。不解决经济二元结构的问题，把农民转移到具有更高生产率的部门，富民和强省都会受到极大的制约。减少农民，才能富裕农民。可目前农村剩余劳动力转移的形势严峻，过去吸纳农村劳动力最多的乡镇企业，现在优势不再；城镇经济结构调整，又释放出大量原有体制下的无效就业人员；城镇化发展的滞后，也影响农村剩余劳动力的转移。2000年江苏全省就业面为53.25%，在华东为最低。农村剩余劳动力约在1000万左右。出路何在？要适应入世后的新形势找寻新路子。

农村剩余劳动力转移，主要取决于以下一些因素：(1)城市就业概率，城市能创造多少就业机会；(2)转移与择业能力的高低；(3)原有户籍制度和相关制度的改革。入世以后，由于大量外资的进入和出口的增加，会创造更多的就业机会，可是当前世界经济低迷和结构调整、产业结构升级，也会对就业产生抑制作用。从长期来说前景看好，但近期不会有多大的好转。从一些主要行业来看，入世以后哪些行业会较多地吸纳农业劳动力呢？(1)外资的大量进入，三资企业会提供更多的就业岗位。但由于技术密集型和资本密集型企业的增加，对人员素质要求高，也在一定程度上限制了就业人数的增加。江苏2001年吸收外资丰收，一个很大的特点是外商投资已由轻纺、建材转向电子信息、光机电一体化、生物医药等高技术产业聚集。江苏已成为台湾IT产业投资最密集的地区之一。(2)私营、民营企业也是农业劳动力转移的一个渠道。但毕竟基数太小，近年来虽有较快的发展，只不过吸纳了27万劳动力。(3)传统产业中的纺织、服装。入世后会提供更多就业岗位。全国可能达540万个，但江苏这些产业结构调整、转型升级，提供的就业岗位将低于全国平均水平。(4)服务业，入世后将进一步放开,其发展空间扩大,发展速度会大大加快,会吸纳较多的劳动力。当然,一些新兴的三产和服务业,银行、保险、咨询等等对人员素质有较高的要求,会出现转移出的劳动力不能全部就业的情况。但总的来说,第三产业尤其服务业将是未来就业和农村剩余劳动力转移的一个主渠道。(5)农业企业集团,包括龙头企业、生产基地、中介组织等等,像"超大"那样把农民转化为农业工人,也将是农村剩余劳动力转移的另一个主渠道。

当然,择业能力的高低,对农村剩余劳动力的转移影响也很大。农民平均受教育水平低是不争的事实。江苏文化教育比较发达,但农村平均每个劳动力受教育的年限,也只是7.97年,只相当于初中二年级的水平。为了农村剩余劳动力的顺利转移,人力资本投资不足的"瓶颈"要积极予以消除,搞好农村的基础教育,也要重视农村劳动力的专业技能的培训,使转移者能尽快地适应现代生产部门的就业需要。

(原载《现代经济探讨》2002年第2期)

构建企业高集聚产业链

随着外资的大量涌入和企业的高集聚,包括苏南地区在内的长江三角洲,已有一些城镇、开发园区形成了诸多的产业链。这些产业链和它所带来的产业链效应,已成为推动区域经济登上新台阶的一个亮点。

产业链的构筑和形成

通过企业集聚构筑和打造产业链,是指在一个较小的区域(一个城镇、一个开发区)的范围内,集聚相关的企业,形成上下游关联、合理分工协作、产品相互依存、产销研功能互补的产业链条。

上海和苏南地区各类产业链的形成,并非一日之功,但近年强有力的外资进入,却大大加快了产业链的构筑进程。尤其是外资的"组团进入"、"整体移植",有力地推动了比较发达、比较完整的产业链的形成。这些产业链,既包括资产重组的重化工业,以新技术改造的轻纺、服装产业,也包括新兴的高技术产业。上海和苏南产业链形成主要通过以下几种方式。

——大型企业入驻,带动配套的中小企业集聚,形成互相依存的产业链。配套率高,企业集聚度高,是上海、苏南地区一个特色。而重视乡镇企业为国内外大型企业配套,又是苏南地区的高明之作。捷安特自行车厂进驻昆山开发区后,昆山即大力组织配套,通过多层次分包,先后整合了20多家乡镇企业的生产能力,形成了一个配套的团队。类似的产业链,在长三角已屡见不鲜。

——乡镇企业通过发展小而专、小而精,进行专业化生产集聚而形成的产业链。集聚是乡镇企业发展的必然趋势,集聚才可以加强分工协作,降低外部市场的不确定性,提升小而专、小而精的专业化生产程度。这方面做得比较有成效的也数昆山,昆山近年建设配套小区,进行企业高集聚,根据不同的专业化生产,形成了张浦镇的电子、建材,陆家镇的轻纺、橡胶等各具特色的配套小区,在这些产业的若干环节上形成了产品互补的产业链条。

——外资企业上下游整体移植而形成的产业链。近年来 IT 产业又一次大转移,不仅数量上云集苏沪,而且呈现了上下游关联企业整体转移的特征,随着生产环节的转移,带来了设计、测试等配套业务的转移。发达的企业集群带来了发达的产业链。比较完整的是上海曹河泾新区微电子产业链。这个产业链包括了上海先进半导体公司为代表的芯片生产业,以美国杜邦、法国液空为主的微电子生产配套业,以美国 ISSI 公司等 20 多家企业组成的微电子研发设计业,形成了从电路设计、生产、配套到测试可以一次完成的产业链。

——创新企业的孵化和集聚,逐渐关联而形成的产业链。南京、无锡、苏州高新技术开发区,虽然存在种种局限,但都坚持"双重奏"的战略,积极孵化高新技术企业,有些开发区已通过创新企业的集聚,在某些环节上形成了产业链。无锡新区与外资联姻,在手机零部件生产上,集聚了十多家关联企业,"无锡新区制造"已成为手机市场上一个不可或缺的角色。

当然,目前苏沪一带所形成的产业链,大多还不是完整意义上的产业链,而只是生产环节或其他环节上下游互补的产业链。完整的、比较发达的产业链,不仅是生产环节,而且包括研发环节和营销环节,这是产业链中最具有价值的环节,是产业链中的高端。我们要看到这个不足,还要继续努力。

集聚效应和产业链效应

企业集聚会形成集聚效应,但还不是产业链效应,只有通过企业在一定区域的集聚,由龙头企业纵向延伸,相关产业横向拓展,形成上下游关联,研发、生产、营销功能互补,才能把集聚效应提升为产业链效应。当然,要构筑较为完整、较为发达的产业链,有一个过程。随着经济全球化的发展,全球性网络化生产、网络化采购与网络化研发的特征将更为显现,这为我们先在某一环节上形成产业化链条,然后整体融入全球化产业链提供了条件。集聚效应主要是:集聚的企业可以共享基础设施和培训、技术、资金等资源,取得公共设施的增效作用;企业的集聚和供应商、消费者随之的集中,可以降低交易成本,也可以降低专业人才的寻找成本;企业集聚所带来的信息沟通的便捷性和交流的频繁性,能促进技术、先进经验更迅速的外溢和传播,促进企业创新;企业在一定的区域集聚,会吸引来更多的企业和促进新企业的诞生,集群不断地扩张,又形成企业的再集聚并形成良性循环。

当然,完全依靠市场机制发展产业链,可能是一个较长的过程,应该把依靠市场机制与政府扶持、引导结合起来,以加快产业链的构筑过程。

从现有的情况来看,不少开发园区产业链的构建还是比较迟缓的。即使是全国一流园区的中关村,虽然具有极强的创新能力,孵化和集中了 6600 多家高新技术企业,但发达的产业链尚未有效地构筑起来。上海大众组织"国产化共同体"比较成功,取得了很好的协作配套效应。但在当时的条件下,配套的零部件不能不分散在全国各地,难以在较近或某些区域集聚。而且配套企业起点较低,资金投入强度很大,建设周期也相当长。相比之下,福建的东南汽车是一个非常成功的模式,主机厂及 57 家配套企业,都是台湾的顶端企业,一起进驻福州青口镇的东南汽车城。在一条 40 米宽的马路两边,一边是主机厂,一边是几十家零部件厂,按照方便运输的原则,依次排开,主机厂不需要仓库,零部件厂不需要包装,部件出来,即用即送,即送即用,不仅成本节约惊人,而且主机厂和零部件厂之间信息沟通也十分方便,节省时间,节省出差费用,不仅生产效率大大提高,也为技术交流、技术创新创造了极好的环境。这样的产业链的构成,就使原来并不看好的东南汽车厂,投产两年就成为后起之秀。这种发达的产业链,只在西班牙的福特汽车厂出现过。中华汽车的创始人,在台湾地区谋划了30年也未实现的夙愿,这次在祖国大陆得到实现。

这些情况说明,在一定的区域形成了发达和高效的产业链,集聚效应就会得到飞跃:团队式的高集聚会形成生产、研发、营销一体化的新构架,形成成本节约惊人、生产效率极高的新模式;这种产业链能够增强产业的抗风险能力,把风险控制在最小限度,使利润最大化;发达的产业链会筑起一个技术创新的新平台,使技术溢出、技术交流、技术更新以及人才集聚,都以空前的速度进行;发达的产业链对融入其中的企业有极严格的要求,使众多的企业在相互协作又相互竞争中,加快产业结构升级;发达的产业链可以极大地增强区域竞争力,区域之间的竞争力,实际上是企业高集聚及其产业链的竞争力。

打造拥有自主知识产权的核心企业和产业链

现时苏沪一带产业链的构建是一个极好的形势,但是,我们也要看到,这在很大程度上是外资"整体转移"、"团队作战"的结果。我们固然要充分运用这个机遇,可也不能以此为满足而沾沾自喜,我们不能只停留在配套和组装水平上,不能只处于为跨国公司研发机构打工的地位。外向型经济确实是一把双刃剑,对外依存度太大,就会处处被动,失去自己的主动权。

苏州有一个极好的分析:现在进入我国的外资企业大致可分三类,一类是研发中心和主力制造设备都在这里,这种企业有生根性。第二类截然相反,进来的只是简单的生产线,几年就可以折旧回收成本,完全靠廉价劳动力赚钱,一旦劳动成本提高,这种企业就会走人,除了一堆废铜烂铁，一堆瓦砾乱砖，什么也不会留下。第三类是投资较大，拥有先进大型设备，这种企业短期内不会离开，要把投资的设备全部耗光才会走。

这些情况说明，在大好形势下，我们要冷静思考。外资可以转移进来，也可以转移出去。不仅是一些设备简单的配套企业，昆山称之为"国际乡镇企业"，说不定哪一天又会向劳动成本更低的地区转移，即使一些大型的龙头企业，也可能以种种理由迁回本土。从构筑的产业链来看，无论是哪个环节短缺，产业链都会断裂，尤其是主导企业的回迁，更容易使产业链崩溃，因此，我们在充分运用外资大量涌入这个机遇的同时，一刻也不能放松对拥有自主创新能力的核心企业的培育，并围绕这些企业构建比较成熟、比较发达的产业链。虽然，我们不能再从封闭的、传统意义上来理解"民族工业"，但不能没有以国内资本为主、具有自主创新能力、关键技术掌握在自己手中、具有名牌产品的企业。不仅是传统产业，也包括高新技术产业。只有这样，才能摆脱跟在别人后面受制于人的局面，从而增强发展的后劲。

在这次全球产业转移中，我们既要敏锐地察觉到外资进入"组团式投入"的新特征，也要敏锐地认识构筑具有自主创新能力的产业链的迫切性。在未来的发展中，既有外资整体进入的产业链，也有以我为主的比较完整、比较发达的产业链。当然，这种产业链也是开放型产业链，可以是围绕我国的核心企业，组织中外相关企业集聚配套，也可以是在若干园区或城镇，通过集聚发展专业化生产，然后通过全球化网络，整体融入全球产业链之中。在高新技术产业链的构筑中，要注意两个最脆弱的环节，一是科技与金融，一是研发与市场，稍不注意，这些链节就会断裂，政府要创造环境，也要多加引导、多加修补。再一个需要注意的是，如同规模经济与规模不经济一样，集聚经济超过一定的界限，也会产生集聚不经济。这就要向腹地、向周边辐射、扩散，使产业链向更多的点上集中。

组团作战、整体移植，带来了新的经验，新的构架，我们在抓外资向长江三角洲集聚机遇的过程中,要学会引导、构筑较为完整、较为发达的产业链的本领,让这个优化产业结构的新亮点在苏沪一带更加凸现出来。

(原载《江苏经济》2003年第3期)

第六编

经济周期与反周期

第六编

经济周期与反危机

控制波动寻求国民经济稳定增长

经过治理整顿,江苏经济界正在思考一个问题:如何控制经济波动,使国民经济走上持续、稳定、协调的发展轨道。

过去10年,江苏经济较快的发展,是在较大的周期波动中实现的。频繁的起伏和震荡过大的波动,曾对经济发展带来不利的影响,使经济增长难以持续。特别是1986—1989年的波动,江苏一反过去波动幅度小于全国的状况,出现了强于全国的波动幅度。这些情况表明,应该认真探索在社会主义条件下经济波动的规律、它的周期和它的特性。从江苏来说,除共性之外,还须寻找个性。因此,总结过去,找出控制波动的相应对策,这对寻求国民经济的稳定增长是大有好处的。

江苏近期波动的系数大于全国,全国为3.1,江苏为5.8;波动幅度也强于全国,全国为8.8%,江苏为18.3%。1985年江苏国民生产总值增长幅度为20.7%,1989年仅为2.4%。在过热的1988年,全国国民生产总值增长幅度为10.8%,江苏为12.3%;但在1989年,全国增长幅度为3.9%,江苏为2.4%。江苏为什么有这么大的波动幅度,值得研究。一般说,过去江苏在波动中下得慢、上得快,这次却是下得快、上得慢。可见江苏的经济波动确有自己的个性,需要探索。如江苏的经济结构,尤其是加工工业与基础工业的比例关系;对市场的依赖度;资金的形成和使用;企业组织结构等方面。以及对引起经济波动和控制经济波动的关系。同时,也需探索有哪些非经济因素的干扰,从而放大了经济系统的内在波动。

当然,在国民经济发展过程中,完全消除周期性的波动是不可能的,只能控制波动,把波动限制在经济自身弹性限度之内。研究经济波动的规律,也是为了寻求它的合理幅度,即适度发展的规律。全国适度增长和合理的波动幅度如何确定,江苏在这个幅度中是略快些,幅度可略大些,还是基本上维持这个幅度,都是值得思考的问题。江苏要研究自身发展受短线制约的强度,资金制约,物力制约,只能在这些制约条件下,确定自己适度增长的速度,并把经济波动限制在合理的范围内。

探索经济波动的规律,重要的是寻求今后的对策。做到在经济扩张时,有意识地适度收缩;在经济萎缩时,有意识地适度扩张。这在实践中是很不容易的。要避免大上大下而代之以小上小下,需要形成一个有效率的经济运行机制,包括有效的调控机制,计划调节和市场调节,特别是运用货币调节和财政调节,充分运用信用杠杆。也使财政起蓄水池的作用,在经济高涨时,多收少支,减缩需要;经济衰退时,少收多支,减少衰退的幅度。因此,调整经济结构,使结构合理化;转变经济发展战略等,都是保持经济持续、稳定、协调发展必须重视的问题。

(原载《社会科学报》1990 年 5 月 31 日)

控制波动寻求经济稳定增长

1989年江苏经济过大的起伏波动是一个信号,它表明江苏经济的发展已处于一个紧迫的转折关头。这个问题并不是现在才意识到的,但总没有目前这样的紧迫感。我们历史地看问题,江苏过去以总量增长为主的发展方式,特别是在发展城市工业的同时,大量转移农村剩余劳动力,大力改变农村的经济结构,发展以农村工业为主的非农产业,依靠地方的积极性,自力更生地发展县区经济,形成了在规模结构上以中小为主,在要素结构上以劳动密集型为主,在生产结构上以加工工业为主,在所有制结构上以集体所有制为主的格局,这种增长模式在传统经济向现代经济转化过程中,有它的必然性和合理性,并曾大大促进了江苏经济的迅速增长。问题是总量增长达到一定程度之后,就要以技术进步为动力,推动经济结构向更高的层次发展,以解决过重的就业压力和提高劳动生产率的矛盾。总量增长越迅速,越要求结构的适时转换。经济增长模式和结构转换的滞后,必然受到资源越来越大的限制,受到"瓶颈"部门的严重制约,一旦国民经济从扩张转入紧缩,就会成为首当其冲的对象,从而导致经济的大起大落。江苏这次经济较为剧烈的波动,也许会成为一种推动力量,它可以引起人们的警惕,从而加快经济增长模式的转换。

经济波动和控制波动

如果把江苏的经济波动作一个纵向的比较,可以看出,江苏经济波动,在80年代是增大的趋势,几次经济波动均超过全国的平均幅度。经济波动的强度,一般是以波动幅度和波动系数来衡量的。波动幅度是指一个周期内峰点和谷点的差距,波动系数是按年增长率的标准差来计算的。80年代初期,江苏经济发展比较正常,但1984年四季度,由于全国国民经济出现了"四个失控",因而1985年上半年出现了工业超高速的增长,1985年下半年紧缩,经济又出现"滑坡",工业总产值增长速度由1—7月份累计的32.5%,下降至1986年1—2月份的6.7%,工业波动幅度达到25个百分点。这个周期(1982—1985),江苏工农业总产值波动幅度为17.18,高于全国13.9的幅度。最近一次波动,江苏更是大于全国,江苏工农业总产值波动幅度为18.8,全国为12.7。过热的1988年,江苏工农业总产值增长率为22.9%,1989年大幅度回落,增长幅度仅为4.1%。1988年江苏国民生产总值增长幅度为12.3%,全国为10.8%,1989年,江苏的增长幅度仅1.4%,全国为3.9%。江苏国民生产总值波动幅度为10.9,全国为6.9。波动系数,江苏也大于全国,80年代,全国为3.1,江苏为5.8。

80年代以前,江苏经济的波动幅度,一般是低于全国。从1953—1979年,全国的波动幅度为53,江苏为37。在几次比较大的波动中,比如1958年"大跃进"的骤升骤降,全国工农业总产值波动幅度为63.19,江苏为43.69。1978年"洋冒进"以及随后的紧缩中,全国工农业总产值增长率波动幅度为7.7,江苏也是7.7。

江苏经济波动增大的原因,从经济波动的一般来说,主要是投资规模的扩大、数量速度型的增长模式以及对市场依赖度的加大,等等。

——投资增长率的变化。投资是经济波动的生长点。在我们国家,经济波动不是由生产过剩、需求不足引起的,而是由于需求过度、供给不足所造成的。而需求过度,由于消费需求有很大的刚性,不易大上大下,社会总需求的扩大主要是投资的扩大。随着投资规模的扩大,就可能带来较大的投资波动,特别是投资方向的偏颇,投资质量不高,就会带来更大的经济波动。江苏的情况就是如此,一方面,江苏长期以来不是国家投资的重点,江苏主要是利用原有工业基础,发挥地方和企业的积极性自求发展。从1949年到1983年,江苏地方投资比国家投资多2.3倍,因而过去投资的波动对江苏的影响相对要小一些。70年代以后,随着江苏工业化的发展,投资能力也逐渐增强,特别是80年代,国家较多地增加了对江苏的投资,江苏自身经济实力的增强,也有较多的力量增加投入。江苏全民所有制的固定资产投资从1980年的31.65亿元增加到1988年的154亿,全社会固定资产投资从1980年的34.73亿增加到1988年的188.36亿。投资规模的扩大,在"投资饥渴"机制作用下,往往会受资源的制约而导致投资的波动。特别是,江苏发展战略转变的滞后,经济增长主要是靠铺摊子,高投入、低产出,大量发展低水平的一般加工工业,加上体制上的因素,结构雷同,重复建设,没有把科技进步作为主要的投资方向。江苏生产设备陈旧,技术工艺落后,还低于全国的平均水平。江苏全民工业的设备,达到国际先进水平和国内先进水平的只占30%,低于全国35%的平均水平。在十年改革中,全国全面进行技术改造的企业不过20%,江苏还低于此数。这就难免在削减投资中形成较大的投资波动,从而带来经济增长的较大波动。

——与此相适应,江苏过去经济发展的速度也低于全国。1953—1957年,全国工农业总产值增长率为10.9%,江苏为4.2%,其他时期,除70年代之外,均低于全国的平均增长水平。改革开放十年中,江苏经济增长幅度高于全国,国民生产总值增长幅度比全国高2.1个百分点,国民收入高3.2个百分点,工农业总产值高4.8个百分点。一般说,在类似的条件下,经济活力较强,发展速度较快的地区经济波动的幅度往往要大一些。在这些地区控制波动就必须控制速度。特别是当总量增长到一定程度之后,新的增长必须依赖于结构转换,依赖以新技术、新工艺改造传统产业,以及新兴产业的发展,只有依靠这些具有高于平均增长率的产业的支持,才会取得新的增长和较高的速度。这正是江苏应该抓而没有抓住的问题。

——江苏对市场依赖度的加大,也影响经济波动的强度。江苏一向是属于加工贸易型经济,供销两头在外,但过去调往省外商品总额规模较小，50年代和60年代，只是十多亿元，70年代增加到30亿元，80年代增长比较迅速，1988年已达到109.62亿元。供的情况也是如此，尤其是80年代，随着国家计划分配物资的减少，协进协出的计划外物资迅速增加。1985年协进协出物资折合总金额为27.4亿元，1988年增加到181.5亿元，经济较冷的1989年也有178.2亿元。市场调节作用的增大，曾促进江苏经济的发展，计划和市场调节的结合，也应该有利于波动的抑制。但在新旧体制交替的情况下，经济运行机制不健全，加上地方贸易保护主义，以及流通秩序的混乱，造成购销难度加大，市场冷热变化加剧。市场波动同经济波动呈正相关关系，市场波动的频繁和增大，对经济波动起着推波助澜的作用。

从经济波动的特殊性来说，主要是江苏经济结构与国家政策取向过大的不一致性。新中国成立以来，为了摆脱经济低水平的发展，我国一直采取倾斜的发展方式，50年代后期到70年代，长期倾斜于发展重工业。适度倾斜，可以加快国民经济的发展，但在倾斜发展下，特别是倾斜过度，会带来经济运行较大的摩擦，这就需要采取协调和补偿的措施。十一届三中全会以后，第一产业和第三产业的加速发展，对于轻工业一定的倾斜，就是一个经济补偿性的发展阶段。国家这个时期的政策取向，同江苏四个为主的经济结构基本一致，因而在80年代初的经济波动中，江苏经济波动幅度不大。但80年代末期，国家的政策取向，主要是解决经济过热，总量失衡和结构失调，抑制通货膨胀，这与江苏滞留在追求规模和速度的发展模式，生产结构向粗放型倾斜，产业结构向一般加工工业倾斜，企业组织向中小型企业和乡镇企业倾斜，产生了过大的不一致性，江苏的经济不能不受到强度的制约，经济发展出现较大的起伏波折，就成为难以避免的现象。

周期和反周期

这里涉及到一个理论问题，在社会主义条件下，是否存在着经济周期，存在着经济周期性的波动。

过去认为,经济周期是资本主义再生产的特征,是资本主义的社会瘟疫。资本主义再生产是周期地进行的,是经过危机、萧条、复苏、高涨再到危机,资本主义周期是从一次生产过剩危机到另一次生产过剩危机的运动。

在社会主义条件下,过去也意识到,社会再生产是波浪式前进的,但波浪式前进反映了什么规律性的问题,还缺乏深入的探索。经过几十年的实践,很多同志倾向于,社会主义再生产也存在着周期波动,社会主义经济的成长,伴随着经济扩张——调整——恢复再到扩张的循环过程。社会主义经济波动同资本主义经济波动生成机理和过程特征有显著的差别,有着根本不同的性质。资本主义的经济周期是由于生产过剩引起的,生产的商品不能实现,找不到需求。周期渊源于资本主义社会的基本矛盾,产生经济波动和经济危机是一个必然的过程。社会主义条件下的经济周期波动,主要来源于需求过度所造成的供给短缺,由于社会主义体制和经济运行机制的不成熟和不完善。

探索社会主义经济波动一个很大的难点,是社会主义再生产过程中的经济波动,大都伴随着很大程度非经济因素的干扰,即人为的干扰。1958年"大跃进"所造成的国民经济大起大落,波动幅度达到60多个百分点,"文化大革命"初期造成的经济波动,导致1967—1968年的连年负增长,1978年"洋冒进"以及随后的调整带来经济的骤升陡降,都有着很多人为的干扰。有的经济学家通过与其他国家的对比,认为我国的经济波动,往往是内因影响在1/3以下,而外因的影响高达2/3以上。这就带来一个问题,经济波动究竟是出于内部机制、内部因素的作用,还是出于决策的失误,计划的错误?

实际上,表面上无规则的波动,却隐藏着内在的规律性。人为因素的干扰,可以大幅度地扩大经济的内在波动,但是经济波动的形成,还是要从经济运行机制、经济体制内部去找,不能以外部的因素代替内在的因素。应该说,社会化大生产运行等因素本身就存在自发波动的可能性。现代化生产,决定经济发展的有要素存量、要素组合、要素质量、产业结构、国民收入分配格局、需求结构,等等,它们的变动就构成了经济波动的可能性。各种生产要素分布不均,产业兴衰周期不一,技术创新速度变化不同,在这些变化过程中,一切都是不稳定的,经济的发展不可能是直线上升,而往往表现为曲线运动。

比如:产业部门周期性部门失衡,产业部门由于技术性质不同,在发展中不可能一直是比例协调的,在一定时期内,会形成一定的"瓶颈"部门,这些滞后部门的供给短缺,会给经济增长带来制约,形成周期性的波动。

比如:固定资产更新也是产生经济周期的基础,固定资产周期性的报废高峰,会引起周期投资高峰和增长高峰。

再比如:产业技术革命导致新兴产业的兴起,如家电的发展,投产期会要求大规模的投资。

但是这种自发波动,波动幅度往往不是太大。影响更大的是体制的因素、经济运行机制的因素。传统的体制经常启动投资的膨胀而缺乏约束的机制,从而导致经济的扩张,也即"扩张冲动"和"投资饥渴"。投资需求的膨胀会带来社会总需求的迅速增长,造成供给和需求缺口的扩大,这种膨胀会受到资源条件的制约。在这两种因素的相互作用下,经济扩张很难持久,经过一定时期繁荣之后,就需要进行一次调整,从扩张进入收缩,经济增长也就呈现出周期波动的循环。如果战略决策发生失误,加上人为的干扰,就会放大以至大幅度放大经济波动的幅度,形成大起大落。

研究经济波动是为了控制波动,探索经济周期是为了探索反周期的对策。资本主义经济周期性的波动,迫使他们不能不进行波动和周期的研究,探索反周期的措施。西方国家积极加强经济中的"内在稳定器",包括失业救济、自动改变所得税,等等,以自动地限制向上摆动和向下摆动的动量。并采取"斟酌行动"加以干预,通过微调,运用货币政策和财政政策进行反周期活动。类似的措施并不能解决资本主义再生产中的根本矛盾,但这些反周期措施也产生了一定的效果。在社会主义条件下,我们应该从一系列实证分析中,找出周期性波动的特征,针对这些特点寻找反周期的对策,控制波动,改变现在波动强度过高、波动过于频繁的现象,把经济波动控制在合理的范围之内。

江苏与广东、山东的波动对比

如上所述,经济波动较强,发展速度较快的地方,经济波动强变难免要大一些。但发人深思的是,在同样宏观紧缩的条件下,同样是发展较快的地方,经济波动的幅度却大相径庭,此中原因很值得探索。

这里就江苏和山东、广东作些横向对比。1989年,江苏国民生产总值1228.49亿,比1988年增长1.4%;广东为1311.67亿,比1988年增长7%;山东为1201.6亿元,比1988年增长4.1%。国民收入,江苏为1055.52亿,比1988年增长0.4%;广东为1034.91亿,比1988年增长6.6%;山东为1055.98亿,比1988年增长3.8%。工农业总产值,江苏为3029.67亿,比1988年增长4.1%;广东为2195.85亿,比1988年增长15%;山东为2469.24亿,比1988年增长14.6%。

就国民生产总值来看,江苏的波动幅度为10.9,广东和山东的波动幅度分别为9.2和13.1。国民收入江苏的波动幅度为15.6,广东和山东分别为10.3和13.8。工农业总产值,江苏的波动幅度为18.8,广东和山东波动幅度分别为14.6和11.5。

以上对比说明,在大体相同的条件下,江苏和广东、山东对经济紧缩的承受能力不同。这暴露了在经济波动中,江苏的弱点较多,而山东和广东却有较多的强点,可以缓解过于剧烈的波动。

从要素组合、产业结构、需求结构等方面初步分析,山东的强点大致上有这样几条:其一,农业的稳定,1985年以后,全国农业徘徊,山东仍缓步前进,1979—1988年,农业总产值年均增长7.8%,比全国高1.7个百分点。到1987年,山东粮食连续6年增长,江苏则处于徘徊状态,1984年创3350万吨历史最高水平后,1985年则较大幅度地下降,1986年回升后,1987年又减产82万吨,1988年略有减产,1989年略有增产。山东近两年由于干旱,粮食徘徊,但农业总产值仍有提高。棉花两省都有较大幅度的下降,但山东恢复得快一些,1987年,江苏棉花产量相当于1984年的66%,山东棉花产量相当于1984年的72%。山东棉花产量虽有所下降,但仍能满足本省纺织工业原料70%以上。农业作为基础产业,它的波动对经济波动的影响具有乘数作用,农业的波动会引起工业以及整个经济的更大的波动。农业的稳定会增强抗御波动的承受力。其二是工业结构上,江苏和山东基本上处于相同的阶段,1988年轻重工业之比,大体上是1:1左右,江苏为56:44,山东为52:48。在经济波动中,重工业的波动一般大于轻工业,特别是江苏的"重工不重",重工业中制造业占有较大的比重,达到70.5%。山东则资源丰富,能源、原材料工业的比重较大。十年来,新增原煤开采能力1595万吨,石油开采能力994万吨,发电装机容量425万千瓦,炼钢能力74万吨,重化工原料数十万吨。1988年与1987年相比,原煤、原油、发电量分别增长32.7%、71%和143.6%,钢和钢材分别增长1.3倍和1.2倍。在宏观紧缩情况下,这些"瓶颈"产业都属于"倾斜"的范围之内,仍可以取得一定发展。江苏由于"缺煤、无油、少木"的资源特点,无法与山东比较,但是,如果加工工业在技术水平和质量水平上有相当大的优势,也可在一定程度上减缓波动的幅度。其三,两省资金投入量都相当大,投资膨胀必然造成需求膨胀,而投资的波动又是经济波动的主要来源,两省过大的投资规模,在紧缩环境下必然导致较大的投资波动,但两省投资结构不同,因而投资波动的幅度也不相同。从1980—1989年,江苏全民固定资产投资累计为781.98亿元,山东为955.64亿,1989年,江苏全民固定资产投资为124.15亿,山东为160.47亿。两省在全民固定资产投资中,用于更新改造的投资大体相当,江苏为40.9亿,山东为43.41亿。主要是山东从1979—1988年,在全民基建投资中,用于煤炭、石油、电力、化工、冶金、港口、交通的投资,占全民基建投资66.3%,1989年,山东用于能源、原材料、交通运输的投资仍有53.3%,但江苏用于能源、运输以及农林水利的投资比重为30%左右,多数资金用于发展加工工业,集体所有制的投资更是如此。投资结构不同,在压缩投资条件下所受到的冲击,从而形成的投资波动也就不同。其四,在组织结构上,山东重视大中型企业的建设,注意大中型企业的技术改造。山东的大中型企业,1980年只有253个,1988年已经增加到688个,增加了1.7倍,江苏大中型企业共908个(其中大型企业217个,中型企业691个),但规模不如山东,山东大中型企业固定资产原值占全省独立核算工业企业固定资产的61%,江苏只占40%。江苏企业群体和企业集团的发展,是发展规模经营的重要措施,但在新旧体制交替的过程中,企业群体和企业集团还有其不成熟性和过渡性,集团的整体功能往往被肢解,而不能发挥规模经营应有的效益。

广东与江苏相比,最大的强点是通过两个市场、两种资源的运用,以"大进大出"缓解了经济波动的程度。在这次经济波动中,广东也受到相当大的冲击,但它充分运用了十年改革开放所积聚的生产力,运用了发展外向型经济的优势,通过国际市场的调节,提高自己的应变能力。广东1989年出口达到80.3亿美元,比1988年增长7.3%,其特点是一般贸易出口下降,比1988年减少11.8%,而"三来一补"和三资企业的出口大幅度上升,前者增长52.2%,后者增长85.7%。广东的三资企业已达9508家,这是广东一个无可比拟的优势。广东的财政负担远比江苏为轻,因而固定资产投资更是大大超过江苏,从1980年到1989年,全民固定资产投资累计达到1115.37亿元,比江苏多333.39亿元。特别是广东利用开放的优势,大量引进技术设备,仅乡镇企业的技术引进即超过30亿美元,使广东的技术水平取得了跳跃式的发展,扩大了"广货"市场的覆盖率,这都成为广东的强点。

广东与山东经济相对稳定的发展,另一个重要方面,是他们重视中观调控和政策的稳定。在我国经济波动中,人为的因素有着重要的影响,它可以成为缓冲的力量,缓解经济波动的强度,也可以起推波助澜的作用,放大经济系统的内在波动。广东与山东的缓冲作用主要有:① 政策的稳定。广东特别重视对外开放政策的稳定,1989年政治动乱对广东的改革开放是一场不小的冲击,广东多次重申改革开放的政策不变,保持经济特区和沿海开放地区的基本政策的稳定。山东重视农业的稳定,在1985年国家压缩棉花种植面积,降低棉花收购价格,对山东也是一次巨大冲击,山东采取了许多缓冲措施,如棉田改种花生等经济作物,最大限度地减轻农户的经济损失。② 多搞微调,少来剧变。在"大气候"剧烈变动时,制造必要的"小气候"。乡镇企业在这些省份都是重要支柱,广东乡镇企业是出口的重要力量,在资金紧缺和市场疲软的情况下,适时给予必要的支持,发挥乡镇企业机制上的优势,抓紧时机调整产品结构,发展出口创汇产品。1989年广东乡镇企业总产值仍达到571.63亿元,比1988年增长20%。山东为了发展乡镇企业,也继续给乡镇企业以减税、免税的优待,并在困难的时候,给予必要的支持。③ 注意保护改革中形成的经济活力,不作急剧变动,争取好效果,减少副作用,广东如此,山东也如此。许多改革的新措施,在财税大检查中,被视为违法乱纪,对此,山东表示,凡按省规定办的,政治责任、经济责任均由省里负责,又率先宣布厂长承包制、厂长负责制不变,下放权利没有明令收回的一律不收,重申了农村联产承包、个体经济政策不变,等等,稳定了经济运行的秩序。④ 重视近期稳定工作。在发展速度高时,提醒各地不要超过基础产业的支持能力;在速度滑坡时,又采取一定的稳定措施,帮助企业解决困难,创造较为宽松的条件。这些情况说明,在紧缩的大气候之下,服从全局是必要的,但在宏观的控制下,中观调控并不是无能为力,而是可以有所作为的。

适度波动和适度增长

摆脱周期性波动幅度过大的局面,已成为江苏需要十分重视的问题,剧烈的波动显然不利于江苏经济的发展。1989年过大的波动,已使江苏的国民生产总值低于广东,国民收入低于山东。当然,完全熨平波动是不可能的,只能把波动控制在适度的范围之内,在适度波动中组织经济的适度增长。

根据过去经济发展规律,可以预测,90年代还可能有两次经济波动产生,有两次上升期可以利用。第一次上升期可能发生在1991年下半年或1992年至1994年之间,第二次上升期可能出现在90年代末期。第一个上升期主要是治理整顿所取得的正效应,供求矛盾的缓解,比例关系的协调,通货膨胀的抑制,经济秩序的整顿,以及产品结构适应性的调整,因而引起经济的回升。但由于治理整顿仍是"八五"计划前期的主要内容,计划安排更重视协调与稳定,因而经济的发展比较平稳。第二个上升期,如果技术创新、组织创新、优化结构、国内市场开拓都有较多的进度,积累更多的经济潜力,则经济发展可能在稳定的基础上迈上一个新的台阶。

充分利用经济上升期,绝不是说经济情况一旦好转,又重复过去经济增长的格局,再来一轮新的经济膨胀。这是没有出路的。江苏经济正面临一个阶段性的转变。特别是不能满足于现在的步伐,而是在数量速度型向质量效益型、科技先导型、资源节约型的转换中,有较大的发展,有一定的超前度。利用上升期,主要是在技术改造、技术进步、优化结构、加大改革份量上下功夫,特别是第一个上升期,不能要求经济就上新台阶,而是稳扎稳打,多积蓄力量,为90年代后半期,乃至两个世纪之交的经济进一步发展准备后劲。

江苏原有的优势已经削弱,要针对这些弱点,重新组装自己的优势。

一是把技术改造、技术进步作为转换的突破口。针对江苏加工业发展过快,存在大量低水平的重复的弱点,真正在技术改造、技术创新上下功夫。从不同地区来说,苏南地区作为长江三角洲的组成部分,应该合理布局,改变结构雷同、重复建设,形成区域的整体优势。宁、苏、锡、常、通各市要各有侧重、各有特色的发展高新技术和高新技术产业,进行主导产业的转换。这些地区技术改造的规模和步伐都要保持较大的超前度。苏北要加强城市的功能,使之成为本地区的发展极。农村劳动力的转移应该适度,工业发展的起点也要高一些。这些地区要尽可能地利用资源优势,多发展一些贸工农一体化的集团。日本在产业转换中,不仅采用财政手段、税收措施,而且采取立法手段,强行推进技术改造和技术更新。90年代江苏也可以采取类似办法,制定地区的产业政策,进行强制的技术改造,挤掉落后企业,挤掉落后产品。并改变投资结构,除保证重点工程外,主要投资用于技术改造和技术进步。江苏的加工贸易型经济,如果在技术进步、技术创新上不处于相当领先的地位,那就无优势可言。

二是把提高企业组织程度作为转换的主要内容。针对江苏企业组织结构非专业小型化的弱点,强化企业集团,以企业集团的形式实现企业组织结构的调整。为企业集团的发展创造外部条件,发展一批大型的综合性的企业集团,特别是科研——生产一体化的集团。流通领域也要建立综合商社,在集团化、托拉斯化的基础上,加强对国内外市场的拓展能力。

三是江苏的农业要有新的发展。针对农村工业和农业比较利益反差过大的情况,在苏南乃至苏中一些比较发达的县、市,都应该从扩大规模经营,发展农业机械化和社会化服务上找出路,使农业在现代化的基础上达到产出的最大化和稳定化。苏北地区也要在稳定联产承包基础上,从加强社会化服务着手,促进生产过程的分工,提高农业劳动生产率,使农业生产出现新的格局。

四是要抓好外向型经济的发展。江苏外向型经济发展在近期难以有较大的突破,但外向开拓在国内外各种因素中,是弹性最大的变量,抓好这一环,有利于经济的搞活和稳定发展。浦东的开发以及对长江三角洲、长江流域的带动,可能是一个新的机遇。应该利用这个机遇,搞几个硬着子,利用浦东开发三个阶段的时间差,尽可能多地吸引外商投资,特别是台商的投资;利用浦东这个窗口,发展对外贸易,相应地发展一批工贸结合的企业集团;利用浦东开发,扩大以进养出,更多地利用国际市场;利用浦东开发,把江苏的科技优势和国际经济技术合作结合起来,发展高新技术和高新技术产业,等等。

五是强化调控机制。西方国家对经济周期的研究和反周期对策的探索,已进行了一百多年。西方经济现在的发展趋势,大体上是经济增长波动幅度趋缓,而价格波动的幅度趋大。1986—1989年,发达国家产出增长率年度之间高低之差平均为0.8个百分点,亚洲发展中国家和地区为2.6个百分点,拉美和加勒比国家为1.8个百分点,中东国家为5.5个百分点。我们对周期波动的探索才是开始,反周期措施的采用,诸如"双紧"政策的实施,反通货膨胀以及就业政策等等,也只是开始起步。为了使适度波动和适度增长成为现实,就必须强化调控机制,采取必要的反周期对策。

——必要的干预和机制转换。西方国家除了必要干预进行事后的补救以外,还强调加强经济的内在稳定器,通过事先的安排来抵消经济的波动。我们也可以考虑,通过深化改革和机制转换,建立具有我们自己特色的内在稳定器,比如地方和企业的约束机制,能够对付经济过份扩张,也能对付经济过度萎缩的体制,把事先的防范和事后的补救结合起来,增加经济的稳定性。

——大环境和小气候。中国之大,不能忽视地区、部门和产业的差别。宏观调控总体要求应由国家掌握,进行必要的集中,但为了调控适时,调控适度,还是要有分层调控。省以及大城市应有一定的调控手段,进行必要的中观调控。"大环境"由国家掌握,但也给地方制造适合自己情况"小气候"的一定条件。

——直接调控和间接调控,主要是改进直接调控,逐步强化间接调控的手段,构成一个有效的宏观调控系统。在经济的稳定增长中,要把好投资增长率、消费增长率和货币增长率几条警戒线,不仅需要行政手段,更要善于运用货币政策、财政政策等等杠杆,讲究应用的速度、应用的力度、应用的灵活性,对症下药,药物的剂量要能大能小,形成更有效的控制。

——政策稳定和决策科学化。在我国经济波动中,人为因素干扰很大,政策的波动往往成为诱发和放大经济波动的重要因素。尽可能减少政策的波动和决策的失误,努力把握适度波动和适度增长的规律,提高决策和经济规律的符合度,也是稳定经济必不可少的措施。

(原载《江苏经济学通讯》1990年11月)

实现江苏经济的持续、稳定、协调发展

——江苏经济波动纵横谈

党的十三届七中全会公报指出：要"坚定不移地贯彻执行国民经济持续、稳定、协调发展的方针。这条方针是我国四十一年来经济建设正反两方面经验的深刻总结，是客观经济规律的正确反映，全党同志要时刻牢记。"但是，在现实经济生活中，我们有些同志往往在经济出现困难时，头脑比较冷静，态度比较谨慎，比较注意贯彻执行这条方针，但在经济形势好的时候，往往容易头脑发热，忽视客观经济规律，片面追求大干快上，在一定程度上背离这条方针，从而出现经济波动幅度过大，影响经济的稳定。因此，我们要全面深刻地领会公报精神，在任何情况下，都要坚定不移地贯彻执行这条方针。

一个预警信号：不能一旦经济形势好转，就再搞新的一轮经济膨胀

预警信号是一个很有效的武器，调控经济发展也要善于运用这个工具。现在有种种迹象表明，只要经济形势一旦好转，有些县区就准备再来新一轮的大干快上，在"八五"计划中把经济增长的速度安排在15%，以至更高的幅度者，有之；准备两三年内再翻一番者，有之；积极倡导亿元乡、千万元村者，有之。应当承认，从数量速度型向质量效益型转换，从单纯追求产值、追求速度转向持续、稳定、协调发展的思路，已越来越多地为人们所接受，但真正实现这个转变，也并非易事。因而应该及时提出一个预警信号：不能在经济形势好转之后，再搞新的一轮

经济膨胀。

从当前的经济形势来看,治理整顿确实取得了明显的效应,整个经济形势正在向好的方向发展。但是,也要看到经济形势仍然相当严峻,现在只是越过了谷底,还需要有艰难的爬坡。即使形势进一步好转之后,我们也不能把希望寄托在新一轮大干快上上,而是要扎扎实实在经济的持续、稳定、协调发展上下功夫。

经济增长,是经济发展的核心问题。后发展国家要摆脱贫困,要求在较短时期内取得较快的发展,这是应有之义。但是,我们作为一个发展中的大国,更要重视处理好协调、稳定与发展的关系。这是因为,西方发达国家工业化的过程,大体上是一个自然生成的过程。它们通过血与火取得巨额的资本原始积累,一般的发展,是从轻工业开始,然后转向以重工业为中心;在发展重工业的过程中,又是首先以原材料工业为中心,再向以加工、组装为中心演进,然后再表现为"技术集约化"发展的趋势。这些国家劳动力从第一产业向二、三产业的转移,同这个发展过程基本上是同步的。这个发展是几百年的漫长的过程,因而经济发展的摩擦和冲突比较分散。我们作为一个后发展的国家,为了较快实现工业化,不能不采取一定的倾斜方式,在农业与工业的关系上,向工业倾斜;在轻工业与重工业的关系上,向重工业倾斜;在基础工业与加工工业的关系上,向加工工业倾斜。适度的倾斜,无疑是必要的,它可以加快国民经济的发展。但这必然导致经济运行中的摩擦较为集中,特别是倾斜过度,会导致国民经济比例的严重失调。鉴于这种情况,重视稳定与协调,使国民经济按比例地均衡发展,就应该成为我们根本的长期的指导思想。西方资本主义国家的摩擦和失调,是通过经济危机和社会资源的巨大浪费来解决的。我们经济运行中的摩擦与失调,是靠强有力的经济调控,是靠改善机制和体制来解决的。我们要有适度的发展速度,但一定要把发展建立在稳定、协调的基础之上。只有坚持这个指导方针,我们才能有效地对付经济运行中摩擦较大和较为集中的复杂情况。

特别是,现在江苏经济发展正处在一个转折关头,包括经济发展战略，或者说经济增长模式的转换和经济结构模式的转换。千万不能再按主要依靠大量人力、物力的投入来取得经济的增长，而要在数量速度型向质量效益型、科技先导型、资源节约型的转换中，有一定的超前度。经济增长模式的转换又是与结构的转换相互衔接的。如果说，在实现初步工业化之前，总量矛盾，即取得总量发展是经济发展中的主要矛盾，那么，在初步工业化实现以后，结构矛盾，即结构的适时转换，就成为经济发展中的主要矛盾。结构转换的滞后，经济发展缺乏具有高于平均增长率的新兴产业的支撑，总量增长也会缺乏动力。江苏经济进一步的发展，着眼点一定要放在经济增长模式的转换，放在从推动产业结构合乎规律的转换中，去寻求新的速度、寻求更好的效益上，决不能再走数量速度型为主的老路子。

稳定协调发展的大忌：经济发展过大的波动

经济过于频繁和强烈的波动，是持续、稳定、协调发展的对立物。要保持经济稳定、协调地发展，必须控制波动。当然，完全熨平波动是不可能的，但要控制在合理的范围之内，特别是避免震幅过高的大起大落。

改革开放十一年来，江苏经济发展的成就是显著的。江苏国民经济占全国的比重，从1978年到1989年，国民生产总值从6.9%上升到7.8%，国民收入从7%上升到8%，工农业总产值从7.8%上升到10.6%。但值得注意的是，江苏经济的发展出现了大幅度的波动。特别是80年代末期，出现了一次大起大落。从过热的1988年到较冷的1989年，工农业总产值增长率从22.9%回落到4.1%。国民生产总值增长率从12.3%回落到1.4%。江苏工农业总产值波动幅度为18.8，高于全国平均13.9的幅度；国民生产总值波动幅度为10.9，也高于全国6.9的幅度。这种剧烈的波动，显然不利于江苏经济的发展。现在，江苏的国民生产总值已低于广东，国民收入低于山东，均退居全国第二位。

80年代以前,江苏经济波动的幅度,一般是低于全国平均水平的。从1953年至1979年,全国经济波动的幅度为53,江苏为37。在几次大的波动中,如1958年的"大跃进"的大起大落,全国工农业总产值波动幅度为63.19,江苏为43.69。在1978年"洋冒进"以及随后的紧缩中,全国工农业总产值波动幅度为7.7,江苏也是7.7。但80年代以后,江苏经济波动同全国的趋势相反,是逐渐增大。不仅是在1989年前后出现了骤升骤降,而且在整个80年代,江苏的波动系数也大于全国,全国为3.1,江苏为5.8。

一般说来,经济活力较强,发展速度较快的地方,经济波动的幅度难免要大一些。但发人深思的是,江苏与广东、山东相比,情况大体相同,但经济波动的幅度却大不一样。1989年,国民生产总值,江苏为1228.49亿元,比1988年增长1.4%;广东为1311.67亿元,比1988年增长7%;山东为1201.6亿元,比1988年增长4.1%。国民收入,江苏为1055.52亿元,比1988年增长0.4%;广东为1034.91亿元,比1988年增长6.6%;山东为1055.98亿元,比1988年增长3.8%。工农业总产值,江苏为3029.67亿元(当年价),比1988年增长4.1%;广东为2195.83亿元,比1988年增长15%;山东为2469.24亿元,比1988年增长14.6%。就国民生产总值来看,江苏的波动幅度为10.9,广东和山东分别为9.2和13.1;国民收入,江苏的波动幅度为15.6,广东和山东分别为10.3和13.8;工农业总产值,江苏的波动幅度为18.8,广东和山东分别为14.6和11.5。

从1988年到1989年,江苏经济过大的波动是一个信号,它说明了江苏经济自身有较多的缺陷,对经济紧缩的承受能力较弱。江苏经济过大的波动,固然有大环境的影响,但从自身来说,最重要的原因,是经济发展战略,或者说是经济增长模式以及结构模式转换的滞后。经济发展战略的转换,不是现在才意识到的,但是传统的追求数量速度的增长模式根深蒂固,而且存在着深层次的体制障碍,地方包干大大强化了地方利益,使相互攀比、重复建设的现象更难以克服。江苏对"优化结构"、"科技兴省",在战略上向质量效益型、科技先导型、资源节约型转换,虽然提出已久,实际上却进展不大。80年代经济的发展,特别是后期,仍然沿着数量速度型为主的路子前进,加上江苏经济对市场依赖度较大,经济活力较强,因而在经济膨胀中,上升得快,扩张度大。但是,一旦经济从扩张阶段转入收缩阶段,就难免要大幅度地下降,形成剧烈的波动。我们已尝到了发展战略或经济增长模式转换滞后的苦头,再不把战略转换作为紧迫任务,将来迎接我们的将不是稳定发展,而是更频繁的波动,乃至小起大落。

从经济结构模式转换来说,江苏过去在以总量增长为主的过程中,在发展城市工业的同时,大量转移农村剩余劳动力,发展以农村工业为主的非农产业。在发展方式上充分运用各地区的积极性,自力更生地发展县区经济。由此而形成的在规模结构上以中小为主,在要素结构上以劳动密集型为主,在生产结构上以加工工业为主,在所有制结构上以集体所有制为主的格局。历史地看问题,这种经济结构在传统经济向现代化经济转化的过程中,有它的必然性和合理性。问题是在总量增长到一定程度之后,就要适时推进经济结构向更高的层次发展。经济发展的一般规律是,一定的人均国民收入水平和产业结构是相对应的。总量增长越迅速,结构的转换率也越高。江苏在十一年改革开放中取得了较大的发展之后,如何推进经济结构的演进,特别是从中小为主转向讲求规模经济,从低水平的重复转上科技进步、技术创新的轨道,在改造劳动密集型产业的同时,注意高新技术产业的发展,就成为江苏经济进一步持续、稳定、协调发展的必要条件。

对策选择:重组江苏的经济优势

为了摆脱经济发展的过大波动,取得持续、稳定、协调的发展,重要的对策是重组江苏经济的优势。首先要对江苏经济优势重新估价:可以说有的已不再是优势,如一般加工工业的发展;有的已优而无势,如企业规模过小、结构雷同、布局重复。不能不看到新情况下的新变化,切莫错把劣势当优势,而是要重组优势,使今后经济的持续、稳定、协调发展获得新的支撑点。

根据过去经济发展的规律预测,90年代可能还会有两个经济周期,有两次上升期可以利用。第一次上升期可能出现在1992年至1994年之间,第二次上升期可能出现在90年代末期。充分利用经济上升期,主要是着力在经济增长模式转换和结构模式转换,重组经济优势上下功夫。特别是第一个上升期,不能要求经济有过高的发展速度,而是应在平稳的发展中,多积蓄力量,为90年代后半期,乃至两个世纪之交的经济进一步发展准备后劲。重新组装江苏的经济优势,主要是下列几个方面:

一是重新组装江苏新的加工工业的优势。针对江苏一般加工工业发展过快,重复建设、盲目发展,存在大量低水平重复的弱点,要集中力量,推动技术改造和技术创新的发展。江苏加工工业的现状是,不仅产品雷同,档次不高,而且设备陈旧、工艺落后,还低于全国的平均水平。江苏全民所有制工业的设备,达到国际先进水平和国内先进水平的只占30%,低于全国35%的平均水平。对此,我们应该两手并用,一手运用经济杠杆,一手采取立法手段,进行强制性的技术改造,挤掉落后企业,挤掉落后产品。江苏如果在技术进步、技术创新上不处于相当领先的地位,那就无优势可言。

二是重新组装新的产业优势。高于平均增长率的新兴产业是经济发展的支撑点。江苏要运用自己科技力量较强的优势,根据国家的产业政策,有重点有选择地发展高新技术和高新技术产业,增加高新技术产业在国民经济中的比重,适时进行主导产业的转换,在产业结构上形成新的优势。

三是重新组装新的规模经济的优势。针对江苏企业组织非专业小型化的弱点,要通过组建和强化企业群体和企业集团,实现企业组织的调整,以大中型企业为骨干,以名优新产品为龙头,以资产一体化的紧密联合为重点,发展多功能的综合性的大型企业集团,特别是科研—生产一体化的集团。在集团化的基础上,加强对国内外市场的开拓,推动外向型经济的发展。

四是重新组装农业的优势。针对农村工业和农业比较利益反差过大的情况,在苏南乃至苏中一些较发达的县市,扩大适度规模经营,发展农业机械化和社会化服务,增加农业的科技投入,使农业在逐步现代化的基础上达到产出的最大化和稳定化,在农业生产上形成新的格局。

我们相信,只要提高认识,做好工作,控制波动,江苏经济定能走上持续、稳定、协调发展的轨道。

(原载《群众》1991年第2期)

江苏经济波动的成因及其对策

1989年江苏经济过大的起伏波动是一个信号,它表明江苏经济的发展已处于一个紧迫的转折关头。这个问题并不是现在才意识到的,但没有目前这样的紧迫感。我们历史地看问题,江苏过去以总量增长为主的发展方式,特别是在发展城市工业的同时,大量转移农村剩余劳动力,大力改变农村的经济结构,发展以农村工业为主的非农产业,依靠地方的积极性,自力更生地发展县区经济,形成了在规模结构上以中小为主、在要素结构上以劳动密集型为主、在生产结构上以加工工业为主、在所有制结构上以集体所有制为主的格局。这在传统经济向现代经济转化过程中,有它的必然性和合理性,这种增长模式曾大大促进江苏经济的迅速增长。问题是当总量增长达到一定程度后,就要以技术进步为动力,推动经济结构向更高的层次发展;总量增长越迅速,越要求结构的适时转换。

经济波动和控制波动

在80年代,江苏经济波动呈增大的趋势,两次经济波动均超过全国的平均幅度。80年代初期,江苏经济发展比较正常,但在1984年第四季度,由于全国国民经济出现了"四个失控",因而1985年上半年出现了工业超高速的增长,1985年下半年紧缩,经济又出现"滑坡"。这个周期(1982—1985),江苏工农业总产值波动幅度为17.18,高于全国13.9的幅度。最近一次波动,江苏更是大于全国,江苏工农业总产值波动幅度为18.8,全国为12.7。过热的1988年,江苏工农业总产值增长率为22.9%,1989年大幅度回落,增长幅度仅为4.1%。1988年江苏国民生产总值增长幅度为12.3%,全国为10.8%;1989年,江苏增长幅度仅1.4%,全国为3.9%。江苏国民生产总值波动幅度为10.9,全国为6.9。波动系数,80年代,全国为3.1,江苏为5.8。

江苏经济波动增大的原因,以经济波动的一般性来说,主要是:

——投资增长率的变化。投资是经济波动的生长点。在我们国家,主要是由于需求过度、供给不足所造成。需求过度主要是投资的过大,因而带来较大的经济波动。江苏的情况就是如此,一方面,江苏长期以来不是国家投资的重点,从1949年到1983年,江苏地方投资比国家投资多2.3倍,因而过去投资的波动对江苏的影响相对要小一些。80年代以后,国家较多地增加了对江苏的投资,江苏自身经济实力的增强,也有较多的力量增加投入。江苏全民所有制的固定资产投资从1980年的31.65亿元增加到1988年的154亿,全社会固定资产投资从1980年的34.73亿增加到1988年的188.36亿。投资规模的扩大,因受资源的制约而导致投资的波动。而这10年间,江苏经济增长主要是靠铺摊子,高投入、低产出,大量发展低水平的一般加工工业。这就难免在削减投资中形成较大的投资波动,从而带来经济增长的较大的波动。

——江苏经济发展的速度的波动。改革开放10年中,江苏经济增长幅度高于全国,国民生产总值增长幅度比全国高2.1个百分点,国民收入高3.2个百分点,工农业总产值高4.8个百分点。在这样的地区控制波动就必须控制速度。特别是当总量增长到一定程度之后,新的增长必须依赖于结构转换,依赖以新技术、新工艺改造传统产业,以及新兴产业的发展,只有依靠这些具有高于平均增长率的产业的支持,才会取得新的增长和较高的速度。这正是江苏应该抓而没有抓的问题。

——江苏对市场依赖度的加大,也影响经济波动的强度。江苏一直是属于加工贸易型经济,供销两头在外,但过去调往省外商品总额规模较小,只有几十亿。80年代增长比较迅速,1988年已达到109.62亿元。供的情况也是如此,尤其是80年代,随着国家计划分配物资的减少,协进协出的计划外物资迅速增加,1988年已达到181.5亿元。市场调节作用的增大,曾促进江苏经济的发展,计划和市场调节的结合,也应该有利于抑制波动。但在新旧体制交替的情况下,经济运行机制不健全,加上地方贸易保护主义,以及流通秩序的混乱,造成市场冷热变化加剧。市场波动同经济波动呈正相关关系,市场波动的频繁的增大,对经济波动起着推波助澜的作用。

从经济波动的特殊性来说,主要是江苏经济结构与国家政策取向之间过大的不一致性。新中国成立以来,为了摆脱经济低水平的发展,我国一直采取倾斜的发展方式。50年代后期至70年代长期倾斜于对工业的发展。十一届三中全会以后,对于轻工业采取了一定倾斜。国家这个时期的政策取向,同江苏四个为主的结构特征基本一致,因而在80年代初的经济周期中,江苏经济波动不大。但在80年代末期国家的政策取向,主要是解决经济过热、总量失衡和结构失调、抑制通货膨胀,这与江苏滞留在追求规模和速度的发展模式,生产结构向粗放型倾斜,产业结构向一般加工工业倾斜,企业组织结构向中小型企业和乡镇企业倾斜,就产生了过大的不一致性,不能不受到强烈的制约。江苏经济发展出现较大的起伏波折,就成为难以避免的现象。

经济发展的周期

这里提出的一个理论问题是在社会主义条件下,是否存在着经济周期,存在着经济周期性的波动。

过去我们也意识到,在社会主义条件下,社会再生产是波浪式前进的。但对波浪式前进反映了什么规律性的问题,还缺乏深入的探索。经过几十年的实践,很多同志倾向于,社会主义再生产也存在着周期波动,社会主义经济的成长,伴随着经济扩张——调整——恢复再到扩张的循环过程。

探索社会主义经济波动一个很大的难点,是社会主义再生产过程中的经济波动,大都伴随着很大程度上的非经济因素的干扰,即人为的干扰。有的经济学家通过与其他国家的对比,认为我国的经济波动,往往是内因影响在 1/3 以下,而外因的影响高达 2/3 以上。这就带来一个问题,经济波动究竟是出于内部机制、内部因素的作用,还是出于决策的失误、计划的错误?

表面上无规则的波动,实际上却隐藏着内在的规律性。人为因素的干扰,可以扩大经济的内在波动,但是经济波动的形成,还是要从经济运行机制、经济体制内部去找,应该说,社会化大生产运行等因素本身就存在自发波动的可能性。现代化生产,决定经济发展的有要素存量、要素组合、要素质量、产业结构、国民收入分配格局、需求结构等等,它们的变动就构成了经济波动的可能性。各种生产要素分布不均,产业兴衰周期不一,技术创新速度变化不同,在这些变化过程中,一切都是不稳定的,经济的发展不可能是直线上升,而往往表现为曲线运动。

但是这种自发波动,波动幅度往往不是太大。影响更大的是体制的因素、经济运行机制的因素。传统的体制经常启动投资的膨胀而缺乏约束机制,从而导致经济的扩张,即"扩张冲动"和"投资饥渴"。投资需求的膨胀会带来社会总需求的迅速增长,造成供给和需求之间的缺口的扩大,这种膨胀会受到资源条件的制约。在这两种因素的相互作用下,经济扩大很难持久,经过一定时期繁荣之后,就需要进行一次调整,从扩张进入收缩,经济增长也就呈现出周期波动的循环。如果战略决策发生失误,加上人为的干扰,就会放大经济波动的幅度,形成大起大落。

江苏与广东、山东的波动对比

一般来说,经济发展速度较快的地方,经济波动的程度难免要大一些。但发人深思的是,在同样宏观紧缩的条件下,同样是发展较快的地方,经济波动的幅度却大相径庭,此中原因很值得探索。

这里就江苏和山东、广东作些横向对比。1989 年,江苏国民生产总值 1228.49 亿,比 1988 年增长 1.4%,广东为 1311.67 亿,比 1988 年增长 7%,山东为 1201.6 亿元,比 1988 年增长 4.1%。国民收入,江苏为 1055.52 亿,比 1988 年增长 0.4%,广东为 1034.91 亿,比 1988 年增长 6.6%,山东为 1055.98 亿,比 1988 年增长 3.8%。工农业总产值,江苏为 3029.67 亿,比 1988 年增长 4.1%,广东为 2195.83 亿,比 1988 年增长 15%,山东为 2469.24 亿,比 1988 年增长 14.6%。

就国民生产总值来看,江苏的波动幅度为 10.9,广东和山东的波动幅度分别为 9.2 和 13.1。国民收入江苏的波动幅度为 15.6,广东和山东分别为 10.3 和 13.8。工农业总产值,江苏的波动幅度为 18.8,广东和山东波动幅度分别为 14.6 和 11.5。

以上对比说明,在大体相同的条件下,江苏和广东、山东对经济紧缩的承受能力不同。其原因:

从要素组合、产业结构、需求结构等方面初步分析,山东的强点大致上有这样几条:其一,农业的稳定。1985 年以后,全国农业徘徊,山东仍稳步前进,1979—1988 年,农业总产值年均增长 7.8%,比全国高 1.7 个百分点。江苏则处于徘徊状态。农业作为基础产业,它的波动对经济波动的影响具有乘数作用,农业的波动会引起工业以及整个经济的更大的波动。农业的稳定会增强抗御波动的承受力。其二是工业结构上,江苏和山东基本上处于相同的阶段,1988 年轻重工业之比,大体上是 1∶1 左右,江苏为 56∶44,山东为 52∶48。重工业的波动一般大于轻工业波动,特别是江苏"重工不重",在经济波动中,重工业中制造业占有较大的比重,达到 70.5%。山东则资源丰富,能源、原材料工业的比重较大。在宏观紧缩情况下,这些"瓶颈"产业都属于"倾斜"的范围之内,仍可以取得一定发展。而江苏无法获得倾斜的优惠。其三,两省资金投入量都相当大,但两省投资结构不同,因而投资波动的幅度也不同。从 1980—1989 年,江苏全民固定资产投资率累计为 781.98 亿元,山东为 955.64 亿元。两省在全民固定资产投资中,用于更新改造的投资大体相当,江苏为 40.9 亿元,山东为 43.41 亿元。但山东从 1979—1988 年,在全民基建投资中,用于煤炭、石油、电力、化工、冶金、港口、交通的投资,占全民基建投资66.3%,1989年,山东用于能源、原材料、交通运输的投资仍有53.3%。江苏用于能源、运输以及农林水利的投资比重为30%左右,多数资金用于发展加工工业。投资结构不同,在压缩投资条件下所受到的冲击,进而形成的投资波动也就不同。

广东与江苏相比,最大的强点是通过两个市场、两种资源的运用,以"大进大出"缓解了经济波动的程度。在这次经济波动中,广东也受到相当大的冲击,但它充分运用了10年改革开放所积聚的生产力,运用了发展外向型经济的优势,通过国际市场的调节,提高自己的应变能力。广东1988年出口达80.3亿美元。广东的三资企业已达9508家,这是广东一个无可比拟的优势。广东的财政负担远比江苏为轻,因而固定资产投资更是大大超过江苏,从1980年到1989年,全民固定资产投资累计达到1115.37亿元,比江苏多333.39亿元。特别是广东利用开放的优势,大量引进技术设备,仅乡镇企业的技术引进即超过30亿美元,使广东的技术水平取得了跳跃式的发展。

广东与山东经济相对稳定的发展,另一个重要方面,是他们重视宏观调控和政策的稳定。在我国经济波动中,人为的因素有着重要的影响,它可以成为缓冲的力量,缓解经济波动的强度,也可以起推波助澜的作用,放大经济系统的内在波动。广东与山东的缓冲作用主要有:① 政策的稳定。广东特别重视对外开放政策的稳定,1989年政治动乱对广东的改革开放是一场不小的冲击,广东多次重申改革开放的政策不变,保持经济特区和沿海开放地区的基本政策的稳定。山东重视农业的稳定,在1985年国家压缩棉花种植面积,降低棉花收购价格,对山东也是一次巨大冲击。山东采取了许多缓冲措施,如棉田改种花生等经济作物,最大限度地减轻农户的经济损失。② 多搞微调,少来剧变。在"大气候"剧烈变动时,制造必要的"小气候"。乡镇企业在这些省份都是重要支柱,广东乡镇企业是出口的重要力量,在资金紧缺和市场疲软的情况下,适时给予必要的支持,发挥乡镇企业机制上的优势,抓紧时机调整产品结构,发展出口创汇产品。1989年广东乡镇企业总产值仍达到571.63亿元,比1988年增长20%。③ 注意保护改革中形成的经济活力,不作急剧变动。广东如此,山东也如此。许多改革的新措施,山东表示,凡按省规定办的,政治责任、经济责任均由省里负责。又率先宣布厂长承包制、厂长负责制不变,下放权利没有明令收回的一律不收,重申了农村联产承包、个体经济政策不变等等,稳定了经济运行的秩序。④重视近期稳定工作。在发展速度较高时,提醒各地不要超过基础产业的支持能力;在速度滑坡时,又采取一定的稳定措施,帮助企业解决困难,创造较为宽松的条件。

经济发展的预期与适度波动和适度增长

摆脱周期性波动幅度过大的局面,已成为江苏需要十分重视的问题。1989年过大的波动,已使江苏的国民生产总值低于广东,国民收入低于山东。当然,完全熨平波动是不可能的,只能把波动控制在适度的范围之内,在适度波动中组织经济的适度增长。

根据过去经济发展规律,可以预测,90年代还可能有两次经济波动发生,有两次上升期可以利用。第一次上升期可能发生在1991年下半年或1992年至1994年之间;第二次上升期可能出现在90年代末期。第一个上升期主要是治理整顿所取得的正效应,供求矛盾的缓解,比例关系的协调,通货膨胀的抑制,经济秩序的整顿,以及产品结构适应性的调整,因而引起经济的回升。但由于治理整顿仍是"八五"计划前期的主要内容,计划安排更重视协调与稳定,因而经济的发展比较平稳。第二个上升期,如果技术创新、组织创新、优化结构、国内市场开拓都有较大的进度,积累更多的经济潜力,则经济发展可能在稳定的基础上迈上一个新的台阶。

充分利用经济上升期,绝不是说经济情况一旦好转,又重复过去经济增长的格局,再来一轮新的经济膨胀。这是没有出路的。江苏经济正面临着一个阶段性的转变。

一是把技术改造、技术进步作为转换的突破口。针对江苏加工业发展过快,存在大量低水平的重复的弱点,真正在技术改造、技术创新上下功夫。从不同地区来说，苏南地区作为长江三角洲的组成部分，应该合理布局，改变结构雷同、重复建设，形成区域整体优势。宁、苏、锡、常、通各市要各有侧重、各有特色的发展高新技术和高新技术产业，进行主导产业的转换。这些地区技术改造的规模和步伐都要保持较大的超前性。苏北要加强城市的功能，使之成为本地区的发展极。农村劳动力的转移应该适度，工业发展的起点也要高一些。这些地区要尽可能地利用资源优势，发展一些贸工农一体化的集团。

90年代江苏应采取强制的办法，制定地区的产业政策，进行技术改造，挤掉落后企业，挤掉落后产品，并改变投资结构，除保证重点工程外，主要投资用于技术改造和技术进步。

二是把提高企业组织程度作为转换的主要内容。针对江苏企业组织结构非专业小型化的弱点，以企业集团的形式实现企业组织结构的调整。为企业集团的发展创造外部条件，发展一批大型的综合性的企业集团，特别是科研——生产一体化的集团。流通领域也要建立综合商社，在集团化、托拉斯化的基础上，加强对国内外市场的拓展能力。

三是江苏的农业要有新的发展。针对农村工业和农业比较利益反差过大的情况，在苏南乃至苏中一些比较发达的县、市，都应该从扩大规模经营，发展农业机械化和社会化服务上找出路，使农业在现代化的基础上达到产出的最大化和稳定化。苏北地区也要在稳定联产承包制的基础上，从加强社会化服务着手，促进生产过程的分工，提高农业劳动生产率，使农业生产出现新的格局。

四是江苏的经济外向型发展，在近期难以有较大的突破，但外向开拓在国内外各种因素中，是弹性最大的变量。抓好这一环，有利于经济的搞活和稳定发展。浦东的开发以及对长江三角洲、长江流域的带动，可能是一个新的机遇。应该利用浦东开发三个阶段的时间差，尽可能多地吸引外商投资，特别是台商的投资；利用浦东这个窗口，发展对外贸易，相应地发展一批工贸结合的企业集团；利用浦东开放、扩大以进养出，更多地利用国际市场；利用浦东开放，把江苏的科技优势和国际经济技术合作结合起来，发展高新技术和高新技术产业等等。

最后是强化调控机制。我们对周期波动的探索才开始,反周期措施的采用,诸如"双紧"政策的实施,反通货膨胀以及就业政策等,也只是开始起步。为了使适度波动和适度增长成为现实,就必须强化调控机制,采取必要的反周期对策。

——必要的干预和机制转换。西方国家除了进行事后补救的必要干预以外,还强调加强经济的内在稳定器,通过事先的安排来抵消经济的波动。我们也可以考虑,通过深化改革和机制转换,建立具有我们自己特色的内在稳定器,比如地方和企业的约束机制,形成既能够对付经济过份扩张,也能对付经济过度萎缩的体制,把事先的防范和事后的补救结合起来,增加经济的稳定性。

——大环境和小气候。中国之大,不能忽视地区、部门和产业的差别。宏观调控总体要求应由国家掌握,进行必要的集中。但为了调控适时,调控适度,还是要有分层调控。省以及大城市应有一定的调控手段,进行必要的中观调控。"大环境"由国家掌握,但也给地方制造适合自己情况"小气候"的一定条件。

——直接调控和间接调控。主要是改进直接调控,逐步强化间接调控的手段,构成一个有效的宏观调控系统。在经济的稳定增长中,要把好投资增长率、消费增长率和货币增长率几条警戒线,不仅需要行政手段,更要善于运用货币政策、财政政策等等杠杆,讲究应用的速度、应用的力度、应用的灵活性。

——政策稳定和决策科学化。在我国经济波动中,人为因素干扰很大,政策的波动往往成为诱发和放大经济波动的重要因素。尽可能减少政策的波动、决策的失误,努力把握适度波动和适度增长的规律,不断提高决策和经济规律的吻合度,也是稳定经济必不可少的措施。

(原载《江苏社会科学》1991年第2期)

提高经济回升质量　适时转入平稳增长

当前,经济调整已从紧缩过程转入回升。在这一过程中,如何把握好回升的度,以适度的调控组织经济适度的增长,及时把经济引向持续、稳定、协调发展的轨道,需要我们实事求是地研究与探讨。

经济回升是否到位

今年一季度经济回升是去年的延续。全国经济回升是从去年二季度开始的,二、三季度缓慢上升,四季度逐渐加速,今年一季度更出现了强劲的势头,全国经济回升和市场回升增长幅度都比较大。工业生产比去年同期增长13.7%,社会商品零售额增长13%。工业生产回升已连续了12个月,市场回升也有6个月的持续增长。

一季度经济回升的速度是否正常,13.7%的增长幅度是否过快?应该说是正常的。由于去年一季度基数过低,今年的高增长是相对于去年的低基数而言的。去年一季度,全国工业生产在1—2月份为负增长,3月份才略有转机,因此与去年同期比较,今年的增长幅度就显得比较高。但按月平均产量计算,经济增长还属于正常范围之内。

现在值得注意的是:一,不能只满足于经济回升的数量增长,而更应重视提高经济回升的质量;二,把握好经济回升的度,掌握经济回升的转折点,及时把经济引向持续稳定的增长。

经济回升中的几个不对应

——工业生产回升与销售不对应。在工业生产增长的同时,产成品仍大量积压。全国产成品资金在去年大幅度增加的基础上,今年一、二月份又上升了 16.2%。经济回升快的地区,边生产、边积压的现象也更为突出一些。这表明,生产回升很大的因素是贷款启动,而不是主要靠市场拉动的。由于存在着非经济因素的干扰,社会再生产各个循环、特别是生产与市场的良性循环还比较脆弱,经济关系还没有完全理顺。

——经济回升与投入不对应。去年进行的投资启动,调整宏观调控的力度,都是必要的,但这副药的剂量是相当大的。为了启动市场,促进生产回升,全国银行贷款 1.5 万亿元,多贷 2731 亿元,突破了原定 2500 亿的框子。全社会固定资产投资 4451 亿元,比 1989 年增长 4.5%,全民所有制单位投资 2927 亿元,增长 10.5%。今年头两个月,全民所有制单位固定资产投资完成 80 亿,又增加了 7.6%,因而新开工项目成倍增加。按测算,过去 M_1 每增长 $1.4\sim 1.6\%$,工业产值可增长 1%。而现在 M_1 要增长 5%,工业产值才能增长 1%。

——生产回升与经济效益不对应。以江苏为例,预算内国营企业实现利润在去年下降 24.3% 的基础上,今年又下降了 25.6%,上交利润下降 16.7%,亏损面增加了 12.4%。

从目前情况来看,经济回升逆转的可能性不大,但问题是经济回升的质量不高,在一定情况下还可能引起回升的不稳定。

重视提高经济回升的质量

对经济运行的宏观调控,要围绕提高经济回升的质量和适时转入稳定增长这两个主要目标,促进这些预期目标的顺利实现。

——宏观调控的力度仍然要有松有紧,松紧搭配,控制社会需求过快过大的增长。特别是投资膨胀的体制依然存在,要谨防导致经济的再度过热和新的通货膨胀。现在经济回升又处于向稳定、协调发展的转折关头,应该防止由于调控力度和方向上的失当而带来新的波动。一些非生产性建设仍然要从紧,重复建设要继续制止,社会集团购买力不能过份扩大,消费基金也要适当控制,该紧的仍然要紧。

——实行结构性倾斜发展。特别是投资结构的倾斜,向优先发展的产业倾斜,向高新技术产业倾斜,向技术改造倾斜,通过技术进步,推动产品结构和产业结构的优化。同时重视企业组织结构的改造,扶持企业集团的发展,促进兼并、联合,以组织创新为技术创新铺平道路。投资松动只能是结构性的松动,适度扩张应该是结构性的扩张。

——继续理顺经济关系。促进流通环节的畅通,把生产回升建立在市场拉动的基础上。也要重视分配环节的处置,防止国民收入的流失,从多方面组织好社会再生产各个环节的正常循环。

——不同地区,分类指导。经济回升和市场回升较快的地区,主要是提高经济发展的质量;回升较慢的地区,应该继续促使经济适度回升,然后转向以结构倾斜为主的发展和平稳增长。

——以改革促发展。加大改革的成份,在微观基础上,主要是推进企业的改革,以改善企业的外部环境,促进企业内部机制的健全和发育。在宏观调制上,主要是建立国民经济的预警系统,及时把握经济的动态变化,更好运用价格、税率、利率、汇率等等财政、金融杠杆,尽可能做到宏观调控的适时适度。

(原载《社科信息》1991年第6期)

经济发展的"周期马"

随着市场经济的发展,经济发展的周期性波动更明显地显现出来。在经济学界,有的把经济周期比作为奔腾的"周期马",也有的称为波浪起伏的"周期潮"。经济周期的显现,就为宏观调控提出了一个迫切的任务:反周期。那么,怎样驾驶经济发展的"周期马"?

体制变革和波动生成机理的改变

经济周期,经济发展所呈现的波浪式的曲线,作为社会再生产过程中的规律性的现象,不仅在市场经济条件下存在,在传统体制下也是存在的。但是在不同的体制条件下,经济波动的过程特征和形成机理却有显著的不同。

为了使反周期操作更准确和更有效,一个重要的问题,就是要把握在体制和机制的转换中,经济周期会出现些什么变化,经济波动在社会主义市场经济条件下将有些什么不同的特征。

以往的许多实证分析,都描绘出我国经济增长是在较大的周期性波动中实现的。建国以来出现的八次周期性波动,其过程特征是:

——高频率的波动。经济波动比较频繁,波动周期大致上为5年。西方国家经济周期也在缩短,恩格斯在1876年曾经说过:"自从1825年第一次普遍危机爆发以来,……差不多每隔十年就要出现一次。"但随着资本主义经济的发展,这个间歇期在不断缩短,19世纪下半叶为7～9年,二次大战以后,大致上也是5年。

——高强度的波动。经济波动的波幅大、烈度强。从1953年到1985年,我国经济波动系数为11.75,平均波动幅度为22.09,不仅超过波动系数为3%以下,平均波动幅度为5~7的西方发达国家,而且超过经济发展较快的日本(波动系数为4.2,平均波动幅度为8.73)。在"大跃进"期间,我国社会总产值的波动幅度达到66.2个百分点,与西方国家在1929年"特种萧条"中的波动幅度不相上下。

——建筑业和工业剧烈波动。在国民经济各产业部门中,周期波动以建筑业和工业、尤其是重工业最剧烈。1953—1985年,建筑业平均波动幅度达55.5个百分点,波动系数为26%;工业平均波动幅度为32.3个百分点,波动系数为16.5%。在工业内部,重工业波动系数为22.5%,又明显的大于轻工业。这与西方国家经济周期中资本品和耐用品产生波动最猛烈的经常性特征,大体上是一致的。

——逐渐转变的"衰退型"周期。新中国成立以来我国的经济波动出现过三次负增长。资本主义国家早期的经济波动也有过这样的特征,被称为"古典型"波动或"衰退型"周期。现代资本主义也从"衰退型"周期转变为"增长型"周期,即经济低落时绝对水平仍在上升,只是增长率下降,增长趋势加快而波动幅度减小。我国经济波动在70年代之前,波动幅度大都超过了20个百分点,在1957年"大跃进"时期和"文化大革命"初期都出现了负增长。70年代以后的各次波动,波幅都降为10%左右,经济增长除1974年持平以外,经济负增长的低谷点已经消除,正在从"衰退型波动"转为"增长型波动"。

我国经济周期这些基本特征,决定于经济周期的生成机理。波动的形成包括外在因素和内在的因素。以往高强度、"巨涨落"的经济波动,正是决策失误的外部因素和机制缺陷的内部因素相结合所产生的结果。现在需要探索的是,随着体制和机制的转换,我国经济周期的过程特征将有些什么新变化。

从外在因素来看,过去经济周期波动所以存在的多次大起大落的剧烈振荡,政府推动起着很大的作用。在传统体制下,特别是在1957—1978年高度集中的计划经济时期,经济主体实际是各级政府,政府决策的随机冲击就成为周期摆动的强大驱动力。一次决策的失误,就会人为地导致经济过旺和收缩过烈,从而放大周期波动的幅度。"大跃进"时期和"文化大革命"的强波动,都是这种随机冲击放大的结果。根据一些经济学家所作的比较研究,如果把其它国家的实际波动强度作为内因引起波动的上限,那么,在我国的经济波动中,内因影响只占1/3,而外因影响要在2/3以上。

随着市场取向改革的深化,体制和机制的转换将会在外部影响上带来一系列的变化。

体制改革的深化,将使以政府为主体转变为企业主体地位的突出,市场的自组织功能也将得到较好的发挥,政府只是在此基础上的再组织,这才会使周期波动可能摆脱过于剧烈的外在影响和推动。

——企业主体地位的突出,对经济周期的感受速度更快和更灵敏。改变政府对周期波动感受迟钝和过长的认别时滞和传递时滞。

——企业的经济行为,将会较大地适应周期,在复苏时及早组织扩张,在衰退时适时进行收缩。而不至于像过去一样,非要到瓶颈制约达到极限时,才不得不采取"急刹车"的办法。

——政府调控机制的完善,主体"错位"和以解决手段强制推动状况的改变,国家将以间接调控和经济手段为主,采取微调,相机抉择和斟酌行动来对付经济波动,会更有效地熨平周期和抑制波动。

从内在因素来看,传统体制下周期波动的成因主要渊源于需求过渡的供给短缺。在以往的"短缺经济"条件下,普遍存在着扩张冲动。只要有了一定的气候,就会造成投资膨胀,并带动消费需求的增长,促进社会总需求的扩张,拉大社会总需求和社会总供给的缺口。过旺的总需求随即受到资源的制约,在供求缺口扩大到极限时,就被迫进行调整,经济在几年繁荣之后,就转入收缩。扩张和收缩交替,周而复始,就形成了传统体制下的周期波动。

在社会主义市场经济条件下,在影响周期波动诸因素中,投资的波动还将是一个决定性因素,但它与消费、供给、货币信用各方面的关系将会有一系列的变化。

——"短缺经济"的消失,将使波动生成机理发生实质性的变化。"短缺经济"存在的根本原因,在于传统体制和机制的缺陷,是人为制定的高增长目标和实际增长结构不能支持这种高增长而产生的短缺。随着社会主义市场经济的发展,短缺经济存在的特定体制条件已不复存在,"短缺经济"时代也将一去不复返。投资的变动将与消费需求的变动紧密地联系在一起。原来的资源约束型经济将转变为需求约束型或市场约束型经济,短缺制约将转变为市场为主的制约。

——消费需求与投资需求相关关系加大,将形成投资——消费的循环。在传统体制下,工资收入由国家严格集中控制,投资需求和消费需求相关性也就相对微弱。而且在过去低收入的情况下,消费需求对投资的拉动也相对有限。随着体制和机制的转换,工资奖金的放开,以及和经济效益挂钩,以及进入小康水平的地区越来越多,消费需求将具有更大的弹性,消费将成为拉动投资的主要因素。

——乘数机制和加速原理作用的呈现,将成为推动经济扩张或收缩的主要成因。投资需求和消费需求之间循环,并不是一般的变动,而将是在乘数和加速数互相作用的加速变动。西方市场经济国家周期的形成,乘数机制和加速原理起着相当大的作用。投资乘数即投资的增加可导致收入和就业成倍地增加。加速原理则是在现代化机器大生产技术条件下,收入或消费需求的增加或减少,又会引起投资成倍的增加或减少。乘数机制和加速数的相互作用,成为经济高涨或经济衰退的加速器。乘数和加速数,在短缺的条件下,在缺乏劳动力、没有投资品存货的情况下,是难以作用或感受到限制的。在社会主义市场经济运作机制形成之后,乘数和加速数的相互作用也将逐渐显现其作用。

——经济国际关联度的变化,也将成为影响经济周期的一个因素。在开放的条件下,国家的总供给是由消费、储蓄和进口的组成(TS=C+S+M),总需求是由消费、投资和出口所组成(TD=C+I+X)。70年代之前,我国与国际经济联系较少,进出口总额只占社会总产值的5%左右,世界经济波动对我国影响不大。80年代以来,我国进出口占社会总产值已达到12%~13%。随着复关和经济国际化的发展,世界经济的波动,我国国际收支变化,汇率的变动,都将更多地成为影响周期波动的因素。

过去,一般的看法是,西方市场经济国家的周期波动主要是由于需求不足,我国的周期波动则主要渊源于"短缺经济"。但以上分析说明,我国社会主义市场经济的发展和完善,将导致经济周期生成机理发生一系列的变化。西方资本主义国家周期波动的形成,并不只是乘数机制和加速原理的作用,还有资本主义基本矛盾的深层次原因。西方国家反周期措施是缓解了周期波动的震荡幅度,但并不解决资本主义再生产中的根本矛盾。我们的社会主义市场经济,将是在所有制形式上以公有制为主体,而在运作机制上实行市场经济。这样会更有利发展社会主义现代化建设,同时维护社会公正和实现共同富裕。在这种体制和运作机制的基础上,我们从乘数和加速原理的分析中吸取合理的内核,借鉴西方市场经济国家及反周期的经验,在不久的时期里,我们将熟练地驾驭经济发展中这匹奔腾的"周期马"。

当然,我们也要充分估计到,经济周期生成机理的变化还是一个相当长的过程。没有社会主义市场经济框架的形成,经济周期的生成机理不会有实质性变化。新近一个周期说明,虽然体制和机制正在转轨过程之中,但周期的生成机理并没有根本的变化。我们所处于建国以来的第九个周期,是一次高强度的扩张。全国 1993 年一季度国民生产总值增长,在 1992 年增长 12.8% 的基础上,同比达到了 14.1%。工业总产值在去年按增加值计算增长 20.9% 的基础上,今年 1—4 月又增长 23%。很大的因素是行政推动。既有全国强劲的信贷支撑,1992 年全国社会固定资产投资达 7582 亿元,比上年增长 37.6%,今年一季度,国有单位完成固定资产又比去年同期增长 70.7%。1992 年实际发行货币 1158 亿,年末市场货币流通量达 4336 亿元,比上年增长 36.5%。更有各地区行政的积极参与,各地都在抓住机遇,加速发展,成为促进高速增长的强劲推动力。这可能仍是转轨时期经济周期波动的一个特点,行政推动仍起着大幅度放大波动的作用。只要政府的职能没有转变,间接调控的机制没有形成和完善,这种外部的随机冲击就仍存在。与此相联系,另一个特点是,政府行为主要是热衷于经济的增长,而不注意反周期操作,取得稳定中的持续的发展。政府手中运用的税收、财政、信贷等参数,往往起着推波助澜的作用,而缺乏调节的功能,适时进行"逆风向而动"的操作,既刺激经济的增长又压抑经济的过热。再一个特点是,周期的高峰基本上意味着经济过热。虽然在一般的意义上,高峰或峰顶并不等于"过热",但在现行的机制下,经济既不能通过自组织得到调节和缓解,而行政调控乏力,总是把高速度发展推向过热,因而峰顶往往就是"过热"的同义语。解决这一问题,根本的出路就是坚持国家—市场—企业的配套改革,取得政府职能的根本改变,企业主体地位的突出,经济周期的生成机理才可能起本质的变化。

反周期与适应周期

形成反周期的机制,借鉴西方发达国家和新兴工业化国家的经验,主要是把握两个基本点:

一是经济的自动调节,形成经济运行中的"内在稳定器"。

一是政府经济政策的调节,实行相机抉择的"斟酌行动"。

这两方面的效率孰强孰弱,作用为主为辅,在国外经济学界是有不同看法的。但从历史的经验来看,虽然经济的"内在稳定器"曾在波动中起过相当的作用,有的经济学家测算,在衰退时可抵消经济下降的35%～50%,在经济复苏时可起到25%～40%的支撑作用。但它总是同政府的政策调节相辅相成的。而在功能和效率上,政府相机抉择采取的"斟酌行动"有着更重要的作用。

经济的自动调节,"内在稳定器"的形成,在社会主义市场经济建设过程中,可以借鉴的主要是:

——企业所得税和个人所得税的自行变动,健全累进的所得税制。在经济收缩到来时,企业和个人所有税征收额,在政府降低税率之前即自动下降,以配合政府的调节,挽回经济颓势;当出现通货膨胀时,所得税征收额自动上升,以有助于缓和经济的升势,缓和通货膨胀的压力。

——失业救济金和各种福利性的转移支付的自然增减。完善社会保障体系,强化社会保障的承受力,以便在经济衰退时,社会保险基金和各种福利支出,在政府增加转移支付之前自然增加,抵销个人收入下降,缓和经济衰退带来的经济社会影响;在经济过热和通货膨胀的情况下,失业救济和各种福利性转移支付又会减少,有助于抑制通货膨胀。

——农产品价格维持制度。在经济衰退时期,农产品价格下跌,政府对农产品价格进行补贴,收购农产品,使农户增加收入,也允许以农产品抵押获得贷款,使农户获得资金,缓和农业的波动;在经济过热和通货膨胀的情况下,农产品价格上扬时,政府转向市场抛售农产品,以平抑农产品的市场价格。

经济的"内在稳定器"主要是对政府调节起自动配合作用,反周期更重要的是要建立一套决策科学而又有效率的宏观(中观)政策调节体系。

市场经济需要更高的宏观(中观)的管理和调节水平。如何驾驭经济发展中的"周期马",主要工具是货币政策、财政政策和国际收支政策,并使用产业政策和收入分配政策。这些经济政策组合成一个调节政策体系,进行反周期操作,就可能改变波峰的高度、波谷的深度。改变上升期和下降期的比例,尽可能地拉长扩张期和稳定期。

在政策调节和宏观管理目标和范围上,西方发达国家也不尽相同。多数西方国家是以反周期、抑制短期波动作为主要目标,主要是实行需求管理,反通货膨胀、平衡国际收支、充分就业,等等。但也有些国家,如日本,是把需求管理和供给管理结合起来,政府作用不仅是宏观调节,也包含微观的内容。日本的大藏省和中央银行是实施宏观管理的,而实行产业政策的通产省却明确是搞微观的。在我国社会主义市场经济条件下,宏观管理的范围可以宽一些。我国还是发展中国家,发展还是我们的主旋律,宏观管理和调节应是把需求管理和供给管理有机结合起来,注意宏观调节与微观调节的配合,抑制总需求而促进总供给。通过需求管理解决稳定问题,通过供给管理解决发展问题。

——运用货币政策、财政政策和国际收支政策进行反周期操作。

货币政策是市场经济中使用的最频繁的政策工具。在市场经济机制中,归根到底是货币供应量和货币必要量的平衡,决定着社会总需求和社会总供给的平衡。货币必要量,是不能随意降低或提高的,校正总需求和总供给的偏差,关键是管理和调节货币供应量。西方发达国家调节货币供应量三大工具:存款准备金、再贴现率和公开市场业务,通过这些宏观调节,影响贷款机制、利率机制和储蓄机制等中间工具变量。在经济过热时,实行紧的货币政策,减少收货币供应量,削减信贷,增加货币需求;在经济萎缩时,实行松的货币政策,增加货币供应量,扩大信贷,以控制经济的降幅。在我国,由于商品货币化发展程度的局限,金融改革没有到位,货币政策的运用难以得心应手。但改革的进展也促使货币政策调节作用的强化,管住货币供应量、管住信贷规模已成为调节经济的主要闸门。现在的问题仍是要在金融改革上取得突破,管住货币供应量,而放开利率,逐步以利率管理替代贷款的行政管理。银行体制也要逐步形成中央银行和商业银行、投资银行、进出口银行这样有控制的分工协作的新体制,以便更好地运用货币政策的三大工具,有效地进行反周期活动。

财政政策,也参与货币流通量的调节过程。在西方发达国家,财政政策不只是国民收入再分配的工具,更是经济调节和控制工具;不仅在反萧条中起作用,在反通货膨胀中也起作用。市场调节成分越高,财政在国民经济中的地位越重要。在经济萎缩时,实行松的调节政策,少收多支,增加投资,增长消费,扩大总需求,减少衰退的程度;在经济过热时,多收少支,减少需求,为经济降温。我国现行的财政策体制,财政的主要功能仍是国民收入再分配的工具,而缺乏调节的功能。财政能集中较多的资金投向重点项目和基础设施,本来是社会主义国家的一个优势,但搞不好非但不能调节经济,反而起了推波助澜的作用。因此,财政同样要在改革上突破,推动财政调节职能的发展。政府的支出要进一步加以界定,尽可能减少不必要的补贴,而只对外界利益大(外部经济)的基础设施、科研以及农业进行开支和补贴,以抽出手来强化调节的功能。政府的支出和投资也不是越多越好,而是适应经济周期的不同时期不同情况而有多有少。财政改革也是个难点,但不能再过分滞后,因为在当前货币政策尚不能充分发挥作用的情况下,相机抉择的财政政策将是反周期的有效武器。

  国际收支政策,同财政、货币政策一样,也是对社会总需求的管理手段。尤其是在我国与国际经济联系日益密切的情况下,配合货币、财政政策运用国际收支政策就显得更为重要。对外经济交往,可以缓解供需矛盾,输出波动,但需要保持国际收支平衡。国内供求和国际收支的失衡,只能加大经济的动荡。因此,在经济过热时也应该采取紧缩政策,以抑制扩张的总需求,使之适应总供给;在超额供给,经济萧条时,则应采取松的政策,刺激社会总需求。

  ——应用收入分配政策和产业政策,协调供求关系。

  收入分配政策既关系需求管理,又关系到供给管理。收入分配政策,大体上确定着总需求增长和变动趋势的框架,它是控制总需求的总闸门,包括积累、基建投资和消费的控制。收入分配政策不仅对总需求有直接作用,对总供给也有间接的作用。在反周期活动中,一个重要的问题就是选择何种收入分配政策。在经济过热时,应采取紧缩收入分配政策,在经济趋冷及过冷时,可在一定时期采取超分配的收入分配政策。收入分配政策与货币政策、财政政策配合使用,可收事半功倍之效。

  产业政策是调节社会总供给的主要手段。经济周期波动,不仅有总量的原因,而且有结构的因素。结构的失衡、短缺与积压并存,必然放大波动的幅度。因此,在通过总量均衡进行反周期的同时,也要注意结构对波动的影响。在产业结构合理化和高度化上,以产业政策来引导和加速产业结构的调整。产业政策是从调节供给结构来协调供求结构的平衡,它直接关系到经济的发展,可以在周期波动中有效地推动经济的增长。

  ——调节政策的配合使用和提前调控。调节政策不仅要配合使用,包括松紧配合、作用时效配合、交替使用的配合,以发挥经济政策的综合效应;而且要实际提前调控。这是因为,市场经济运作机制越是发展，政府的干预就越是转向间接化。政府能直接操作的只是税率、财政收入和财政支出大小的对比关系、财政补贴等初级工具变量，然后以此影响税收额大小和投资规模等等中间工具变量，最后达到影响国民收入和经济发展的最终目标。中央银行能决定的只是法定准备金率、贴现率等等初级工具变量，然后以此影响货币供应量和利率等中间工具变量，最后才能达到控制通货膨胀或在经济萎缩时刺激经济增长的最终目标。从调节政策的使用到最终目标的实现，要有一个传递过程，存在一定的时滞。在实施间接调控的情况下，政策制定往往不是针对现在来制定调节政策，而是针对未来制定调节政策，才会使间接调控更有成效。我国正处于运作机制转轨时期，适当运用行政手段还是必要的，但尽可能地用间接调控，相应地实施提前调控。提前调控，相机抉择的"微调"是必要的，"顺其自然"的想法是不可用的。提前调控固然可能有不适时适度的缺陷，但"顺其自然"则可能搞到不可收拾的危险。

反周期与适应周期。反周期活动一般是"逆风向而动"的行动，但在操作中也存在"顺风向"的动作，按照周期发展的趋势，采取适应周期的超前动作。超前动作，虽然现在在很多场合是地方政府的行为，但在严格意义上应该是企业行为，宏观或中观应通过经济政策进行引导和创造条件。实际上，经济萧条时期，是生产减缩、市场疲软，到处是一片悲观的气氛，但收缩自身也产生阻止收缩的力量，它是黎明前的黑暗。不仅一些基础产业、技术含量高的产品可以继续发展，也是机电行业技术改造、更新资本设备、开发新品的时机。一些在高涨时即开始下降、而在恢复时复苏得最早的行业，如建筑业，更要及早作好发展的准备。在经济高涨时，虽然到处是景气现象，一片兴旺繁荣，但是"福兮祸所伏"，高涨自身也为制约高涨创造条件，随着这个趋势的发展，要及早注意市场的变动，适时从数量发展向质量提高，转向科技进步，优化结构。这种适应周期的超前动作，在我国沿海许多活力较强的地区已有许多先例。在别人收缩时，仍看准方向依靠自己比较雄厚的经济实力进行必要的投资；在别人扩张时，适时转向新产品开发和结构优化。适应周期，就可以顺应周期的发展趋势，利用这些行业差、时间差、地区差，在周期波动的不同时期寻求持续的发展。

地区的波动和分级调控

由于各地区经济的非均衡发展,因而在全国的周期波动中,各地区的波动往往是周期大体相同,而波动强度各有所异。

一种表现是在同一周期而不同地区震动的幅度不一样。在1988年经济高涨和1989年治理整顿期间,也是全国经济波动的第八个周期中,东部、中部、西部一些省份波动幅度(即峰点和谷点的差距)大体上是:

省　别	江苏	广东	山东	四川	湖南	贵州
国民总产值波动幅度	10.9	8.59	9.1	8.1	4.6	4.2
工农业总产值波动幅度	18.8	14.99	11.5	9.4	4.5	5.1

这里反映出一个规律,凡是经济发展速度较快、经济活力较强的地区,经济波动的强度难免要大一些。在国际上也有同样情况,从1953年到1985年间,美、法和原苏联的平均波动幅度为5.6~6.5之间,而发展较快的日本的平均波动幅度达8.73个百分点。

另一种表现是,同一地区在不同的周期,波动幅度也不相同。以江苏为例,江苏自己的纵向比较是,在80年代之前,江苏经济的波动幅度一般低于全国,1953—1979年,全国工农业总产值波动幅度为53,江苏为37;但80年代之后,是逐步增长的趋势,在1982—1985年的波动中,江苏工农总值波动幅度为17.18,高于全国的13.9。在1988—1989年一次波动中,江苏工农业总产值波动幅度为18.8,更大于全国的12.7。

这里也反映一个规律,影响波动的因素虽是多方面的,包括国民收入分配的格局、产业结构、要素组合、要素质量等,但最主要的因素是投资变量的变动。江苏过去不是全国投资的重点,自身投入能力也有限,因而江苏经济增长的速度低于全国平均水平,投资的波动对江苏的影响也相对要小一些。80年代以后,国家较多地增加了沿海包括江苏的投资,江苏自身的实力也大大加强,改革又形成了投资主体的多元化,投资波动的增大也带动了经济波动的增大,加之科技进步、优化结构的战略转换滞后,更放大了波动的幅度。

从反周期的角度来看,发展速度较快的地区经济波动的幅度难免要大一些,但也应该有个限度。这个限度在市场调节的条件下,就是在全国的总盘子里,凭借自己体制和机制的活力所能取得的资源份额,以及资源利用的效率。发展不只是增长速度多少,而是体制、机制改革进展如何,以及改革可能带来的资源配置效率和资源使用效益的综合竞赛。一个地区在一定时期出现超高速增长是可能的,但应适时适度地进行微调,以求平稳地走出高峰,尽可能地延长扩张期和稳定期,防止大上大下。过高的增长不仅会受到包括资源约束在内的市场约束,带来通货膨胀的压力,而且在随之而来的收缩中,又要更多承受市场疲软、企业亏损和就业困难之苦。

是实行中央集中的宏观调控,还是实行中央和地方的分级调控,这一直是一个有争议的问题。宏观调控自然要求宏观经济管理思想的高度统一性和宏观调控手段的高度协调性。但中国之大,地区发展又过于不平衡,只有中央单一的调控,容易造成对千变万化的情况把握的失误,以及调节的失时失度,难免造成一刀切、一律化的缺陷。地方在信息和决策上离当地市场和企业更近,把地方政府作为中央调控的延伸,作为增强国家调控的加压站、调节站,只会使国家的宏观调控更适时和有效。

实际上在80年代改革开放过程中,地方的调节权已有所扩大,这包括:地方不仅有一定的财政税收参数的调节权,而且在银行还担负着政策性业务的情况下,地方在一定的程度上也可以运用金融参数,地方还有一定以经济政策和法规的制定权。这些调控权限在各地还不尽相同,经济特区比较大而一般地区相应要小,沿海地区较大而中西部地区相对也小一些。

现在的问题是,地方调节权限的扩大仍没有摆脱行政直接干预过多过大的陈规。不是在突出企业主体地位的基础上扩大地方的调节权。地方调控的强化,也就是强化了地方对企业的控制。没有在间接调控的基础上界定中央和地方的调控职权,合理确定地方的职责权限,使地方的行为规范化、法制化。

在经济周期中,中央和地方政府都应该重视把住经济生活的"底线"。为了掌握"调节时空度",让调控能适时适度,中央主要是把住货币发行增长率、财政赤字依存率、举借外债警戒点、国家外汇持有率、物价指数承受率等底线,地方上主要是把财政补贴承受率、物价指数承受率、可允许的待业率、社会资产净增减率、社会购买力净入流出率,以及主要商品和副食品供给率等底线,根据这些底线的变动,实施经济手段、法制手段和必要的行政手段的调控。

地方调控的杠杆:一是地方财政调节功能的逐步强化,运用税收、贴息等等杠杆控制资金投向,控制工资与价格;运用基金会发展的长期建设,控制产业的发展方向。其次,在金融体制改革之后,银行政策信贷与商业性信贷分开,地方银行和城市农村信用社建立,投资主体多元化,地方政府也可以通过一定的政策,影响和调节投资活动。再次是经济政策的运用,以税收、贴息、银行扶持为后盾,用产业政策、技术政策、收入分配政策,引导和诱导企业的微观活动。虽然地方调控只是中央调控的延伸,但在适量适度上、政策的配合使用上,都可以尽可能地扩大政策的效益。

(原载《市场经济研究》1993 年第 4 期)

在经济周期的巅峰

我们正处在经济增长的巅峰,这大概是越来越明显的事实。自从去年国民经济发展进入"快车道"以来,经过十六七个月的运行,已经把经济扩张推向它的峰顶。全国国民生产总值在去年增长12.8%的基础上,今年一季度又增长15.1%,1—5月乡及乡以上工业总产值增长23.8%。江苏今年乡及乡以上工业总产值,从同比来看,1—5月增长43.9%,增幅缓慢地有所下降;从环比来看,1、2月份比去年12月份下降12.5%和5.3%,3月份回升,比2月份增长16.5%,4月份比3月份上升1.9%,5月份又比4月份上升1.9%,大体上处于一个峰顶的平台上。

不论从哪方面来看,经济周期峰顶的各种特征已显现:一方面是景气繁荣,需求增加,产销两旺,一片兴旺气象;另一方面是"瓶颈"制约严重,物价迅速上扬,通货膨胀压力加大。

经济进入巅峰,就更要注意把住经济发展的"底线"。当前,首先要把住的底线,就是对付通货膨胀的压力。当然,在经济高速增长中,没有通货膨胀是不切实际的。通货膨胀往往是经济高速增长的伴生物。问题是如何选择增长与通货膨胀的最佳组合。我们仍然主张,不能是超高速增长与严重通货膨胀的组合,不能以高通货膨胀支撑高速增长,而应该是适度的经济增长与适当的通货膨胀的组合。日本60年代的高速增长,选择的是GDP10%的增长速度和5~6%的通货膨胀的组合。韩国更谨慎一些,在近年的持续增长中,选择的是7%的GDP增长速度和3%的通货膨胀的组合。江苏如果能保持12%左右的GDP

增长、20%的工业总产值增长速度和6～7%的通货膨胀的组合,可能也是比较好的方案。这是"刮下马风"吗? 不是。现在这个速度维持下去,可能成为超高速增长和高通货膨胀的组合,到头来还是要破坏经济的持续增长。因此,有必要把握调控时机从一个高的平台上平稳地降落到一个适当速度的平台上,保持稳妥,避免损失。说实在话,过去令人担心的是超高速的速度实在太快,而现在值得注意的是回落不要下滑,不要落得太急太快。现在不再采取1989年以行政手段为主进行治理的办法,也不是全面紧缩,只要措施适时适度,稳定在一个适当速度的平台上是有可能的。

究竟该维持一个什么样的速度呢? 不同地区、不同发展水平不一刀切、一律化,而是根据各个地区所能取得资源的份额,最突出的是资金资源的允许条件。国务院和省委、省政府三令五申,要集中资金保证重点,把有限资金按照重点需要的顺序进行安排,流动资金使用要扶优限劣,固定资产投资也要保证重点建设项目。这是在现阶段强化调控,保证适当发展的一个重要手段。日本在贯彻产业政策的运作上,是采取议论、排队、选择的办法。韩国政府对投资的干预,也是采取这种办法,政府都不直接干预企业的经营,只是在选择、排队中提供方向和展望,对符合国民经济发展方向和产业政策的产业和产品,由金融和财政优先给予扶持。按顺序安排,让该热的继续热,不该热的冷下来。安排的结果,在资源允许的范围内,可以保持多大的速度就保持多大的速度,该回落到哪个"平台"上就回落到哪个"平台"上。

强化资金调控,资金紧了怎么办? 货币资本供给逐渐枯竭,这是经济扩张自身形成的限制扩张的因素。强化金融调控,才能正常金融秩序,引导资金使用方向,提高资金使用效益。资金是有潜力可挖的,但在新情况下挖潜要有新的思路、新的措施,特别要注意到:① 解决"体外循环"问题。存在着两个"体外循环",一个是银行系统以外的"体外循环",一个是银行内部的"体外循环"。目前尤需注意的是后者。应该通过银行系统的专项稽核,把用信贷资金炒买房地产、紧俏物资和投资入股,以及析出资金通过其他金融机构炒买炒卖有价证券、房地产的资金,回归和纳入信贷、储蓄的轨道上来,使生产发展有可用之资金。公开市场业务,即由中央银行在证券市场上买卖有价证券,以调节货币供应量,这在金融体制改革到位的情况下是必要的,但在目前转轨时期金融秩序不正常的情况下,各银行都插手其间是不允许的。② 压缩超常规的增本因素。生产资料价格上扬,也是扩张自身产生的制约扩张的因素。现在问题是增本因素超常规的增长,这固然是在体制转轨时期,置这种制约于不顾而继续扩张的后果,但也不能不看到其中灰色收入、黑色收入过多,公共财产向私人泄漏,加剧了成本的迅速增长。全省增本减利因素多达数十个亿。一个国有大厂,一年的回扣多达4500万,社会上炒买炒卖紧俏物资,牟取暴利的比比皆是。有必要以经济手段、法律手段抑制这些非正常增本因素,这将有利于生产领域资金过度紧缺的缓解。

　　经济回落之后,市场怎么办?这也是江苏一个突出的问题。市场波动是经济波动的一个表现,经济增长的变动,自然会引起市场的变动。但是,市场波动一般比投资波动滞后半年到一年。经济能在适当速度上稳定下来,可望获得市场在一定时期的相对稳定。但现在呈现强劲卖方市场的生产资料市场将有所缓和,多年呈现买方市场的消费品市场,虽然在投资拉动下,出现了兴旺的势头,但在新的消费热点尚未形成、农民收入增长滞缓的情况下,将会是升潮时滞缓而降潮时又将逐渐下降。对付市场变动,一方面是稳定经济,拉长经济发展期,创造一个较为稳定的需求环境;另一方面是企业适时调整自己的行为,及早从数量扩张转向质量的提高,从大路货转向开发新产品以及技术含量高的产品,从分散经营转向规模经营,等等,以应付可能发生的市场变动。

　　加强宏观管理,既包括治标,也包括治本。既运用货币政策、财政政策、国际收支政策进行反周期操作,又要推进市场取向的改革,以改革促发展,把治本贯穿于治标之中。在经济开始降潮的情况下,尤其要推进企业创新、规范市场、调节收入、健全法规等等方面的改革,推进有利于基础产业、高新技术产业和短线产品的改革,而不要出台增加需求、提高物价等方面的改革。现在金融体制、财税体制、投资体制的改革特别滞后,在进行反周期操作过程中,应尽可能地围绕降潮时期的要求,推进这些方面的改革。这次强化金融调控就是和金融体制改革相结合的操作。改革的方面将是让人民银行真正起中央银行的作用,逐步运用法定准备金、再贴现率和公开市场业务三大工具,更有效地调节货币供应量。商业银行与政策银行逐步分开,另组政策性的投资银行和进出口银行,以及利率杠杆的作用,高效的金融市场体系的建设,信贷资金商品化和利率、汇率的市场化,以更突出金融在宏观调控中的应有地位。财政体制改革也是一个难点,税收要成为公平竞争的工具也要有一个过程。但是分税制总要在合理划分的基础上推行,税赋也应通过改革尽可能地在推动公平竞争、调节收入分配等等方面逐渐发挥越来越大的作用。

当然,改革的主线仍然是沿着国家——市场——企业的链条进行市场取向的改革。特别是两转:企业转换机制和政府转换职能。这次一个深刻的教训是,经济的高速发展是在市场取向的改革刚刚开始,"两转"尚没有或很少取得实质性突破的状态下起步的。双重体制仍然存在,经济进入快车道运行仍没有脱开原有的框框。转轨时期双重体制的存在,客观上决定着政府和企业的行为方式。在这样的运作机制下,政府推动仍表现得十分强烈,政府仍充当着经济增长的"发动机"。可以看出,高速增长很大程度上是靠政府推动和政府保护下的投资低风险机制来支撑的。政府行为不是作为"规划者"、"调节和秩序维持者"和"货币保卫者"等等新的职能的基础上,为企业创造必要的环境,而是起着直接推动的作用。这极易人为地放大经济波动的幅度,而不是按经济自身的规律进行扩张和收缩。

在这样环境下,企业行为也难免短期化和扭曲化,能上的就争取上,而不顾产品的结构是否优化,首先争取的是速度,而难以注重技术进步和劳动生产率的提高。真正具有自主经营和自我约束机制的企业,是绝不会盲目无节制地投资,也不会盲目的超比例的分配。根本的出路,还在于加快市场取向的改革!这是我们面临的一个大课题。

(原载《新华日报》1993年7月23日)

怎样驾驭经济发展的"周期马"
——经济周期和反周期探索

随着社会主义市场经济的发展,经济发展中的周期性波动,即经济周期将更明显和规律性的显现出来。在经济学界,有的把经济周期譬之为奔腾的"周期马",有的称之为波浪起伏的"周期潮"。经济周期的显现,就为宏观调控提出了一个迫切的任务:反周期。发展才是硬道理,但经济发展不是笔直笔直地展开,而是波浪式前进的。虽然经济发展的潮涨潮落带有它的必然性,但大起大落却是要亟力避免的。反周期就是可把经济波动控制在允许范围之内,即经济自身弹性限度之内,避免"巨涨落"带来的损害,让经济能在波涛起伏中持续发展。

反周期在西方市场经济国家和后起的新兴工业化国家,已经是宏观(中观)调控的重要手段,对缓解过大的振荡也取得了相当成效。但是,如何在社会主义市场经济条件下进行反周期操作,对我们来说,还是一个新课题。我们应该借鉴一切符合市场经济发展规律的经验,提高我们对市场经济的领导艺术,善于驾驭经济发展的"周期马",成为经济周期风口浪尖的弄潮儿。

体制变革和波动生成机理的改变

经济周期,经济发展所呈现的波浪式的曲线,作为社会再生产过程中的规律性的现象,不仅在市场经济条件下存在,在传统体制下也是存在的。但是,在不同的体制条件下,经济波动的过程特征和形成机理却有显著的不同。

为了使反周期操作更准确和有效,一个重要的问题,就是要把握在体制和机制的转换中,经济周期将会出现些什么变化,经济波动在社会主义市场经济条件下将有些什么新的特征。

以往的许多实证分析,都描绘出我国经济增长是在较大的周期波动中实现的。新中国成立以来出现过八次周期波动,其特征主要是:高频率的波动,经济波动比较频繁;高强度的波动,从1953—1985年,我国经济系数为11.75,平均波动幅度22.09,不仅超过波动系数在3以下、平均波动幅度为5~7的西方发达国家,而且超过经济发展较快的日本(波动系数4.2,平均波动幅度8.73);"衰退型"的周期波动,我国经济波动曾出现过3次负增长,这是经济波动的早期特征,也称为"古典型"波动,直到1974年以后,这种负增长的谷点才逐步消除。

我国经济周期这些基本特征,决定于经济周期的生成机理。波动的形成包括外在因素和内在因素。以往高强度、"巨涨落"的经济波动,正是决策失误的外部因素和机制缺陷的内部因素相结合所产生的结果。现在需要探索的是,随着体制和机制的转换,我国经济周期的过程特征将有些什么新的变化。

从外在因素来看:

过去经济周期波动所以存在多次的大起大落的剧烈振荡,政府推动起着很大的作用。在传统体制下,特别是在1957—1978年高度集中的计划经济时期,经济主体实际上是各级政府,政府决策的随机冲击,就成为周期摆动的强大驱动力。一次决策的失误,就会人为地导致经济过旺和收缩过烈,从而放大周期波动的幅度。"大跃进"时期和"文化大革命"的强波动,都是这种随机冲击放大的结果。根据一些经济学家所作的比较研究,如果把其他国家的实际波动强度作为内因引起波动的上限,那么,在我国的经济波动中,内因影响只占1/3,而外因影响要在2/3以上。

体制和机制的转换,将会在外部影响上带来一系列的变化。

体制改革的深化,将使以政府为主体转变为突出企业的主体地位,市场的自组织功能也将得到较好的发挥,政府只是在此基础上的再组

——企业主体地位的突出,对经济周期的感受速度将更快和更灵敏。改变政府对周期波动感受迟钝和过长的认别时滞和传递时滞。

——企业的经济行为,将会较快地适应周期,在复苏时及早组织扩张,在衰退时适时进行收缩。而不至于像过去一样,非要到瓶颈制约达到极限时,才不得不采取"急刹车"的办法。

——政府调控机制的完善,主体"错位"和以解决手段强制推动状况的改变,国家将以间接调控和经济手段为主,采取微调、相机抉择和斟酌行动来对付经济波动,会更有效地熨平周期和抑制波动。

从内在因素来看:

传统体制下周期波动的成因主要渊源于需求过渡的供给短缺。在以往的"短缺经济"条件下,普遍存在着扩张冲动。只要有了一定的气候,就会造成投资膨胀,并带动消费需求的增长,促进社会总需求的扩张,拉大社会总需求和社会总供给的缺口。过旺的总需求随即受到资源的制约,在供求缺口扩大到极限时,就被迫进行调整,经济在几年繁荣之后,就转入收缩。扩张和收缩交替,周而复始,就形成了传统体制下的周期波动。

在社会主义市场经济条件下,在影响周期波动诸因素中,投资的波动还将是一个决定性因素,但它与消费、供给、货币信用各方面的关系将会有一系列的变化。

——"短缺经济"的消失,将使波动生成机理发生实质性的变化。"短缺经济"存在的根本原因,在于传统体制和机制的缺陷,是人为制定的高增长目标和实际增长结构不能支持这种高增长而产生的短缺。随着社会主义市场经济的发展,短缺经济存在的特定体制条件已不复存在,"短缺经济"的时代也将一去不复返。投资的变动将与消费需求的变动紧密地联系在一起。原来的资源约束型经济,将转变为需求约束型或市场约束型经济,短缺制约将转变为市场为主的制约。

——消费需求与投资需求相关关系加大,将形成投资——消费的循环。在传统体制下,工资收入由国家严格集中控制,投资需求和消费需求相关性也就相对微弱。而且在过去低收入的情况下,消费需求对投资的拉动也相对有限。随着体制和机制的转换,工资奖金的放开,以及和经济效益挂钩,加上进入小康水平的地区越来越多,消费需求将具有更大的弹性,消费将成为拉动投资的主要因素。

——乘数机制和加速原理作用的显现,将成为推动经济扩张或收缩的重要成因。投资需求和消费需求之间循环,并不是一般的变动,而将是在乘数和加速数互相作用的加速变动。西方市场经济国家周期的形成,乘数机制和加速原理起着相当大的作用。投资乘数即投资的增加可导致收入和就业成倍地增加。而加速原理是指在现代化机器大生产技术条件下,收入或消费需求的增加或减少,又会引起投资成倍的增加或减少。乘数机制和加速数的相互作用,成为经济高涨或经济衰退的加速器。乘数和加速数,在短缺的条件下,在缺乏劳动力、没有投资品存货的情况下,是难以作用或者受到限制的。在社会主义市场经济运作形成之后,乘数和加速数的相互作用也将逐渐显示其作用。

——经济国际关联度的变化,也将成为影响经济周期的一个因素。在开放的条件下,国家的总供给是由消费、储蓄和进口所组成(TS=C+S+M),总需求是由消费、投资和出口所组成(TD=C+I+X),70年代之前,我国与国际经济联系较少,进出口总额只占社会总产值的5%左右,世界经济的波动对我国影响不大。80年代以来,我国进出口占社会总产值已达到12～13%。随着复关和经济国际化的发展,世界经济的波动,我国国际收支的变化,汇率的变动,都将更多地成为影响周期波动的因素。

过去,一般的看法是,西方市场经济国家的周期波动主要是由于需求不足,我国的周期波动则主要渊源于"短缺经济"。但以上分析说明,我国社会主义市场经济的发展和完善,将导致经济周期生成机理发生一系列的变化。西方资本主义国家周期波动的形成,并不只是乘数机制和加速原理的作用,还有资本主义基本矛盾的深层次原因。西方国家反周期措施是缓解了周期波动的震荡幅度,但并不解决资本主义再生产中的根本矛盾。我们的社会主义市场经济,将是在所有制形式上以公有制为主体,而在运作机制上实行市场经济。这样会更有利发展社会主义现代化建设,同时维护社会公正和实现共同富裕。在这种体制和运作机制的基础上,我们从乘数和加速原理的分析中吸取合理的内核,借鉴西方市场经济国家反周期的经验,在不久的将来,我们将熟练地驾驭经济发展中这匹奔腾的"周期马"。

当然,我们也要充分估计到,经济周期生成机理的变化还是一个相当长的过程。没有社会主义市场经济框架的基本形成,经济周期的生成机理也不会有实质性的变化。新近的一个周期说明,虽然体制和机制正在转轨过程中,但周期的形成并没有根本的变化。我们所处于新中国成立以来的第九个周期,是一次高强度的扩张。全国1993年一季度国民生产总值增长,在1992年增长12.8%的基础上,同比达到了15.1%。工业总产值在去年按增加值计算增长20.9%的基础上,今年1—4月又增长23%。沿海地区增长更快,1992年国民生产总值,江苏增长27%,广东增长18.7%,浙江增长17.0%,山东增长16.9%。很大的因素是行政推动。既有全国强劲的信贷支撑,1992年全国全社会固定资产投资达7582亿元,比上年增长37.6%,今年一季度,国有单位完成固定资产投资又比去年同期增长70.7%。1992年实际发行货币1158亿元,年末市场货币流通量达4336亿元,比上年增长36.5%。更有各地区行政积极参与,各地都在抓住机遇,加速发展,成为促进高速增长的强劲力量。高速增长很大程度上是靠政府推动和政府保护下的投资低风险机制来支撑的。这可能仍是转轨时期经济周期波动一个特点,行政推动仍起着大幅度放大波动的作用。只要政府的职能没有转变,间接调控的机制没有形成和完善,这种外部的随机冲击就依然存在。与此相联系,另一个特点是,政府行为主要是热衷于经济的增长,而不注意反周期操作,取得稳定中的持续的发展。政府手中运用的税收、财政、信贷等等参数,往往起着放大波动幅度的作用,而缺乏调节的功能。再一个特点是,周期的高峰基本上意味着经济过热。虽然,在一般的意义上,高峰或峰顶并不等于"过热",但在现行机制下,经济既不能通过自组织得到调节和缓解,而行政调控乏力,总是把高速发展推向过热,因而峰顶往往就是"过热"的同义语。解决这一问题,根本的出路就是坚持国家——市场——企业的配套改革,取得政府职能的根本转变,企业机制的根本转换,企业主体地位的突出,经济周期的生成机理才会起本质的变化。

反周期与适应周期

形成反周期的机制,借鉴西方发达国家和新兴工业化国家的经验,主要是把握两个基本点:

一是经济的自动调节,形成经济运行中的"内在稳定器"。

二是政府经济政策的调节,实行相机抉择的"斟酌行动。"

这两方面的效率孰强孰弱,作用为主为辅,在国外经济学界是有不同看法的。但从历史的经验来看,虽然,经济的"内在稳定器"曾在波动中起过相当的作用,有的经济学家测算,在衰退时可抵消经济下降的 35～50％,在经济复苏时可起到 25～40％ 的支撑作用。但它总是同政府的政策调节相辅相成的。而在功能和效率上,政府相机抉择采取的"斟酌行动"有着更重要的作用。

经济的自动调节,"内在稳定器"的形成,在社会主义市场经济建设过程中,可以借鉴的主要是:

——企业所得税和个人所得税的自行变动,健全累进的所得税制。在经济收缩到来时,企业和个人所有税征收额,在政府降低税率之前即自动下降,以配合政府的调节,挽回经济颓势;当出现通货膨胀时,所得税征收额自动上升,以有助于缓和经济的升势,缓和通货膨胀的压力。

——失业救济金和各种福利性的转移支付的自然增减。完善社会保障体系,强化社会保障的承受力,以便在经济衰退时,社会保险基金和各种福利支出,在政府增加转移支付之前自然增加,抵销个人收入下降,缓和经济衰退带来的经济社会影响;在经济过热和通货膨胀的情况下,失业救济金和各种福利性转移支付又会减少,有助于抑制通货膨胀。

——农产品价格维持制度。在经济衰退时期,农产品价格下跌,政府对农产品价格进行补贴,收购农产品,使农户增加收入,也允许以农产品抵押获得贷款,使农户获得资金,缓和农业的波动;在经济过热和通货膨胀的情况下,农产品价格上扬时,政府转向市场抛售农产品,以平抑农产品的市场价格。

经济的"内在稳定器"主要是对政府调节起自动配合的作用,反周期更重要的是要建立一套决策科学而又有效率的宏观(中观)政策调节体系。

政府经济政策调节。

市场经济要求更高的宏观(中观)的管理和调节水平。如何驾驭经济发展中的"周期马",主要"龙头"是货币政策、财政政策和国际收支政策,并使用产业政策和收入分配政策。这些经济政策组合成一个调节政策体系,进行反周期操作,就可能改变波峰的高度、波谷的深度。改变上升期和下降期的比例,尽可能地拉长扩张期和稳定期。

在政策调节和宏观管理目标和范围上,西方发达国家也不尽相同。多数西方国家是以反周期、抑制短期波动作为主导目标,主要是实行需求管理,反通货膨胀、平衡国际收支、充分就业,等等。但也有些国家,如日本,是把需求管理和供给管理结合起来,政府作用不仅是宏观调节,也包含微观的内容。日本的大藏省和中央银行是实施宏观管理的。而实行产业政策的通产省却明确是搞微观的。在我国社会主义市场经济条件下,宏观管理的范围可以宽一些。我国还是发展中国家,发展还是我们的主旋律,宏观管理和调节应是把需求管理和供给管理有机结合起来,注意宏观调节与微观调节的配合,抑制总需求而促进总供给。通过需求管理解决稳定问题,通过供给管理解决发展问题。

——运用货币政策、财政政策和国际收支政策进行反周期操作。

货币政策是市场经济中使用得最频繁的政策工具。在市场经济机制中,归根到底是货币供应量和货币必要量的平衡,决定着社会总需求和社会总供给的平衡。但是,由生产力决定的货币必要量,是不能随意降低或提高的,校正总需求和总供给的偏差,关键是管住和调节货币供应量。西方发达国家调节货币供应量三大工具：存款准备金、再贴现率和公开市场业务，通过这些宏观调节，影响贷款机制、利率机制和储蓄机制等中间工具变量。在经济过热时，实行紧的货币政策，减少货币供应量，削减信贷，增加货币需求；在经济萎缩时，实行松的货币政策，增加货币供应量，扩大信贷，以控制经济的降幅。在我国，由于商品货币化发展程度的局限，金融体制改革没有到位，货币政策的运用难以得心应手。但改革的进展也促使货币政策调节作用的强化，管住货币供应量、管住信贷规模已成为调节经济的主要闸门。现在的问题仍是要在金融改革上取得突破，管住货币供应量，而放开利率，逐步以利率管理替代贷款的行政管理。银行体制也要逐步形成中央银行和商业银行，政策性的投资银行、进出口银行有控制的分工协作的新体系，以便更好地运用货币政策的三大工具，有效地进行反周期活动。

财政政策，同样参与货币流通量的调节过程。在西方发达国家，财政政策不只是国民收入再分配的工具，更是经济调节和控制工具；不仅在反萧条中起作用，在反通货膨胀中也起作用。市场调节成分越高，财政在国民经济中的地位越重要。在经济萎缩时，实行松的调节政策，少收多支，增加投资，增加消费，扩大总需求，减少衰退的程度；在经济过热时，多收少支，减少需求，为经济降温。我国现行的财政体制，财政的主要功能仍是国民收入再分配的工具，而缺乏调节的功能。财政能集中较多的资金投向重点项目和基础设施，本来是社会主义国家的一个优势，但搞不好非但不能调节经济，反而起了推波助澜的作用。因此，财政同样要在改革上突破，推动财政调节职能的发展。政府的支出要进一步加以界定，尽可能减少不必要的补贴，而只对外界利益大（外部经济）的基础设施、教育科研以及农业进行开支和补贴，以抽出手来强化调节的功能。政府的支出和投资也不是越多越好，而是适应经济周期的不同时期不同情况而有多有少。财政改革也是个难点，但不能再过分滞后，因为在当前货币政策尚不能充分作用的情况下，相机抉择的财政政策将是反周期的有效武器。

国际收支政策，同财政、货币政策一样，也是对社会总需求的管理手段。尤其是在我国与国际经济联系日益密切的情况下,配合货币、财政政策运用国际收支政策就更显得重要。对外经济交往,可以缓解供需矛盾,输出波动,但需要保持国际收支平衡。国内供求和国际收支的失衡同时发生,只能加大经济的动荡。因此,在经济过热时也应该采取紧缩的政策,适当地限制进口,以抑制过于扩张的总需求,使之适应总供给;在超额供给,经济萧条时,则采取松的政策,刺激社会总需求。

——应用收入分配政策和产业政策,协调供求关系。

收入分配政策,既关系需求管理,又关系到供给管理。收入分配政策,大体上确定着总需求增长和变动趋势的框架,它是控制总需求的总闸门,包括积累、基建投资和消费的控制。收入分配政策不仅对总需求有直接作用,对总供给也有间接的作用。在反周期活动中,一个重要的问题就是选择何种收入分配政策。在经济过热时,应采取是紧缩的收入分配政策,而在经济趋冷及过冷时,可在一定时期采取超分配的收入分配政策。收入分配政策与货币政策、财政政策配合使用,可收事半功倍之效。

产业政策是调节社会总供给的主要手段。经济周期波动,不仅有总量的原因,而且有结构的因素。结构的失衡,短缺与积压并存,必然放大波动的幅度。因此,在通过总量均衡进行反周期的同时,也要注意结构对波动的影响,在产业结构合理化和高度化上,以产业政策来引导和加快产业结构的调整。产业政策是从调节供给结构来协调供求结构的平衡,它直接关系到经济的发展,可以在周期波动中有效地推动经济的增长。

——调节政策的配合使用和政策的提前调控。调节政策不仅要配合使用,包括松紧配合、作用时效配合、交替使用的配合,以发挥经济政策的综合效应;而且要实行提前调控。这是因为,市场经济运作机制越是发展,政府的干预就越是转向间接化。政府能直接操作的只是税率、财政收入和财政支出大小的对比关系、财政补贴等等初级工具变量,然后以此影响税收额大小和投资规模等等中间工具变量,最后达到影响国民收入和经济发展的最终目标。中央银行能决定的只是法定准备金率、贴现率等等初级工具变量,然后以此影响货币供应量和利率等中间工具变量,最后才能达到控制通货膨胀或在经济萎缩时刺激经济增长的最终目标。从调节政策的使用到最终目标的实现,要有一个传递过程,存在一定的时滞。在实施间接调控的情况下,政策制定往往不是针对现在来制定调节政策,而是针对未来制定调节政策,才会使间接调控更有成效。我国正处于运作机制转轨时期,适当运用行政手段还是必要的。但尽可能地运用间接调控,相应地实施提前调控。提前调控,相机抉择的"微调"是必要的,"顺其自然"的想法是不可取的。提前调控固然可能有不适时适度的缺陷,但"顺其自然"则可能发展到不可收拾的危险。

  反周期与适应周期。反周期活动一般是"逆风向而动"的行动,但在操作中也存在"顺风向"的动作,按照周期发展的趋势,采取适应周期的超前动作。超前动作,虽然现在在很多场合是地方政府的行为,但在严格意义上应该是企业行为,宏观或中观应通过经济政策进行引导和为企业创造条件。实际上,经济萧条时期,是生产减缩、市场疲软,到处是一片悲观的气氛,但收缩自身也产生阻止收缩的力量,它是黎明前的黑暗。不仅一些基础产业、技术含量高的产品可以继续发展,也是机电行业技术改造、更新资本设备、开发新产品的时机。一些在高涨时即开始下降、而在恢复时复苏得最早的行业,如建筑业,更要及早作好发展的准备。在经济高涨时,虽然到处是景气现象,一片兴旺繁荣,但是"福兮祸所伏",高涨自身也为制约高涨创造条件,随着这个趋势的发展,要及早注意市场的变动,适时从数量发展转向质量提高,转向科技进步,优化结构。这种适应周期的超前动作,在我国沿海许多活力较强的地区已有许多先例:在别人收缩时,仍看准方向依靠自己较雄厚的经济实力进行必要的投资;在别人扩张时,适时转向新产品开发和结构优化。适应周期,就可以顺应周期的发展趋势,利用行业差、时间差、地区差,在周期波动的不同时期寻求增长和持续地发展。

地区波动和分级调控

由于各地区经济的非均衡发展,因而在全国的周期波动中,各地区的波动往往是周期大体相同,而波动强度各有所异。

一种表现是在同一周期而不同地区震荡的幅度不一致。在1988年经济高涨和1989年治理整顿期间,也是全国经济波动第八个周期中,东部、中部、西部一些省份波动的幅度(即峰点和谷点的差距)大致上是:

省　　别	江苏	广东	山东	四川	湖南	贵州
国民生产总值波动幅度	10.9	8.59	9.1	8.1	4.6	4.2
工农业总产值波动幅度	18.8	14.99	11.5	9.4	4.5	5.1

这里反映出一个规律,凡是经济发展速度较快、经济活力较强的地区,经济波动的强度难免要大一些。在国际上也有同样情况,从1953年到1985年间,美、法和原苏联的平均波动幅度为5.6～6.5之间,而发展较快的日本波动幅度达8.73个百分点。

另一种表现是,同一地区在不同的周期,波动幅度也不相同。以江苏为例,江苏自己的纵向比较是,在80年代之前,江苏经济的波动幅度一般低于全国,1953—1979年,全国工农业总产值波动幅度为53,江苏为37;但80年代之后,是逐步增大的趋势,在1982—1985年的波动中,江苏工农业总值波动幅度为17.18,高于全国的13.9。在1988—1989年一次波动中,江苏工农业总产值波动幅度为18.8,更大于全国的12.7。

这里也反映一个规律,影响波动的因素虽是多方面的,包括国民收入分配的格局、产业结构、要素组合、要素质量等,但最主要的因素是投资变量的变动。江苏过去不是全国投资的重点,自身投入能力也有限,因而投资的波动对江苏的影响也相对要小一些。80年代以后,国家较多地增加了沿海包括江苏的投资,江苏自身的实力也大大加强,改革又形成了投资主体的多元化,投资波动的增大也带动了经济波动的增大,加之科技进步、优化结构的战略转换滞后,更放大了波动的幅度。

从反周期的角度来看,发展速度较快的地区经济波动的幅度难免要大一些,但也应该有个限度。这个限度在市场调节的条件下,就是在全国的总盘子里,凭借自己体制和机制的活力所能取得的资源份额,以及资源利用的效率。发展不只是增长速度多少,而是体制、机制改革进展如何,以及改革可能带来的资源配置效率和资源使用效益的综合竞赛。一个地区在一定时期出现超高速增长是可能的,但应适时适度地进行微调,以求得平稳地走出高峰,尽可能地延长扩张期和稳定期,防止大上大下。过高的增长不仅会受到包括资源约束在内的市场的约束,带来通货膨胀的压力,而且在随之而来的收缩中,又要更多承受市场疲软、企业亏损和就业困难之苦。

是实行中央集中的宏观调控,还是实行中央和地方的分级调控,这一直是一个有争议的问题。宏观调控自然要求宏观经济管理思想的高度统一性和宏观调控手段的高度协调性。但中国之大,地区发展又过于不平衡,只有中央单一的调控,容易造成对千变万化的情况把握失灵,以及调节的失时失度,难免造成一刀切、一律化的缺陷。地方在信息和决策链上离当地市场和企业更近,把地方政府作为中央调控的延伸,作为增强国家调控的加压站、调节站,只会使国家的宏观调控更适时和有效。

实际上在 80 年代改革开放过程中,地方的调节权已有所扩大,这包括:地方不仅有一定的财政税收参数的调节权,而且在银行还担负着政策性业务的情况下,地方在一定程度上也可以影响金融参数的运用,地方还有一定的经济政策和法规的制定权。这些调控权限在各地还不尽相同,经济特区比较大而一般地区相应要小些,沿海地区较大而中西部地区相对也小一些。

现在的问题是,地方调节权限的扩大仍没有摆脱行政直接干预过多过大的窠臼。不是在突出企业主体地位的基础上扩大地方的调节权。地方调控的强化，也就强化了地方对企业的控制。没有在间接调控的基础上界定中央和地方的调控职权，合理确定地方的职责权限，使地方的行为规范化、法制化。为了正确地发挥地方的调控作用，改革的取向同中央一样，都要成为调控者和服务者，以间接调控为主而不要直接干预企业的经营。

在经济周期中，中央和地方政府都应该重视把住经济生活的"底线"。为了掌握"调节时空度"，让调控能适时适度，中央主要是把住货币发行增长率、财政赤字依存率、举借外债警戒点、国家外汇持有率、物价指数承受率等等底线，地方上主要是把好财政补贴承受率、物价指数承受率、可允许的待业率、社会资产净增减率、社会购买力净流入流出率，以及主要商品和副食品供给率等等底线，根据这些底线的变动，实施经济手段、法律手段和必要行政手段的调控。

地方调控的杠杆：一是地方财政调节功能的逐步强化。运用税收、贴息等等杠杆控制资金投向，控制工资与价格；运用基金会发展长期建设，控制产业的发展方向。其次，在金融体制改革之后，银行政策性信贷与商业性信贷分开，地方银行和城市农村信用社建立，投资主体多元化，地方政府也可以通过一定的政策，影响和调节投资活动。再次是经济政策的运用，以税收、贴息、银行扶持为后盾，用产业政策、技术政策、收入分配政策，引导和诱导企业的微观活动。虽然，地方调控只是中央调控的延伸，但在适时适度上、政策的配合使用上，都可以尽可能大地取得调节政策收益。

(原载《江苏经济学通讯》1993年8月15日)

强化宏观调控,驾驭经济稳定、健康运行

我国正处于体制转轨时期,宏观调控不可避免地采取一定的行政手段,但要尽可能地采用经济手段和法律手段。

金融调节是宏观调控的主导机制,是市场经济条件下运用最频繁的政策工具。

强化宏观调控,从目前经济形势来看,已是当务之急。一提起宏观调控,人们往往会把政府的管理职能统统理解为宏观调控。其实,这是对宏观调控认识上的一个误区。在西方市场经济国家,宏观调控的范围和目标都有比较严格和规范的界定。多数西方发达国家宏观调控的范围,就是需求管理,管住总需求,以取得总量的平衡,保持国民经济的高速健康增长。宏观调控的目标,就是抑制短期经济波动,通过反通货膨胀、充分就业和国际收支平衡等等措施,达到总量平衡的目的。当然,也有些西方发达国家,如日本,其宏观调控和管理也包含了供给管理和引导微观的内容。日本的大藏省和中央银行是搞宏观、搞需求管理的,而执行产业政策的通产省,则是搞微观、搞供给管理的。为了防止过大的波动,保持总量平衡。对经济发展速度:慢了,要调控,要扩大需求,刺激生产,改变经济不景气的状况;太快了,冲击太大了也要干预,控制需求,反通货膨胀,使经济更好地运转。

我们搞社会主义市场经济,要借鉴宏观调控的经验。市场经济绝不排斥宏观调控,恰恰相反,社会主义市场经济越是发展,就越要求有高水平的宏观调控。当然,我们在体制转轨时期,宏观调控的范围可以宽一些,把需求管理和供给管理有机地结合起来,引导微观以配合宏观

调控。通过需求管理,解决经济稳定问题;通过供给管理,解决经济发展问题。现在强调宏观调控之所以重要,就是因为已经到了要十分重视"求得稳妥,避免损失"的时候了。我国经济从去年转入快车道以来,经过十七、八个月的高速运转,已经到达了经济增长的巅峰。特别是这次加速是在双重体制交叉、摩擦,政府转变职能和企业转换机制还没有取得实质性突破的情况下起步的,政府行为仍起着高速增长"发动机"的作用,高速增长在很大程度上是靠政府推动和政府保护下投资的风险机制来支撑的。在这样的运作机制下,极易人为地放大波动的幅度,带来超常规的扩张洪峰,而不是按照经济自身的规律进行扩张和收缩。这就使得强化宏观调控更为迫切,需要通过调控,抑制需求扩张,平稳地走出高峰,从巅峰转到一个适当速度的平台上,缓解经济生活绷得太紧的局面,尽量地拉长稳定期和发展期,保持经济持续健康的发展。

宏观调控的主要杠杆、主要政策工具是货币政策、财政政策和国际收支政策,以及收入分配政策、产业政策等等所组成的一个政策调节体系,根据经济运行实际情况与预期目标的偏离程度,进行松紧搭配。在经济运行与预期目标偏离过大,出现总需求过度膨胀时,采用全部紧的政策;反之,总需求呈现过度疲软时,采用全部松的政策;在经济运行偏离度较小时,则采取有紧有松的政策。我国正处于体制转轨时期,宏观调控不可避免地采取一定的行政手段,但也尽可能地采用经济手段和法律手段。事实上,在以往的几次调控中,已经越来越多地使用货币政策和财政政策。从去年年底开始,我们也动用货币政策,以把住货币供应量和信贷规模两道主闸门。问题是几经踩"制动闸",却由于金融秩序紊乱的干扰,没有取得预期的效果。银行对信贷规模是控制住了,但两个"体外循环"却控制不了,一个是银行外部的"体外循环",用高利集资、卖户口等等办法,筹集资金,继续支撑投资的高增长;另一个是银行内部的"体外循环",经过信贷规模拆借资金,投入了房地产和股票市场、外汇市场。因此,加强金融调控,首先就是要整顿金融秩序,把金融混乱的局面扭转过来,同时加快金融体制改革,这就成为当前宏观调控的关键。当然,宏观调控不仅是金融调控,而且包括货币政策、财政政策和国际收支政策,以及调整结构,促进供给等等内容。但是,金融调节是宏观调控的主导机制,是市场经济条件下运用得最频繁的政策工具。抓住了金融调控,就是抓住了宏观调控的"牛鼻子",可以使宏观调控收到立竿见影之效。

(原载《群众》1993年第9期)

企业要成为经济波动中的弄潮儿

——对企业如何适应经济周期波动的探索

随着社会主义市场经济的建立,经济发展中的周期性波动将会更明显和有规律性地呈现出来。发展是硬道理,但经济发展不是笔直地展开,而总是呈现一个波浪式的曲线。有的经济学家把经济周期称之为奔腾的"周期马"或"周期潮"。企业走向市场,必然要面临一个怎么对付经济周期性波动的问题。从宏观管理来说,它是怎么提高对市场经济的领导艺术,以便更好地驾驭这匹桀骜不驯的"周期马"的问题;从微观活动来说,它是企业怎么提高应变能力,使自己成为经济周期波动中的弄潮儿的问题。

稳定与发展良性循环:发展的最佳外部条件

经济发展中的周期性波动,是社会再生产过程中一种规律性的现象。这种现象在传统体制下就有,而在市场经济条件下则表现得更为明显。需要注意的是,虽然经济发展的"潮涨潮落"带有它的必然性,但"大起大落"却是要亟力避免的。因为"大起大落"会对经济发展带来巨大的损失,而这一危害首当其冲的又是企业。

经济发展的过热和过冷的交替,使企业在过热时主要靠速度型效益,而不考虑技术进步;在过冷时又因为经济收缩而无力进行技术改造,难以提高劳动生产率,加之,过大的涨落,也会带来就业和各种社会问题,增加对企业的困扰。

新中国成立以来,我国曾出现过 8 次大起大落的周期波动,它的生成原因主要是决策失误和机制缺陷。

要为企业发展创造一个稳定与发展良性循环的外部环境,必须改变经济高强度的剧烈波动。而改变这种情况的唯一出路,是深化体制和机制的改革。在这个转变过程中,企业固然要加快自身改革的步伐,但是也要充分估计到,经济周期波动生成机理的变化是一个相当长的过程。在政府转变职能、企业转换经营机制没有根本性的突破之前,应当汲取的严重教训是"加速"要格外小心,行政不能只热衷于"翻番",而应该尽力地转向协调、调控。企业应该运用自主经营权和自我约束机制,谨慎和有节制地对待发展,力求稳妥,避免损失,以求得在经济波涛起伏中持续发展。

他动控制:对宏观政策调节作出灵敏反应

企业走向市场之后,如何适应经济的周期波动,主要从对待他动控制和自动控制两个方面考虑自己的经济行为。对待他动控制,即对一定时期宏观政策的调节,作出灵敏的和规律的反应。企业的自动控制,即企业运用自我发展和自我约束能力,使自己在经济周期中的行为合理化。

先谈企业的他动控制。经济周期的存在,给宏观管理提出了一个重要的职能:反周期。通过各种反周期操作,把周期波动控制在经济自身的弹性限度之内。而企业作为调节对象,其经济行为总是构成调节政策效应的基础。宏观调节政策是否能发挥作用和这种作用效应的大小,归根到底取决于企业能否领会宏观调节的意图并作出灵敏的反应。

企业作为经济主体,应该关注宏观经济政策的调节,在这种调节下市场信号的变化,以适时调整自己的经济行为,使之符合于国民经济发展目标的要求。

宏观管理的反周期活动,主要是从两个方面着手的:一是经济的自动调节,形成经济运行中的"内在稳定器"。它包括:(1)企业所得税和个人所得税的自行变动。当经济收缩时,企业和个人所得税在政府降低税率前即自动下降,以挽回经济颓势;当经济过热时,所得税征收额则自动上升,以缓和经济的上升,缓解通货膨胀的压力。(2)失业救济金和各种福利性支付的自然增减。在经济衰退时,社会保险基金和福利支出自然增加,以抵销个人收入下降,缓和经济衰退带来的经济和社会影响;经济过热时,失业救济金和福利性支付则自动减少,以有助于抑制通货膨胀。(3)调节农产品价格。经济衰退时,农产品价格下跌,政府进行补贴和收购农产品,也允许以农产品抵押获得贷款;经济过热时,农产品价格上扬,政府转向市场抛售农产品,以干扰农产品的市场价格。二是政府经济政策的调节,主要是运用货币政策、财政政策和国际收支政策,并使用产业政策和收入分配政策,把这些经济政策组合成一个调节政策体系,进行反周期操作。货币政策是市场经济中使用得最频繁、也是矫正总需求和总供给偏差的主要调节工具。财政政策,同样参与货币流通量的调节过程。现在财政政策主要是国民收入再分配的工具,今后要更多地成为经济调控手段。在经济过热时,实行紧的财政政策,多收少支,减少需求,为经济降温;在经济萎缩时,实行松的财政政策,少收多支,扩大总需求,减少衰退程度。其他调节政策起着类似的作用。这些政策松紧搭配,协调使用,就可以改变波峰的高度、波谷的深度,尽可能地拉长扩张期和稳定期。

对宏观政策的反周期操作,企业能否作出灵敏和快捷的反应,这一方面决定于宏观调控机制的完善,另一方面也决定于企业机制的转换。

从完善宏观调控机制来看,国家对经济运行的调节,包括中央银行运用货币政策来调节市场货币供应量和流通量,调节总需求和总供给的关系,从而影响市场价格;国家在财政上通过增加或紧缩财政支出,通过增税和减税,扩大或减少市场供求,从而调节市场价格;国家通过产业政策以及相关的投资政策,影响市场供求,从而对市场价格实施调节,等等。企业面向市场和进入市场,就要对宏观政策的调节作出灵敏的反应。

从企业机制的转换看,重要的是要通过产权制度等改革,改变现在对企业预算的软约束。因为预算软约束会使企业对政府的依赖性过大,对市场价格信号、利率信号、数量信号反应迟钝。所谓实施对企业的"硬约束",是指企业面临强硬的税收制度而无可变通;国家不进行无偿的投资;企业不能从外部获得信贷和投资。企业的生存完全取决于供产销的自我平衡,企业的发展完全取决于自我积累。在这种情况下,市场价格对企业起着举足轻重的作用,市场信号的任何变动都会引起企业的强烈反应。但事实上,这种对企业预算的硬约束是不存在的,也是没有必要的。当前应该对企业建立的是硬软适度的预算约束,即企业在决定价格上受同行的限制,把国家的收入再分配活动压缩到最小程度,使企业在非常严格的条件下获得信贷和外部投资。有了这种比较硬化但又不是完全硬化的预算约束,企业就会对市场信号作出灵敏的反应。同时,也不完全割断企业同政府的脐带,这样也有利于宏观产业政策和结构调整的实施。

自动控制:超前意识和超前对策

企业自动控制机制的形成,企业在经济周期中是否应付自如,同样取决于企业制度的改革。企业越是摆脱行政附属的地位,真正成为自主经营的法人实体和市场竞争的主体,就越会既有自我发展又有自我约束的能力,既不会盲目地无节制地投资,也不会盲目扩大分配的比例。

应当看到,企业制度的改革,已使企业经营机制发生了变化,企业的生产经营活动更多地面向市场,由市场导向。当然,这种企业经营机制转换目前还不巩固。这次经济过热和投资膨胀,企业生产迅速扩张,固定资产投资大幅度增加,有很多并不是企业自身的需要,而是行政行为推动起来的。但是,即使如此,企业对如何应付经济波动也正在不断地成熟。可以凭借已有的自控能力,增强自己的预见性,超前把握经济周期的发展趋势,超前作出对策措施。

企业要在经济周期波动中应付自如,就要有超前的意识和超前的感受。要意识到涨潮总有潮落时,落潮更见潮又起。在升潮过程中,整个经济形势看好,生产出现复苏和生机。在高潮到来时,生产景气,市场繁荣,经济处于高水平持续增长,这都是容易把握的。降温时,"瓶颈"制约严重,经济形势看降。在低潮来临时,经济萧条,经济活动低于正常水平而且持续减退,这也是容易感受和把握的。然而重要的是,要超前意识到,扩张自身会不断形成制约扩张的条件,而收缩自身也会造成阻止收缩的力量。在峰顶时期,就意识到市场约束和资源约束将会带来经济下降的趋势,而低谷却是黎明前的黑暗,正萌生着复苏的机遇。

适应经济周期而采取的超前措施和超前动作,在不同行业有不同的对策。有些行业,如建筑业,在高潮时即开始下降,而在低潮之后复苏得最早。经济衰退是机械行业产品生产大量减缩的时期,但也是新产品开发和更新、重置资本设备的时机。行业如此,企业也是如此。在经济扩张时期,不是只注意数量上的扩张,同时重视质量技术上的提高;在经济收缩市场疲软时,适时从数量竞争转向质量竞争,或者是凭借规模经营的优势,保持原有的市场覆盖面;出口企业在经济降潮时,可以通过扩大出口以缓解波动的影响。企业要善于运用经济周期波动中的行业差和时间差,在别人收缩时,能利用时间差,看准目标进行必要的投资;在别人扩张时,即适时地转向科技进步和优化产品结构。超前动作和超前措施,会使企业在经济周期中处于主动地位,在经济波动中仍获得稳定的发展。

(原载《群众》1993年第12期)

重读《在武昌、深圳、珠海、上海等地的谈话要点》

邓小平同志《在武昌、深圳、珠海、上海等地的谈话要点》发表已经两年了。经过两年多的实践,回过头来重读邓小平同志在南方的谈话,给人以更多更深刻的启示。邓小平同志善于把握时代的脉搏,针对发展中出现的新情况、新问题,进行战略指导。贯彻邓小平同志的经济思想,也要从不断变化了的情况出发,与各地的具体实践相结合,才能更好的落实邓小平同志的战略指导。

发展、稳定、上台阶

在近两年的经济发展中,当经济加速增长时,人们往往强调"发展是硬道理","抓住时机,发展自己";在过热的经济回落时,人们感到"经济'过热',确实带来一定的消极影响。"

究竟应该怎么全面理解南方谈话的精神呢?

邓小平同志在"谈话"中是把 1984—1988 年的五年发展与 1989—1991 年三年治理整顿相比较而言的,对五年发展和三年治理整顿进行功过评价,从而提出"发展是硬道理"的战略指导。

"谈话"认为,那五年的加速发展功劳不小,可以称作一种飞跃的五年发展,应给充分评价;当然,"治理整顿,我是赞成的,而且确实需要","但评价功劳,只称稳的功劳"。相对来说,五年加速发展比三年治理功劳更大,"经济要发展得快一点,不可能总是那么平平静静、稳稳当当。"对此要分析、评价得当,才不致造成误解。

"谈话"总的指导思想,是抓住时机,有条件的地方要尽可能搞得快点,"发展才是硬道理"。

邓小平同志认为,一条是以经济建设为中心,一条是改革开放,一条是发展才是硬道理。这三条都没有错。

从近年的实践来看,从五年发展与三年治理整顿相比而言,三年治理整顿固然是当时不得不采取的措施,而且很快地取得了正效应,但也不能不看到确实出现的许多负面效应。

比如,治理整顿中调控力度和强度的掌握,有不少的教训,没有做到适时适度,没有适时从双紧到松紧结合,以致引起经济增长过大的滑坡,在江苏还出现了两个月的负增长。经济负增长这只是古典式经济波动才会出现的情况,在现代的宏观调控中,一般都避免出现这种现象。

比如:调控措施的"一刀切"。三年治理整顿是运用了货币、财政等经济手段,但同时用了更多更强的行政手段,如关闭市场、实行专营、冻结和变相冻结物价。这可以作为短期的措施,时间过长,强度过大,必然影响经济的增长,对江苏这些市场调节比重比较大的省份影响更大。

又比如:对两难问题的处置偏斜度过大。通货膨胀与就业,这是治理整顿中必然遇到的两难问题。当时通货膨胀很快压下去了,但就业待业却反应得很强烈。江苏城市中待业达30~40万人,乡镇企业减幅更大,减少了59万人。

治理整顿有稳定的功劳,但也过大地影响了经济的增长。

在这里,"谈话"中涉及到上台阶问题。五年加速发展的功劳,是在跳跃式发展中整个经济上了一个台阶。评价五年发展和三年治理,就必然涉及到这种波浪式发展的问题。

"看起来我们的发展,总是要在某一阶段,抓住时机,加速搞几年。发现问题及时加以治理,尔后继续前进。"

"从国际经济来看,一些国家在发展过程中,都曾经有高速发展时期,或若干高速发展阶段。"

"在今后的现代化建设过程中,出现若干个发展速度比较大、效益比较好的阶段,是必要的,也是能够办到的。"

上台阶问题,通过波浪式发展取得若干个比较快的阶段,这在现代经济中就有一个如何适应经济周期和反周期的问题。

随着市场经济的发展,经济周期已经表现得更加明显。每个周期有它的峰顶,有它的谷底,要经过一个扩张期和一个收缩期。也即有加速发展阶段,也有发现问题进行治理的阶段,然后继续前进。

一般来说,波峰越高,波谷越深,扩张期(上升期)越短,下降期(收缩期)越长。这就有宏观调控是否能较为成熟的进行反周期操作。宏观调控从严格意义上说,主要是承担熨平经济周期波动、解决就业和国际收支平衡的任务。在经济周期中,能不能改变经济波峰的高度,改变波谷的深度,改变扩张期和收缩期的比例,尽量地延长上升期,缩短下降期,尤其防止负增长的出现,这就是宏观调控的艺术。做到了这一条,才能一个台阶一个台阶使经济增长比较顺利地发展。

江苏在近一个周期里,波动幅度也相当大,1992 年 GNP 增长 26.2%,1993 年为 18.5%,1994 年上半年为 16.5%。工业生产,1992 年增长 42.9%,1993 年为 34.2%,1994 年 1—7 月为 22.8%。基本上相当于 1989—1991 年的波动幅度。

好在这次宏观调控,反周期操作,比上次治理整顿成熟度要大。(1)从抓金融、抓货币政策着手,更多也更成熟地运用经济手段。(2)采取松松紧紧"软着陆"的手段,力求平稳过渡。(3)两难的兼顾。这就可能更好地熨平波动,一个台阶一个台阶地发展经济。

增长、效益、瓶颈

邓小平同志的主导思想是"发展才是硬道理",但是每次讲到发展,都是与讲求效益联系在一起的。"能发展就不要阻挡,有条件的地方尽可能搞快点,只要是讲效益,讲质量,搞外向型经济,就没有什么可以担心的。"

"总要力争隔几年上一个台阶,当然,不是鼓励不切实际的高速度,还是要扎扎实实,讲求效益,稳步协调地发展。"

然而,在现实经济生活中,丢了效益讲速度,不讲效益一味追求尽可能地快,已经成了经济运行中的痼疾。这既有旧体制的粘性,又有传统增长模式的惯性。正是这些因素,往往在经济运行中扭曲了"谈话"中的本意。

特别像江苏这些发展得比较快的省份,迫切需要摆脱靠发展一般加工工业、靠低水平重复的粗放经营的外延扩大的增长模式,转入效益质量型的增长模式。应该是:

以效益求速度。江苏现在的速度效益型经济,GNP年增长15%,财政日子才好过。这固然有财税新旧体制并存加重了江苏财政负担等因素,同时又是在效益不断下降的基础上提出来的。江苏全部独立核算工业企业的百元资金实现利税,1993年为10.17元,比1992年的10.59元低0.42元,比1988年的18.07元低7.9元。百元销售收入实现利税,1993年为7.5元,1992年为8.61元,而1988年为10.09元。百元产值实现利税1993年为6.48元,1992年为7.41元,1988年为8.53元。如果能恢复和接近1988年的水平,经济生活就不要绷得如此紧张,或者能取得更好的速度。

讲求投入产出比。在经济起飞期间,投入往往大于产出,但要有合理的比例,要讲求投资效益。根据统计,"四小龙"在经济起飞过程中,投入比产出一般高5个百分点,而我国的投入比产出高10个百分点,江苏高12个百分点。不重视投资效益,加快速度就可能陷入高投入——低产出——更高投入的怪圈。

注意瓶颈制约。尽可能地快并非没有约束,速度如何适度,一般都要计算瓶颈约束条件,包括能源、交通、电力等等约束条件。从江苏来看,根据有关部门的计算,江苏瓶颈约束条件的许可程度,GNP增长宜于在9~13%之间(全国7~11%之间)。

在效益基础上求速度是讲了好久的问题,但迟迟难以取得有效的进展。江苏也确定了"调高、调优、调大、调外"的目标,从调整经济结构来求得效益。这需要借助改革促发展的力量,在深化产权制度改革中,比较大的步骤是进行体制创新和组织创新,以调优、发展高新技术为核心,以展规模经济为突破口,使江苏经济进入"发展速度比较快、效益比较好"的轨道。

先富、后富、时机

共同富裕是邓小平同志的一贯思想,也是社会主义本质的主要内容。"走社会主义道路,就是要逐步实现共同富裕。"在"谈话"中着重是讲了消除地区之间的差距,解决沿海同内地贫富差别的问题。

"谈话"的构想是:"一部分地区有条件先发展起来,一部分地区发展慢点,先发展起来的地区带动后发展的地区,最终达到共同富裕。"

"谈话"也提出:"解决的办法之一,就是先富起来的地区多交点利税,支持贫困地区的发展。当然,单靠这样办也不行,现在不能削弱发达地区的活力,也不能鼓励吃'大锅饭'。什么时候突出地提出和解决这个问题,在什么基础上提出和解决这个问题,要研究。可以设想,在20世纪末达到小康水平的时候,就要突出地提出和解决这个问题。"这个有个时机问题,要善于运用时机。

邓小平同志一再提出这是防止两极分化的问题,"如果富的愈来愈富,穷的愈来愈穷,两极分化就会产生,而社会主义制度就应该而且能够避免两极分化。"他也说过:"如果搞两极分化,情况就不同了,民族矛盾、区域间矛盾、阶级矛盾都会发展,相应地中央和地方的矛盾也会发展。"

消灭沿海与内地的差距要有一个过程,也有个时机选择的问题,但这是必须完成的一个战略任务。国外,有许多消灭地区之间差别的经验,虽然制度不同、指导思想不同,但在具体做法上也有可以借鉴之处。

比如,逐步加大财政的转移支付。许多国家都把财政转移支付,作为调控地区经济发展,稳定地区与地区关系、协调中央与地方关系的重要手段。转移支付有着两方面的功能:一是通过个人所得税的完善和社会保障体系的建立,向部分人转移支付来平衡个人之间的利益分配关系,有利于解决人与人之间先富、后富的问题;二是中央政策通过向地方政府转移支付来平衡区域利益分配关系,促进地区与地区之间先富、后富关系的解决。我国在财税体制改革,建立分税制之后,也要建立起完整的转移支持体系,从地区之间来说,也即使"先富起来的地区多交点利税,支持贫困地区的发展"规范化、制度化,调控区域经济发展的平衡。

比如:建立西部开发银行。财政转移支付要有一个过程,要有时机的选择,在一定时期还会有一定的局限性。为了解决内地的投融资,一方面由国家开发银行对内地投资进行一定的倾斜,同时可以建立政策性的西部开发银行,或者作为地区性的商业银行,建立西部开发银行,在资金上对西部开发进行支持。

比如:在产业转移中发展东西合作。沿海向内地进行产业转移,这是今后经济发展的一个趋势。随着市场经济的发展,产业转移和投资的方式,也会适应市场经济的要求有更多的改变。西方国家对落后地区的开发,大体上也是发达地区有相当强大的经济实力之后,国家以财政转移支付帮助落后地区建立经济开发区,并给以种种优惠政策,鼓励发达地区向落后地区投资,使落后地区与发达地区建立社会分工体系和市场互补体系,使区域间的经济紧密地联系在一起。我国消除或缩小沿海和内地的差距,可以借鉴这种思路,更多运用市场体系和市场机制。在机械、电子、轻工、纺织的产业转移中,在能源、重化工业的合作开发中,既发挥国家的积极性,也发挥沿海省份的积极性,以种种优惠政策,鼓励沿海诸省以控股、参股、合资、合营、租赁、兼并等等形式,在高起点上进行技术转移、管理转移,充分运用西部廉价劳动力和廉价原材料的潜力,支持西部经济的开发。

又比如:高技术开发。美国对西部地区的开发,有一条成功的经验,是实行高校——科研机构——工厂三结合,进行高科技产品的开发。先后形成了两个较大的科学综合体:旧金山帕洛阿尔托科学工业综合体和洛杉矶——圣地亚哥科学工业综合体,对西部开发起了很大的作用。在我国西部地区,国家建立的宇航等高技术工业已有相当雄厚的基础,可以以军用带动民用工业的发展。也可以鼓励沿海大专院校、科研机构、工厂企业与内地的产学研联合,优势互补,形成强有力的科学工业综合体。

再比如:边贸的共同开发。随着"四沿"开放的推进和取得成效,西部的边境自由贸易区将进一步发展,这是西部地区取得外汇资金的重要渠道。新疆的伊宁、塔城、喀什的自由贸易区、中缅边境以及与锡金、不丹边境的自由贸易区,都会继续发展。可以由东西合作,共同组织开发,可以是贸易上的使用,也可以进入自由贸易区组织合作生产,推动西部地区边贸的进一步发展。

《在武昌、深圳、珠海、上海等地的谈话要点》博大精深,这里只提到邓小平同志经济思想的若干问题。"谈话"中关于社会主义本质的论述,关于改革也是解放生产力的论述,关于基本路线要管一百年的论述,关于计划和市场都是经济手段,不是社会主义与资本主义本质区别的论述,关于两只手都要硬的论述,以及政治路线与组织路线的论述,都是对我国经济社会发展具有根本意义的战略指导。这都需要在社会主义建设中不断学习、不断领会,以伟大的思想指导我们伟大的实践,推动中国的现代化建设从胜利走向胜利。

(原载《江海学刊》1994年增刊)

塑造经济周期新形象：
高谷底　低峰值　长平台

1. 现时经济运行正处于景气转折关头，也即是经济周期的转换时期。经济循环已进入本轮周期的最后阶段，随着宏观调控的向上微调，经济在短期徘徊之后，将转入新一轮周期的缓步回升。从全国看江苏，江苏在这个转折时机，会不会得风气之先，在景气转折上有所领先和较大的回升强度？一般的估计是：由于景气转折点出现的时间和回升的力度，很关键的一点，是宏观政策调控的时机和强度，因此，江苏景气和经济周期的转折，在总体上将与全国大体一致，但像江苏这样比较发达的东部省市，经济活力较大，承受能力较强，只要调控得当，回升一般会快一些、力度更强一些。

2. 在经济周期转换时期到来之际，重要的问题，是把握周期运行的态势及其走向，使两轮周期顺利地衔接起来，运用本轮经济周期已经形成一个"平台"的基础，使新一轮周期沿着"高谷底、低峰值、长平台"的轨迹前进。

所谓"高谷底、低峰值、长平台"，是指一轮周期的谷点，即波谷的深度不是太低，更排除了呈现为负增长；相对应而言，经济周期的顶峰也不是太高而形成"低峰值"；整个周期的循环也就是在适度扩张和适度收缩的基础上形成一个"长平台"。在经济的快速增长中，如何摆脱经济过大的起落，一直是江苏经济增长中需要注意的问题。"高谷底、低峰值、长平台"运行态势的形成，将是避免大起大落、保持经济持续、适度快速增长的重要途径。

3. "高谷底、低峰值、长平台"是比较理想的运行状态，在实际循环中能否成为现实呢？现在经济循环出现的一些苗头，说明这种可能性是存在的。自从摆脱了1992年经济过热状态之后，近几年的经济运行大致走出了一个"平台"。从全国来看，1993年、1994年、1995年各年GDP的增长率为13.2%、11.8%和10.2%；江苏GDP的各年增长率为20%、16%和15.4%。1996年一季度，全国仍保持10.2%的增长水平，预计到达谷底时不会低于9%左右；江苏一季度GDP增长为13.9%，已持续9个月在绿灯区运行，到达谷底时也将不低于12~13%的增长水平。这都是一个"高谷底"，相应地新一轮周期也是一个高起点。以此为契机，提高宏观（中观）调控的技巧与水平，减少起落中的人为放大，就有可能塑造出"高谷底、低峰值、长平台"的新形象。

近几年经济循环之所以走出一个"平台"，不能不归功于宏观（中观）调控的改善，"软着陆"的成功。国际货币基金组织对此曾有过评价："最令人瞩目的成就是当局成功地将通货膨胀降到了15%的目标以下，同时没有出现经济的骤降。"宏观（中观）调控的完善，择其要者而言之，主要是：① 调控平稳地分布于整个周期之中。过去的治理整顿实质上也是宏观调控，或者说是反周期活动，但往往是到了问题相当严重、矛盾大量积累之后，再来一次振荡较大的调整。调控分散之后，调控的力度和范围就分布于各年之中，更容易使调控适时适度；② 多搞"微调"，化大振荡为小波动，化强波动为平稳过渡；③ 整体性原则，对经济增长率、通货膨胀、失业问题、地区差异，等等，在调控中统盘策划，两难兼顾；④ 总量从紧与结构性、选择性松动灵活掌握相结合。这说明，经济周期固然有自身的规律性，但只要把握好宏观（中观）调控这个"笼"头，这匹"周期马"还是可以驾驭的。

4. 把调控分布于整个周期，现在就应着手进行促进经济复苏的反周期操作。1996年5月1日银行降低利率，以及在流动资金、结构性的松动，都是宏观的"向上微调"。反周期操作是"逆风向而动"的行动，不仅是防过热，在经济回升的过程中，同样要有反周期活动。促进经济回升，一般的操作是增加投入、扩大需求；放松银根，增加货币供应量；降低利率，活跃银行信用；实行宽松的财政政策，补充有效需求，等等。

可是实施起来,并不能千篇一律,而是要分析各轮经济周期不同的循环特点,对症下药地实施反周期措施。尤其是本轮周期确实不同一般,更要找出和把握经济复苏的"促进因素"和"制约因素",促进经济的平稳回升。

本来,经济周期的循环有着自身的辩证法:扩张时期表现是一片景气繁荣,然而高涨自身却潜藏着制约高涨的因素;收缩时期到处是一片悲观气氛,可是"祸兮福所倚"。收缩本身却创造着阻止收缩的力量。它是烛光大亮前的暂时暗淡,不仅会取得社会总供需的平衡、瓶颈的缓解、通货膨胀率的回落,更是技术改造、更新资本设备、开发新产品的好时机,这都汇为一股强劲的"促进因素"。可是本轮周期特点却不尽相同,"软着陆"取得了很大成功,但也有它的局限性。共同的是取得了供需平衡、瓶颈缓解,而不同的是:① 本轮周期到达谷底时,通货膨胀虽已得到控制,但反弹潜力很大,1996年通胀的压力更甚于上年,即使保持9~10%的物价水平,也是属于中位点。② 微观景气低沉延续时间过长,以及企业改革的滞后,回落时期应实现的技术改造、产业更新并不理想。③ 总量控制基本到位,结构优化距离尚远。④ 经济运行的"平台",并不完全是有效供给,不少是靠长线产品、乃至产成品积压来支撑的。总的情况是,"促进因素"在成长,"制约因素"仍然强大。因此,反周期操作仍需谨慎,扩大需求不能来势过猛。仍是总量适度从紧,又灵活地进行结构佳、选择性的松动,促进经济的缓升。由于新一轮周期起点较高,回升之后,也不能期望过高的波峰。"高谷底、低峰值、长平台"应是新一轮周期的最佳循环态势。

5. 进一步分析,以结构性、选择性松动扩大需求,主攻方向又是什么?从"投资需求"、"消费需求"和"出口需求"来看,江苏1992年的高速增长靠的是强有力的投资需求,但这种经济拉动力随着固定资产投资的控制而逐年减弱。1992年和1993年江苏固定资产投资均增长60%以上,1994年仅增长12.1%,1995年增长23.9%,1996年一季度增长11.2%,已是投资增速最低的一个季度。"消费需求"已是多年平缓,自1994年出现供大于求之后,当年全社会消费品零售总额比上年增长33.1%，扣除物价因素，实际只增长7.7%；1995年增长27.7%，扣除物价因素，实际增长也只有11.7%。近年来对经济拉动较强的是"出口需求"，江苏出口总额的增长率，1992—1995年，各年的增长率为35%、39.2%、48.4%、27.7%。近两三年主要是靠30%左右的出口需求和一定的消费需求，拉动江苏GDP以15～16%的幅度增长。

值得注意的是，这种局面目前正在发生变化，两次降低出口退税率和调低进口关税之后，江苏出口需求已连续几个月下滑，1996年一季度下降4%，乡镇企业1—4月出口交货值只增长12.03%，也到了90年代的最低点。而消费需求扑朔迷离，近期难以出现新的热点。这样，江苏促进经济回升就面临选择，扩大需求的启动点该放在哪里？扩大需求的度又该怎么掌握？在经济收缩过程中，经济社会矛盾已经积累到相当程度，扩大需求同缓解这些矛盾又该如何趋利避害，这都是反周期操作值得思考的问题。

6. 通过以上的选择比较，目前比较有效的反周期操作，是适度扩大投资需求，这包括充分运用结构性、选择性的资金松动，以及地方可集中的财力物力，内资外资，引导企业以最大的力度抓技术改造、产品更新，根据市场需要运用新工艺、新技术、新材料，向高新技术过渡，从而提高产品的附加值，提高国内外的市场占有率。以适度扩大"投资需求"带动"消费需求"和"出口需求"，促进经济的回升。

本轮经济周期在收缩过程中，技术更新、产品换代没有充分到位，这是影响经济回升拉动力的致命缺陷。即使机制比较灵活的乡镇企业至今也是"1441"状态（即10%生机勃勃、40%正常生产、40%经营困难，10%停产）。幸好，这个更新换代的时机，可以延续到新一轮周期起步的初始阶段。因此，在当前转折关头和新一轮周期的起始阶段，沿着转变经济增长方式的轨迹，集中投资，抓好技术改造和技术创新，就应该是关键中的关键。

抓这一点也将是解决企业走出困境的有效的一着。本轮周期避免了经济发展速度的巨涨落，但延续几年的收缩却造成了企业生产经营的空前困难。全国如此，江苏也如此。江苏1996年一季度工业仍保持

22%的增长率,但产销率下降,效益继续下滑,产成品存货上升,拖欠严重,亏损面略有下降,而亏损额仍然增加。1996年一季度,江苏工业产销率为92.4%,比上年下降2.2个百分点,居华东六省一市之末;产品销售收入增长15.43%,但实现利税只增4.27%,其中利润只占17%左右,仅8.3亿元;1—2月全省独立核算工业企业产成品资金占用490.53亿元,比上年同期增加28.5%;全省工业企业应收帐款净额799.64亿元,同比增长21.4%;工业企业亏损面由1995年的25.98%降为24.8%,但国有企业亏损面仍高达43.2%;亏损额增加19.98%,相当于实现利润的2.4倍,其中国有企业净亏由1995年的9867万元猛增到2.15亿元。如果不以最大力气在技术改造、技术创新,以及名牌战略,以大带小发展专业化分工协作上有较大的突破,扩大市场占有份额,企业将难以走出困境。

1996年,苏州各市县已深深感到,内资企业与技术资本密集的外资企业竞争明显乏力,而国内市场竞争又日趋激烈,内资企业已经到了非抓不可的时候了。内资企业要从总是认为国家会"一放一紧、一紧一放"的惯性思维中解放出来,摆脱以外延扩张为主、以高投入高负债为支撑的发展模式,而突出技术改造、改组改制和外向带动,通过扩大一批重点企业集团,着力培育一批名牌和地方优势产品,发展一批为名牌配套企业,兼并搞活一批困难企业,用3年时间把内资企业作为"重中之重",进行全方位、大跨度的调整改造,使内资企业在新一轮周期回升的过程中,迅速地登上一个新的台阶。

企业的技术改造、技术创新也要有改革的配套与支持。企业要摆脱多年积累的困境,不仅要有好的产品,也要有好的机制、好的班子、好的宏观环境。因此企业的改革要放到更突出的地位。不仅国有企业,乡镇集体企业也要加快改革的步伐。乡镇企业在江苏已是三分天下有其二,这本是经济发展中更具有活力的成份,如果改制上得不快,也会影响江苏经济回升的动力。

7. 当然,经济回升的启动点不能过于单一,农业、交通能源的发展和提高外贸的增长质量,都会成为新一轮周期启动的拉动力。农业适度规模经营和多种经营的产业化,在江苏已显示它的效应。徐淮盐连近几年强劲增长的势头仍在延续。1996年一季度,苏锡常宁经济增长幅度各为20.4％、22.3％、14.5％、21.4％,而徐淮盐连增长幅度各为39.3％、34.7％、39.7％、30.1％,很大一个因素,就是走了产加销、贸工农一体化的产业化发展的致富之路。外贸出口近期滑坡,实际上是前几年超常增长的"复归常态"。出口退税率调整的最大作用,是促进外贸从数量型为主向质量型为主的转变,摆脱出口速度猛增外贸效益日益下降的怪圈。最近,由于政策调整效应的衰减,外贸出口已逐步趋向稳定。今后,随着外贸增长质量的提高,外贸出口预计还可以有10％以上的增长,外贸仍会保持相当大的经济拉动力。当然,所有这些发展在通盘策划中都要遵循结构性、选择性松动的原则,否则将会受到"适度从紧"的宏观制约,相形之下,现在城市建设、城市改造规模似嫌过大。

8. 就业和再就业。失业和"隐性失业"这是多年来经济社会矛盾积累又一个值得重视的问题,就业与再就业,已引起有关部门的重视,然而这是一个艰巨的工程。全国失业率1994和1995年各为2.8％和2.9％,但并没有包括停产、半停产等等"隐性失业"在内,并不能反映出就业问题的严重性。加之,不仅现有的社会保障体系不健全,而且劳动力市场又不发达,许多待业、转业人员也不具备竞争就业的素质。现在随着经济增长方式的转变,就业机会相应又要少一些。因此,就业再就业,不仅是经济周期进入谷底时期的突出问题,经济景气逐步回升之后,也还要充分关注,作长时期的不懈努力。

9. 景气分析、周期转换,不仅可以为宏观(中观)决策提供科学依据,对微观的经营发展、正确确定企业近期发展目标和发展战略也至关重要。现在对此最敏感的是民营企业,一些民营企业家已开始学会把握经济所处的周期波动阶段和景气变动趋势,及早决策,防患于未然。由此看来,引导企业注意对景气和周期变动的把握,从而更科学地进行经营决策,也应是提高经济增长质量的一个重要的侧面。

(原载《江海学刊》1996年第5期)

第七编

宏观经济调控与参数调节

参数调节与宏观经济政策调节可操作性研究

在现在的经济环境下,谈论参数调节和宏观经济政策改革调节,尤其是寻找参数调节的可操作性,是否为时过早?不,虽然这种探索确实有相当的难度,但是,随着有计划商品经济的发展,是应该提到议事日程上的时候了。

参数调节是以市场为中介的间接调节。参数是一种可控的变量,参数调节是调控主体通过变量的输出,引起被控系统变量的相应变化,来调节整个经济的运行。一般的情况是,国家通过所掌握的财政参数、货币参数等等宏观经济变量的输出,引起市场价格、利率、工资等等市场运行变量的相应变动,从而影响企业微观经营变量,对企业的微观经济活动进行引导。

参数调节中制约国民经济总体运行的是宏观经济变量,宏观经济政策则是用以调节宏观经济变量,从而引导市场运行的变量。宏观经济政策是国家自觉调节经济运行的具体实现形式。

正因为参数调节和宏观经济政策调节是以市场机制充分作用为基础的,也需要企业真正成为面向市场的自主经营的商品生产者,而这些参数调节作用链上的各个环节,现在还只是在形成和发展的过程之中,因而实行参数调节和宏观经济政策调节,自然有相当的难度和局限性。

但是,也要看到,参数调节和宏观经济政策调节,在有计划商品经济形成时,就已经开始发挥自己的作用,并随着市场机制的不断扩大而扩大。八十年代的几次调整和治理过程中,都是既运用行政手段进行直接调节,又运用财政政策、货币政策等等,通过参数进行间接调节。

特别是1989年的治理整顿中,参数调节,诸如财政、货币的"双紧政策",松紧搭配,曾起到相当大的作用。今后改革的取向,是更多地发挥市场机制的作用,在建立经济、行政、法律手段综合配套的宏观调控体系中,特别要健全间接调控机制。作为间接调节实质内容的参数调节和宏观经济政策调节,自然在国民经济运行中有更重要的地位。

从江苏的情况来看,这种探索更有它的现实意义。江苏指令性计划低于10%,远远低于全国指令性计划直接管理的工业生产占17%的水平,市场调节在江苏占有更大的比重。江苏的现实状况,需要强有力和有效率的参数调节和宏观经济政策调节,从而把计划与市场更好地结合起来,组织经济持续协调地发展。

参数调节:计划与市场结合的重要形式

参数调节是现代商品经济发展到一定阶段的产物。在产品经济条件下,参数调节既无必要,也没有运行的条件,但是在有计划商品经济条件下,参数调节则势在必行。商品经济决定了经济主体应该是自主经营和自负盈亏的商品生产者,计划调节不再采取直接干预企业的微观经济活动,而是把计划调节与市场调节内在地结合起来,通过调整宏观经济变量影响市场来进行间接调节,这是适合商品经济发展规律的调节方式。

计划与市场相结合的基本思路是,发挥计划和市场各自的优势和长处,属于总量控制、经济结构和经济布局的调整,以及关系全局的重大经济活动,主要发挥计划的作用;企业日常的生产经营、一般性技术改造和小型建设等经济活动,则主要由市场调节。今后的调节机制,要按照这个思路予以改造和完善。国家必要保留的直接调节,要按照这个要求予以改进;更多的微观经济活动,则要通过参数调节,把计划意向渗入市场,从而影响企业的经营活动。

——比如,对有关国际民生重要物资和商品的调控,尽可能把指令性的行政行为改变为商品交换的商业行为,由物资、商业部门以订购合同进行订购,也通过供货合同进行重点供货。

——又比如,对于国家直接调控的重点企业,也尽可能实行股份制,由国家实行参股、控股,实行政企分开,不是直接干预企业,而是通过行使股东权,通过董事会去左右企业的发展方向和重大经济决策。

——对于面广量大的地方企业和乡镇企业,则主要是实行参数调节和宏观经济政策调节,把计划和市场结合起来,实行间接调节。

参数调节是计划调节和市场调节相结合的有效形式,也将成为宏观调节的主要形式。参数调节的长处,就是可以把计划意向通过国家所掌握的参数输给市场,计划从纵向渗入市场后,就使市场发生内部机理的变换,而输出一个预期的目标值,形成符合国民经济发展目标要求的市场信号,对企业的微观经济活动进行有效的引导。

这就是说,参数调节能比较充分地反映计划调节和市场调节的内在的纵向联系,把计划机制和市场机制内在地有机地结合起来。参数调节的过程大致上涉及三个层次的变量:第一个层次的变量是宏观经济变量,这是制约国民经济总体活动的最高层次的经济变量,包括国民收入与分配、货币供给与需求、财政收入与支出等等变量;第二个层次的变量是市场运行变量,这是中介经济变量,包括价格、利率、工资等等市场信号;第三个层次的变量是企业微观经济变量,这是最基础的变量,包括企业收支、投资与消费等等变量。计划调节往往通过参数的调整,比如:① 运用财政参数,通过财政的增加或者紧缩财政支出,通过增税或减税的办法,扩大或减少市场供求,从而调节市场价格。② 运用金融参数,中央银行通过货币发行、存款准备金率、再贴现率的变动,调节市场货币流通量的变动而影响市场价格。③ 国家通过产业政策,影响市场供求关系,进而调节市场价格。④ 国家商业、物资部门通过自己所掌握的货源,调节供求关系和平抑物价,影响市场价格的变动。这些可控变量的输入,可以使市场输出一个符合国家计划要求的预期目标值,对企业的微观经济活动进行引导。

这种计划与市场相结合的调节方式,已经在现实的经济生活中发生作用。八十年代的几次调整,都有参数调节参与其间。1984年宏观经济失控,带来了固定资产投资规模过大。江苏同全国一样,1985年固定资产投资在前两年平均增长21.5%的基础上,全民和城镇集体企业固定资产投资又增长了57.5%;宏观失控也带来了消费基金增长过猛,江苏1984年工资性支出比上年增长了29.8%,大大超过了国民收入14.2%的增长幅度。投资需求和消费需求的膨胀,根本的一条是货币的超量供应,江苏当时贷款余额比上年增加37.6%,其中,乡镇企业增加了1.2倍,货币净投放比上年增加了3.8倍。在这样情况下,国家既通过行政手段控制投资规模,也通过"紧缩银根"的措施,输入控制需求的计划意向。紧缩货币这种参数调节,对抑制当时的经济超高速运行起了很大的作用。第二次调整是1986年至1988年。1986年的调控虽取得了一定的效果,但在防止"生产滑坡"的压力下,在第二季度调整参数调节,实行财政、货币"双松"政策,松动银根,扩大财政支出,因而导致社会总需求的再度膨胀。这次"软着陆"的设想,以及1987年再一次实行"双紧",都因为参数调节的力度不足,"用药"的剂量不够,效果都不理想,于是有了1988年第三次调节。在一开始,由于"双紧"没有到位,货币流通量仍然过大。江苏1988年财政支出增长16.2%,货币净投放增长2.8倍,零售物价指数上涨21.7%。面对这样严峻的经济状况,国家不能不以更严厉的"双紧"政策,进行治理整顿,以两年的时间,压缩了需求膨胀,遏制了严重的通货膨胀。这些情况表明,随着有计划商品经济的发展,势必要运用和更要善于运用参数调节,应该使参数调节成为贯彻计划意向的重要形式,成为宏观调控武器库中的锐利武器。

宏观经济政策:国家自觉调节宏观经济变量的具体实现形式

参数调节中所涉及到的各层次的变量,最重要的是宏观经济变量,而宏观经济变量的变动,是通过宏观经济政策来实现的。宏观经济政策是国家有意识地指导经济的预期行为,国家自觉地运用宏观经济政策调整宏观经济变量,以影响市场运行的变量,纠正经济运行中的偏差。选择和实施什么样的宏观经济政策,就会引起宏观经济变量相应的变动。比如,实行紧的或松的财政政策和货币政策,就会向市场输出一个差异很大的变量,对市场运行产生效果各异的影响。

需要强调的是,这里所说的宏观经济政策,并不是一般的随机性的经济干预。不能把国家所有的经济政策都当作是宏观经济政策,只是反映参数调节、反映宏观经济变量与市场运行变量之间的内在关系,以贯彻国家调节目标的宏观政策,才属于宏观经济政策。宏观经济政策的特征,就是它借助国家政策的强制形式而引起宏观经济变量的变动,行参数调节之实。它的有效性也在于此,如果没有国家宏观经济政策的介入,只靠宏观经济变量本身的自发调节,那将是一个旷日持久的过程,而且往往会引起经济过大的震荡。运用宏观经济政策,借助国家强制的力量来加速宏观经济变量对市场机制的内在调节,就会收到更大的成效。宏观经济政策相对于其他宏观决策而言,是更为基础的东西,它不是一定时期特定问题的随机性对策,而是具有长久价值的根本政策。

宏观经济政策究竟包括哪些内容,它是一个有机的政策体系。对于这个体系的构成,现在还争论不一。但是宏观经济政策所实现的参数调节,最根本的作用是保持供求总量的平衡和供求结构的协调,因此宏观经济政策体系主要包括:总供给调节政策,总需求调节政策和结构协调政策。

具体地细分,总供给调节政策,包括利益分配政策、竞争政策、产业组织政策、科技政策、劳动增加政策、资产增加政策,这些政策是从三个决定因素,即生产率的增长、资产形成和劳动投入的增加而影响经济的增长,这就构成了通过增加总供给而平衡供求总量的总供给调节政策体系。

总需求调节政策,包括国民收入分配政策、货币政策、财政政策、投资政策、消费政策,等等。总需求调节政策是通过总需求的稳定增长而实现供求总量的平衡。在这个政策体系中,货币政策的调节有着最直接和最深刻的作用,没有货币的超量供应或过度紧缩,就没有总需求的膨胀和极度萎缩。货币政策是调节总需求变动的总闸门。财政政策则是总需求变动的内在原因,财政对烫平总需求的过大波动,有着极强烈的作用。财政政策是保证总量平衡的一个重要的稳定政策。

结构协调政策,包括需求结构引导政策、产业结构政策、投资结构政策、市场结构政策、宏观分配政策、技术结构政策,等等。这些政策一方面是对需求结构进行引导,一方面是从调整供给结构,实现供求结构的平衡。在结构协调政策体系中,产业结构政策有着重要的作用,因为供给结构最终取决于产业结构,尤其是技术结构政策能充分体现在产业结构政策之中,就会对供给结构发生强烈的调节效果。

政策完善之后,如何使用这些政策,也是一门领导艺术。现在,货币政策和财政政策在经济生活中已经普遍使用,产业鼓励和产业限制政策也有明确规定,在进出口中也运用税率、汇率等参数对进出口加强宏观调控。由于各项宏观经济政策都有自己独具的功能,都是既有政策收益,又会带来政策损失,既可能产生正效应,也可能产生负效应,而且单一的经济政策只能调节某一宏观经济变量的变动,因而要达到整体调节的目的,随机应变,交替和配合使用各项宏观经济政策就成为重要的问题。

在运用宏观经济政策的实践中,特别值得注意的是:

1. 作用效应上的配合。在八十年代几次调整中,财政政策和货币政策都发挥了重要作用。但是这两个最关紧要的宏观经济政策如何搭配,如何松紧适度,都需要适时适度地加以把握。是采取"双紧"或"双松"的搭配,还是采取有松有紧的搭配,主要决定于经济运行实际状况与预期目标的偏差程度。偏离度过大,必须实施"双紧"政策,偏离度较小或偏差经过纠正之后,则以有松有紧或者"双松"政策为宜。政策作用配合得当,可以取得更大的经济效益,而减少可能带来的政策损失和过于剧烈的经济振荡。

2. 宏观经济政策调节也有不同的时差,要注重调节时差的配合。调节时差包括经济运行中出现偏差到人们认识偏差的认识时差、从政策制定到政策实施的制定时差,以及政策实施到发生效应的作用时差。从财政政策和货币政策的作用时差来看,财政政策制定时差较长而作用时差较短,货币政策制定时差较短而作用时差较长。只有不同时差的宏观政策配合得当,才会避免过大的调节时滞。

3. 任何宏观经济政策的调节都不能过长的使用,否则会加剧后续反应,影响调节目标的实现。必须注意交替配合。过去的调整说明,"双紧"政策力度不足、剂量不够,"软着陆"不足以抑制经济过热,但长期使用强紧缩,也会带来经济萎缩和市场过度疲软。在调整取得了应有的效应之后,也要着重总供给调节政策和协调政策的使用,通过政策的交替使用,使经济运行达到稳定和协调。

4. 注意各项政策在功能上取长补短、互相配合。这是调节功能的配合。宏观经济政策,有的偏重于短期的调节,有的偏重于中长期的调节;有的偏重于总量的调节,有的偏重于结构的协调;有的偏重于总需求的调节,有的偏重于总供给的调节。这些政策功能上的互补,对保证国民经济有序地发展有着重要的作用。

环境障碍:参数调节的困扰

不可否认,实行参数调节和宏观经济政策调节,在目前经济环境下,确有相当难度和棘手的问题。现在还处于参数调节由理想向现实转变的过程之中,环境障碍,给参数调节带来很大的困扰。

实行参数调节是有它的环境条件的,不仅要有市场条件,市场机制较为充分的作用;而且要有宏观经济管理条件,宏观调控逐步以间接调节为主,并建立较为规范的宏观经济政策体系;同时,要有企业条件,企业要成为自主经营和自负盈亏、自我约束和自我发展的经济主体。这需要改革的深化,为参数调节创造更有利的环境,参数调节和宏观经济政策调节作用链上各个环节的润滑,参数调节才能更充分地显示自己的作用。

市场是参数调节的中介,它处于中心地位。参数调节和宏观经济

政策调节所需要的市场是开放度较大的市场,价格、利率、汇率、工资等等都是在市场供求关系变动中形成的。现在市场的困扰是:

——市场体系发育不足与市场过度同时并存。市场缺位是传统体制下的一个基本特征,改革开放以来,在培育市场上已迈出了相当大的步伐,在市场种类、市场网络上都有新的拓展。但是市场体系的形成和成熟并非一日之功,而且在市场发育过程中,也发生了另一方面的现象,即市场过度,即市场领域过度伸展,市场调节范围不适当地扩大,市场结构不佳和市场规则不完善。在这样市场环境下,市场机制的作用不能不有很大的局限性。

——市场调节功能的增强与市场信号疲软无力同时并存。随着市场的拓展,价格信号对经济运行调节功能正在逐步增强,更多的企业开始由单纯依赖政府转向同时注视市场。但市场价格信号的调节功能仍然疲软,而且价格的扭曲,价格"双轨制"的存在,往往对微观经济活动带来错误的引导。

——市场调节往往出现局部利益冲击总体利益,眼前利益冲击长远利益的倾向。这是宏观调控乏力或者失控条件下,市场调节必然存在的局限性。企业面向市场,对搞活企业、搞活经济起了很好的作用,但在市场调节下,参与市场活动的经济主体,又往往比较注意维护自己的局部利益和眼前利益。加之条块分割封锁现象严重存在,都形成忽视总体利益的短期行为。

在参数调节作用链上的第一环节——宏观经济管理,同样存在着许多令人困扰的问题:

——直接宏观调控与间接宏观调控的协调问题。作为宏观经济政策操作主体的国家,在若干经济领域有重点的管理一些国营企业是必要的,但更多的是运用间接的经济管理模式,向企业渗透调节意图,以实现宏观调节的目的。这是实行参数调节的必要条件。在现阶段,直接调节和间接调节的协调,也是一个两难的问题。在条件不成熟的情况下,过多地放弃直接调节,会造成宏观调节的失控;但不适时强化间接调控机制,依然是政企不分,"多头管理",政出多门,以及在经济调控上缺乏规范化和制度化;也会影响宏观调控的有效性。

——宏观经济政策体系的完善和与行政手段、法律手段的综合配套问题。宏观调控体系需要把经济调节手段、行政调节手段、法律调节手段配套使用。行政手段和法律手段不仅今天需要,以后也是不可缺少的。现在问题是我们仍然习惯单纯地使用行政手段,对体现参数调节的宏观经济政策调节,既缺乏完善的政策体系,也不善于运用。政策行为的不规范,决策模式缺乏科学性,宏观经济政策的选择、运用的适时适度,都缺乏应有的成熟度。

——处理好集中与分散、中央与地方关系问题。参数调节和宏观经济政策调节的操作主体是国家,提高中央宏观调控的权威性和有效性是应有之义。但是,中国之大,地区之间经济发展又极不平衡,因而发挥中央和地方两个积极性,实行分层调控,在调节上既保持统一性又有一定的灵活性,使调节适时适度,也是必要的。目前存在的地区分割,地方保护主义,严重阻碍商品经济的发展,使市场价格紊乱地变动。但这种情况更多的是"分灶吃饭"体制因素的影响,以及中央与地方调控职能缺乏明确的界定,地方自我约束机制尚未形成,并不完全是调控权力分散的结果。这反而说明了建立规范化分层调控的迫切性。真正的参数调节,在政企分开、市场机制较为充分作用条件下的参数调节,对于由利益刚性而形成的分割封锁,反而有很强的排除功能。

参数调节作用链的另一端,即基础环节的企业条件,主要问题是企业面向市场不足与市场引导不力以至错误导向同时并存。企业双重依赖的现象仍然普遍存在,企业既依赖政府又依赖市场,既有垂直依赖又有水平依赖,尤其是产值、利润占相当大比重的大中型企业,最关心的仍是依赖政府而不是依赖市场。另一方面,对于面向市场或主要面向市场的企业,由于宏观调控乏力,市场价格的扭曲,市场往往不能按照经济发展的预期目标对企业进行引导,甚至于发出错误的和扭曲的信号,造成企业短期行为和重复建设、结构趋同,这些现象在地方利益和局部利益的刚性下,更为变本加厉。

参数调节作用链各个环节这些障碍的存在,是会带来实施上的矛盾和困扰。但是,这在新旧体制交替过程中也是必然的现象。参数调节的环境不完善,并不是没有实行参数调节的条件,我们就是要在这些矛盾和冲突中,积极组建适应有计划商品经济的新体制。宏观调控机制的转换可以有各种不同的方式:一种是全部放弃原有的调控方式,再建立新的调控模式。这可能形成较大的宏观的失控和经济秩序混乱的危险,前一时期已经有过这方面的教训。第二种是放弃原有调控模式与建立新的调控模式,在时序上同时并进。这种方式实施有相当难度,由于我国经济发展水平低,经济规范化程度差,形成新的调控机制将是一个相当长的过程,政府很难在放弃原有调控模式的同时,获得有效的新的调控模式。第三种是有意识发展新的调控模式,为新模式的成长创造必要的环境,在新的模式取得一定成就之后,再逐步放弃原有的以行政调节手段为主的调控模式,这种转换比较稳妥和有效。

过渡措施:参数调节和宏观经济政策调节可行性构想

在新旧体制交替的情况下,推行参数调节和宏观经济政策,只能采取过渡性的措施,积极创造条件,培育新的调节机制的成长。而且,新的调控机制,也要具有中国的特色,适应有计划商品经济的发展。在这里,只能提供一些可供选择的思路。

一、培育市场和强化市场信号的调节功能。市场的培育,即使像江苏这样商品经济发达的省份,也还是一个严重的任务。对江苏来说,不仅重视市场数量上的发展,包括各类专业市场的发展,市场体系的完善,以及商业、物资主渠道的重组和改进;而且要重视市场的质量,要有一批商社式的商业、物资企业集团为骨干,进一步强化市场网络,完善市场的规则,注重市场组织的培育。江苏经济"两头在外"的格局,不抓组建流通企业集团的新着子,没有以此中心的市场体系,将会影响经济向更高的层次发展。加速市场的发育,在现阶段行政推动仍然重要,要用行政力量推动流通企业集团和各类专业市场的发展,改造和重组原有的流通主渠道。但在行政推动达到一定程度之后,应利用现有市场,尤其是运用流通企业集团、大百货公司、大型专业市场,通过联合、兼并参股和网络化,以市场推动市场,以免政企不分,让市场按自身的规律进行发展。

强化市场的调节功能,主要是重视市场信号的校正工作,提高市场信号的透明度和准确度,使市场能进行有效的引导。即使在市场机制能充分作用的情况下,市场信号也会因时滞、掺假和传递不灵而失真,在现阶段价格扭曲的情况下,市场信号扭曲更是严重存在,因而校正价格信号就更为重要。固然,市场信号只能是在供求关系变动中形成的,但可以通过政府的干预加以校正。这包括:① 加强市场信息的收集、加工和传递,及时准确掌握市场需求的信息;② 分析市场信号扭曲和掺假的各种因素,包括体制因素、市场行为因素、市场预期因素,及时剔除这些因素的影响,揭示市场供求的真实情况,在宏观经济政策使用上考虑这些因素的影响,采取不同的力度和"剂量";③ 开展各种形式和各个层次的市场信息咨询业务,提高市场信号的透明度,使企业尽可能掌握准确的市场信息;④ 掌握市场信号的形成及其变化,形成较为科学的市场预测,为校正市场信号偏差提供可靠依据。校正市场信号不仅是目前一项重要的过渡措施,在间接调节发育成熟之后也是必要的,只是强度与方法有所不同而已。

二、宏观经济政策的运用,应该是供给与需求调节并重的格局。西方资本主义国家和非社会主义发展中国家的政策调节,侧重于总需求的管理和调节,把保持供求平衡的重心放在需求调节上,围绕需求调节建造宏观经济政策调节的格局。在我们"短缺经济"的条件下,往往是需求过旺而供给不足,因而应该采取需求与供给调节并重的调节政策,把重心放在供求双方的共同调节上,形成双向性的宏观经济政策格局。我们不能像西方国家那样,采取刺激总需求而稳定总供给的宏观经济政策调节,而要有自己的特点,采取抑制总需求而促进总供给的宏观经济政策调节,应该根据这个取向逐步完善宏观经济政策体系。不仅在总供给调节政策中,建立和完善对总供给有重要的作用的利益分配政策、科技政策、竞争政策,等等,而且在总需求调节政策中,特别善于运用货币政策和财政政策。江苏近年来经济发展情况表明,抑制总需求膨胀、防止经济过大的波动,是必须重视的问题。这就需要在货币政策上坚持均衡性的货币政策,即按国民收入增长率来控制货币供应量,绝不能使用扩张性的货币政策,没有货币的超量供应,就不会有总需求的膨胀。在财政政策上也要坚持平衡性的财政政策,在总需求膨胀时,应使用盈余性财政政策,不能使用赤字性财政政策。这些宏观经济政策的正确运用,都会成为稳定总需求、熨平经济过大波动的有力手段。

三、江苏正处于结构转换的转折点,结构协调政策、特别是产业结构政策在经济运行中也起着重要的作用。这又是与我国的特点相适应的,西方发达资本主义国家资源配置,主要是通过市场自发解决的,因而宏观经济政策的调节,一般偏重于总量的调节而不注重结构的调节。当然,日本等少数国家是例外,产业结构政策也是日本在国家干预中首先提出来的。在社会主义条件下,资源分配更多地是依赖计划以及计划调节与市场调节相结合,因而产业政策的引导就有着更重要的作用。这里值得注意的是,产业政策的实现既要运用计划调节,也不能忽视市场的调节。在产业政策确定之后,主要是运用产业鼓励和产业限制政策,来进行产业结构的调整。在这些政策实施过程中,不仅要把产业发展计划分解而以指导性计划下达,也要根据产业结构政策的要求制定相应的价格政策,通过价格比例的调整促进生产结构的转换;也根据产业政策的要求制定相应的信贷和利率政策,从资金供应上保证产业结构发展目标的实现;国家和地方在财政预算分配和税收结构上,也贯彻产业结构政策的要求,为产业结构的有序发展提供财力的支持;对于带动产业高度化的高新技术,政府则给予财力、物力和技术力量的支持,把技术结构政策与产业结构政策结合起来,使产业结构的转换取得更显著的效果。

四、规范中央和地方两级调控的权限。对中央和地方经济调控权进行明确的界定,在统一调控的前提下,适当扩大地方政府运用经济杠杆的权限。中央调控的重点,主要是总供给与总需求的平衡,货币供应量与信贷总规模,税收总量与财政预算,国际收支和外汇储备量,国家产业政策,物价总水平指数,等等;地方调控主要是,信贷差额的运用,各地财政预算的收支平衡,市场供求的平衡,城乡经济协调,就业的协调,等等;至于经济的增长,投资总规模与投资结构、人口增长率与劳动力的配置,消费基金的增长与职工工资总额,社会购买力与商品可供量,能源、原材料供求的协调,由中央和地方分层进行共同调控。中央和地方都要加强预警系统,中央要把住货币发行增长率、投资增长率和消费增长率、财政赤字依存率、举借外债警戒点、国家外汇持有率和物价总指数承受率等等警戒线,地方要把住财政补贴承受率、物价指数承受率、可允许的待业率、社会资金净增减率、社会购买力净流入流出率等等警戒线。中央作为宏观经济政策操作的主体,地方应维护中央宏观调控的权威性;地方作为贯彻宏观经济政策的构成部分,中央应注意地方对宏观经济政策实施的反馈,适时校正政策力度和剂量。根据各地区经济运行不同变动,允许实行差别利率、差别税率,扩大地方的经济杠杆使用权。

五、通过各种调节手段的有机配合,有意识地促进参数调节和宏观经济政策调节的进展。宏观调控作为极其复杂的协调活动,需要各种调节手段的综合配套使用。在宏观调节中各种调节手段都有其独具的功能,绝不能把行政手段与"瞎指挥"、"长官意志"等同起来,行政调节手段只要运用得科学,它具有严格的强制性、直接性和快速性的特点。法律调节手段同样具有高强度的强制性,但又具有相对的稳定性、明确的规范性、和较强的事前调节的特点。因此,在新旧体制交替、新旧调节机制转换时期,要有意识地运用行政调节手段和法律手段扶持参数调节等等经济调节手段。对参数调节力度不足和出现偏差情况下,以行政调节手段予以补救,同时制定必要的经济法规,为参数调节等等经济调节机制有序化运行提供法律保证。通过不断的扶持,使参数调节和宏观经济政策调节逐步成熟起来,使宏观调节在各种手段配合下具有更高的效率。

(原载《江苏经济学通讯》1991年第14期)

寻找计划与市场相结合的形式和结合点

培育市场：行政推动和市场推动

计划与市场相结合，在江苏来说，还有一个加快市场培育的问题，既要通过行政推动来培育市场，又要通过市场推动，促进市场的进一步发育。

江苏经济商品化、市场化的程度是比较高的，但市场发育的程度，商品交换与商品流通，远不能适应生产发展的需要。以几个经济发展处于同一层次的省份作比较，江苏市场发育的程度显然落后于兄弟省份。这几个省1978—1989年，第三产业在国内生产总值的比重变化如下：

	1978年	1989年
全国%	23	26.5
广东%	23.7	32.9
福建%	21.4	27.6
浙江%	17.9	24.4
山东%	17.2	21.9
江苏%	19.8	20.2

虽然第三产业不只是商业、物资、金融等部门,但在现阶段这些部门在第三产业的四个层次中仍占有主体的地位,可以大体上反映出市场发育的状况。

市场的发育,借助于政府干预,以行政进行推动仍是一个重要的方面,完全靠市场的自发发育,那将是一个漫长的过程,而且行政不提供必要的外部条件,市场发育也会陷入步履维艰的境地。

当然,行政推动达到一定程度,各类市场开始发育之后,应该注意用现有的市场去开拓和创造更大的市场,以市场推动市场,让市场按自身的规律进行发展。

在江苏来说,培育市场要特别重视抓两个方面:

一是继续发展有特色的专业市场,并加强市场的连锁化和网络化。江苏专业市场的发展是有成效的,苏州的物资贸易中心、吴江的东方丝绸市场、无锡的米市、常熟的招商场等等,这些各有特色的专业市场,包括生产资料市场、资金市场、技术市场等等,应该在统一协调、规划下继续发展。农副产品还可以搞期货市场。这些专业市场可以面向全省,也可以面向全国。在地区布局上,南京、徐州不仅是工业城市,而且都应该成为贸易中心、金融中心、技术中心、信息中心。苏锡常则应同发展沿江产业带连接起来,形成市场的网络化。各个城市从不同的产业结构出发,建立各有特色的专业市场,连锁成网,以市场推动市场。沿江市场充分发展了,才能更好地与浦东开发相对接,充分利用浦东开发所带来的机遇。

二是培育一批大型商业企业集团。市场培育不仅是数量上的发展,而且是质量上的提高。商业的组织化程度也应与工业组织化程度相适应,不仅要在工业中组织大型企业集团,也要在商业中,以现有骨干企业或大型市场为中心,通过联合、兼并、合股,组建一批跨地区、跨部门的竞争性的商业企业集团。这种商社式的大型企业集团,会在功能上起质的变化,它不仅可以开拓国内市场,也可以利用国际市场、国际资源;不仅有流通的功能,而且有资源开发或组织延伸加工的功能;它也有更强大的信息功能和咨询功能,可以对生产起导向的作用。商业企业集团的发展,也是从行政推动向市场推动迈出的重要的一步。

江苏经济"两头在外"的格局,以及乡镇企业半壁江山的态势,如果没有足够发育的各类市场,没有一批大型的商业、物资企业集团,并以此为中心形成的市场网络,将会影响江苏经济向更高的层次发展。

在市场发育中,是否也存在着"市场过度"的情况? 在治理整顿之前,确实是存在过,是"市场发育不足"和"市场过度"同时并存。但"市场过度"是指市场领域过度延伸,在不宜实行市场调节的部门也实行了市场调节。"市场过度"应该加以整顿(市场秩序的整顿和市场规则的建立,也是当务之急),但正常的市场培育也应该积极地进行。

寻找新的结合点:股份制和参数调节

计划与市场相结合,需要把握的总的思路是:属于总量控制、经济结构和经济布局的调整以及关系全局的重大经济活动,应以计划调节为主;企业日常的生产经营,以及一般性技术改造和小型建设等个量经济活动,则主要由市场调节。

根据这个思路,在对策研究上着重是寻找计划与市场结合的形式和结合点。计划与市场,既有层次上的分工,又必须通过诸多的结合点,在分工的基础上互相结合。

——股份制可能是计划与市场的一个结合点。虽然股份制还有许多问题需要进一步探索,特别是企业股是否设置,但股份制可以解决政企分开,改国家直接管理为通过董事会左右企业的经济活动。既可以使大中型企业更多地面向市场,又可以通过参股、控股把子公司、孙子公司纳入计划的直接或间接管理之下。

——企业集团的组织,也将是计划与市场的一个结合点。江苏工业企业组织程度低,可以通过企业集团或企业群体,像宝塔一样以骨干企业为核心,把众多的中小企业或乡镇企业组织起来,既可以扩大企业集团市场调节的部分,又可以把计划意向输给集团各个企业。

——参数调节与政策调节。江苏乡镇企业是半壁江山,除一批企业集团之外，还有众多的中小企业，市场调节的比重仍然比较大。因此，在计划和市场的结合上，还要重视把行政调节和参数调节结合起来，更有效地对市场进行计划导向。

在商品价格和要素价格仍然扭曲的状况之下，行政手段的调节仍然占着重要的地位，但是，也要尽可能地运用经济手段和经济政策，进行参数调节。参数是一种可控的变量，包括财政参数、金融参数，等等，政府可以运用自己所掌握的这些参数，根据计划的要求，对市场的信号进行调节，从而影响企业的经济行为。

这些参数调节一般是体现在经济政策之中，政府可以运用经济政策调节某一变量，影响其他变量，从而改变经济运行状况。这不是一般的临时的经济政策，而是作为宏观调控杠杆，起参数调节作用的根本政策。

从江苏的情况来看，一是要更好地运用财政参数、金融参数，也即财政政策、货币政策的调节。在过去一个时期，江苏经济的波动过大，而财政政策对熨平总需求的过大波动有着强烈的作用，货币政策对于供求总量的调节最直接和最深刻。当然，省一级的中观调控有自己的局限性，但也应在用足中央政策的同时，尽可能地运用自身的力量，运用差别税率、差别利息、财政贴息等等杠杆，在需求过旺、经济过热时，紧缩财政支出，抽紧银根；而在经济过冷时，增加财政开支，增加货币流通量，以刺激经济。要适时地多搞微调，以保持经济稳定、协调地发展，避免过大的经济波动。

二是江苏正处于结构转换时期，在协调政策上也要重视产业政策的运用。产业政策也即产业鼓励和产业限制政策，这种鼓励和限制，既要通过计划、行政手段，规定发展项目和限制项目，以至采取强制的办法，挤掉落后企业、落后产品，也要用经济杠杆、参数调节，对鼓励的产业实行信贷倾斜和财政支持，对限制产业实行高利率和增加税收。

三是技术进步政策的应用。江苏也处于从粗放型、外延型的增长方式向集约型、内涵型增长方式的转变过程之中，更要注意全要素生产率的上升。全要素生产率主要由技术进步、资源配置和规模效益等等因素组成。江苏全要素生产率呈下降的趋势。只靠市场调节,提高全要素生产率对增长的贡献是一个长过程,要有一套鼓励政策和抑制政策,实行信贷倾斜和财政支持,扶持技术进步和高新技术产业的发展。

农村市场建设:服务体系和期货市场

农副产品市场过于频繁而剧烈的振荡,也是十分令人困扰的问题。一会短缺,一会过剩,多了砍,少了赶,"多不得,少不得"、"多一点不得了,少一点了不得"。解决的办法,仍然是探索计划与市场的结合点。

首先是发挥农业社会化服务在流通领域的作用。江苏农业社会化服务体系是比较发达的,全省有一半以上的村能提供多项的生产服务,苏南地区服务体系更是相当强大。现在农村社会化服务体系主要是产前、产中的服务、产后的服务,特别是流通环节的服务,还只是开始。服务行业是一个大有前途的新的产业,应该让它在发展市场、发展流通上再显身手,可以互相联系形成网络,也可以同供销系统连接成网,由供销、商业、外贸有关部门提供信息和给以支持。

其次是建立农村农副产品的期货市场,发展期货交易。计划部门、商业供销部门与服务体系合作,建立各类期货市场:水果期货市场、小杂粮期货市场、瓜菜期货市场、禽蛋期货市场,逐步掌握各类农副产品的容量、构成、放大或缩小的趋势和发展规律,向农民提供比较准确的信息、指导和导向。

再次是建立市场调节保障体系。逐步由农村服务体系的生产者、经营者共同承担,建立市场调节基金,以支付商品储备的贴息,或补贴农民由于市场变化而造成的损失。调节基金或风险基金的建立,也可以形成一个"安定带价格",避免农副产品过大的波动和振荡。

(原载《江苏经济》1991 年第 9 期)

三项制度改革与企业、市场、宏观调控的配套联动

徐州的劳动用工、人事和内部分配三项制度改革,引发了一石激起千层浪的波及效应。尽管对"破三铁"有种种议论,但徐州改革的成效是显著的。徐州是针对自己的具体情况,利用三项制度改革有效地改变了管理不严、纪律松弛的状况,迅速取得管理效益,并以此作为突破口,开始了企业机制的转换,开始了企业、市场、宏观调控联动式的配套改革。

徐州三项制度改革中的独到思考

到过徐州考察的同志,都有一个深刻的印象:徐州三项制度改革之所以搞得好,是真抓实干,动了真格。但徐州三项制度改革的许多做法,还有自己的独到思考,即在符合改革发展规律的基础上的真抓实干。这是徐州改革取得应有效果的深层次的原因。

——和风细雨搞改革。三项制度改革是对传统体制的一次变革,涉及方方面面的利益调整,不可能没有认识上的分歧。但徐州市领导不硬性设置改革派与保守派,不搞暴风骤雨,而是靠反复酝酿和协调,尽可能取得思想认识上的一致,认为改革不分先后,要允许看;各企业可根据自己的实际,可以先搞某一项制度改革,也可以全搞;进度不一刀切,避免强制改革而带来反复和回潮。徐州市就是按照这个思路来推进三项制度改革的。

——以亏损企业作为三项制度改革的突破口。三项制度改革从何

入手，经济界以往的主张，大都认为应从效益好的企业着手，原因是这些企业经济实力强，承受能力大。但徐州却作了新的选择，以亏损企业作为突破口。徐州说，这样做是逼出来的。亏损企业在这个"背水一战"中却表现出特殊的承受力。这是因为，三项制度改革不仅要解决扭亏增盈问题，而且是转换企业机制的启动点。新的承受力就是从新的机制基础上形成的。徐州在三项制度改革中推出的，以经济效益定升迁，以企业收益定收入，以个人技能工效定岗位的新机制。加大了企业的承受力，改革形成了巨大的促进力量。

——加大力度和加大承受力。搞一场真抓实干的改革，不能没有一定的力度。但加大力度的同时，还要加强人们的承受力，使力度和承受力保持平衡。人们的承受力包括思想承受力、经济承受力和家庭、社会环境的承受力，等等。最重要的，是人们思想上的承受力，更新观念，把扭曲了的认识重新端正过来。

"铁饭碗"都砸了，还算是主人翁吗？主人翁，应该对国家、对社会承担责任，应该与企业风雨同舟。三项制度改革是为了社会主义制度的自我完善，是形成新的运行机制的一个组成部分，同时，也要让广大职工树立起新的主人翁观念。

所以"大锅饭"不是社会主义的优越性，是离开了社会主义原则，破"大锅饭"，是为了治穷、治乱、出效率。

思想先行，水到渠成。徐州市通过舆论导向和思想教育，使进行三项制度改革的企业职工不仅增强了承受力，而且成了改革的主人，他们要用自己的双手去改革旧体制，形成新机制。

——一厂一法和一厂多制。各个企业的条件不同，素质不同，主要矛盾也各异，因而企业机制转换就是一个"摸着石头过河"的过程。基于这样的思路，徐州在三项制度改革中，允许一厂一法，也允许一厂多制。

破了"铁工资"，代之以多种内部分配形成。现在，已有213户企业、15万职工，把基本工资存入档案，根据企业各自情况，实行金额计件、超定额计件、浮动工资制、岗位工资制，等等。多种分配形式，特点是增加治的比重,拉开档次,向一线工人和技术人员倾斜,充分发挥工资杠杆对生产的促进作用。

破了"铁饭碗",代之以合理劳动组合,或者是考核上岗,择优组合,或者是岗上考核,动态组合。

从落实企业自主权来说,除了通过三项制度的改革,落实企业人事、用工、分配的自主权,在总的政策指导下,徐州市还落实了企业改革的自主权,允许一厂多制,允许一厂一法。不拘形式,而求实效。

——馒头＋咸菜的社会消化和厂内消化同时并举。三项制度改革,有一部分人待业、下岗,这是改革的应有之义,因而,相应地强化社会保障体系,也是不可缺少的。但难点在于,失业、待业保险和救济,对经济波动带来的周期性失业比较有效,然而对解决工厂人浮于事,冗员肿胀,却往往力不从心。这就得靠"企业内部消化为主,社会调节为辅"的政策。虽然这是过渡办法,但现在还得过渡。两者相加,就形成了徐州的"馒头＋咸菜"的社会消化和企业内部消化同时并举的思路。

——企业转换机制与政府转变职能的配套。过去企业改革一个教训是:"下动上不动,动了没有用,越动越被动。"因此,徐州一开始就充分考虑到政府职能的相应转换。在目前的条件下,徐州市从服务、调控、监督入手,转变机关工作作风,以确定改革方案,筹集扭亏资金;制定经济政策,推动企业自身改革;组织干部蹲点帮厂,帮助企业排忧解难,等等,来为企业服务。

支持企业改革内部机构,支持企业"不同上级对口,而是同市场对口"。徐州重型机械厂把43个处室压缩到26个。徐州锻压设备厂改革内部机构,撤销一般科室,新增了推销新产品的销售二科,负责产品出口、技术引进的进出口办公室,等等,让企业更好地面向市场。

三项制度改革不是现在才提出来的,过去有成功的、也有不成功的经验教训。从自己的实际出发,尽可能地理顺思路,在这个基础上真抓实干,就会保证三项制度改革得更有成效。

在深化改革中巩固改革成果

三项制度改革选择为突破口是重要的,如何巩固成果同样是重要的。有的同志认为:三项制度改革,是"早熟的果子",许多条件都不成熟:企业机制转换、特别是股份制才在起步;政府职能转变还没有大动作;社会保障体系十分脆弱,等等。虽然这些问题不能不予以重视,但也不能等什么条件都成熟了再动手。实行三项制度改革是势在必行的,徐州已动手改革的企业,也认定了"千万不能再走回头路"。徐州的路子,将是通过深化改革,扩大改革范围来巩固成果。

——充分利用改革气候,推进三项制度改革。徐州的改革,正在从亏损企业向盈利企业推开,从生产企业向非生产企业推开。徐州已形成了改革的小气候,深化改革已成为共识。应该充分利用已形成的有利环境,推动更多企业在这方面的机制转换。

把亏损企业作为改革的突破口,是徐州一个创造。但从推广的情况来看,盈利企业三项制度改革,也有自己的条件和长处。这些企业虽然没有那么强烈的紧迫感,但可以从容不迫,搞得更加细致完善。比如,徐州重型机械厂早在1984年,就实行中层干部聘任制,今年又利用破"三铁"小气候,在科室实行A、B角,在职工中推行全员劳动合同制。1984年内部分配就向一线倾斜,现在又进一步完善,实行岗位浮动工资制、最佳年龄、最佳贡献、最佳报酬,增设岗龄津贴。能够做到循序渐进、日臻完善。

——在深化改革中发展和完善。三项制度改革有了突破之后,如何使劳动用工、人事、分配制度既符合于社会主义原则,又符合于现代管理的原则,也是有一个逐步完善、逐渐规范化的过程。徐州也注意到,要开拓思路,借鉴国内外有益的管理经验。

在劳动用工制度上,现在这种没有激励作用的"铁饭碗"要破,但并不是说"铁饭碗"就绝对不能要。日本许多企业盛行终身雇佣制,用安全感和归宿感来激励职工,因而对我们实行劳动合同制感到难以理解。

西方用工制度同早期不完全相同,符合现代管理原则的也可以借鉴。在今后进一步完善过程中,也不妨多种饭碗同时并存,允许一部分工人是固定工,"铁饭碗";一部分职工合同工,"木饭碗";一部分职工临时工,"泥饭碗"。让固定工成为忠心耿耿的企业骨干,也成为大家的努力目标,更好发挥用工制度的激励作用。

——在配套改革中强化社会保障体系。徐州的"职工待业保险办法"已经出台,把待业保险制度又推进了一步。但毋庸讳言,我们的保险体系还很脆弱。社会保险事业的壮大,会给工厂以较大的回旋余地,也给劳动力的合理流动创造了必要的条件。

——"五改并举"。徐州的三项制度改革虽取得了一定成效,但徐州的同志还认为,三项制度改革只是企业转换机制的组成部分,而不是全部。对改进管理机制,可以立竿见影,但对企业提高效益,却不是万能,不能代替经营机制的改革。因而,徐州逐步把改革延伸为"五改",即在人事制度、内部分配制度、用工制度改革的同时,又加上积累机制和企业内部机构的改革,把管理机制的改革和经营机制的完善进一步结合起来,扩展改革的范围。

国家·市场·企业的联动改革

现在,改革的大环境已经发生了很大的变化,邓小平同志在南方的讲话,以及中央对改革开放所作出的一系列新的决策,在全国掀起了一个气势蓬勃的改革开放的大潮。徐州在现有基础上,将在更广泛的范围深化改革。今后改革的有效途径,将是抓住企业、市场、宏观调控这根链条,实行联动和配套改革。

企业、市场、宏观调控的改革,是相互联系、互为条件而又相互制约的有机统一体,哪一方面的启动,都要其他方面的配合和提供条件。深化改革,形成新的运行机制,不能只是单兵突进,而且要从三个方面进行配套联动。

企业是这根链条的微观基础。三项制度改革是转换机制的基础工作,深化改革还需要加大企业生产经营机制改革的力度。徐州为了完善企业承包制,曾推行了"基数分档,企业自选"的承包方式,选择了更多的经营形式,让企业对号入座。今年各地也开展了多种经营形式的试点,探索两权分离的途径。继北京开出八条船后,南京开出了五条快艇,无锡市推出了七种形式,包括股份制、仿三资企业、投入产出总承包、利税分流、优惠高新技术产业等等,这都是深化企业改革的实质性的启动,将推动企业机制的加速转换。

市场是这根链条的中介,既是企业经济活动的中介,也是政府宏观调控的中介。以市场调节为主,就是要把生产要素的配置推向市场,价值形成由市场决定,而在国家调控下进行。企业可以从市场上得到自己所需要的原料、设备,筹集自己所需要的资金,出售自己的产品,按什么价格买卖,按什么资金价格筹集资金,都通过市场去解决。市场建设,现在也有了实质性的启动。徐州正在组建层次更高的大型专业市场,包括生产资料市场、淮海蔬菜批发市场,以及果品批发交易市场和粮食市场,等等。全省市场建设也在加快步伐。要素市场,是衡量市场调节作用大小的重要标志,在强化这个基础的同时,也争取在资金市场、房地产市场、技术市场、信息市场和劳务市场等等方面有新的突破。不仅是市场体系的配套发展,而且是市场机制作用的完善。有了市场,并不是就有了充分作用的市场机制。市场机制的完善,需要有价格、利率、工资的搞活,需要有市场深层构造的重塑,包括市场规则的建立、市场主体的重塑、市场组织的培育和市场调控体系的完善,等等。

现在的主要矛盾是政府职能的转换。政府职能转换的滞后,已经使企业机制的转换与现有的行政管理体制形成了尖锐的矛盾。特别是江苏转向以市场调节为主的新机制,这种体制摩擦就不能不表现得更为突出。

政府转换职能的理想目标,是"小政府、大社会",真正做到政企分开。政府的宏观调控和计划调节,主要是管住总量的平衡和长期的结构调整以及社会事业的发展,而对市场实行参数调节,从直接调控为主转变为以间接调控为主。当然,这个转换要有一个过程,目前比较可行的办法是，根据市场发育和作用的程度，对政府的职能重新予以界定。以市场调节为主，并不是不要计划，不要宏观调控，相反，是适应市场调节为主的运行机制，改善和强化宏观调控，管住该管的事，放开过于集中的直接管理权限。财政体制和外贸体制，这是关系全局的动作，可能是深化改革的最大难点，也是必须逐步加以突破的体制。生产主管部门在一定时期还有自己的作用，问题是对职能要重新加以界定。思路比较清晰的部门，应转向：① 管规划、管发展战略，当前生产放手让企业去搞，未来和后劲让主管部门多出主意和进行策划。② 管政策导向，帮助企业用足用活政策，创造企业发展的良好环境。③ 管市场培育，促进市场机制的发展和完善。④ 管预警系统，提供信息导向，使本行业经济运行同国民经济发展的预期目标不要有过大的偏离度。政府职能的转变会受到全国转换程度的制约，但是广东的经验证明，不仅在深圳可以实行"小政府，大服务"的体制，而且在珠江三角洲，也可以形成活跃的企业、有效的市场、明智的政府这样配套转变的新机制，在现在的情况下，改变政府职能也是可以有所作为的。

(原载《江苏经济探讨》1992年第8期)

社会主义市场经济在江苏

当今涌现的改革开放大潮,一个最为灿烂的成就,是触及了经济体制最本质、最核心的问题,在计划和市场关系上,加快了市场经济取向的改革。邓小平同志在南巡重要谈话中,关于计划与市场都是经济手段而不是社会主义与资本主义本质区别的论述,廓清了经济体制改革前进中的障碍。经济理论上的这一突破,强劲地催化着实践的突破。于是,深化改革的目标模式直指社会主义的市场经济。

江苏市场经济发展的轨迹

市场经济取向的改革,不是现在才提出的,发展社会主义市场经济也不是现在才开始。十多年来改革开放的历程,最重要的就是不断加大市场经济份量的过程。江苏和其他沿海省市一样,是以市场调节为主,市场经济发展较快的省份。江苏经济之所以富有活力,在很大程度上得益于市场调节的扩大和市场经济的发展。

应该承认,江苏市场调节的范围是相当大的,市场经济的发展也是相当快的:在1991年的生产计划中,指令性计划只占10%;物资供应计划中,煤炭、钢铁、木材等计划分配只占生产需要量的20%、10%和30%;价格计划中大致也占30%。江苏多年来是沿着指令性计划不断缩小、市场调节不断扩大,价格逐步放开的路子发展社会主义市场经济的。

江苏市场经济的发展还具有自身的轨迹。在企业体制上,不像广东那样是由"三资"企业的发展来取得决定性突破的,而是在乡镇企业的发展中不断突破传统体制,催化城市企业转轨变型,促使企业面向市场,成为具有较多活力的商品生产经营者。在市场体制上,江苏较早闯出了物资协作和横向经济联系的路子。尽管在统一调拨的体制下只能采取物资串换的形式,但毕竟是对传统资源配置形式的一种突破。以后组建的各类专业市场也是在这个基础上发育形成的。在宏观调控体制上,江苏比较重视发挥县区的作用,促使各级政府部门转变职能增强服务功能。在调节手段上,随着市场调节范围的扩大,经济手段、法律手段也成为更多使用的调节手段。江苏提出以市场调节为主,实际上是以往市场经济发展的聚集和延伸。

当然,现阶段江苏市场经济取向的改革,仍然受传统体制各方面的制约,新旧体制摩擦和碰撞随处可见。主要表现是:① 市场主体独立性不足与企业进入市场的矛盾;② 要素市场发展滞后与发挥市场体系功能的矛盾;③ 市场机制不完善与市场调节范围扩大的矛盾;④ 政府职能转变滞后与市场经济发展的矛盾。这些摩擦都影响着经济的正常运行。判断社会主义市场经济新体制和在这个体制下形成的新机制的成熟度,不仅要看在整个经济活动中,生产、物资供应、价格等计划部分比重缩小和市场调节部分比重增大的程度,更要看体制摩擦解决的程度。只要政府职能没有根本转变,产品经济的管理模式依然存在,各类要素市场发育尚不健全,市场深层构造尚未重塑,新的体制和运行机制就难以真正形成。江苏提出以市场调节为主,在特区以外的省份中是较早的,但这种改革还需要继续深化,继续延伸。江苏认准社会主义的市场经济这一目标模式,就是要继续推进市场取向的改革。

寻求和创建比资本主义更有效的组织生产力的体制模式

建立社会主义市场经济,是为了寻求和创建一个比资本主义更有效率的组织生产力的体制模式。当今世界经济的发展,已使生产方式和交换方式产生了一系列的变革,创造出巨大的生产力,积累了极其丰富的组织生产力的经验和模式。恩格斯在一百多年前的爱北斐特的演说里就曾说过:"人类社会拥有极其丰富的生产力,这些生产力只要合理地组织起来,妥善地加以调配,就可以给一切人类带来最大的利益。"社会主义作为一个崭新的社会制度,应该在以往的生产方式基础上,创造出更有效率的组织生产力的体制模式。这个体制模式,从资源配置来看,是一个具有更高效、更合理的资源配置体制模式;从经济运行来看,是一个既有微观激励机制,又有宏观调控机制的体制模式;从社会总体利益来看,是一个有利于社会整体目标的实现,兼顾效率和公平的体制模式。我们有信心创建比资本主义更有效率的组织生产力的体制模式,这也是完善和发展社会主义制度的最根本的条件。

为了实现这一目标模式,就要解放思想,抓住机遇,认真学习借鉴当代一切组织社会化大生产的经验,包括利用资本主义国家一切有用的东西。马克思说过,任何新的生产方式都要从"正在消逝的生产方式中寻求拐杖"。社会主义制度的完善,更要继承和利用过去人类社会所创造的全部社会生产力和全部优秀文化成果。问题是学习、借鉴和利用资本主义的道路是不平坦的,最大的思想和理论障碍,是姓社、姓资的纠缠。邓小平同志在南巡谈话中,比过去更明确、更深刻地指出:"计划多一点还是市场多一点,不是社会主义与资本主义的本质区别。"这是对马克思经济理论新的突破。进一步破除了传统观念的束缚,使我们在发扬光大自身优秀文明成果的同时,能更好地学习、借鉴和利用人类(包括不同社会制度下)创造的一切优秀成果。

社会主义市场经济的长处,就是在公有制基础上,承认市场作为经济运行的主体和基础地位,也就是说,全部经济活动都要通过市场,由市场调节,然后再通过政府及其计划,以经济、法律和行政的手段进行调节和控制。这样的组织生产力的体制和机制,既可以充分发挥市场机制所体现的价值规律的作用,保持经济均衡协调的发展;又能弥补市场的不足,通过政府及其计划的干预,矫正市场功能,消除市场局限,让市场调节功能发挥得更好、更有效率。

发展社会主义市场经济,既要把握市场经济的共性,又要把握社会主义市场经济的个性。就其共性来说,市场经济的运行构架一般有五大支柱:① 市场主体。企业成为独立的商品生产经营者,成为市场的主体。② 市场体系。有比较完整的市场体系,层次较高的市场组织形式,规范化的价格形成机制。③ 市场稳定器。社会保障、弹性税收等预防和减少波动的制度的建立。④ 经济国际化。参与国际分工和国际市场竞争,与国际市场接轨。⑤ 政府调控。政府运用各种经济杠杆,以间接调控为主,进行弹性调控。

我国社会主义市场经济的特殊性在于:① 它是公有制基础上的市场经济。要使国有大中型企业进入市场,成为市场的主体;要管理好国有资产并确保其增殖,发挥国有企业在市场经济中的稳定和主导作用。② 它是按劳分配基础上的市场经济。要处理好效率与公平兼顾的问题,在分配上遵循等量劳动领取等量报酬的原则,以及社会必要劳动价格的市场形成,处理好先富后富和共同富裕的关系问题。③ 它从社会整体利益和满足全社会成员需要出发,更有条件在全社会进行规划和计划,保持经济和社会事业的均衡发展,以及社会保障体系和公共福利设施的建设。④ 它是坚持"两手抓"条件下的市场经济。既大胆借鉴和利用资本主义市场经济一切有用的东西,又反对和抵制资本主义一切腐朽现象的侵蚀。这种组织生产力的新体制,既有一般市场经济的共性,又有鲜明的中国特色社会主义市场经济的个性,共性寓于个性之中,形成一个崭新的充满生机和活力的新体制和新机制。

深化改革的重点是完善社会主义市场经济体制

建设社会主义市场经济体制是一个系统工程,还需要长时期的艰苦努力。在改革初始阶段,重点往往是如何突破传统的体制,但改革发展到现阶段,深化改革的着重点应该是发展和完善社会主义市场经济新体制和新机制。江苏是市场经济比较发展的地区,更要注意加快新体制和新机制的建设。

建设和完善社会主义市场经济新体制的主要思路,是沿着企业—市场—宏观调控的链条,实行联动配套的改革,形成富有活力的企业、完善的市场体系和有效的宏观调控体系。

企业体制改革的目标,要紧扣发展市场经济的要求,使企业真正成为市场的主体。现在,在完善企业承包制上所采取的多种经营形式,诸如投入产出总承包;利税分流;引进三资企业经营机制;等等,以及企业内部三项制度的改革,都有利于引导企业走向市场。更有决定作用的是通过股份制的发展,包括组建的股份制企业集团和部分上市的股份公司,把企业的产权推向市场,有效地实行政企职责分开,从而实现上述改革目标。

市场体制改革滞后于企业体制改革,因而需要解决的问题更多。现在侧重要解决的是:① 弥补市场缺损,培育市场体系。当务之急是,在市场结构上,推进消费品市场、生产资料市场、资金市场、技术市场、劳务市场的全面发展;建立现货市场和期货市场;搞好区域市场、全国市场和国际市场的耦合,推进经济运行的市场化。② 强化市场信号,健全市场机制。发挥市场机制的关键是价格随行就市,要通过改革价格"双轨"制以及税率、利率、汇率,强化市场价格信号和数量信号的导向作用。③ 发展竞争性市场,增强市场的应变机制。④ 规范市场规则,建立适应社会主义市场经济发展的市场交易秩序。

现在,改革中面临的主要矛盾是建立有效的宏观调控体系。转变政府职能,重点应该放在建立宏观间接调控体系,实行有效的宏观调控上。首先要转向间接调控。即运用财政政策、金融政策、收入分配政策等参数进行调节,以矫正和调节市场价格信号和数量信号,把国家发展经济的计划目标和意向输送给市场,从而对企业进行正确的导向。间接调控的有效途径,包括运用财政政策、金融政策、国际收支政策保持总量的平衡,减少经济发展的周期波动,运用产业政策引导和推进产业结构的调整和转换;运用分配政策调节社会收入,兼顾效率和公平。其次,宏观政策要法律化。以国家强制形式规定各种宏观经济变量的变动,包括国民收入与分配总量;货币可供量与需要量;财政总收入与总支出,以引导、影响市场调节,降低政策成本和市场成本。在这些问题上努力提高宏观调控的能力与水平,这是当前更为迫切需要解决的问题。

(原载《群众》1992 年第 9 期)

发展社会主义市场势在必行

社会主义市场经济的形成

改革只能是一步一步地加深认识，一步一步地前进。党的十四次代表大会确定社会主义市场经济为我国经济体制改革的目标模式。这在建设有中国特色社会主义上是具有里程碑意义的大事。

在理论和实践取得这重大的突破是经过几十年探索，在小平同志在南方讲话之后，才取得这个成就的。

过去对计划与市场关系的许多提法，就反映了这种状况。我们历史地看问题，过去的种种提法，都有它的历史作用，也有它的历史局限性。最早提出的计划经济为主、市场调节为辅，当然有它的局限性，但这对原来高度集中的计划经济是一次最早的突破；随后提出的社会主义经济是公有制基础上的有计划的商品经济，同样是一个中间目标，但它的作用是从排斥商品货币关系转向大力发展商品经济；有计划商品经济以后进一步明确为计划与市场内在统一的体制，并提出计划经济与市场调节相结合的新的经济体制和运行机制，这对引进市场机制，重构经济运行机制，都有过它的历史作用。当然，从科学的意义来说，为主、为辅的提法，很难准确地表达计划和市场的相互关系，而且这种提法往往容易导致板块结合的思路，过去的实践说明，板块结合操作难度很大，难以形成有效的调节机制。计划经济与市场调节相结合，不仅不是一个层次上的问题，而且没有明确"市场本位"、市场作为运行基础的地位。

江苏提出的加快改革步伐,扩大市场调节范围,充分发挥市场机制的作用,形成以市场调节为主的经济运行新机制,这对发展市场经济取向的改革有它推动的作用,但同样是一个过渡的模式,它既是过去市场经济发展的延续,又需要向社会主义市场经济的目标继续迈进。过去的探索为现在打下了基础。

邓小平同志在南方的讲话,比过去更深刻和更明确地指出了"计划多一点还是市场多一点,不是社会主义与资本主义的本质区别。计划经济不等于社会主义,资本主义也有计划;市场经济不等于资本主义,社会主义也有市场。计划和市场都是经济手段。"这就分清了社会主义和资本主义的本质区别。这个对马克思经济理论新的突破,就使学习和借鉴进入一个新的境界,社会主义也要搞市场经济,运用市场经济来加速社会主义现代化发展。

社会主义市场经济的四个环节

社会主义市场经济的特点,就是在公有制基础上,承认市场作为运行基础的地位、承认市场"本位",即全部经济活动,包括生产和流通,社会资源配置,都要通过市场,由市场调节,由市场机制的自组织功能进行"自组织",再由其上的政府及其计划进行"再组织",运用经济政策和各种手段进行调节和控制。市场并不是万能的,政府的干预是必不可少的。通过政府及其计划的干预,可以矫正市场功能,消除市场局限,让市场的自组织功能能符合于国民经济发展的要求。

自组织 { 价格杠杆和竞争机制,对企业形成激励作用和约束作用,优化效益,进行协调。

从国际市场经济一般规律来看,市场经济的运行构架一般有五大支柱:① 市场主体。企业要成为独立的商品经营者,成为企业法人,真正成为市场的主体。② 市场体系。比较完整的市场体系,层次较高的市场组织形式,比较规范的价格形成机制。③ 市场稳定器。比较健全的社会保障体系,实行弹性税收,以减轻市场波动的影响。④ 政府调控。政府以间接调控为主,进行相机调控和弹性调控。⑤ 经济国际化。参预国际分工和国际竞争,国内市场与国际市场的接轨。

深化改革的重点是完善新体制

　　发展市场经济的主导思路,是实行企业——市场——宏观调控的配套联动,形成富有活力的企业、完善的市场体系、有效的宏观调控体系。

　　——企业体制改革的目标是使企业真正成为市场的主体。这是转换企业经营机制的需要,也可以带动市场建设的发展。多年来的改革已经突破了政府干预过多的体制,但企业成为市场主体的目标并未完全达到。乡镇企业也有个企业机制转换问题,为了适应体制机制转化,负赢不负亏,决策不自主,现在完善承包制上,可采取的多种经营形式:投入产出总承包、税利分流、仿三资企业等等,以及三项制度的改革,都有利于启动和引导企业走向市场,更有决定作用的是通过股份制的发展,包括上市的股份公司和大量不上市的股份有限公司,可以比较有效地解决政企分开,更快地实现企业成为市场主体的目标。

　　——市场体制改革滞后于企业体制改革,因而需要解决的问题就更多。现在着重要解决的是:① 弥补市场缺损,培育市场体系。完整的市场体系,是实现市场机制的实现功能、信息功能、导向功能、组织功能的前提条件,当务之急是要在市场客体结构上建立包括商品市场和要素市场在内的市场体系;在市场时间结构上,建立现货市场和期货市场;在市场空间结构上,搞好全国市场、区域市场和国际市场的耦合。② 强化市场信号,健全市场机制,关键是价格市场化。③ 发展竞争性市场,增强市场的应变能力。④ 规范市场规则,建立适应商品经济发展的市场秩序。

　　——经济国际化,继续扩大经济开放度,当前特别是要:① 运用开发浦东、带动整个长江流域发展的机遇,进一步加快对内开放和对外开放,通过两个市场的联系,在整个流域的经济飞跃中推动江苏经济的发展。② 过好关贸总协定这一关,抓住机遇,迎接挑战,及早制定区域及企业对策,搞好与国际市场的接轨,更多地参与国际的分工合作。

——现在的主要矛盾是建立有效的宏观调控体制。政府职能转变,不仅是精简机构,是"拆庙赶和尚"或"和尚走了再拆庙"的问题,重点应该放在建立间接调控体系上面:① 转向间接调控为主。政府的调控基本上是对市场的调控,比较有效的方式是,调控政策化,作用法律化。善于用经济政策,把国家经济发展目标和计划意向输给市场,从而对企业进行导向。经济政策,主要是运用财政政策、货币政策、国际收支政策保持总量的平衡,进行反周期操作;运用投资政策和科技政策,刺激经济的增长;运用产业政策和相关的经济杠杆,引导和推进产业结构的调整与转换;运用收入分配政策调节收入,兼顾公平与效率。② 搞好相机调控和弹性调控。间接调控要取得最佳效应,就要讲究政策收益和政策的随机性,干预与不干预,干预力度和强度大小,政策的交替使用,都有如何提高调控水平的问题。③ 宏观经济政策的行政化和法律化,利用国家强制的法律形式,保证经济政策的实现。提高经济调控的能力与水平,这是当前更迫切的问题。

(原载《江苏经济学通讯》1992年第14期)

从"狼来了没有"说起

通货膨胀这只"狼"会不会来？现在"狼来了没有"？在传统经济体制向市场经济体制转轨时期，情况往往是扑朔迷离，难以掌握和预测。其实，通货膨胀总是经济高速发展、尤其是投资膨胀的伴生物。1992年全社会固定资产投资达到7200亿，货币供应量也增长了900多亿，在这样情况下，通货膨胀就越来越难以避免。现在，通货膨胀的现象已在许多方面开始显现，今后走势如何，已经成为一个不可忽视的问题。

值得注意的问题之一：物价水平出现跳跃式的增长。物价水平上涨，是通货膨胀最显著的表现。1992年末全省物价零售总水平比上年上涨7.4%，还在可以接受的范围之内。因此，一般认为通货膨胀问题不是很大。但1993年1月份，全省零售物价总指数比1992年12月份上升了2.4个百分点，达到9.8%，接近了两位数（城市12.4%，农村7.9%）。同前两年相比，1991年初比1990年12月份只上升了0.6个百分点，1992年初比1991年12月份上升了0.9个百分点，今年却上升了2.4%，物价部门称之为"跳跃式"的增长。

这种"跳跃式"的增长因素很多。但在当前情况下，这种现象很值得警惕：

其一，物价的大幅度放开，这是发展市场经济的必然趋势。但是，也不能就因此认为，在价格放开之后，原有的相当严格的管理办法不存在了。新的价格管理机制还没有形成。原来还有调价申报、行情限价等等管理办法，现在需要运用的经济手段、法律手段、行业管理手段都不成熟，没有"价格篱笆"的限制，当心通货膨胀这只狼的"狼奔豕突"。

其次,通货膨胀根本原因是货币供应量偏大。西方国家货币供应量增长的幅度,一般控制在 3~5%,而 1992 年我国货币供应量增加了 27%。到 1992 年 10 月末全国货币流通量比上年增长 29.6%,超过了 1991 年增长 20.2%的幅度。江苏现金投放也是历史上最多的一年。今年开始,由于经济发展的惯性,资金投放仍在增加,完成在建项目需要投资,建成投产需要流动资金,生产资料价格上涨也需要更多的货币量。虽然国家已在严格控制信贷规模、控制货币供应量,但货币流通量仍以 70~80%幅度增长,这自然会不断加大通货膨胀的压力。

再次,对通货膨胀的预期也是通胀发展的重要因素。在市场经济比重加大的情况下,人们对通胀压力更敏感了一些。一旦预期得到一定程度的证实,就会抛出货币进行抢购。现在市场上金银首饰、外币以及彩电、棉织品出现的异常旺销,说明通货膨胀预期已在经济生活中发生作用。在这一次冲击之后,在粮棉油价放开时要做好工作,防止发生再一次新的冲击。

值得注意的问题之二:不能因为 1992 年物价水平没有跨过两位数而麻痹。1992 年,有些省份物价水平上涨幅度已达到两位数,多数省份都在"温和的通货膨胀"(7%以下)的范围之内。因此,对"狼来了没有"争论不一。实际上,我们目前测量通货膨胀的常用指标是零售物价指数。这个指标主要反映消费品的物价水平,而不反映生产资料和劳务价格的变动情况。如南京市 1992 年末零售物价指数为 8%而生活费用指数为 10.4%;1993 年 1 月份,零售物价指数为 14.3%,生活费用指数已达 19.8%。然而,1992 年经济高速发展,主要是由投资需求拉动的。从投资需求膨胀到消费需求膨胀,要有一个传导的过程,而这个过程由于多年来消费品买方市场的出现,呈现了一个较长的时滞。现在,投资膨胀已积累了相当的力量,投资膨胀更多转化为消费需求的膨胀,零售物价上升的趋势已越来越明显。1993 年可能面临严重的通货膨胀,不能因为 1992 年物价水平上升滞缓而有所麻痹。

值得注意的问题之三:经济发展速度和反通货膨胀的合理组合。通货膨胀物价上涨的根本原因是货币发行过多,出现了"超额的货币增量";也是供求总量失衡,出现了"超额的总需求"。而这两个"超额"又是同我们的发展战略分不开的。如何对经济发展速度和反通货膨胀进行合理的组合,需要我们做出明智的选择:

(一)可以是继续高速度和严重的通货膨胀的组合;(二)可以是适当的速度和温和的通货膨胀的组合;(三)也可以是严厉的紧缩和控制通货膨胀的组合。

一般来说,除非十分必要,不采取某一种方案。但进行微调要及早考虑。日本在完成"国民所得倍增"计划时,也遇到通货膨胀的困扰。日本当时选择了10%的发展速度和5~6%的温和的通货膨胀的组合,结果通货膨胀虽有所发展,但主要是实现了高速发展。防止通货膨胀,主要手段是紧缩银根、提高利率、减少财政开支、增加进口等等。现在国家已在严格控制信贷规模、严格控制货币供应量,地方政府也要适时地进行微调。从地方来说,由于经济发展的非均衡性,沿海地区能发展得快一些就尽可能地快一些,尽量利用自己经济运行机制上的优势,在国家总盘子里取得更多的资源供给。但是,这种快也是有限度的。地方发展速度取决于能取得资源的本领和取得的数量多少,而不能无限制地加速。在国家实行严格货币政策的情况下,地方政府也必须适当地对投资规模、投资结构进行导向,提高投资效益,把有限的资源用到最需要的地方去,以缓解供需矛盾状况,尽可能地延长经济的上升期。总之,只要我们上下合力,措施得当,就一定不会让通胀这只"狼"跑来破坏我们的市场经济的建设事业。

(原载《社科信息》1993年第4期)

提高经济增长质量迫在眉睫

提高经济增长质量,转换经济增长模式,切实把经济建设转移到依靠科技进步和劳动者素质的轨道上来。这在全国是迫在眉睫,在江苏更是迫在眉睫。

本来,经济增长和经济发展并不是同一个理论概念。经济增长是指一定时期人均实际产出的增长,也即一定时期实际货物和劳务产出的增长;而经济发展具有更广泛的涵义,是指随着经济增长同时出现了经济结构、社会结构、政治以及人民生活质量的变化和提高。低效、无效的增长往往会成为"有增长而无发展",我们争取是"有发展的增长"。

提高经济增长的质量,首先是提高投入产出的质量。把低效增长转换为高效增长。这是提高增长质量的首要目标。建立在低消耗、高效益基础上的高速度才是真正的快速增长。而不惜牺牲效益的高速度是我们的致命伤。

在现实经济生活中值得注意的是:其一,经济增长的消耗高、效益低。当前全社会物耗率高达72%。我们每单位国民生产总值消耗能源相当于日本的5.6倍、美国的3.6倍、韩国的2.9倍。劳动生产率仅占美国的1/10。我们工资水平虽然不高,但由于劳动生产率低,因此单位产品的工资含量,相对来说并不算很低。其二是我们效益滑坡。江苏的增加值率,即增加值与总投入之比,1992年比1987年下降5.98个百分点;中间投入产出率,即中间投入与总产出之比,1992年比1987年下降13.9百分点;产值利税率下降3.13个百分点,资金利税率下降13.15个百分点。这里固然有拨改贷、财税体制改革、减免减少,以及通货膨胀等等因素,从而增大了下滑的幅度。但总的来看,下滑的趋势是存在的。建立在低效益基础的经济快速增长,不可能是持续、健康的增长。

提高经济增长质量,要依靠科技进步,不断提高要素综合利用的质量。把粗放的发展方式转换为集约的发展方式,是经济与科技紧密结合基础上的增长。

"科教兴省"已是江苏的立体战略。进一步推进科技进步,江苏要充分运用已形成的优势。一是高新技术产业开发区和火炬带的优势。在发达国家,科技园区已成为加快高科技产业发展,使科研成果尽快地转化为生产力的阵地,很多高新技术都是在科技园内研制成功的。江苏也应该运用开发区的体制优势、政策倾斜和优惠条件,以及信息畅通、设备齐全的优势,让开发区和火炬带成为大专院校、科研机构与企业相结合,教育、科研、开发相结合的最佳基地。二是企业与大专院校科研机构已形成密切联系的优势。企业是技术创新的主体。企业生产经营的导向,总是要从资源导向→市场导向→科技导向。实行科技导向,其开发将是无限的,不仅是适应需求,还可以发掘潜在的需求,创造新的需求,可以持续地保持较大的市场占有率。江苏的企业,尤其是乡镇企业发展起来以后,已同大专院校、科研机构建立了各方面的联系。今后的发展,一方面是在大型企业和企业集团发展中,建立企业自己的科研机构,也鼓励科研机构直接进入企业或企业集团成为技术开发中心。中小企业、乡镇企业,既要依托科研机构,又要依靠大中型企业和企业集团,也可以建立行业技术开发中心,推动经济和科技进一步相结合。

提高经济增长质量,从运行上来说,是要经济在必要的平稳度、少波动之下的增长,是低通货膨胀条件下的增长。经济增长不能经常被大起大落所打断,被高通货膨胀所吞噬。我们经济的发展总是非均衡到均衡的交替,经济周期波动是一个规律性的现象,但是要尽可能避免过大的起落,持续的快速增长是以必要的平稳度为前提的。1992年一年多的高速扩张,现在需要三年以至更长一些时间的"软着陆"来实现

"平稳回落"。

经济过热,必然伴随着高通货膨胀。它不仅腐蚀经济建设的成果,而且带来社会的不稳定,快速增长必须与通货膨胀合理地组合。高速度与高通货膨胀的组合是不可取的,低速度与零通货膨胀也不利于经济的增长,应该是适度增长与轻微通胀的组合。日本和"四小龙"发展的经验,都说明了这是提高经济增长质量不可忽视的问题。

提高经济增长质量。在经济循环上来说,要提高流通和服务的质量。现在市场和流通还是亟待解决的大问题。这实质上是,建设社会主义市场经济,究竟要选择什么样的流通模式。参照市场经济国家较为成熟的经验,一般是:① 农副产品的商流方式,是经过类似农协的中间组织,把分散的农户的产品集中起来,经过加工、包装集中到批发市场,再经中间批发商到零售商,而后到用户。② 日用工业品大量的是采用超市或联营超市、连锁商店、购物中心方式。这被称为消费方式和零售形式的一场全新的革命。③ 生产资料,大部分采用直供、配送、代理、买断等方式,同样要经过批发商、代理商和零售商。工厂自销比重不宜太大,否则会影响国民经济的分工和整体效率。参照这些办法建立适合市场经济的商流、物流方式,将有助于经济的良性循环。

资金的循环,现时过大的债务链对资金正常循环是很大的困扰。今年1—2月应收账款高达655.3亿,比去年增加23%。资金循环一个值得注意的问题,是"负债经营"必须有度。企业资产负债率以多大为宜,现在国有企业大致上是75%左右。日本在80年代企业资产负债率也曾达到77%,但很快降低到60%左右,美国企业资产负债率更低,大约在47%上下。主要工业化国家,一般在45~60%。我国资本周转较慢,资金效率低,资金运作质量差,应以低于50%为宜。债台高筑,企业承受不了,银行被企业的呆帐坏帐拖累,银行也受不了。

提高经济增长质量,要提高产业素质、优化经济结构,是结构合理化和加速产业升级基础上的增长。优化结构在根本上也即优化资源的配置和动员,形成经济增长新的推动力。经济增长,总是总量与结构互为作用。江苏70年代中期至80年代中经济总量的迅速增长,一个重要因素是非农化、乡镇企业的发展,大大释放了结构生产力。当时的注重外延为主的总量增长尚不失为促进经济增长的有效手段。现在江苏已有一个相当大的社会供给量,经济新的增长必须依赖结构向更高层次的转换。三次产业的合理化,已引起各方面的重视。更需要重视产业升级和产业素质的提高。这既包括规模经济的发展,规模化和集团化,又包括产业的高加工度和高附加价值,以及高新技术产业比重的增加。江苏已处于经济结构高转换时期,经济快速、持续增长和提高效益,必须依靠结构转换和产业升级,依赖具有高于平均增长率的新兴产业的支撑。

提高经济增长质量,也包括提高经济与环境保护协调的质量。高质量的经济增长,要与环境保护相互协调,相互促进,是保护环境和维护生态平衡基础上的增长。不能再走"先发展、后治理",以牺牲环境谋求发展之路,这只会付出更大的代价。应该以防为主、防治结合,多发展低害、无害的新工艺、新技术,在经济发展的同时,也保持一个适宜于人类的良好环境。

(原载《新华日报》1995 年 7 月 21 日)

资源市场化配置和进入壁垒

所谓市场进入壁垒,是指新办企业或转产企业,并不是可以无条件地进入特定的行业和特定的市场,而是要克服许多障碍才能获得市场准入。新进入企业与老企业相比,在进入市场上往往有许多不利的条件,老企业可以凭借自己已有的种种优势,在生产规模、融资投资、营销费用、生产成本等等方面设置障碍,形成进入壁垒,提高市场的"进入门槛",让新进入企业跨不过去。

在市场经济比较健全的条件下,新进入企业的市场进入主要由市场筛选,进入壁垒的设置主要是市场主体——企业的行为。我国目前市场发育不足,存在着市场缺损,要防止过度进入和过度竞争,需要行政壁垒、经济壁垒与法律壁垒同时并用,或是放大进入壁垒,或是平抑进入壁垒,以适应各个时期经济发展的需要。

进入壁垒是一把"双刃剑"

我国市场体系正在发育之中,为了形成全国的统一市场,需要破除各种市场壁垒、特别是人为的市场壁垒的梗阻。因而,一般对市场壁垒持批判的态度。实际上,市场进入壁垒是一把"双刃剑",它具有二重作用,只要运用得当,就可以发挥它应有的正面效应。

市场进入壁垒,主要包括:

——规模经济壁垒。规模经济的形成,可以凭借其大规模生产的优势,提高市场"进入门槛",放大进入壁垒,使那些规模小,也即规模不经济的企业在进入门槛前畏缩不前。

——必要资本壁垒。形成一定的生产能力,必须具有最低限度的资本金,必要资本量愈大,进入壁垒就越高。原有的一些企业也可以凭借其雄厚的资本和融资信用,对新进入企业构筑进入壁垒。

——绝对成本壁垒。规模经济、专业化生产和新技术的应用,都可以大大促进劳动生产率的提高,大幅度地降低生产成本。这类生产在竞争中往往会凭借自己产品劳动耗费低于社会平均劳动耗费的优势,把降价作为"杀手锏",实施反进入操作,为新进入企业的进入设置障碍,遏制竞争对手对市场的争夺。

——产品差别壁垒。产品质量愈高,品种愈多,新产品开发周期愈短,市场覆盖率愈大。原有的企业可以运用已有的优势,提高产品档次和加快新品开发,以及产品销售上的优势,对新进入企业筑起较高的进入壁垒。

进入壁垒的存在,从负面效应来看,它可能形成垄断,抑制竞争,造成价格的扭曲和市场的分割。在我国存在的所有制壁垒,还会妨碍横向经济联系和专业化协作。但是,一定高度的进入壁垒,也有它的正面效应。它可以使产业集中度提高,防止低效率的小企业的进入,有利于规模经济的形成与发展;它可以推动产品质量、档次的提高和新产品的开发,推动产品的多样化和异质化,提高社会产品的效用;它可以促进生产的社会化和专业化,阻止过度进入引起的低水平重复,进入壁垒机制的健全,会比计划经济下项目审批更有效地防止重复建设和重复引进。所有这些作用,实质上是有利于资源向规模经济、专业化协作和高新技术产业的配置和转移,从而降低资源重新配置的成本,提高社会资源优化配置的效率。

对进入壁垒的运用,各个时期有不同的着重点。一般来说,在工业化的初期阶段,特别是农村劳动力向二、三产业转移期间,宜干降低进入壁垒,促进企业的进入和经济的发展;而在解决低水平重复和企业过度进入,发展规模经济过程中,应该适当放大进入壁垒,以利于产业集中度的提高和专业化协作的发展;规模经济有了长足进展,产业结构进一步合理化、高度化之后,重点应转向防止垄断和不公平交易,保护有效竞争。

　　健全进入壁垒机制,对江苏之所以重要,正是因为江苏经济的发展已经到了一个转折关头。产业升级的滞后,在强惯性影响下追求产值的数量型发展模式转变的迟缓,已从多方面影响江苏经济迈向新的台阶。80年代以来,江苏在加速发展的同时,也从各方面推进结构的转换。通过适应性调整与开拓性调整相结合,基础工业得到加强,产业的技术水平和整体素质都有了提高,产品的技术含量有所增加,新兴产业已有电子信息、机电一体化、生物技术、新材料等重点领域初具产业雏形。但也不能不看到,江苏的一般加工工业摊子很大,而产品水平不高,附加价值平均不到20%;江苏工业在国民收入中比重超过60%,但技术装备和工艺水平不高,达到国际先进水平的只占7%,达到国内先进水平的占23%,低于全国35%的平均水平,技术开发能力不强,科技成果转化为生产力周期长、效益低;江苏虽较早地组建企业群体和企业集团,但企业组织程度仍然偏低,每个企业拥有固定资产原值仅230万元,也低于全国平均水平;而低水平重复,地区结构趋同,重复建设屡戒不止。因而,在现阶段,江苏需要认真解决工业生产中仍占很大比重的小而散、小而全、小而低的低水平重复的问题,解决低档次、低附加价值、低市场覆盖率和高能耗、高物耗、高污染的问题。江苏已确定了以"调大、调高、调优、调外"作为优化产业结构的目标。调高,发展技术进步和高新技术是核心,而调大,发展规模经济、组织专业化协作,则是转换结构的突破口,它可以大大促进向优调和向外调的发展。在这样情况下,进入壁垒就有它的特殊作用,不仅矫正新办企业的进入行为,也规范现在的企业的转产和改造。尽可能地运用进入壁垒这个武器,可以加快产业结构的优化和高度化。

经济壁垒·行政壁垒·法律壁垒

　　上述企业在市场竞争中,由市场筛选、淘汰所形成的进入壁垒,一般属经济性壁垒。经济性进入壁垒在市场经济条件下对企业进入起着决定性的作用，但在计划经济条件下，或市场体系尚不健全的情况下，这种本应由市场承担的职能，却不得不由政府来承担，由政府建立行政性壁垒来左右企业的进入行为。当然，即使在市场经济条件下，经济壁垒并不绝对排斥行政壁垒，政府仍可以通过一定的符合市场经济运行规律的行政壁垒，进行必要的行政干预。但是，在市场经济中，更为有效的是构筑法律壁垒。法律性进入壁垒，更能与经济壁垒相融合，引导和矫正企业的进入行为，降低进入成本。

现行的行政进入壁垒，主要是运用项目审批制度。各种建设项目，各类企业的进入，都要按照一定的限额分级由政府或主管部门审批。投资项目符合行政有关规定的，即可获得批准进入市场；不符合有关规定的，就跨不过行政进入壁垒而被取消进入市场的资格。行政壁垒的建立，对防止过度进入，避免重复建设、重复引进，限制盲目投资有它积极的作用。问题是随着项目审批权力的层层下放，已与地方利益和地方政府领导人任期、政绩密切联系在一起，而在现行体制下，解决经济发展、劳动就业和财政收入问题又具有很大的刚性，因而以审批为主要手段的行政进入壁垒，往往已不起限制重复建设和过度进入的作用。行政进入壁垒的紊乱，已使它蜕变为追求产值、铺摊子，保护本地落后工业的手段，不是结构优化而是结构雷同。行政壁垒又往往根据不同时期不同政策出发，松紧不一，常常使规模经济、重大项目建设面临重重困难，而中小项目和短平快项目却一路绿灯。

在改革不断深化的情况下，现有的行政壁垒要适应市场经济的要求，逐步加以改造，把项目审批改为项目审议，组织有关部门和社会人士对各类项目进行广泛的审议，审议结果不是强制企业执行，而是对企业进行诱导、劝告和提供信息，由金融、财政、外汇等部门优先给以扶持。这实质上是淡化行政壁垒的刚性，把行政的硬壁垒改为软壁垒，从而放大经济壁垒的作用。

在弱化行政壁垒以及经济壁垒正在健全的过渡时期，构筑法律性的进入壁垒就显得十分重要。固然，法律性壁垒在现行条件下，也会碰到有法不依、执法不严等等情况,但是法律性进入壁垒既有它的权威性、强制性,又有它的合理性和公正性,为企业进入创造公平、公正的条件。这样,就像目前许多经济活动、经济纠纷转向依靠法律支持一样,法律性进入壁垒将会愈来愈增强自己的作用,与经济壁垒一起,规范企业的进入行为。

构筑法律性进入壁垒

构筑法律性进入壁垒,可以是在有关法规和条例中作出规定,也可以是制定专门的法规与条例;可以是一般产业的进入法规,也可以制定特定产业的进入法规。这样,就围绕进入壁垒,形成一个法律群。我国近年来制定的《反不正当竞争法》、《产品质量法》和《消费者权益保护法》,三法各有侧重,但都是贯穿了正常市场秩序,保护公平竞争。促进和规范企业和经营者的文明行为,开展正当竞争,也是国家以法律手段规范市场行为,发育市场竞争的重要手段。这都为引导和矫正企业在市场竞争中进入行为创造了必要的法律环境。

产业进入法规,日本在经济高速发展中,曾制定过许多有关法规,一般的产业进入法规有"企业合理促进法",特定的产业进入法规有"钢铁和煤矿合理化实现纲要"、"汽车工业振兴法"、"机械工业振兴法"、"电子工业振兴法"、"航空工业振兴法"、"造船法",等等,这对日本产业结构的调整和产业升级都起过很大的作用。江苏可以从自己实际出发,制定乡镇企业合理促进法和新兴产业振兴法一类条例,促进这些为产业合理化发展。

江苏在构筑法律性进入壁垒中,着重是加快企业组织结构和转换,发展规模经济和专业化协作;促进科技进步、加快产业升级的步伐。构筑法律性进入壁垒的主要内容有:

——鼓励规模经济的发展。在有关条例和产业进入规定中,明确规定项目规模的标准,鼓励企业集团、大公司、大商社的发展,促进实现规模经济效益,限制规模不经济的企业进入市场。不同产业有不同的技术特点,其企业规模也不相同;在不同的发展时期,由于技术水平的差异,最低的规模限额也有一定的差别。对电力、石化、钢铁等等规模效益极为显著的装置型产业,应规定最低规模限额,鼓励实现规模经济;对家电、机械、汽车、电子等组装加工型产业和纺织、塑料等连续加工型产业,在鼓励发展规模经济的同时,也鼓励发展社会化专业化生产。

——鼓励专业化协作。江苏中小企业面广量大,中小企业数量占企业总数的97%,产值占83%,小而散、小而低的情况仍严重存在。针对这一情况,有关法规和条例,应在鼓励规模经济发展的同时,也大力提倡发展专业化协作。发展规模经济是一项系统工程,要以大企业、大集团为核心,根据各类企业的关联度和相互依存、相互作用的关系,把众多的中小企业组织起来,组合成一个专业化协作的网络。这种网络在日本经济起飞中曾起过很大的作用。日本以大公司、大商社为核心,网络众多中小企业形成的"金字塔"式的企业体系,已经把66.5%的中小企业纳入了专业化协作的行列。江苏企业集团的协作网络,只组织了大约5～6%的中小企业,发展专业化协作还有相当大的潜力。应通过法律性的推动,促进中小企业的专业化生产和专业化协作。

——鼓励企业进入的创新。法律性进入壁垒也应包括促进企业产权组织形式的创新,企业变更、合并、退出方式的创新。以及企业与政府关系的创新。我国已颁布的公司法,就是运用法律手段推行现代企业制度的实施。公司法是实体法与程序法相结合的法律规范,今后新企业的进入,老企业的改造,都提倡以公司法的有关规定进行创新。在规模经济和专业化协作的发展中,也倡导方式上的创新。收购的吸收式兼并并不是最节俭的形式,而控股式兼并,控股、参股则是形成以大企业为核心的专业化协作网络的更好形式。既可以是横向持股,更提倡纵向持股的发展。或者是全资办子公司,或者是控股形成子公司、孙子公司,或者是进行参股,这样可以更快地在核心企业周围,形成不同的组织层次,即紧密层、半紧密层、松散型的"金字塔"型的网络。

——鼓励技术进步。优胜劣汰的竞争机制,迫使企业不得不运用技术进步这个法宝。但在我国现行条件下，还存在许多非经济因素竞争，企业的生存与发展，往往不主要取决于技术进步，而往往取决于"父爱"和政策的支持，因而存在着反技术创新的倾向。需要有法律性的进入壁垒，在有关法规和条例中，从不同产业出发，制定不同的技术标准，鼓励企业超过行业标准、国家标准和国际标准。特别对中小企业，应明确其专业化、现代化的发展方向，逐步提高技术水平，淘汰落后设备、落后产品，防止设备简陋、技术落后企业的进入，促进已有企业的技术更新和技术改造。

——鼓励公平竞争。条块分割、地方保护主义现在仍严重存在，地方利益越狭窄，行政壁垒所造成的地区封锁危害也越大，这必然造成进入壁垒的紊乱与失效。打破地区分割，抑制低水平重复，必须依靠市场竞争。我国已颁布的《反不正当竞争法》，从各方面为公平竞争和维护市场竞争秩序作出了法律规定，特别是设立了反对地区封锁的条文，明确地将地区封锁、地方保护主义行为规定为违法行为，这对开展竞争，使企业在竞争中运用经济性进入壁垒保护自己，创造了更好的法律环境。鼓励竞争，也有一个垄断与竞争相结合的问题。即鼓励规模经济的发展，也对其垄断作必要的限制，以保持竞争的活力。

（原载《江海学刊》1995年第4期）

记连云港"龙型经济"的发展

一个符合实际的发展模式

一个正确的思路，或者说一个符合实际的发展模式，会影响和决定一个区域相当时期的发展状况。这就是战略思路、战略指导思想价值之所在。

连云港的同志千辛万苦探索自己的发展模式。苏南模式、珠江三角洲模式、温州模式都有它的灿烂之处，但比来比去，还是资源型龙型经济的发展，更适合苏北农村的实际。连云港同志深切地体会到，尤其是这几年，这种发展模式不受经济周期缩小和回落的影响，而抓住了农业升温的机遇。发展多种经营及其加工所需资金也少，盘子小也可以取得高速的运转。连云港近年增长名列全省前茅，是同这种"避锐就易"、善于抓住机遇的运作方式分不开的。

建立完整的"龙型"产业链

所以说连云港这种模式有它更深刻的意义，就是说农工商、产加销一条龙，这是农业产业化的发展。所谓农业产业化，就是改变过去农业经济生产、加工、购销、服务各个环节分离的状况，把农业再生产的各个相关环节有机地联为一体，构成一个完整的"龙型"产业链。这是迈向农业现代化的一个必然的选择，是农业发展程度的一个标志。

形成"龙型"产业链的几个关键是:

一、龙头企业:这是龙型经济的火车头,是产业链要害的一着。连云港已有各类龙头企业近千家,千万元产值以上骨干龙头企业124家。不仅东海、赣榆龙头企业在发展,现在仍是扶贫县的灌云,也有了很好的发展。

连云港发展龙型经济不仅面向国内市场,而且运用开放和区位优势,一开始就面向国际市场。"如意"食品有限公司和赣榆的"绿穗"蔬菜食品公司,都引进蔬果新品种,进行专业化生产、加工,销往国外市场。海苑工艺品公司适应国外"返朴归真"的爱好,加工和组织大批的柳编制品出口。赣榆紫菜生产、加工、出口。中韩合资的金五食品有限公司,在东海、赣榆消化了大量农户"卖难"的山芋,加工成粉丝返销韩国。正如东海同志所说的:"瞄准城里人的嘴可以赚钱,瞄准外国人的嘴可以赚大钱",既发展了创汇农业,又可以更迅速地提高加工企业的水平。

连云港不仅着重发展农副产品和矿产品的产业化,也不排斥在粮棉加工和产业化发展上有所突破。突出的是灌云的"棉花经济城"。这是农业部特批的为繁育棉花良种而建立的棉花开发公司,它集良种繁育、肥料供应、技术服务以及加工、销售于一身,形成了一个完整的产业链,成为年产值4000万、利润230万元的高层次产业化企业。

现在,连云港正着力提高龙头企业的质量和强化行业协调、行业管理。全市正在集中力量培育20家国内外市场销售前景好、经济效益高的龙头企业,成为规模化的骨干企业或企业集团。这是提高企业素质的一个方面。再一个是开发名特优产品,提高企业的科技水平和加工深度。为了防止过度竞争,正在加强行业管理和行业协调,进行必要的市场分工、产品分工,特别是一致对外,防止肥水外流。在此基础上,逐步通过联合和股份合作,发展集团化生产。

二、中间组织:这是联结农户与市场、农户与公司的桥梁。形成完整的龙型产业链,中介组织是不可或缺的纽带。这些中介组织包括社区的农服公司、多服公司、专业协会、农民合股的销售、服务组织,等等。通过这些中间组织提高农民组织化的程度,把超小型的家庭经营化为现代化商品生产的组成部分,更好地解决小生产与大市场的矛盾,增加社会有效供应与增加农民收入的矛盾。

东海县在建立"龙型"产业链过程中，基本联结方式是公司＋农户和市场＋农户，科技服务体系＋农户、大户带农户，实际上是上述联结方式的组成部分。公司＋农户是把技术、信息、购销等服务体系和这些中介组织纳入公司组织之中，市场＋农户则是中介组织一头联市场，一头联结农户。健全中介组织，农村供销社原来是这样为农民服务的组织，但现在行政职能过多，历史包袱又过重，不经改造似难以担此重任。农服公司、多服公司、专业协会同农民比较贴近，但最好象多种经营发展比较先进的市县那样，进行股份合作式的改造，以服务体系的积累和农民入股组织成为保护农民利益的组织，或发展农民入股自办，不以盈利为目的，直接代表农民利益的农民自组织，推选自己的带头人。这可能是比较理想的带领农民进入市场的通道。所有这些中介组织可以在竞争中发展，谁能更好地服务农户，衔接生产与流通，降低交易成本，谁就应该得到优先的发展。

赣榆比较强调公司或市场基地，再由基地带农户，把中介组织寓于基地之中。基地建设，也是龙型经济的重要组成部分。这是农副产品在区域层次上的集聚。连云港各县区都重视根据不同特色发展区域化生产。这里值得注重的是，一个区域化生产的形成和巩固，必须有强大服务体系等中介组织的支撑。日本的"一村一品"就是建立在农协强大服务体系基础上的。这对我们来说，也是一条重要的借鉴。

三、形成利益共同体：这是龙型经济的重要特征。从龙头到中介组织到农户，把整个产业链联结成一个利益共同体，平衡产加销各业利益，减少中间环节和降低交易成本，增强产业的合力，这是龙型经济的重要特征，也是它的精髓之所在。

连云港市的龙型经济正在沿着利益共同体的路子前进。形成风险与利益共同体层次最高的是"棉花经济城"。棉花开发公司对繁育良种的农户每人补助30元，每担籽棉补助1元。对中介组织四级网络服务体系，在良种销售利润中提取一定比例予以补贴，并按每斤补助0.1元作为村组活动费用，这就结成一个共荣互补的利益共同体。以商贸为龙头的柳编制品出口创汇大户海苑工艺品公司,其凝聚力也来自利益共同体。公司本身负责设计与对外销售,而在苏鲁农村广设加工网点,公司联系60个头(中介组织),并由他们联结千家万户。公司承担风险,保证农户利益,并随行就市,该提价的提价,公司多盈多让利,少盈少让利。企业有很高的资信度,因而广收货源。邻省有些县区曾设卡限制货源,老乡则大路不通走小路,汽车不通毛驴驮。如意集团公司也采取了引进国外优良品种,组织农民进行区域化种植,公司为农民提供技术服务,并保证收购,实行保护价。对作为中介组织的农技站,也按收购总值提成予以补助。

形成利益共同体的一个关键是龙头企业有较为强大的经济实力,一般的规模较小的企业一时还难做到这一点。但随着规模化、集团化的发展,利益共同体的层次将不断提高。龙型经济就是改变以往多了砍、少了赶,把全部风险都转嫁给分散的、无组织的农户身上的经营方式。现在,西方的现代企业都在倡导"超越利润的观念",即企业不仅要盈利,而且要尽可能地造福社会。作为社会主义的龙型经济、龙头企业更应造福群众,与农民共命运,同兴衰。

四、培育农副产品专业批发市场。发展多种经营,相应地需要农副产品市场的发展。发展专业批发市场,是建设农副产品市场体系的中心环节。龙型经济的发展,无论是公司或者农户与外部的经济联系都需要市场这个阵地,从市场取得信息,从市场吸引资源。连云港设各类市场200多个,但其中层次较高、营业额超亿元的只有8个左右。包括东海的水晶城(水晶市场)、赣榆沙河粮油市场、市区农副品蔬菜批发市场、海州小百货市场等等。市场作用如何,关键在于一开始就重视市场的规范和管理。良性市场对企业和整个经济都起着强大的推动作用,而劣质市场却往往腐蚀和败坏市场经济的运作。连云港在今后市场培育中,将一开始就建立有效的管理法规,加强调控,鼓励和规范竞争,惩罚非法行为,突出优胜劣汰,更健康地推进农村市场化发展。

(原载《江苏经济》1995年10月10日)

提高经济增长质量是当务之急

提高经济增长质量,转换经济增长模式,切实把经济建设转换到依靠科技进步和劳动者素质的轨道上来,这是当务之急。我省在提高经济增长质量上已经做了许多工作,也取得了成效。但也应看到,到目前为止,我们并没有完全摆脱原有的增长格局,仍然存在经济增长质量不高的问题。

提高经济增长质量究竟包涵哪些基本内容?从江苏来看,又要抓住哪些基本环节呢?

经济增长和经济发展并不是同一个概念。经济增长是指一定时期人均实际产出的增长,也即一定时期实际货物和劳务产出的增长;而经济发展具有更广泛的涵义,是指随着经济增长同时出现了经济结构、社会结构、政治和人民生活水平的变化和提高。低效、无效的增长往往会成为"有增长而无发展",我们要的是"有发展的增长"。从这个前提出发,提高经济增长质量应该包括以下一些基本内容:

1. 提高经济增长的质量,首先要提高投入产出的质量。把低效增长转换为高产增长,这是提高增长质量的首要目标。建立在低消耗、高效益基础上的高速度才是真正的快速增长,而不惜牺牲效益的高速度是不可取的。

在现实经济生活中值得注意的是:其一,经济增长为消耗高、效益低。我国每单位国民生产总值消耗能源相当于日本的5.6倍、美国的3.6倍、韩国的2.9倍。劳动生产率仅占美国的十分之一。我们工资水平虽然不高,但由于劳动生产率低,单位产品的工资含量,相对来说并不算很低。其二效益滑坡。江苏的增加值率(即增加值与总投入之比)、中间投入产出率(即中间投入与总产出之比)、产值利税率、资金利税率等,都比过去下降,这里固然有拨改贷、减免减少以及通货膨胀等等因素,增大了下滑的幅度,但总的看来,下滑的趋势是存在的。建立在低效益基础上的经济快速增长,不可能是持续、健康的增长。

2. 提高经济增长质量,要依靠科技进步,不断提高要素综合利用的质量。把粗放的发展方式转换为集约的发展方式,使经济在与科技紧密结合的基础上增长。

"科教兴省"已是江苏的主体战略。进一步推动科技进步,江苏应充分运用已形成的优势:一是高新技术产业开发区和火炬带的优势。在发达国家,科技园区已成为加快高科技产业发展、使科研成果转化为生产力的阵地,很多高新技术都是在科技园内研制成功的,江苏应运用开发区的体制优势、政策倾斜和优惠条件,以及信息畅通、设备齐全的优势,使开发区和火炬带成为大专院校、科研机构与企业相结合,成为科研、开发相结合的基地。二是企业与大专院校科研机构已形成密切联系的优势。企业是技术创新的主体。企业生产经营的导向,总是要从资源导向——市场导向——科技导向。实行科技导向,不仅是适应需求,还可以发掘潜在的需求,创造新的需求,可以持续地保持较大的市场占有率。江苏的企业,尤其是乡镇企业发展起来以后,已同大专院校、科研机构建立了各方面的联系。今后的发展,一方面是在大型企业和企业集团发展中,建立企业自己的科研机构,也鼓励科研机构直接进入企业或企业集团,成为技术开发中心。中小企业、乡镇企业,既要依托科研机构,又要依靠大中型企业和企业集团,也可以建立行业技术开发中心,推动经济和科技进一步相结合。

3. 提高经济增长质量,从运行上来说,是要经济在必要的平稳度、少波动之下的增长,是低通货膨胀条件下的增长。经济增长不能经常被大起大落所打断,被高通货膨胀所吞噬。我们经济的发展总是非均衡到均衡的交替,经济周期波动虽是个规律性的现象,但是要尽可能避免过大的起落,持续的快速增长是以必要的平稳度为前提的。

经济建设,必然伴随着高通货膨胀。它不仅腐蚀经济建设的成果,而且带来社会的不稳定。快速增长必须与通货膨胀合理的组合。高速度与高通货膨胀的组合是不可取的,低速度与零通货膨胀也不利于经济的增长,应该是适度增长与轻微通胀的组合。

4. 提高经济增长质量,在经济循环上来说,要提高流通和服务的质量。建设社会主义市场经济,究竟要选择什么样的流通模式,参照国外较为成熟的经验,一般是:① 农副产品的商流方式,是经过类似农协的中间组织,把分散的农户的产品集中起来,经过加工、包装集中到批发市场,再经中间批发商到零售商,而后到用户。② 日用工业品,大量地是采用超市或联营超市、连锁商店、购物中心方式。这被称为消费方式和零售形式的一场全新的革命。③ 生产资料,大部分采用直供、配送、代理、买断等方式,同样要经过批发商、代理商和零售商。工厂自销比重不宜太大,否则会影响国民经济的分工和整体效率。参照这些办法建立适合市场经济的商流、物流方式,将有助于经济的良性循环。

资金的循环,现时过大的债务链对资金正常循环是很大的困扰。资金循环一个值得注意的问题,是"负债经营"必须有度。企业资产负债率以多大为宜?现在国有企业大致上是75%左右。日本在80年代企业资产负债率也曾达到77%,但很快降低到60%左右。美国企业资产负债率更低,大约在47%上下。主要工业化国家一般在45～60%。我国资本周转较慢,资金效率低,资金运作质量差,应以低于50%为宜。债台高筑,企业承受不了,银行也受不了。

5. 提高经济增长质量,要提高产业素质,优化经济结构,使之在结构合理化和加速产业升级的基础上增长。优化结构从实质上讲也即优化资源的配置,形成经济增长新的推动力。经济增长,总是总量与结构互为作用。江苏70年代中期至80年代中经济总量的迅速增长,一个重要因素是乡镇企业的发展,大大释放了结构生产力。现在江苏已有一个相当大的社会供销量,经济新的增长必须依赖结构向更高层次的转换,更需重视产品升级和产业素质的提高。这既包括规模经济的发展,规模化和集团化,又包括产业的高加工度和高附加价值,以及高新技术产业比重的增加。江苏已处于经济结构高转换时期,经济快速、持续增长和提高效益,必须依靠结构转换和产业升级,依赖具有高于平均增长率的新兴产业的支撑。

  6. 提高经济增长质量,也包括提高经济与环境保护协调的质量。高质量的经济增长,要与环境保护相互协调、相互促进,是保护环境和维护生态平衡基础上的增长。不能再走"先发展、后治理",以牺牲环境谋求发展之路,这只会付出更大的代价。应该以防为主,防治结合,多发展低害、无害的新工艺、新技术,在经济发展的同时,也保持一个适宜于人类的良好环境。

  如何实现这一转换,各地经济发展所处的经济层面不同,突破点和生长点也都各异。几年来经济持续发展,也积累了不少矛盾。1995年仍是一个"软着陆"的年份,仍表现出平稳回落的运行特征。但无论如何,应做好如下几项工作:一是真正摒弃单纯数量上的攀比,而在提高经济增长质量上下功夫,在效益和实惠上做文章。干部考核,也应着重考核该地的经济增长质量。二是不能丧失时机。在我们现行的发展模式下,在经济扩张期,往往不容易进行调整和转换,而在经济周期平稳回落的过程中,可能是个机遇。中央加速技术进步的决定下达,我们要抓住时机,集中力量,进一步创造有利于科技进步的环境条件,推动经济发展真正转移到科技进步和提高劳动者素质的轨道上来。把科技推上经济建设的最前沿。三是不仅从本地区来考虑产业结构的调整和升级,而要拓开眼界,面向全省、全国,乃至国内外市场的竞争趋势,考虑产业的调整和优化,跨地区、跨行业、跨部门联合兼并,提高产业的竞争力,形成自己的优势产品和产业。

  江苏经济的发展正处于一个关键时期,迫切需要转换传统的经济增长方式。依靠科技进步,真正把着眼点放在提高经济增长质量上,就会无负于自己的历史使命,无愧于我们的时代。

(原载《江苏改革》1995年第11期)

转换经济增长方式的五个楔入点

转变经济增长方式的重要性不言而喻,但如何推动转变的深入发展,以期取得实质性的成效,却需要认真思考。我认为转换经济增长方式可有五个楔入点。

楔入点之一:建立新的投资机制,力争资源的优化配置和有效利用

在现行体制下,投资膨胀往往是通货膨胀和经济波动的主要根源。投资结构不合理,资源利用效率不高,尤其是1992年以来投资外延趋势的明显上升,又使结构调整步履维艰。然而现在投资的调控十分困难,原来使用的项目审批、直接控制为主的办法实际上已经失灵,江苏县区又有相当大的自主权,基建投资、重复建设谁也不愿意停止,能卡住的只是一些大型的基础设施。从资金上说,社会资金也难以管住,能纳入银行和财政范围的也不过占社会总资金40%左右。因此,要提高经济增长方式和增长质量,首先就要抓住资金源头,形成新的投资机制,向宏观产业政策调控、引导和运用金融这一调节的主导机制,以及财政调节相结合的路子发展。

"九五"时期,就其要点而言:① 强调产业政策的严肃性,变事后调节为事先调节。弱化政府直接调控并不是不要政府的政策调控,尤其是产业政策的调控。听任重复建设的发展,实际上是否定政府的调控作用。今后对违反产业政策的行为,逐步做到除行政制裁之外,还要有经济和法律上的制裁。② 纳入银行规模和财政预算的资金,要集中投向技术改造、高新技术产业、农业交通基础产业和重点项目。"八五"以来投资规模过大,应该加以收缩,尤其限制楼堂馆所、娱乐场所之类的建设。为了增加地方调控能力,江苏除支持专业银行商业化,争取各类商业银行设立分支机构而外,要运用城乡合作银行多存多贷的作用,把资金投在刀口上。③ 发展资本市场,动员社会资金,解决长期投资的来源。仅仅依靠商业银行用短期贷款搞长期投资是危险的,世界各国都限制商业银行的长期投资,而以发展资本市场来解决。办法基本是两种:一是发展非银行机构,如投资公司、投资基金、保险事业,等等;一是发行股票、债券。日本主要是依靠前一种办法,而美国主要是后一种办法。"九五"期间,江苏应更重视非银行金融机构的发展,首选的是投资基金。国家对基金限制仍很紧,可先争取一批专业或行业基金,如苏州工业园区发展基金、高新技术发展基金、乡镇企业改造基金以及养老基金,等等。基金是把散户资金转化为投资最有效的办法。随着投资基金管理的规范化,管理人和托管人分开,专业管理、专家运行,也将有利于投资约束机制的强化。④ 投资主体的转换,让企业成为投资的主体和经济增长的主体。首先从大企业、大集团着手实现这一转变,以利于提高投资的回报率和回收率。

楔入点之二:转变国有经济的增长方式,构造高效运行的微观基础

江苏要从自己的特色,乡镇企业已是"三分天下有其二"的现实出发,既要加大国有企业的改革,又要积极规范和推动乡镇工业的改制工作,同时促进国有和集体企业的现代企业制度的建设。这个问题不在"九五"期间取得决定性的成效,我们将难以承受国际竞争的巨大压力。

当前要紧的是:① 债务重组。国有企业高负债率,生产经营困难,这种情况使产权结构变换、股份制改造、资产存量调整、再投资机制的形成都难以动作。现在规定的几种解决办法:兼并、破产冲销一块,"拨改贷"改为国家投资解决一块,但其数量都不大。"拨改贷"转股占企业负债率不过4%左右。最难以处理的是企业对银行巨额负债这一块,许多设想是新帐老帐分开,根据企业的不同情况,一部分可停息、免息或延长偿还期限,一部分可由投资银行或中介机构逐步转为资本投入。② 国有资产管理,上海与深圳都有经验可资借鉴。深圳的"三级授权经营"模式有它的长处,但在较大的区域操作起来可能有困难。上海模式可能容易一些,但也有"过渡"的性质。现在也有一种"杠杆转换"的设计,由国有资产管理机构委托给开放式共同基金的投资公司经营,好处是既解决财务重组,又可以更好地解决资金注入促进企业加快技术改造。但在目前条件下,操作亦很困难,现有比较薄弱的共同基金也难以担此重任。③ 乡镇企业近年来产权改革进展相当迅速。到1994年,实行公司制和股份合作制的已有20%,连同租赁、转让以及嫁接的已接近40%。如何规范、引导就更为重要。④ 产权交易市场或兼并市场等等,"九五"期间争取在规范化的基础上逐步发展,以利于资产存量的重组和规范"放开小的"的行为。

楔入点之三:以高科技推动产业升级,形成科技进步机制

当包括中国在内的"东亚奇迹"引起举世注目之际,美国教授克鲁格曼却认为"东亚无奇迹","奇迹是虚幻的","东亚各国靠投入而不是靠提高效率的外延式增长,不可能持久,迟早会走到自己的尽头。"虽然历史未必会按照克鲁格曼所预言的那样发展,但他这番话确有振聋发聩的作用。不大力转变经济增长方式,结果只能走向自己的尽头。科技进步将担起提高经济增长质量的重担,亚洲国家都醒悟到了这一点。马来西亚向"第五个小龙"冲刺,就是采用了"以高科技推动产业升级"这个武器。

经济发展要转到依靠科技进步和提高劳动者素质的轨道上来,也要突出以高科技来推动产业升级。这包括两个方面:培育高新技术及其产业,形成新的经济生长点;基本实现传统产业和农副产品加工业的高科技改造。

在具体操作上,一要充分运用高新技术产业开发区、火炬带和国家级经济技术开发区,以此作为载体,利用开发区的政策优势、体制优势和技术优势,既吸引国外的先进技术,也组织科研——生产一体化,进行自力更生的开发和创新。二要形成企业的技术进步机制。通过大企业的现代企业制度建设强化科技进步的动力,组建或与科研单位合建科技开发机构。大集团也承担着技术辐射的任务,推动网络在其周围的中小企业的专业化和技术水平的提高。

楔入点之四：利用外资要提高质量，实现五个转变

今后利用外资的重点是充实基础产业，推动高新技术产业的发展和加快传统产业的技术改造，壮大支柱产业，从而提高经济增长质量。但基础产业预期收益率低，外商不愿进入，高新技术产业也难以引进其核心部分。加之，过去使用的对外借款和直接投资的方式，由于我国经济实力的壮大，这些方式可能提供的资金越来越有限，优惠也更少。而我们面对的是一个庞大的国际金融资本，包括保险公司、养老金基金、投资基金，等等，要有本事同国际金融资本和跨国公司打交道，既要运用得当，又不让他们控制或在金融市场上兴风作浪。

要实行几个转变：① 利用外资结构要从劳动密集型为主向基础产业和资本技术密集型为主转变。② 从直接投资为主向更多地向海外资本市场融资转变。一批大的基础设施，如高速公路、长江大桥、港口，以及能源、石化、建材企业，已具备条件的可通过发行债券和股票向海外融资；机械、电子、汽车等支柱产业，可以合资合作，选择重点扶持的企业，优先向海外融资；尖端的高新技术产业，主要由国内企业搞，政府出面借贷或担保，筹集资金，企业自力开发。低盈利的农业项目和滩涂开发，或由政府担保或以更优惠的条件吸引外资参加。③ 从政策优惠逐步向重组开发区新的优势转变。对外资企业逐步实行国民待遇，这是必然的趋势。因此，开发区和开放地区都要注意重组新的优势，包括率先建立市场经济体制的优势、按国际惯例办事与国际贸易联系的优势、技术进步和高劳动者素质的优势，以及"无形资产"的优势，等等，保持自己的吸引力。④ 在外贸上要从创汇战略向创利战略转变，提高出口产品的附加价值和品质结构等。⑤ 从注重引进向引进与自我开发同时并重转变。引进与合资，主要目的还是为了发展自己，而不能听任洋货占领我们的市场。现在电脑、家电乃至日用品市场洋货充斥，保护民族工业已是一个值得注意的问题，要扶持民族工业，创自己的名牌。另一值得注意的问题，是政府投资主体弱化之后，政府采购将显得更起作用，政府在交通、邮电、电力等等基础设施建设中，以及办公电子设备、汽车的采购，应向国内成熟的产业倾斜，向民族工业，尤其是高新技术产业倾斜。世界各国,尤其亚洲许多国家如此,我们不能不予重视,以政府采购带头形成使用国货精品为荣,扶持民族工业为荣的社会风气。

我国的外资规模,1995年上半年已近千亿美元,占国内生产总值的比重为2.9%,仅仅略低于世界公认的3%的安全警戒线。所好外债债务率(外债余额与当年商品与劳务出口的外汇收入比)和偿债率(当年还本付息额与当年外汇收入比)还比较低,前者到1994年底为77.8%,低于国际标准警戒线100%,后者为9.1%,也低于20%的国际标准警戒线。但外资利用不能不更加慎重。最大的风险是低效率使用外资,如何提高外资使用质量更显得重要。

楔入点之五:增强可持续发展意识,建立可持续发展机制

跨世纪的价值取向,是从工业文明观到生态文明观的转变,以生态文明观对人类行为再调整,建立节约型生态化的生产力和生产方式,以确保可持续发展。

(原载《唯实》1996年第8、9期)

资产重组,资本运营与资本市场的利用

——资本运营和资本市场发育探索之二

资本运营,资产重组正在成为结构调整的主旋律

资产重组,越来越显示出它在结构调整中的重要作用。这是优化经济结构的金钥匙。无论是产品结构、产业结构的优化,或是企业组织结构的优化,地区结构的优化,资产流动重组都是最有效的杠杆。尤其是现存的庞大的国有资产存量,既是可以挖掘的潜力,又包含着很大的隐患。这里有相当大的凝固化的资产既不能保值增值,又要不断输血以维持其生存。这个深层次的矛盾得不到解决,企业亏损和经营困难,高资产负债率以及银行的信用风险等等一系列的纽结,也难以顺利地解开。而资产的流动和重组,就是要把凝固和僵化的资产存量盘活,使其向优势产业、优势产品流动,把无效、低效使用的资产变为有效、高效使用的资产,优化资源配置,形成新的生产力。

资产流动和重组,只有通过资本运营才能实现。也即以资本的价值形态为经营对象,通过兼并收购,参股控股,产权转让,股权交易等形式进行运营,使生产要素在企业之间流动和重新组合。资本运营,或曰资本经营,是企业经营的高级形式,在市场经济发达国家是应有之义,可在我们这里还是一个新课题。但近年来在保定和武汉首开先河以来,资本运营也有了迅速的发展,力度也在不断加大。出现了几个转化:由少数地区、少数城市向全国拓展;由本地区、本行业并购向跨地区、跨行业、跨所有制兼并发展;由一对一单个并购向一对多复合并购

发展；由产权转让向证券交易发展。资本运营是一根"魔杖"，使用这个武器，结构调整就会取得更大的成效。

上市公司可以获得巨大的资本扩张力

这是对有形资本市场的运用。资本市场包括股票市场、债券市场、黄金市场和金融衍生工具市场（期权、期货），首先是对股票市场的运用。资本运营或企业的资本经营，目标一般是两个：一是实现特定的融资目标，一是实现资产的扩张。而企业上市，往往是把两个目标融为一体。企业改造为公众公司上网发行股票募股，上市以后可以配股，这就获得了一般企业所不具备的资本扩张力，它最有进行并购的实力，可以进行高效的资产扩张。针对股票市场目前的运作情况，在股票市场的运用上特别要注意以下一些问题：

1. 对新上市公司要精心选择和包装上市。受发行额度的限制，能挂牌上市的公司毕竟是少数。所以要用好这个额度。在上市之前，或者是对公司内部资产进行有选择的重组，精心包装，或者是立足于产业和行业的带动作用，以骨干企业为核心，将关联大的一些企业的优质资产进行重组，包装成为具有一定规模、真正具有竞争力的公司。这样，上市一个公司就可以带动一片，形成一个联合舰队。这也可以大大改变上市公司的形象，优化上市公司的结构。

2. 已上市公司的规范化改组。对已上市的公司的评价，一般不应太高。我省有一批上市公司业绩良好，春兰、常柴还各为沪深证券交易所上市公司的优秀代表。但早期上市公司，由于当时的历史条件，或多或少存在着产业选择偏斜、资产规模偏小，精心包装不够，上市目标重筹资而忽视机制创新等等，需要结合当前的结构调整，着力转换机制，健全法人治理结构，从资产经营转向资本经营，重新进行资产组合，增强企业的竞争力。对少数面临淘汰、破产的"壳"公司，也要实施挽救措施。上市一个公司很不容易，既然有"壳"，可以由其他上市公司或非上市公司收购，也可以由国有资产经营公司买回，注入优质资产，重新予以组装。

3. 募股、"圈钞",要用在刀口上。上市募股,配股"圈钞",所筹集到的资金,是难能可贵的资本扩张力的财力基础。不能闲置不用,或炒股票,存银行吃利息,而应按照企业的发展战略,主要用于再并购和提高高科技的开发能力。一个上市公司不仅当前业绩要好,而且要求未来成长性强。上市公司转换机制、加强管理都很重要,但加速成长决定于是否善于选择时机,进行策划,进行再并购。而并购以后最为关键的是科技创新能力是否得到加强。抓住了这些关键,上市公司才能成为高成长性的公司。

4. 发展柜台交易,形成高效的市场格局。上海、深圳是第一层次的市场,还应该有地方性、小规模的第二层次的证券交易市场。世界各国绝大多数企业股一般都在柜台交易市场交易,到证券交易所挂牌的只是极少数。发展柜台交易势在必行。现在限制较严,可以先在一些中心城市试点和积极筹备,建立一些规范化的柜台(店头)交易,主要从事定向募集公司股票交易,使大量小企业的股票得以交易与转让。

5. 发展共同基金,把股市引向理性投资。我们的股市是年轻而不成熟的股市,存在过大的盲目性和投机性。发展共同基金(证券投资基金)是促进股市走向成熟的重要力量。这是一种通过集资来经营证券业务的组织,可以在自愿的基础上,以入股的方式组织共同基金,把股民分散的资金集中到共同基金公司,由专业人员和专家管理,入市交易,股民分享收益。基金由法律加以规范,并加强监督管理。这就可以大大减轻风险,而个人不再直接入股市,会有利于社会的安定。

无形资本市场的运用

1. 产权交易和产权交易市场。产权交易是不同于一般商品交易的复杂的交易活动。其对象选择、信用风险评价、方案设计、条件谈判、协调执行以及配套的融资安排,都有高度的技术性,不能简单地通过有形市场,而是要依靠专家来完成这些高度专业化的工作。现在已成立的一些产权交易机构,基本上是处于有场无市的状态。产权市场不能只看作是一个"场所",而是由一组规则(法律、规章、政策),一批组织(交易所、公司企业)和一系列产权交易活动构成的一套"机制"。所以现在更应注意规章制度的建立和交易活动的开展。产权交易方式,可以是场外交易,在企业之间直接完成,也可以进入交易市场,由多家买方互相竞争,或直接进行竞标拍卖,使资产价值更接近其实际市场价值。

2. 投资银行的运用。西方国家并没有专门的产权交易市场,企业并购都是通过投资银行来进行和完成的。投资银行充当筹资者和投资者之间的中介,一方面通过融资为收购者提供资金,一方面雇佣专人寻找可收购的对象。我们也应发挥投资银行这种作用。投资银行不只局限于证券承销发行业务,而应及时拓展企业并购、联合、重组等策略性业务。目前,可能是产权交易市场与投资银行共同在资产重组中发挥作用。今后,由于投资银行是许多基金的管理者、经纪人,作为银团贷款的中介,它会在资本运营、资产重组中后来居上。

3. 提高乡镇企业资本运营的质量。乡镇企业虽是市场经济的产物,但如何搞好资本运营(资本经营),同样是一个值得注意的问题。根据抓大放小的思路,乡镇企业通过无形资本市场进行兼并、产权收购、托管、出售、租赁、承包经营活动从未间断过。现在是从区域(市、县)战略目标出发,进一步提高资本运营和资产重组的质量,是为了提高规模经营水平,通过资本运营组成联合舰队;还是为了在合理分工的基础上,形成区域集聚的产业群、产品群;抑或是为了剥离部分业绩不佳的资产,集中力量搞好发展前景好的企业,等等,从战略重组的高度搞好乡镇企业的资本运营。

4. 营造资本运营的主体,这还是江苏的一个不可忽视的任务。江苏现时构建的资本运营主体,大体上是三种形式:一是以各专业主管局在改革体制中组建成的行业性资产经营公司,一是跨行业的资产经营公司,再一种是对一些大型企业集团实行授权经营。虽然主体营造还在发展过程之中,但已经证明,它比行政直接运营国有资本效果要好得多。从未来发展看,以真正作为市场主体的大型企业和企业集团作为运营的主体,才会有较高的运营效率;以中心城市为依托的控股公司、经营公司、也可以在一定程度上优化市场结构。今后可能要走以大企业集团运营为主,以中心城市综合性和行业性经营公司为辅的道路。

(原载《现代管理科学》1997年第6期)

充分运用财政杠杆在
启动经济增长中的作用

金融和财政是宏观调控中两个最主要的杠杆。无论是抑制需求膨胀、经济过热,或者是刺激需求、启动经济增长,都要把金融杠杆(货币政策)和财政杠杆(财政政策)配合使用。现在的问题是,对金融调控、货币政策的使用都比较重视,而对财政政策的调控往往运用不足。

今年一季度,全省 GDP 同比增长 7.8%,工业总产值同比增长 10.5%,虽然都高于全国 7.2%和 9.7%的平均水平,但明显地表明经济增长速度偏低。这一方面是企业改革特别是乡镇企业大规模改制以后,盘清了家底,挤掉了水分,经济增长比较实在。而且改制后的企业大都倾向于少报而不是多报。虽然今年一季度私营、联营工业企业同比增长 31%,股份制工业企业同比增长 24.2%,外商投资企业同比增长 22%,但它们仍是就低不就高,报少不报多。当然,主要原因仍是有效需求不足,消费需求、投资需求和出口需求都缺乏有力的拉动。针对这种状况,扩大内需,加强投入的力度,增加对农田水利、交通、电讯等基础设施的投资,增加技术改造和高新技术产业的投资,促进经济景气提升已成为共识。这需要金融的支撑,也需要财政政策的支撑。而且从目前经济运行的情况看,要启动经济增长,还得加大一些力度。

财政与金融调控相互配合,
可以获得更好的调控效应

财政与金融调控的配合,可以获得以下几种效应:

1. 调控时差配合效应。金融调控和财政调控对经济运行发生作用的时间是不同的。在目前启动经济增长的过程中,金融调控主要是通过扩大货币供应量、降低利率以刺激有效需求的增长,但这需要一个相当长的传导时间。相对而言,财政调控则比较简单和直接,只要扩大政府支出,就可以使需求增长。因此,财政调节的作用时间比金融调节要短一些。充分运用财政调控的作用,既可以迅速加大调控力度,也可以同金融调控相互配合,收长短结合之效,使调控效应更为持久。

2. 调控作用搭配效应。这主要是财政与金融调控的松紧搭配问题。搭配可以是双紧政策,可以是双松政策,也可以是一松一紧的配合。目前,整个经济仍属于适度微调的范围,尤其是金融的适度松动,仍是"名松实紧"。从 $M2$ 和 $M1$ 的增长看,是不断向放松的方向微调,利率也多次下降,但银行防范金融风险仍是一项重要任务,加之资金流通下降,利率虽然下调,银行贷款仍然不多。在这样的情况下,财政应多起些作用,使调控能落到实处。

3. 交替配合效应。任何调控手段都不能使用时间过长,否则会使效应衰减,不利于预期目标的实现。对货币政策来说,它在启动经济增长上的作用要比控制经济过热上的作用弱一些。而财政调控,对于总供给的影响一般要较长时间才能显示,而对总需求的影响却比较直接,财政支出的扩大,无论是作为消费支出还是投资支出,都直接成为社会总需求的组成部分。金融调控,往往偏重于长期的稳定,而财政调控多偏重于短期的稳定。一般情况下,金融调控(即货币政策的调控)是宏观调控的主导机制,但并不排斥在特定条件下,财政调控也可以成为主导的方面。在目前金融松动幅度不大的情况下,就有必要对财政政策的作用给以更多的重视。

财政调控在启动经济中的作用

财政调控之所以没有得到应有的重视,主要是国家财政有减少赤字的压力,地方财政很多是"吃饭财政",难有大的作为。实际上,如果运用得当,在启动经济增长上仍可起到重要作用。

财政调控的主要手段是预算、国债和地方债券、税收、财政补贴等。运用得比较多的是:

——预算。预算有很强的导向作用,财政投入不在数量的多少,而在投入的方向。今年财政预算虽已确定,但随着国家对农田水利、交通、电讯等基础设施和高新技术的加大投资,在预算执行和修改中,也应尽可能地向这些方面倾斜。

——专项债券和地方债券。这是一种财政调控与金融调控互补的政策工具,是财政调控的一个重要手段。上海已批准发行修建地铁的专项债券。在中央宏观调控下,应尽可能争取发行一定数量的省级地方债券。

——通过财政向银行承担债务的方式,增加投入资金。财政承担商业银行部分责任,有利于解决银行"惜贷""慎贷"等问题,这对刺激需求有显著的效应,在可能条件下应争取运用。

——财政贴息。这是财政经常运用的一种手段。现在运用较多的是扭亏增盈贴息与技术改造贴息。财政上一般性的补贴应尽可能减少,把贴息更多地用到扶持技术改造等方面来。

——促进高科技风险投资机制的建立。高技术回报率高,风险也高,尤其是高技术中小企业需要有风险投资基金的支持。国外很多风险投资公司都是由政府机构设立,资金来源首先是财政预算,再吸引法人投资和个人投资。

特别需要注意的一些问题

1. 尽可能运用政府采购带动国内需求。扩大财政支出,实质上就是扩大政府的采购。运用得当,可以强有力地带动相关产业的发展。但目前基础设施和扩大公共开支所需机械设备很多是依赖进口,技术改造更是如此。过度依赖进口,将影响对内需的拉动作用。因此,应该明确,凡国内能够制造、质量又有保证的,应优先采购国内产品。国内相关产业、相关企业也应主动予以配合。

2. 扩大公共开支和基础设施，也要防止盲目投资和无序竞争。我省长江沿岸的港口和开发区建设，都存在无序竞争现象，这实际上是浪费沿江资源。全省要选准投资方向，各地也要选准投资方向。扩大城市公共开支，主要是道路、绿化、城市基础设施等，而不能无穷尽地搞高楼大厦。

3. 财政在支持基础设施建设的同时，也不能忽视对技术改造、技术创新的支持。基础设施建设可以强有力地拉动当前经济的增长，而技术改造、技术创新，则涉及到产业升级换代、涉及今后长期发展的问题。今年一季度，全省固定资产投资增幅较大，而更新改造投资同比却下降17.3%。一季度机电类产品有升有降，高技术类产品产销两旺，微电子同比增长19.4%，程控交换机增长49.1%，而传统的锅炉、交流电动机、变压器则销路不佳，降幅在4.5%～39.8%之间。因此，不论是拉动当前经济增长，还是优化经济结构，支持技术创新都是不能忽视的问题。

（原载江苏《动态研究与决策建议》1998年第29期）

要从新的高度认识提高
经济增长质量的迫切性

  1998年12月召开的中央经济工作会议认为，做好1999年经济工作，需要把握的重大问题，首先就是要在保持经济适度快速增长的同时，把工作的着力点放在优化结构，提高经济增长的质量和效益上来。对速度问题，既明确在发展社会主义市场经济条件下，速度指标应当是预测性的、指导性的，不是计划经济体制下的指令性指标。也要求速度必须是实实在在、没有水分的速度，是协调发展、讲求质量效益的速度，坚持速度、结构、质量和效益的统一。

  这次突出从速度型转向效益型，突出提高经济增长质量，一个大背景，是在东南亚金融危机、现在统称为亚洲金融危机爆发并且蔓延加深，从而导致东亚诸国进行经济大调整的情况下提出来的。亚洲金融危机的爆发，固然是在世界经济全球化和金融自由化步伐加快的条件下，有国际投机资本的冲击，国际炒家的作祟，但基础的因素，还是这些国家自身内部的经济问题，是"东亚发展模式"自身存在着缺陷。我们并不全部否定"东亚发展模式"，但正如美国经济学家克鲁格曼所指出的，这种模式的增长质量不高，即主要是靠资本和劳动的投入来取得经济的增长，而不是通过提高效率即增加投资的效益来取得经济的成效。这是一种高储蓄和高积累下的高投入和高产出，这种模式没有生产率持续提高的基础。

  中国虽然顶住了这次风暴，在严峻的国际环境中依然保持了平稳的增长，但我们不能没有危机感。我们虽然得益于资本项目的开放度与自己的经济层面和金融状况相适应，没有盲目地开放资本市场。但是我们也要清醒地看到,"东亚发展模式"所存在的种种缺陷,我们何尝没有,有一些甚至不轻于东亚诸国。所以我们应充分从亚洲金融危机中汲取教训,在经济增长方式层面上,在金融监管、防范金融风险层面上,在产业结构调整、产业升级层面上,在外汇管制、汇率机制层面上,以及微观层面上,进行必要的大调整,以形成合力,促进整体经济增长质量的提高。现在之所以突出提高增长经济的增长质量,应该从这样的战略高度来把握和认识。

当然,我们的调整与转变与东南亚国家不同的是,东南亚以至东亚诸国的调整,是在金融危机之后带有强制性的调整,而我们的调整则是接受金融危机教训基础上主动进行的调整。东南亚国家的经济泡沫是通过金融风暴这种突发性的消解方式来消除的,我国则是主动地采取慢性消解方式来消除的。我国在金融风暴冲击中所以能保持稳定增长,也得益于前几年及早实现了"软着陆",主动挤掉了一些泡沫。"东亚发展模式"现在碰上了"高墙",必须调整和完善,我们应顺应这种潮流,以最大的努力提高经济增长的质量,从主要依靠投入转到主要依靠提高生产要素的效率上来,协调发展,讲求效益。

现在启动经济的种种措施,从近期来说都是必要的反周期措施,从远期来看,都是与提高经济增长质量密切相联系的。

——扩大内需。这既是减轻亚洲金融危机的负面影响,在国际经济环境发生重大变化下,保持经济增长的有效对策。从远期看,也是一个经济发展的基本立足点和长期的战略方针。中国作为一个发展中的大国,发展内需有着巨大的潜力,在继续扩大开放的同时,扩大内需,内需与外需并重,就可以更好地抵御外部的冲击,提高经济运行质量,使自己立于不败之地。

——加大基础设施建设的投资。这是现在扩大内需的重要方面,对经济短期拉动作用也十分明显,是反周期的一项重要措施。但它也有着长远的意义,可以使生产发展与基础设施建设相协调,甚至形成适当超前的格局。

——启动消费。从社会再生产来看,消费是最终的"最终需求",只有消费需求才是经济增长真正和持久的拉动力量。针对目前消费不振的状况,稳定消费者预期,调整消费政策,扩大消费需求,实行投资和消费双向启动。这固然是拉动当前经济回升的必要措施,然而,它的深远意义还在于,形成生产——消费良性循环,适应消费需求的变换而改变供给结构,这是经济正常运行和持续发展的保证。而扩大消费需求的根本条件,是不断提高群众的生活水平,这也要求经济增长要转到能给人民群众带来实惠的路子上来。

——推进金融改革,防范金融风险。亚洲金融危机一个严重的教训:防范金融风险,首先要防范银行经营的风险。可是我们银行系统的金融风险生成机制又异常地高,银行不良资产容易形成,尤其是国有企业大面积亏损,会给银行带来大量的呆账坏账。因而,推进银行体制改革,化解已有的风险,防止新的风险,改变高负债发展模式,防止泡沫的银行积累,不只是靠大量的资金投入,而是提高资金的使用效率,就成为提高经济质量至关重要的问题。

现在难度比较大的是,如何通过结构调整和产业升级,解决微观层面上的高投入、低产出,高消耗、低效益,效益滑坡,亏损增加的问题。而这又是提高经济增长质量的一个关键之所在。企业目前处境困难,不仅国际上还存在许多不确定的因素,亚洲金融危机的负面影响一时难以消除,而且自1997年下半年以来突发性的通货紧缩和高失业率,更直接打击了生产的积极性。国际上依然严峻的形势和国内特长的经济收缩期的叠加,使企业的转型步履维艰,只能在矛盾和两难之中开创新的道路。

现实矛盾之一,是企业景气低迷和加快技术改造、技术创新的矛盾。摆脱效率低下,高投入、低产出的状况,根本问题是把加快技术进步放到突出的地位,靠技术创新和技术开发。传统产业要以高新技术加以改造,高新技术产业要有更大的突破。然而现在许多企业经营困难,盈利下降,亏损扩大,根本无力顾及技术进步,仍然是"搞技术进步找死,不搞技术进步等死"。或两极分化,技术进步、产品创新,主要是在一些经营好、发展潜力大的企业中进行,而面广量大的企业则是如何渡过难关的问题。但是不论如何,靠技术进步、技术创新来发展这一步总是要走的,我们也正处于产业结构升级换代的时代,不仅好的企业要成为技术进步、技术创新的带头羊,能维持现状的企业也要放远眼光,即使做一些技术储备、人才储备,搞一些设备更新、销售网络准备也是好的。1999年,可能是比较困难的时期,过了这一关,将会迎来一个新的发展机遇。

现实矛盾之二,是企业改革和失业率扩大、社会安定的矛盾。随着社会主义市场经济的发展,宏观经济的调控主要靠政府行为,而微观经济的调控却逐渐转为市场行为,这已成为近年来"宏观报喜,微观报忧"的重要成因。企业尤其是国有企业改革不到位,没有真正面向市场和适应竞争日益激烈的市场变化,使微观基本没有得到根本的好转。虽然,到1998年年末,国有企业改革已初见一些成效,减员增效,劳动生产率有所提高;负债减少,三角债务有缓解;库存下降,资金流动性也有增强,但根本扭转效益下滑的态势,还有待于改革的深化。今年是实现国有大中型企业改革和脱困三年目标最关键的一年,关键是实现国有经济的战略性改组,建立现代企业制度。改善微观基础,其他企业改革也要相应地加快步伐,尤其是建立完善的治理结构,健全企业的激励机制和约束机制。所有的企业改革,都涉及到减负增效、社会安定的问题。不仅企业改革的任务重,配套措施任务也重。包括健全社会保障体系,搞好再就业工程,以及金融、财政的配套,以便为企业改革创造良好的外部环境。

现实矛盾之三,扶优扶强与面广量大的中小企业发展的矛盾。扶优扶强是现时启动工业的一项有效的措施。但不能忽视广大中小企业的发展。中央经济工作会议指出:要高度重视发展小企业,采取更加有效的政策措施,为各种所有制小企业,特别是高新技术企业的成长创造必要的条件。现在已对中小企业贷款以及信贷担保采取了必要的措施。许多地方的实践说明,在扶优扶强中发展分工协作,带动中小企业也是一个有效的办法。台湾在扶持小企业发展上,特别是资讯电子产业,进行上、中、下游产业分工整合,形成体系,大、中、小企业分工协作,各得其所,也值得我们借鉴。上海、广东已在组建创业基金。风险投资是高科技产业、知识经济的催化剂,创新企业离不开创业基金。江苏也应该在这方面,在小企业中发展高新技术企业上闯出新的路子。可以自行创建风险投资,在目前一缺资金来源,二缺风险投资经营人才的情况下,也可以从建立合资的风险投资公司入手,并利用香港的二板市场和技术转移市场,以较快地解决资金来源、经营人才的瓶颈,并避免建立初期可能发生的混乱。然后在此基础上,再发展自己的风险投资机制,也不失为扶持高新技术企业由小到大逐步成长的一条可行的措施。

所有这些,都说明我们是在两难之中闯新路。有些学者称现在是结构调整的"煎熬期",只要我们知难而进,艰苦奋斗,更自觉地进行调整,转变发展模式,提高经济增长质量,"煎熬期"过去,便是一片蓝天。

(原载《宏观经济观察》1999年第3期)

探索我省风险投资的最优路径

发展风险投资,最本质的问题,并不在于是否建立了风险投资基金,也即创业基金,更重要的是看能否形成风险投资机制。我省在形成这种机制的过程中,既要遵循风险投资的共同规律,又要从实际出发,尽可能运用自己的潜力和优势,寻找发展风险投资的最优路径。风险投资存在着路径依赖。

风险投资设置的具体构思

风险投资的设置,现有许多方案,如何选择最优路径,仍是一个探索的过程。

一、适应高新技术不同发展阶段,设立不同层次、不同类型的风险投资。

高新技术企业一般分为种子期——创业期——扩张期——成熟期(预备上市期)——持续成长期五个阶段。国内现有的风险投资,大都用于中后期即新产品开发前景开始明朗,以至已经有一定的市场占有率之后,而在初期阶段投入不多。但从现时科研单位和大专院校现实情况看,创造"种子"到产生样品,却需要更多的支持。最佳设计应是根据不同需要建立不同层次、不同类型的资金支持体系。

第一个层次,是建立支持高新技术前期发展的创新基金。主要用于科研人员携带科技成果创办科技型中小企业的启动,并对创新产品研制和中试开发进行部分补助,也对少数起点高、具有较大创新内涵和较高水平的项目进行资本投入,一般不超过企业注册资本的 20%,并在一定期限收回。这是不以盈利为目的,而是通过科技型中小企业对经济增长的贡献和创造就业机会作为回报。

类似的办法,在国际上有许多成功的先例。美国的"小企业创新研究计划"已实行了十多年,它是由商业部、能源部等 11 个政府机构参加,用预算的 25% 组成,通过严格选择,无偿资助,扶持小企业的科技创新,翅膀硬了就放飞,收回资金,再支持别的小企业。这种支持模式取得了相当好的效果。德国又是一种模式,德国高新技术企业的发展较之美、英等国比较滞后,为了扭转这种局面,德国在联邦经济部下属银行中开设一家"技术参股公司",进行以不赢利为目标的风险投资。这种风险投资也是扶持科技型企业的启动,待这些企业上了正轨,有了其它融资渠道,便迅速撤出。在运作中难免出现亏损,则由联邦政府予以补助。这种办法主要是帮助创业者起步或支持经济欠发达的原东德地区。德国这种风险投资一个很大的特点,是采取另找一位"主投资人"与之合作的办法。公司不参与企业管理和提供咨询,而由主投资人担任,利益共享,风险共担。德国这种模式,虽然每笔投资不大,但都起到"雪中送炭"的作用。

现在我国设立"科技型中小企业技术创新基金",就是借鉴国际上这些经验所采取的战略措施。虽然投资范围较宽一些,但主要是解决种子和研究开发的起步资金。江苏应充分运用这部分资金,也可以在现有的风险投资中用一部分专门扶持高新技术企业的起步。由于这个阶段所耗不多,也可以动员发展较好的乡镇企业,担任"主投资人"的角色,与政府合作,帮助管理和提供咨询,把科技型小企业"扶上马,送一程"。

第二个层次,是适应高新企业的中期发展,设立商业性的风险投资基金。中期阶段是科技型企业发展的关键时期,虽然企业已完成了新产品开发,但市场前景仍不甚明朗,为了市场开拓和设备投资,提高产品质量,扩大生产规模,所需资金却为数不小。但这一时期企业仍不可能得到商业银行和传统融资渠道的资金,只有靠风险资本给予支持。

按经合组织政策委员会的定义为:创业投资是向极具有发展潜力的新建企业或中小企业提供股权资本的投资行为,其基本特点:(1)投资周期长,一般需3~7年。(2)除资金投入之外,投资者还需向投资对象提供企业管理等方面的咨询和帮助。(3)投资者通过投资结束时的股权转让活动获取投资回报。风险投资的设置,政府起带头作用是重要的,国家资本的实力和信誉,可以起杠杆和滚动效应。但这并不是以政府为投资主体。单一的政府投资,往往存在投资软约束的弊端。按照风险投资的规律,最好是采用政府注资,广泛吸引社会资本的办法。

在这方面,法国风险投资从滞后状态赶上先进的经验可以借鉴。法国风险投资多年来一直比较滞后,为了避免自己的落伍,法国近年采取政府投入启动资金设"风险投资公共基金",参与全国性与地区性风险投资基金的创立,也向私人风险基金注资。政府的导向作用,使公共基金能以9亿法郎带动了60亿法郎进入风险投资市场,更广泛和更灵活地扶持高新技术企业的发展。

根据风险投资发展的规律,江苏需对现有风险投资的设置进行改造。不以政府作为投资的唯一主体,而以政府的投入作为启动资金,建立风险投资基金,面向社会募集资金。由政府出面组织信托投资公司、证券公司、保险公司以及一些上市的大企业等相关机构发起并进行认购,采取私募或公募方式向社会集资,成立管理和营运风险投资基金的公司。风险投资的组织形式,从目前的条件看,合伙制虽是风险投资的有效组织形式,但在风险投资人才比较稀缺,合伙制难以普遍推行的情况下,仍以公司制为宜。但公司可以吸收合伙制"利益共享,风险共担"的机制,规定代理人承担一定的责任,并交付风险抵押金。在利益分配上则按收益提成,把基金管理者和投资者的利益密切联系在一起。经过这样的改组,政府的投入既起了导向作用,又拥有大量的资金可以进行组合投资,以盈抵亏,把风险投资变为无风险和低风险的投资。省风险投资基金也可以扶持地区性的风险投资。如苏州新区是科技孵化器办得很有成效的园区,包括"高新技术创业服务中心","国际企业孵化器"、"留学人员创业园"等等,除提供信息、技术服务外,新区还建立了5000万元的风险投资资金和投资担保公司。这些风险投资如果能得到财政投入的支持,会为创新提供更好的环境。

风险投资的投向,可以包括前期或后期发展的科技企业,但主要应用于发展中期。投入对象,主要是高新技术企业,但在当前发展阶段,也应支持乡镇企业向科技转型、支持科技人员与乡镇企业合作开发高新技术产品,对一些科技含量高的实用技术,高技术的进口替代,以及高技术、高附加价值的节能降耗和环保项目,也应给予一定的支持。让风险投资与现在的火炬计划、星火计划结合起来,与科技孵化器形成联动,迅速地形成一个高新技术蓬勃发展的高潮。

第三个层次,是大中型企业的风险投资。一些有眼光、有胆量的大企业家对参与高新技术发展颇有兴趣。这些企业除建立自己的技术中心而外,还可以向风险基金注入资金或直接向有关高新技术研究进行风险投资,通过产学研结合推动高新技术产业化。今年8月,有意进军高科技的上海一百向清华美华科技发展公司,按"硅谷"风险投资方式,在中试前后分期注入资金,就是一个先列。江苏"小天鹅"公司与东南大学合资的无锡"应用科学与工程研究院",又是一种模式。研究院既为"小天鹅"服务,也进行相关的高新技术转化,孵出了"小鸡",就交企业去养。

第四个层次,是合伙制的风险投资。虽然目前条件并不成熟,但也不妨鼓励一些有志的人士进行试办,并在政策上予以优惠。合伙制风险投资包括两种合伙人:主要合伙人,即经营管理人员,是负无限责任的合伙人;其他投资者为有限合伙人,只负有限责任。这种方式使经营者收益和责任非常密切地联系在一起,成功率较大。对于成功的合伙制风险投资,政府也可参股予以扶持。

除此以外,吸引国外风险投资,试办合资的基金或风险投资公司,也是一种类型。国外风险投资选择对象重要的一条标准是高成长性,这正是我们潜力之所在。合办风险投资的好处是,可以解决资金瓶颈,也有利于培养自己的风险投资人才,又可以避免风险投资发展初期产生的一些混乱。但鉴于某些技术会涉及国家安全,可划定一定的科研领域;或把合资作为过渡,待时机成熟,则由国内基金逐步取而代之。

另一个需要注意的问题,风险投资要与银行对高新技术产业化的支持相衔接。在技术企业发展的初期,银行不可能为这些企业提供金融支持,但在科技型企业发展的后期,包括成熟期、筹备上市期或持续增长期,这个时期可能还有风险投资的投入,但银行和直接融资的渠道,都要及时向它敞开。支持高新技术产业化是银行义不容辞的责任,也是银行创业的一个极好的机遇。

改造现有的风险投资机构,设置多类型、多层次的风险投资,关系到正确的路径的选择。如果现有的各种模式任其自流,持续下去就会进入锁定状态而难以脱钩,会造成今后最优路径形成的困难。

风险投资的退出机制

用于支持科技型中小企业的创新基金,除补助、贴息外,以资本金投入的,一般都依法予以收回。风险资金的撤出,目前主要是把新产品或者企业出卖给别的大企业,以及由本企业回购股权,或出卖给本企业的职工。这当然有很大的局限性,但最佳通道"二板市场"还需假以时日。现在已明确将在做好准备工作的基础上,于适当时机在上海、深圳证券市场设立高新技术板块。香港经长期酝酿,也将在今年开放"二板市场"(创业板块)。在香港上市,交易成本可能高一些,但运作比较规范,而且企业一定要实行规范的股份制,这也是一条使风险投资实现良性循环的很好的渠道。江苏过去曾在无锡设立过为乡镇企业服务的场外交易市场,这类市场如能在规范化基础上重新组建,也会成为支持创新企业发展的一个机制。

风险投资经营人才问题

风险投资经营人才总是伴随着风险事业的成长而成长的,但在风险投资启动初期,可以采取以下办法:1.派人参与国际风险投资,进行学习、培训。2.通过合资兴办风险投资公司,培养自己的专家。3.在国内外引进风险投资人才。4.在高等院校、科研机构网罗杰出的技术专家,与企业或证券公司有经验的企业家合作,优势互补。

  办好风险投资公司与建立、完善中介机构也是相伴而行的。风险资金的投入过程一般包括:搜寻投资机会、调查筛选、寻求共同出资者和协商谈判投资条件等阶段,然后对投资进行监督。这就需要相应的信息服务机构、专业分工很强的评估机构、法律机构、技术经纪机构,等等。风险投资有一条"大姆指"定律,它并不奢求每一个项目都会成功,投资十个项目,有几家不错,有一家迅速成长为耀眼的新星。有完善的中介机构的帮助,就有可能找到好的项目和好的项目经营者,也就可能出现更多的"大姆指"。

(原载江苏《咨询要报》1999年第21期)

加大企业技改投入
恢复经济自主增长的能力

今年经济运行已时间过半,现在经济增长前高后低、前扬后抑的走势,说明目前实施的积极的财政政策和适当的货币政策,还不足以改变通货紧缩的严峻局面。遏制通货紧缩,扭转由于长时期通货收缩和信贷萎缩导致总需求不足的态势,这仍旧是制约当前经济增长的主要矛盾。

从1997年开始出现的通货紧缩,现在已表现得相当严重。这次通货紧缩是以物价指数的持续负增长为标志的,不仅工业品出厂价下降,农产品收购价格下降,商品市场价格也下降,而且各个地区普遍出现了价格下降。为了对付通货紧缩,1998年我们实行了扩大的财政政策,辅之以适当的货币政策。对积极的财政政策,北京有部分学者颇有些非议,怕主要靠行政行为,可能会导致资源浪费,产生许多无效率的情况。其实,在当前通货紧缩的情况下,经济启动不起来,那是最无效率的。多数学者认为应该采取扩大的财政政策,尤其是由于通货紧缩与卖方市场向买方市场转变交织在一起,情况更为复杂,治理难度更大,扩大的财政政策要保持相当大的力度。有的主张积极的财政政策不是1~2年,可能是3~5年内要实行的政策。也有的主张不要过多地讲这是短期政策,讲得太多,会影响企业家的投资预期。并且提出,如果不像去年那样出台大的动作,今年的发展前景是不容乐观的。应该说,扩张性的财政政策毕竟是短期政策,但现在看来,要比原来预期要长一些,而且在启动消费,拉动社会投资、企业投资没有取得成效之前,力度也不能减弱。

积极的财政政策及其着力点的调整

积极的财政政策,配合以合理的货币政策,其投向主要是几块:一块是基础建设投资,这是去年的着力点,现在仍然重要;一块是启动消费,包括调整收入、消费信贷,等等;一块是拉动社会投资,拉动企业投资。这些都要去做,但是为了更好发挥财政投资的拉动作用,培育出替代财政政策的推动经济增长的力量,着力点应逐渐转移,拉动社会投资和企业投资应该成为一个重点。

这是因为,启动消费、拉动社会投资和企业投资,关系到恢复经济自主增长能力的问题。从企业来看,如果企业经营状况得不到改善,就难以冲破通货紧缩所造成的企业利润下降、亏损上升——停产、转产、职工下岗——投资需求、消费需求持续下降的恶性循环,走出低迷。企业经营的改善,也是从优化供给上解决供给结构与需求结构错位,有利于消费的启动,形成生产——消费的良性循环。这都是恢复经济自主增长能力的必要条件。

现在全国通货紧缩形势仍然严峻,物价指数已持续20个月负增长。即使从现在起采取必要的措施,也需要6个月后才能见效。因此下半年要在怎么恢复经济自主增长能力上下工夫,拉动企业投资增长,也就是迫在眉睫的事情。

拉动企业投资增长关键是加大技改投入

拉动企业投资,关键是加大企业技改投入。只有通过技术改造、技术创新,更新设备、更新产品,才能真正的优化供给,适应市场变化的需要。也有利于防止重复建设,无效或低效扩张。企业的技术进步和固定资产的更新,也是从萧条走向复苏,实现周期转换的根本条件。

现在我们在制造业上,是技术创新能力低下,国内设备制造不能满足企业对先进技术设备的要求,大量生产能力闲置和大量引进并存。

在消费品生产上,不能适应市场变化的需求,不能适应需求层次的提高和需求日益多样化的变化。解决这些问题,根本的问题是依靠技术进步、技术创新,别无他法。拉动企业投资,就是要集中力量拉动企业的技改投入。

既然现在企业技改投入难度比较大,但是整个经济环境也迫使企业不得不从这方面找出路。应该说近一两年,江苏在这方面还是做了不少工作。江苏对原来的高新技术产业开发区、火炬带、星火带赋予新的内容,近年几个大动作是:

一是在大企业建立技术中心。全省已在骨干企业和大企业集团建立技术中心53家,工程研究中心10家,博士后工作站9家。这是发展以企业为主体的技术创新体系上迈出的重要步骤。

二是在小企业中,推动科技企业孵化器的建立和风险投资的启动。从1990年南京建立第一个孵化器(南京科技创业中心)开始,全省已建立各类孵化器16个,占全国的1/6;提供场所22万平方米,占1/7;进驻企业318家,占1/8,开始形成了孵化器群体。与此相配套,将高新技术风险投资基金从1.5亿扩大到6亿元。虽然这还不是真正意义上的风险投资,但政府支持不小,相当于上海风险投资的水平。

三是在中小企业中,企业技术服务中心和担保信贷的建立。13个市都建立了为中小企业提供技术服务的技术服务中心。担保信用在镇江先行试点之后,宁、锡、通也都建立了信用担保公司。

四是组织面广量大的小企业为大企业和外资企业配套,为大工程配套,在发展专业化协作中加快技术进步。苏州、无锡尤其重视这方面的工作。昆山市已组织183家乡镇企业为257家外资企业和国内大企业配套,配套产品300多只。

这都为提高技术进步的发展能力打下了很好的基础。继续实施积极的财政政策,就要在这个基础上拉动企业的技改投入,支持的重点主要是:

——支持对传统产业的改造,特别是适应市场变化,适应市场需求层次提高和需求多样化的改造项目。

——支持搞进口替代,支持引进、消化,进行二次创新的项目。

——支持科技型中小企业的发展。江苏比较重视传统产业的改造,而高新技术的发展,相对于京、沪、深、粤等省市有所逊色。现有的孵化器,还要配套以比较规范的风险投资,才能促进高新技术更快地发展。

——支持专业化协作。江苏乡镇企业比重很大,要支持他们在专业化协作中,在小而精、小而专过程取得技术进步。

财政与金融配合,增加财政支出与减少税收并用

支持企业技改投入,财政上要增加支出与减少税收并用。否则,扩大的财政政策所增加的支出,又会给税收再收回去,抵消积极的财政政策的效果。减税也是拉动经济增长的有效办法。现在加大财政政策的力度,必须增加财政支出与减轻税收协调并用,要争取这方面有更多的动作。拉动企业技改投入,不仅对发展高新技术产业要有优惠,而且对传统产业改造也要积极予以支持。

拉动企业技改投入,财政贴息、财政担保是一个重要办法。财政贴息、担保,主要作用是提高企业的预期利润率,企业看不到较好的收益前景,是不敢贸然动手的。以贴息等方式启动企业投资,也起着"四两拨千斤"的作用,可鼓励银行成倍地增加贷款投放或授信额度,提高银行贷款投放的积极性,放大财政资金的使用效果。

(原载《江苏经济学通讯》1999年第15、16期)

创造景气环境　迎接新的繁荣

现时经济运行出现了许多积极的变化,能不能说这一轮经济已经峰回路转,走出谷底,出现回升了呢？也许是要看一段时间才能最后断定,但是大有希望。这个转折本来应出现在 1997 年,可是亚洲金融危机推迟了这个回升的轨迹,经过几年的努力,现在终于有了成果。目前,重要的是要激励精神,按照中央确定的方针,努力创造景气环境,改善投资者和居民预期,争取回升的早日来到。

当然,回升的难度仍然很大,主要是通货紧缩缓解不大,经济仍然缺乏自主增长能力,仍然要靠宏观政策的拉动。而且矛盾交织波诡云谲,既是总需求不足,又是结构不合理;既要解决当前问题,又要着眼于长期发展;解决这个连环套,重要的是实施双松政策,继续实行积极的财政政策,配合以宽松的货币政策,多管齐下,投资、消费、出口多轮启动。积极的财政政策不能放松,今年上半年的高开低走,就是教训。日本八年的经济紧缩,在这个问题上犹豫不决,前后抵消也是一个重要原因。积极的财政政策持续多久？大体上以不出现通货膨胀的迹象为限,这一点看来不能动摇。

一、实施积极的财政政策和进一步发挥货币政策的作用,有许多可圈点的措施,创造景气环境,是不是要着重抓住这样一些关键

其一,充分运用贴息技改。国家增发 600 亿国债中,有 153 亿的贴

息、补贴方式支持重点行业、重点企业的技术改造。江苏要更充分地运用这个政策。积极的财政政策，中央经济工作会议指出的重点是基础设施建设，技术改造和科技创新。江苏要抓基础设施建设，但逐步要把着重点移向支持企业技改。积极的财政政策已实施三年，每年各有特色，今年主要表现在支持技改，江苏更应如此。以贴息办法推动技改，这是"一石三鸟"的有效措施。它可以把积极的财政政策与发挥货币政策的作用结合起来，改变现在"开闸放水，库满河干"的状况，增加货币供应量，从而缓解通货紧缩的困扰；它又是把短期启动与中长期发展结合起来，把宏观调控与微观启动结合起来，激活企业和民间投资。有识之士也指出，增发国债会不会冲击财政的平衡，其实，采取贴息支持技改，经济启动了，只会使税源增加，这是一项比基础建设投资更有利让财政适时退出的政策。

在运用贴息技改过程中，具体来说，是不是也要注意几条：

一条要把大中小企业技改结合起来。国家增发国债主要是支持重点行业、重点企业，江苏已争取到34亿左右，可以起很大的作用。但乡镇企业、中小企业怎么办？是否可运用地方财政、或者发地方债券，运用中小企业信用担保，激发企业技改的积极性，尽可能地扩大贴息技改的成效。

一条是贴息技改与发展高新技术产业相结合。贴息技改是为了加大产业升级的力度，让供给在水平上和质量上都上一个档次，所以，要以高新技术来改造传统产业，让技改为高新技术创造更大的市场需求。但贴息技改的同时，也要抓住通过金融手段创新，包括风险投资的运用，推动高新技术产业的发展。

再一条是贴息技改要与减轻企业税费相结合。一方面是实施积极的财政政策，一方面又在增加税费，那只会使财政政策的效应大打折扣。

其二，值得注意的，扩大利用外资，把出口培育为一个新的亮点。

扩大内需，但也不放松外需，江苏尤其如此。江苏今年外资势头不错，国家鼓励和促进出口政策力度很大，也得益于利用外资，现在抓住我们即将进入WTO的机会更多吸引直接投资，吸引跨国公司，吸引更多研究机构，促进出口产品结构升级。美国现时经常项目逆差过大，股市繁荣之下泡沫增加，因此投资者开始向亚洲回流，这是个机遇。以吸引直接投资扩大出口的好处是：① 容易绕过贸易保护主义的防线，全球一体化和贸易保护主义是同时并存的，即使"入世"，一时也难于扫除"反倾销这个拦路虎"，外资企业可以在这情况下打入贸易保护主义严重的区域和市场；② 容易绕过技术壁垒，技术壁垒、技术准入对我们来说还是一个很高的门槛，外资企业可以比较容易对付这个壁垒打入发达国家的市场；③ 产品档次高，可以少受配额限制和反倾销的制裁。

有些学者把提高利用外资水平以扩大出口称为第二次开放，不管如何，在即将进入WTO之时，利用这个机会，用外需拉动经济回升，在江苏还是有可能搞好的。为了做到这一点，在吸引外资上尚需改进环境，如对高新技术企业的优惠，服务质量的提高，尤其是法律环境的创造，中间产品投入的本地化，市场信息服务的改进，等等。跨国公司对后面五条更为重视。

当然，我们也要注意自身产品结构的升级，并处理好，加大吸引直接投资对我产业升级的带动，包括"波及效应"和"溢出效应"。一个是做好配套生产，跨国公司希望中间产品投入本地化，我们做好配套，扩大波及效应，可以广泛地参与国际分工和竞争，提高我们产品的水平。再一个是我们可以模仿有关技术，通过外资企业员工的传播，使技术溢出，还有是能更多地吸引研究机构，溢出效益就会更好。

其三，启动消费，消费拉动，现在政策力度也很大，人气正在聚集。还有些建议值得重视，一条是消费体制改革要重新设计，住房、医疗、失业养老保险、教育等等改革，要考虑居民的经济承受能力和心理承受能力，循序渐进，以便改善居民的预期。再一条是通过出售上市公司的国有股为住房、医疗、失业养老保险改革提供部分补偿资金。国有企业资产中有相当一部分是职工住房、医疗和养老保险费转化而来的，现在再转过来完善社会保障体系，既解决职工困难，也可解决国有企业的后顾之忧，同样有利于改善居民的预期。

二、以上这些扩大需求的措施要与中长期发展结合起来

从中长期来看,着重要从以下几个方面培育新的增长点:

1. 以现时技术改造,发展高新技术产业为契机,加快技术创新体系的建设,形成新的增长点。现在技术创新名列前茅的是京、沪、深,北京科技人力资源和研究能力都很强,深圳是科技人力不足机制补,借用国内外"头脑"和高新技术成果转化和商品化、产业化的能力特别强。上海介于京、深之间,两头都要发展,江苏同样如此。江苏要把技术创新作为新的增长点,在科技成果转化的机制上、创新人才的营造上、风险投资的运用上、中介机构的建设上都要作更大的努力。

2. 城市化的发展也是一个大战略。城市化的发展可以为设备制造业、钢材、水泥、能源乃至轻工业提供一个巨大的市场平台,城市化发展会派生出巨大的内需,产生巨大的功能。这也是一个新的增长点。

3. 服务业的发展,今后中国经济新的短缺,将是服务不足。"入世"在即,也要求我们服务业有快的发展,才能对付国际的竞争。银行、电讯、保险、零售批发、社区服务等服务业都是如此。除金融开放比较审慎而外,其他都面临激烈的竞争,这也迫使我们加快发展,才能形成新的增长点。服务业也是投入少、吸纳劳动力多的产业。今后解决就业,乡镇企业仍有潜力,但潜力更大的是服务业等第三产业。据计算,第二产业增加值每增加1%,可增加26万个就业岗位,而第三产业增加值每增加1%,可以创造100万个就业岗位。

4. 西部大开发,又是一个大战略,江苏又是亚欧大陆桥的起点,要主动参与西部开发,也在大开发中发展自己。

(原载《江苏经济形势分析会》1999年第12期)

为了赢得新的发展

——读《江苏经济50年》

回顾是为了瞻望

"总结历史是为了开辟未来",是邓小平的一个极富特色的思想。《江苏经济50年》就是按这个思路,在书中浓缩了"总结江苏50年的发展历程、成就与经验,分析评价江苏经济的发展现状及所面临的挑战、机遇与任务,预测展望江苏经济跨世纪改革开放与发展的前景、目标,研究探索促进江苏经济进一步改革开放与发展的战略及对策"。

50年,是一个不算冗长也不算短促的时光,它在人类发展史上只是短暂的一瞬,可是,它也是共和国的全部历史。就在这个50年间,圆了几代人的梦。江苏也是在这个50年中发生了令人瞩目的巨大变化。江苏虽是近代民族工业发祥地之一,可留给我们的也不过是那么一个贫弱的底子。1952年江苏的GDP只是48.41亿,可1998年已经达到了7200.81亿,仅仅从经济综合实力来看,这是多么大的变化。

当然,回顾是为了瞻望。当我们冷静地思考50年走过的历程时,重点还是为了开辟未来。经济发展好比一场接力赛,总结、回顾,就是为了尽快地熟悉和把握这个接力魔棒,而腾出手来进行新的开拓,赢得新的发展。

50年的历程,并不都是温馨的境遇。回首往事,有欢快的旋律,也有苦涩的风霜。"事非经过不知难",我们干这个前无古人的事业,不可能没有曲折,以至重挫。可是我们终于胜利地走过来了。可贵的是我们探索出搞社会主义市场经济的路子。不经历种种波折,就不能理解这些探索的深远意义,难以窥探现代社会主义奥妙之所在。"不经历风雨,何以现彩虹。"

回顾还有一个奇妙的作用,就是回顾、总结然后知不足。总结经验教训是重要的,但千万不要忽视找到差距,找到不足。按"总结历史是为了开辟未来"的思路,开辟未来,先要找到开辟什么?我们与国内外的差距是什么?什么是我们的薄弱环节?多多反思,敢于面向矛盾,"成绩感"要少一些,"危机感"要多一些,这才是真正的自加压力,才能比较确切地找到开辟未来的方向。

赢得新的发展靠什么?

《江苏经济50年》内容恢宏,但"开辟未来",在世纪转换期如何赢得新的发展,仍是全书的着力点。

在世纪转换期,赢得新的发展靠什么?看来,最重要之点是靠经济增长方式的转变。

书中对江苏经济增长存在问题有一段分析:"面对显著变化着的国际国内环境条件以及经济改革与发展的阶段性转换与要求,江苏现有的经济增长结构、方式与体制存在着很大的不适应性","江苏经济增长速度一直很快,但经济增长的效益状况不尽如人意","经济工作中,速度方面力度强,效益方面力度弱,总体经济运行质量不高"。

书里也说得对:"改革、发展到了今天,江苏需要确立和增强现代经济发展观,其中包括集约化发展观、效益与结构发展观、协调发展观和可持续发展观"。

"发展是硬道理",要坚持不动摇。问题是如何发展?时至今日,新的发展一定要靠转变经济增长方式。要保持一定速度,但这只是在提高经济效益,提高经济增长质量基础上的速度。

淡化速度,重视效益,近年来的宏观调控一直在推动这方面的转变。一年前就曾指出增长速度只是一个指导性的指标,而在2000年的政府工作报告中,这个延续多年的经济增长速度目标不见了,这是又一次淡化速度指标,要我们对速度有更加清醒和理智的认识,要没有水分,富于效益、结构合理的经济增长。

在判断经济增长方式的一些主要指标上,包括:经济增长质量、结构优化程度和科技进步贡献份额、可持续经济增长能力上,江苏都不那么理想。虽然,作为经济增长因素的资金投入贡献份额,90年代比80年代下降了2.03百分点,但仍高达62.19。增加值率1998年比1990年还下降了14.2个百分点。高新技术产业增加值也只占工业增加值的13%左右。占全国GDP的9.05%的江苏,仍然是靠资本投入和劳动投入增长,靠明显的粗放型的增长方式。

在世纪转换期,赢得新的发展,必须有一个质的变化,要突出结构升级换代,突出经济增长方式的转变。

发展战略的系统整合

重视战略制定,不断更新战略,江苏这个特点在80年代以来就表现得十分凸出。《江苏经济50年》在这方面作了比较充分的构画和前景观测。

从科技兴省到科教兴省,江苏是提得比较早的;经济国际化,江苏也是提得比较早的,加上区域共同发展战略以及随后补充的可持续发展战略。抓战略,提纲挈领,就会高屋建瓴地找到发展的方向。

当然,战略也是在不断更新的。现在"入世"在即,我们面对的是经济全球化。经济全球化和经济国际化显然不一样,经济国际化,有着明显的国界,而经济全球化却是要抹掉这个国家界线。"入世"就意味着我们将融入经济全球化的潮流,要赢得经济新发展,就要适应这个趋势,选择新的方式。再往后,知识经济的脚步声已清晰可闻,怎么迎接知识经济时代的到来,自然要有相应的发展战略。

已有战略的实施,也有个系统整合的问题。各个战略并不是孤立运行的体系,而是互相渗透、互为补充,形成促进经济社会发展的合力。

比如,经济增长和结构转换升级。现在制约经济增长的一个重要因素是出现了"结构转换缺口",就是过去的经济增长点已随着买方市场的出现而减弱或消失,而新的经济增长点还没有形成。要赢得新的发展,就要抓结构优化,靠结构升级来形成新的经济增长点。

再比如,可持续发展与提高经济增长质量也是可以结合在一起的。要赢得新的发展,不仅要把经济增长与保护生态环境一齐抓,而提高资源利用率,改变资源综合利用率与循环再生的低水平状态,也是提高经济增长质量的重要内容。

改革是赢得经济新发展的动力

《江苏经济 50 年》也坦诚地描绘江苏在改革上有自己的创造,也有滞后的步伐;江苏享受过改革的丰硕成果,也尝到过改革推进滞缓的辛酸。

现在有两种现象对江苏颇有压力,一是"浙江现象",一是高新技术发展上的"深圳速度",都说明了这种情况。

自从乡镇企业在江苏"异军突起",它就对传统的计划体制和传统的资源配置方式进行冲击,不断闯开市场调节之路,加之广泛的物资协作和价格机制的改革,不仅推进了江苏市场化的发展,也推动了 80 年代江苏经济的高速发展。可是 90 年代,在构建以公有制为主体、多种经济成份共同发展的所有制结构中,江苏乡镇企业改革一度过于谨慎,加上其他改革的不配套,从而导致以往的体制优势不复存在,"浙江现象"就给江苏构成了压力。

"深圳速度",这个基本没有本地科研力量的新兴城市,实力不足机制补,却最先形成了市场化的高科技发展机制,使得高新技术产业连续 8 年高速增长,年均增速超过 50%,超过了高等院校和科研机构最密集的北京和上海。江苏虽然在企业成为技术创新主体、科技孵化器群体的形成上都有新的突破,但远没有构建起符合市场经济要求的科技成果产业化的平台。

市场化改革所创造出来的客观需求和供给潜力,仍是经济持续发展的基本动力源。赢得新发展,必须坚持市场取向的改革不动摇。

　　特别是"入世"在即,我们是在没有市场化的条件下进入全球化,没有完成工业化的条件下进入知识化、信息化,冲击是必然的。好在参加WTO给了我们加快体制改革的机遇。"入世"就意味着必须遵循市场经济的普遍规律,这在客观上是一个强大的推动力。我们要跟上知识经济的步伐,从融入经济全球化潮流中赢得新的发展,就不能不加快体制改革和完善社会主义市场经济体制的进程。

(原载《现代经济探讨》2000年第4期)

预期今年江苏经济发展还会高位运行

去年的经济景气局面出乎意料的好,一个重要的因素是既保持了积极财政政策的力度,又注意促进经济自主性因素的增长。从江苏的情况来看,更有自己突出的亮点。

亮点之一是外贸出口和利用外资的节节攀升。去年前三季度,全省进口同比增长 31%,出口同比增长 27.7%。合同利用外资同比增长 118.6%,实际利用外资同比增长 35.8%。外资不仅大量涌入,而且呈现了"整体移植"的特色,大大增强了产品出口的竞争力。

亮点之二是民间投资的启动加速。去年前三季度,全省投资同比增长 21.2%。不仅股份制企业、集体企业自筹资金增加,而且个私经济投资同比增长 53.6%,比全国的 20.2% 高 33.4 个百分点。民间投资启动是经济内生因素增长的一个重要迹象。

亮点之三是城市化的快速推进。对城市行政区划进行调整,大力改革户籍、土地使用和投融资体制,构筑城乡协调发展的城镇体系,加强城市的集聚和辐射功能,城市化成为拉动经济发展的新引擎。

去年经济景气的提升,为今年经济持续发展创造了更好的环境。今年世界经济复苏的前景总体上会好于去年。去年合同利用外资的大幅增长,今年势头仍会不减,至少实际利用外资会保持相当的幅度;消费的增长和消费结构的升级,今年的消费可能是稳中有升;外资的涌入,民间投资的加速启动,以及积极财政政策仍保持一定的力度,今年投资也会继续增长。可以预期江苏今年还会保持高位运行,GDP 仍可维持 10.5%～11% 的增长速度。这种态势,非常有利于经济内生增长成份的进一步扩大,促进经济长期增长机制的形成。

为了抓住这个机遇,江苏在外部需求、民间投资、居民消费上,需要采取以下措施。

继续扩大外需规模,提高利用外资的质量

去年,由于提早进行政策准备,加大"免、抵、退"对企业的支持力度,因而取得了明显的效果。今年出口政策的支持力度,特别针对江苏净出口有缩小的趋势,运用"免、抵、退"政策、简化出口退税程序的力度不能小。今年,新的贸易保护主义还会制造许多干扰和纠纷,江苏应该更有本领根据世贸规则应对这种局面,维护自己的合法权益。去年,美国西海岸封港事件,对上海、香港和东南亚造成不小的损失,我们在这方面也要有预警机制和应对突发事件的措施。

利用外资,今年仍会保持增长的势头,入世后全球制造业向我省,特别是长三角地区转移的趋势还将延续,如何提高利用外资质量必须引起高度重视。在这次全球大转移中,外资涌入江苏和长江三角洲,一个显著特点是"整体移植",不仅形成了高集聚,而且构筑成了产业链。本地企业配套能力的增强,配套半径的缩小,产业链效应大大增强了产业的竞争力。我们应该充分运用这种优势。现在许多产业链还不是完整意义上的产业链,还需要进一步加强集聚和配套工作,构筑起上下游关联、研发、生产、营销功能互补的、完整的、发达的产业链,逐步形成强有力的制造业生产中心。苏南虽然已成为对外资最有吸引力的区域之一,但是法制环境、知识产权保护环境仍感欠缺,政府转变职能,加强环境建设仍是需要继续努力的课题。江苏其他区域同样要创造良好环境,以便苏南适时地进行扩散和辐射。

进一步促进民间投资的持续增长

民间投资对经济自生性增长至关重要。实施积极的财政政策,一

直期望于能拉动民间投资的增长,直到去年这种效应才比较明显地显现。民间投资,完整的概念应包括股份制经济、集体经济、个体经济和联营经济的投资。去年前三季度,江苏个私经济投资同比增长53.5%,这是很可喜的现象,但绝对数字不是很大。现时刺激民间投资增长,主要是真正降低投资准入门槛,放宽投资的限制,凡允许外商和国有经济进入的领域,都允许民间投资进入;税负不公也是一个障碍,双重征税,税收优惠打折扣,也是不能不解决的问题;融资渠道不畅,金融体制不适应,现在民间投资形势难得,要放手发展适应民间投资需要的多层次金融体系,发展股份制的地方性的金融机构,以拓宽中小企业间接和直接的融资渠道。

积极推进消费增长与消费结构升级

消费与投资生产的互动是经济自主增长的根本循环,消费需求不足,就会使投资和结构调整缺乏必要的空间和市场导向。江苏消费率一直偏低,一般只在33%左右,去年居民收入增长又低于全国平均水平。长期保持过高的投资率和过低的消费率,必将造成市场疲软,价格下降;财政收入的增长,一般也应与经济增长同步,连年大幅度地超过经济增长率,也会形成"寅吃卯粮""竭泽而渔",对经济产生紧缩的效应。这些现象后果都相当严重,对经济自主增长因素来说,不是促进而是抵消。改变这种情况已经极为迫切,甚至有必要在短期内使居民收入增长高于经济的增长,以培育消费。在促进消费增长的同时,还要推动消费的升级。消费的增长,重点要放在低收入居民家庭,放在农村农民,以形成整体消费的增长。消费结构升级,是要推动城镇居民从千元级向万元级、10万元级消费发展,农村从百元级向千元级、万元级消费发展,现在的消费政策要适应这个变化,从各方面刺激消费结构升级。

适当调整财政政策,加强财政、金融政策的协调使用

随着经济自主因素的成长,积极财政政策就有了"淡出"的条件,但并不是马上"淡出",更不是完全"退出",不再发行国债,而只是把财政支持经济发展的主导作用变为常规的调控手段。为此,财政政策需要作必要的调整,多向社会保障倾斜,多向农村基础设施倾斜,加大技改的贴息、担保,以促进经济自生因素的加快成长。财政政策还要与货币政策协调配合,重点是解决基础货币投放和扩大货币供应量,当然,这属于宏观调控的决策。省的中观调控,可以在改变货币运用结构上下功夫,把增长的货币,尽可能地投入实体经济、投入企业,减少政府的支出,这对于缓解通货紧缩的压力,促进民间投资的增长,促进经济的持续发展都有好处。

(原载《江苏内参》2003年第3期)

第八编

知识经济和虚拟经济

第八章

底层名词术语解说

国有企业从解困到再造辉煌
需要抓住的几个关键环节

不能否认,国有经济现在面临的形势相当严峻,不少企业仍处于困境之中;可是,也不能否认,"祸兮福所倚",困境正在为走出困境创造条件,也涌现出一批改革与发展成就显著的典型,而且通过资产重组和机制转换所带来国有企业的转换,是根本性的质的改变。可以说,国有企业摆脱困境,再铸辉煌已经是初露曙光。

江苏国有经济还有自己的个性,有自己的特色:

其一,江苏国有经济所占比重不大,而且呈逐步下降的趋势。据第三次工业普查资料,1995年年末,江苏共有国有企业4343个,职工250.9万人。国有工业资产总额,1985年占全部工业的48.2%,1995年下降为32.9%,大大低于全国53.7%的水平;国有工业总产值在1985年占全部工业的41.1%,1995年下降为21%。国有工业与非国有工业之比,大体上是二八开。

其二,随着改革和股份制的发展,国有企业和政府有关职能部门通过参股、控股、合作等形式,向非国有企业进行投资,形成了非国有工业中的国有部分。到1995年,在非国有工业实收资本中,国有部分为150.7亿元,运用这部分资本年创造的工业总产值,占工业总产值的9.2%,这却高于全国占工业总产值8%的水平。这说明江苏已较早地进行了资产重组,形成了较多的混合经济,但同时表明,即使加上这一部分国有资产,国有经济与非国有经济之比,大致上也只是三七开。

其三,江苏国有工业总量不大,但企业的个头不小。全省大中型企业共2329个,属于国有的1108个,占47.6%;资产总额占58%(全国为44.5%);工业增加值占56%(全国为29.2%);销售收入占52%(全国为27.9%),利税总额占51%。尤其是在传统产业里,国有大中型企业仍居支配地位。电力工业国有大中型企业增加值占行业比重为95.8%,煤炭为87.8%,纺织为53.6%,机械电子为49.9%,化工为54.8%,支配着国民经济的命脉。

其四,在工业地区结构上,苏南乡镇工业、"三资"工业在工业总产值中比重比较高,而国有工业和个、私工业两头都比较低;苏北则是国有工业和个体、私营工业比重大,而集体、乡镇工业比重相对低一些。

地区\类别	国有工业(%)	集体工业(%)	私营工业(%)	个体工业(%)
苏南	12.4	71.2	0.7	2.1
苏中	28.1	49.1	0.6	5.0
苏北	31.9	50.6	1.0	10.8

其五,江苏国有经济效益水平低于非国有经济,国有企业中地方企业部分效益更差。1995年国有企业亏损面30.6%,资产负债率63.9%。其中地方国有亏损面为31%。1997年上半年地方国有工业继续滑坡,国有企业亏损面为43.39%,而地方国有企业亏损面高达51.15%。

解决国有企业困境需要抓好的一些环节是:

把结构调整与企业改革有机结合起来

改变国有企业生产经营的困难状况,有很多好的思路,比如抓大放小,资产重组,国有企业战略性重组,等等,这都既有改革与发展的内容,也是结构调整的重要途径。无论采用哪一种思路,都要把结构调整与企业改革密切结合起来,既讲改革之道,也讲优化结构和经营之道,不仅转换经营机制,同时转变生产方式,以便更有成效地改变国有经济微观层次的面貌。

——前些时期的"抓大放小"是有成效的,但并不是一抓就好,一放就活,改革和战略重组一定要与优化产品结构、产业结构,以及改善经营管理有机地结合在一起。"抓大"一般比较注意发展名牌产品,提高产品的技术含量和形成规模经营,但"放小"面广量大、顾此失彼,企业经营仍困于小而散、小而全、低水平重复而无多大起色。

产品结构调整是结构调整的突破口、切入点。企业有了好的机制,又有了好的产品,才能更快地从产权不清、政企不分的困扰下走出来,又摆脱产品积压、销售不畅、资金短缺的困境。现在更需要补上这一课。目前产品结构的主要矛盾,一是产品结构不适应国内外市场迅速变化的需求结构,二是产品结构雷同,低水平重复和过度竞争的存在。调整产品结构主要是:① 尽可能地利用"抓大放小"所创造的机会,以名牌产品为核心,把众多的中小企业组织起来,为名牌企业和名牌产品进行生产配套、原辅材料配套和服务配套。② 不少企业困于调来调去仍挤在一条船上,摆脱不了低水平重复的境地。这应该有新的思路,尤其是从产品细分上找出路,在自己特有的市场定位上找出路。随着竞争向更高水平的发展,国际上已形成这样一种观点:竞争不再是行业之间的竞争,而是某一行业某类特定产品的竞争,也不再有行业的巨人,而只有某一行业某类产品的巨人。这种现象也来到我们的经济生活之中,产品结构调整要在细分上下工夫,找出特色产品,在细分基础上搞小而精、小而专,寻找更多的发展空隙。同时,也注意自己的市场定位,不要求在所有的市场上成为强者,而在特定的市场,在某一顾客群中成为强者。这都是新情况下企业成功的诀窍。③ 产品的细分不仅是解决一两个企业的问题,而是向形成产品群的方向发展。产品群可以是由大中型企业带领众多的小型企业所形成的专业化协作网络,也可以是由许多小而精、小而专的企业在一定区域的集聚;可以是不同档次的同一产品的生产,更理想的是同一生产领域在细分基础上形成的产品群。前者(专业化协作网络)是企业层面上的集聚和规模生产,后者是产业区域化层面上的集聚和规模化。江苏在中小企业数量特大的情况下,不能忽视小而精、小而专企业在区域上的集聚。④ 新产品的开发,既要注意市场的现实需求,开发一些短平快的产品,又要重视潜在的市场需求,及早开发研制具有国内国际先进水平的产品,保持自己的领先地位。产品调整的核心是调出一批有强大竞争力的产品。好的机制加好的产品,企业走出困境、再造辉煌是可以计日程工的。

——现在,资产重组已成为结构调整的主旋律,这更突出了战略重组和合理配置资源,又是体制创新、机制创新一个新的浪潮。现在经济周期正处于由萧条转向复苏的转折过程中,这是资产重组的最佳时机。资产重组是以资本为纽带,在企业间对资产进行重新组合和资源的合理配置,促进经济加速集聚和产品结构、产业结构的优化。这个战略性的大动作,将巩固和发展"抓大放小"的成就,尤其大企业、大集团资产的迅速扩张,从而带动和改造更多的中小企业。经过一定时期的实践,资产重组已出现了许多形式:兼并收购、现金控股、重组控股、承债参股、单项托管、一揽子托管、债权变股权、收购培育,等等。只要有利于规模化和资产流动,都可以根据实际情况加以运用。尤其是国有经济内部进行无偿划转,力度可以大一些,可以在主要城市推行一揽子的划转授权,以取得较大的突破。

现在资产重组正在成为普遍使用的手段,更要重视资产重组的质量、资产重组的有效性。资产重组主要是企业行为,行政只是引导、协调、扶持,特别要提高企业资本经营的意识,学会资本成长和扩张的本领。江苏乡镇企业比重较大,所以国企和乡镇企业的联合和合作,也是应该重视的一点。可以是乡镇企业通过加工配套、托管经营、联合协作,向国有企业靠拢,也可以由大中型乡镇企业来联合、兼并国有企业,注入新的活力。江苏混合经济原来就发展得比较快,以少数国有资本吸引、运用更多的社会资本又何乐而不为?

——与结构调整相结合,在国有企业改革上还应注意:① 国有小型企业的改革模式,一直是有争论的问题。其实,模式不能是一刀切,国有小型企业可以采取不改变所有制的承包、租赁、委托、联合经营等形式,也可以在变革所有制的情况下,在实行股份制、股份合作制、出售产权、合资嫁接上,迈出更大的步子。国有大中企业需要控股的,也不一定采取全资控股(100％)或绝对控股(75％),也可以采取优势控股(51％),乃至50％以下的有效控股。② 改革不仅解决明晰产权问题,也要重视建立有效的治理结构,在所有者与经营者之间形成合理的制衡关系。也就是建立合理的法人治理机制。这是最重要的机制,相应的还要建立营销机制、用人和人员流动机制、分配机制、技术进步机制,真正实现机制的转变。

把资产优化配置与人力资源优化配置结合起来

国有企业摆脱困境、再造辉煌面临又一个难题,是富余人员的剥离问题。由于就业压力特大和以往企业经营目标的多元化,人员过多本来就是一个沉重的历史包袱,现在进行结构调整,就使任何国家都会遇到"结构性失业"问题,在我们这里就表现得相当严重。许多产业,不论是重化工业的煤炭、冶金、建材,还是轻工和纺织;不仅中小企业,尤其是大中型企业,都面临一个"减人增效"的问题。可是,人往何处去?处理好这个"结构性失业"问题,既能保持社会的安定,又能提高劳动生产率,人员转移也能适合产业升级的需要,这确非易事。因而,不能不使人们感到,人员结构的调整是整个结构调整中一个最困难的问题。可人力资源的优化配置,又是整个生产要素优化配置的一个重要组成部分。在这个问题上,一定要走出一条新路。从各地已有的经验来看,富余人员安置是分几个层次来解决的。

——最基本的层次是社会保障体系的建立和完善。搞社会主义市场经济,没有健全的社会保障体系是绝对不行的,否则,社会主义市场经济还是一个不完整的体系。现在解决社会保障,主要是通过设置两至三条保障线解决的:离退休人员生活保障线,职工最低工资标准保障线以及城市家庭人均收入最低保障线。

——再一个层次是富余人员分流、就业问题。这大致上是通过向第三产业转移,以及职工自谋职业分流来解决的。解决这方面问题面广量大,需要调动方方面面的积极性,要有许多职业介绍机构和"职业红娘",千方百计为下岗职工的再就业牵线搭桥。

——再就业另一个层次是在职工中进行选择,再加以培训和提高素质,然后根据需要,把这些人员向高新技术产业和新兴的第三产业转移,适应经济结构优化和产业升级需要进行人员的配置。进行这项工作,重要的方式是对职工进行托管。再就业服务中心可以通过托管多渠道地解决下岗职工的就业问题。但一个更为重要的任务,是对产业升级需要的人员,进行集中管理,严格要求,从各方面提高他们的素质。

资金链的延伸和资金的集中使用

搞好国有企业再一个关键是资金问题。"钱从哪里来"?这是个重点,也是个难点。现在是"稳中求进"的形势,资金的供给并不宽裕,这就要求我们尽可能地延伸资金链、资本链,从间接融资到直接融资,从信贷资产到社会资产,从增量资产到存量资产。并把资金使用与资本扩张结合起来,集中力量支持资产流动重组。

现时信贷资金紧张,固然是由于实行适度从紧的货币政策而规模有限,也是因为多年聚集的金融风险正在暴露出来,而不能不加以防范和化解。前几年企业之间、银企之间的债务危机必然酝酿着信用的危机,银行信贷资产质量下降,呆账坏账等不良资产居高不下。在这样形势之下,不可能对银行有过高的期望,只能有重点的使用信贷资金,使之成为催化重点产业、重点企业集团,推进新的经济增长点的手段;成为资产流动重组的润滑剂;成为扶优限劣的有力工具;成为企业深化改革的杠杆。

直接融资酝酿着大的突破,虽然也受到国家适度紧运行的制约,但这是今后发展的方向。现在上市股票、柜台交易已开始运用,还应争取对投资基金、红筹股及早设置,以形成资本的供给市场;企业调整自己的资本结构向社会资金开放,包括大型国有企业在控股的前提下吸引社会资金,中小企业由社会投资和注资,以形成资本的需求市场。这就可以建立资本的良性循环，在资金供应者和需求者之间架起一条直接的通道。在这方面的突破，又可以带来降低企业资产负债率、减轻银行不良资产的效果，化解单一间接融资所造成的金融风险。

资金链延伸之后，重要的是把资金使用与资产运营结合起来，推动资产流动重组的进展。资产重组现时大体上是在三个层面进行：一个层面是国有企业之间的划转；一个层面是通过市场，有偿兼并，参股控股，进行跨地区、跨行业、跨所有制的资产重组；再一个层面是通过产业转移，进行区域布局调整。在国有企业之间划转的层次上，即将一些劣势国有企业的资产无偿划拨给优势国有企业，所需启动资金不大，但也会有债务问题、减人增效问题，以及技术改造等问题，需要妥善予以解决。在兼并收购层面上，问题可能要繁杂一些。产权变动需严格手续，产权转让要规范交易行为，不仅有承担债务、职工安置问题，也有现金收购、参投控股的资金筹措问题。现在国家加大破产兼并的力度，优化资本结构试点城市由 58 个扩大到 110 个，所用呆账坏账准备金由 200 亿扩大到 300 亿。地方在间接和直接融资上，也要相应地创造条件推动资产流动重组的进展。在产业转移层面上，要实施援助政策，包括：产业转移的鼓励政策，以贴息、税收优惠鼓励跨地区的合作经营；包括技术改进的扶持，鼓励生产能力和技术、产品同时转移；也包括改善企业运行、恢复活力的政策，解决历史包袱和减轻负担，改善经营管理，等等。

(原载《学海》1997 年第 5 期)

启动新一轮经济景气的对策建议

现时经济运行是否已经走出低谷？

现在经济运行扑朔迷离，令人对经济周期是否更替、经济运行是否已经走出低谷转向复苏，难以作出明确的判断。原来预计，在1996年成功地实现了经济"软着陆"之后，前些时期的投资膨胀、经济过热、金融秩序混乱、高通货膨胀等突出矛盾得到解决，经过一定时期的过渡，1997年将进入新的经济周期，开始新一轮的景气回升。

然而，1997年的经济运行仍是走低的趋势，经济增速继续减弱，而且季度环比，时升时降，走势不明。全国1997年前三季度GDP比上年同期增长9%，增幅同比回落0.6个百分点。江苏前三季度GDP比上年同期增长10.9%，也低于1996年的12.2%。以江苏工业总产值作环比分析，前三季度比上年同期增长13.8%，增速比一季度的13.6%快0.2个百分点，但比上半年的15.6%回落1.8个百分点。大致上二季度是景气回升的走势，三季度又重新回落。四季度根据国家信息中心的预测，从订货情况和经营情况来看，又呈现稳中有升。而且各地区的工业景气状况差距相当大，江苏与上海、浙江同属于景气指数较高的地区，上海的上升幅度较为明显，江苏则可能是相对稳定中有所回升。

这种状况大致表明，当前的经济运行仍是在低谷——复苏之间徘徊，甚至是尚未走出谷底，处于低谷的长期徘徊。近年来，各地领导班子的更替,以及税收政策的影响,都致力于"挤水分",这应该是好事,但增加了对周期更替判断的难度,也不会改变经济增长继续低走的总趋势。整个徘徊期所以如此之长,既是由于上一轮周期熨平波动是采取了"软着陆"的方式,形成了"高谷底、低峰值、长平台"的特点,使经济运行基本上沿着一个长平台的轨迹前进。再加上在周期更替之际,又采取了强力的反周期措施,主要是适度从紧的"双紧"政策。这对于防止经济在粗放型增长的轨道上重新形成过热,对于促进结构调整和产业升级都是必要的。何况,现时经济增长幅度,不论全国的9%,或者江苏的10.9%,均属于高位运行,尚不构成经济过冷的危险。采取一定的反周期措施,可以有助于稳中求进。

经济周期是否已在转型?

现在值得注意的是,1998年经济运行状态如何?最近中央经济工作会议强调稳中求进,进又主要是在改革和结构调整上有新突破、新进展,并在此基础上保持一个较快的发展速度。根据国家景气分析预警联席会议的预测,1998年的工业景气仍将是低位窄幅波动,有可能出现微弱的回升,但尚不足以形成景气转折的局面。明年GDP增长速度,可能在8.5~9%之间运行,而以7.5%作为经济偏冷的警戒线。江苏可能也是这种平稳运行或略有回升的走势。

这里值得研究的是,如果1998年经济增长只有9%,以至8.5%,是否可认为,本轮经济周期的谷底不是1997年,而是1998年,或者是低谷延续两年之久?由此看来,不能排斥经济周期正在转型的可能性。即由大起大落的"衰退型"波动转变为"增长型"的周期波动。我国过去的周期波动,多为"衰退型"、或称"古典型"的周期波动,即经济总量的绝对下降而出现负增长。1993年以来,运用"软着陆"的方式取得了很大的成功,全国增长速度从1993年的13.5%、1994年的12.6%、1995年的10.5%到1996年的9.7%,平稳回落,大体上形成了一个"长平台"的"增长型"周期波动,即经济波动是在增长的总趋势中起伏。这种

"增长型"的波动是现代经济的一个特征,是经济运行水平提高的表现。很可能,随着经济增长方式和经济体制的改变,我国经济周期生成的机理也随之而发生变化。经济波动的体制影响,如"投资冲动"、"软预算约束",正在削弱或受到遏制。而经济增长质量的提高,也将使周期波动压缩至合理范围之内。今后我国经济增长可能会进入一个相对稳定时期,经济周期波动也将是小幅度的上下起伏。当然,两个根本转变还要有一个过程,经济周期的转型近期是否能完全实现,也还需要继续观察。

如何启动新一轮景气循环?

启动新一轮的经济发展,要针对现在经济运行的新特点,突出抓一些关键性的环节。

——利用两个结构调整相结合的有利时机,在经济结构调整上取得新进展。结构调整和大规模的设备更新、技术创新,对经济运行走出低谷转向复苏和繁荣,有着巨大的推动作用。结构调整的效果是量变到质变的过程,现在企业两极分化加剧,但业绩好的企业的效益,尚不足以抵销较差企业的亏损和低效。仍要靠结构调整培育新的经济增长点,靠资本运营造就一批高成长的企业集团,靠资产重组克服重复建设的恶果,使广大企业摆脱困境而重塑活力。

——适应买方市场的形成,适时调整生产结构。买方市场确实是一个难以对付的市场,经常会出现过剩与有效供给不足并存的现象。因此,在微观层次上要提高应变能力,对市场变动的趋势更加敏感,在创新意识、品牌竞争、市场开拓上要有新的境界。在宏观层次上要运用产业政策以及相关的鼓励和限制政策进行引导,帮助企业寻求新的亮点,在产业细分上组织拾遗补缺,拓展新的产业领域,如环保产业、海洋产业、生物技术产业、医疗福利产业、信息通信产业,等等。现在我们的买方市场还是人均GDP在低水平的买方市场,并不令人鼓舞,尤其是在经济周期收缩中出现,在一定意义上是经济衰退的表现之一。因此,现在的买方市场还是变化中的市场。既要适应买方市场,也要积极寻求新的发展机遇。

——重视形成消费——生产的良性循环。买方市场出现之后,消费需求对经济增长的拉动作用越来越显得重要。但今年江苏与全国一样,消费需求不是时升时降,而是直线下滑的趋势。1997年前三季度江苏消费零售总额只增长9.2%,低于上年同期4.6个百分点,在投资需求适度从紧的环境下,也缺乏足够的拉动作用。拉动作用较强的是外贸,前三季度江苏出口增长20.9%。但中国作为大国,培养内需尤为重要。为此,要更重视构筑再就业工程,提高就业率;减轻农民负担,保证农业丰产丰收;城市建设规模不宜过大,高档商厦热应该遏制,各种社会事业也不能百废俱兴,少增加企业和群众负担,多讲究休养生息,尽可能快地形成消费与生产的良性循环。

——国民经济货币化程度提高,融资机制市场化发展,也是当前经济运行的一个新特点。江苏应该是这方面走在前列,利用资本市场营造高成长的企业;发展柜台交易,为中小企业服务;启动投资银行作用,推动资产重组和产权交易;造就更多的机构投资者,使资本市场更好地为产业经济服务。消除银行过高的不良资产,死结仍在企业、尤其是国有企业,因此,直接和间接的融资,都要围绕结构调整、资产重组进行,从根本上解决和防范金融风险,形成安全、高效,能够对经济发展有效支持的金融体系。

(原载江苏社会科学院《资源要报》1998年第1期)

新经济呼吁新的经济理论

新世纪之初经济学研究的着力点该如何定位

我们站在世纪之交,探索新世纪来临之际、经济学研究的着力点之所在。回眸以往,经济学理论有了极其丰富的积累,展望未来,经济学研究正处于一个转折点上。社会主义经济学具有很强的应用性,它从实践中概括、升华,又指导社会主义的伟大实践。根据实际情况的发展变化,提出新的思想、新的理论,这是马克思主义,也是社会主义经济学不断发展和完善的主要路径。尤其是科学技术的新的、重大的突破,这个历史发展的强有力杠杆,它推动着人类社会经济的飞速发展,也催化着新的思想、新的理论的产生。正如恩格斯所说的:"每一时代的理论思维,从而我们时代的理论思维,都是一种历史的产物,在不同时代具有非常不同的形式,并因而具有非常不同的内容。"

现在,我们正处于一个历史转折关头,知识经济,也即美国称之为新经济,正在向我们走来。突出的是 20 世纪末叶,以信息技术和生命科学为先导的现代科学技术取得了重大的突破,从而引发了一场产业革命,正在极大地改变着人们的思维方式、生产方式和生活方式。这个历史的转折,正如工业文明替代农业文明一样,知识经济正在逐渐替代工业经济,而后一个替代的速度将大大快于前一个替代。这正是经济理论研究者应该密切关注的形势。虽然,现代科学技术如此迅速地发展,使人们对新世纪经济学的发展难以比较准确的预测,但是有一点应该肯定,在新世纪之初,我们就应该把研究的着重点转到知识经济学上来,这是经济学研究的前沿。研究知识经济发展中新的规律、新的思想和新理论,完成我们应该完成的历史任务。

传统的经济理论已难以解释新经济条件下的经济现象

新经济虽然还处于成长发展阶段,但在新经济条件下出现的一些经济现象,已在突破传统经济学若干理论,传统经济学理论对这些现象难以作出圆满的解释。最典型的是美国经济的发展,美国何以能在115个月(1991年4月—2000年10月)里,维持高增长、高就业、低通胀的局面,而至今不衰,何以其他发达国家同样致力于高新技术的发展而没有达到美国这样突出的转变?美国经济是否形成了新的游戏规则?等等,传统的经济学理论至今还难以作出解释。在这里,谈论美国的新经济的新规律,是不是离我们太远了一些,不,只要我们用现在的劲头,运用自己的后发优势,在高新技术上实行跨越式发展,迈入知识经济时代,也并不是十分遥远的事。对新经济中新的运行规律的研究,应该提上议事日程了。

美国新经济对传统理论的突破主要表现在:

——按照传统经济学理论,实现低通胀下的高增长,是一个世界性的难题。控制经济增长率和通货膨胀率的变动关系,包括需求拉动型和供给型的通货膨胀,是宏观调控的一个重要任务。即使如此,往往也只能在短期内熨平波动,维持短时期的低通胀、高增长。可美国在90年代初,尤其是自1994年以来,以2.6~4.3%的较高增长率、4%以下的低失业率和2~3%的低通胀率持续迅速地增长,是什么因素使经济运行发生了变化,传统经济学理论还无法加以说明。

——按照传统理论,通货膨胀率和失业率之间的变动关系,也是宏观调控的一个难点,也即菲利普斯曲线所示的,通货膨胀率和失业率有一个非此即彼、不可兼顾的负相关关系,宏观调控目标选择放在抑制通货膨胀上,必然导致高失业率,如果保持低失业率,工资会相应地上升,接着就会螺旋式地产生通货膨胀。可美国进入新经济时代,却出现了在高增长的同时,低通胀与低失业率并存的局面,从1992—1998年,通货膨胀率从3％下降到1.5％的低水平,失业率从7.4％下降到4.2％,2000年又下降到2.1％的低水平。这又是令人费解的问题。

——为了刺激需求,美国一直采用赤字型财政政策。1992年度美国的财政赤字达到了创纪录的2904亿美元,到1998年,实现了自1969年以来的首次盈余,盈余额达692亿美元。为什么在新经济条件下能做到这一点?也是一个值得探讨的问题。

——新经济对经济周期来说,促使了经济周期波动的微波化。由于高增长、低通胀、高就业同时并存,推动了经济较长时期的持续、稳定增长,从而减小了经济波动的幅度,形成经济波动的微波化。这既是信息技术革命、网络经济的力量,而信息革命推动现代第三产业的发展,也克服了第二产业增长率波动幅度大的状态,增强了经济自身结构的稳定性。也有的学者认为,在新经济条件下,知识与高新技术成为推动经济发展的主要力量,新旧技术经济体系的更替,将对周期产生更主要的影响,"长周期波动"将更加明显地显现,并逐渐代替现在的短周期波动。

当然,对新经济条件下出现的新的经济现象,现在仍然议论纷纷,莫衷一是,包括美国新经济峰会上,专家们也是各执己见。这些争论主要有,一是美国在什么程度上处于新经济中,新经济覆盖面有多大。以电子商务为例,美国的电子商务总额为1500亿美元,这在9万亿国民经济总额中是一个很小的比例。不少专家不相信存在着广泛的改进,多数人认为是处于新经济之中了,但只处于向新经济转变的初级阶段。其次是"速度极限"还存在不存在?美国过去把年生产率增长2.5％加劳动力增长率1％即3.5％的经济趋势增长率,作为速度极限,现在是不存在速度上限,还是速度极限提高了?三是与此相联系,通货膨胀的危险是不是还存在?尽管速度极限被提高了,但很难维持现有的增长而不引发通货膨胀,通货膨胀仍是地平线上的乌云。另一朵乌云则是股市价值太高,这不仅是非理性的,而且对经济有害。再一个是新经济的出现,是高新技术根本改变了产出增长率,创造财富越来越多地依靠知识,但原有的调控机制是否还起作用?不少人主张,在新旧经济交替之际,两种机制都起着作用,新经济发展,不仅是克林顿的作用,也有格林斯潘运用警惕的货币政策的功劳。

在新经济研究上我们应有所作为

正如我们对知识经济不能等待、观望一样,我们对新经济理论或知识经济学的研究也不能等待、观望。新经济理论研究也是社会主义经济学研究的延续。我国具有自己特色的社会主义经济学,虽然还没有形成完整的经济理论体系,但为了适应社会主义市场经济的发展,社会主义经济学在社会主义初级阶段理论、社会主义市场经济理论以及公有制多种实现形式的理论等方面,都有了重大的突破。为了迎接知识经济的到来,社会主义经济学应该继续延伸,在新经济理论研究上有新的突破,预测知识经济在我国发展会出现些什么经济现象,解释这些现象产生的原因,推导其变化的规律和今后的发展趋势。

当然,这些研究要从我国的基本国情出发。现阶段我国经济发展一个突出的现象是,我们是在没有完成工业化的条件下迎接知识化,在没有完成市场化的条件下进入全球化的,从这个前提出发,对新经济的研究是不是更要注意以下一些问题:

——传统经济将如何向新经济转变?在转变过程中经济运行的特点?

——新经济如何与传统经济相结合?新旧经济的契合点,新经济将如何推动经济结构的转换?如何带动传统产业的提升?

——新经济将如何带来经济增长模式的转换?新经济的高增长、低通胀、高就业的特色将如何体现?发展新经济的机制的形成?

——中国之大,在地区经济成长差别很大的情况下,传统经济向新经济转变又将呈现出什么特色?

这里更多的是着眼于新旧经济转换的研究。如果说美国只是处于向新经济转换的初级阶段,那我们只是开始受到知识经济的春风拂煦。我们走向新经济,尤其是新经济成为主导模式,那是一个相当长的过渡时期。所以我们应当从这里锲入,开展新经济理论的研究。看看这个转换时期、过渡时期,经济运行究竟有些什么特点,出现些什么经济现象,有什么样的经济规律。特别是,在这个相当长的转换过程中,新经济与旧经济,知识化与工业化并非泾渭分明,互不相容,而是会长期共存,互相渗透。物质生产、日用品和食物的供给,是人类生存和发展的基础,知识经济并不消灭工业经济和农业经济,而是把这些传统产业改造得更有效率、更节约成本,大大优化资源配置。在这个漫长的过渡时期,工业化和知识化同时并进,两种经济运行规律将同时存在,对经济调控的机制和手段,也将同时并用。如此等等,都是我们需要研究的问题。

我们也要多关心高新技术产业在我国的发展,以及技术创新体系的形成,尤其是知识经济的先导产业——信息技术和网络技术,现时正以令人难以置信的速度迅速发展。网络化在我国发展将有些什么特点,将带来些什么变化?美国有一些专家把生产增长加速的原因,归结于互联网的发展。在以往的 20 年,美国花费大量投资于功率更大、价格更便宜的计算机,并没有产生明显的生产率收益。只有互联网发展之后,使高速计算机在全国范围广泛的联络之后,才产生了新的效应,极大地提高了生产增长率。证实这些论述,还需用一定的时间,但网络确实在改变人的伞兵生产方式和生活方式。改变着人们的信息传播方式,人们的交往方式、消费方式乃至闲暇方式。网络并不直接创造财富,却极大地促进财富的创造。在网络时代,一切都可以虚拟化,虚拟企业、虚拟商店、虚拟银行、虚拟货币、虚拟学校、虚拟医院,等等。进入网络时代,就要学会正确而有效地运用虚拟战略,促进经济与社会的发展。这些新情况下的新问题,都需要进一步探索和研究。

(原载《现代经济探讨》2000 年第 11 期)

关注"虚拟化"和虚拟策略的运用

"虚拟",从认识论层面来说,它首先是对现实的反映,然后是在此基础上形成的一种超越现实的创造性的思维活动。从信息技术层面来说,它是"数字化方式的构成"。从经济运行层面上来说,"虚拟经济"是从马克思的"虚拟资本"(货币、票证、股票、债券,等等)演绎而来的。进入网络时代,"虚拟"的功能得到空前延伸,似乎什么都可以虚拟化:虚拟企业、虚拟商店、虚拟银行、虚拟货币、虚拟学校、虚拟医院、虚拟博物院,等等,连主持人也被"虚拟"了。"虚拟"的魅力不可小觑。

从经济方面来看,"虚拟化"所以值得重视,是因为虚拟可以促使功能的放大和效益的激增。自从虚拟资本出现以后,企业不仅可以利用自有资本,而且可以利用虚拟资本,这就放大了企业的竞争力和效益。虚拟资本规模越大,企业的效益就会越大。网络时代的到来,虚拟又有了新的功能,它成为企业竞争的新策略。在网络时代,随着高科技的迅速发展,市场竞争更加激烈,传统的企业模式,即以泰罗制、福特制为标志的大规模、大批量、单功能的刚性生产,已不能适应快速、多变的市场环境,而以虚拟经营为特征的柔性管理这样一种全新的企业模式,成为新世纪企业成败的关键。

企业实施虚拟经营,当然需要虚拟经济大环境的形成,需要虚拟资本的支持。可虚拟经济是一把双刃剑,它不等同于泡沫经济,但伴随着泡沫的危险,发展虚拟经济要适度。这里,着重探讨企业如何实行虚拟经营的新策略。在企业虚拟化中,最突出的是虚拟生产和虚拟营销。

企业功能虚拟化的扩张就表现为虚拟企业。企业实行虚拟策略,实际上是一种"借势"的策略。一般来说,任何企业总有些薄弱的部门,这是由于受到资源的限制而造成的,甚至于形成真空。在此情况下,企业只要善于实行虚拟化策略,即可借助外力改善这些弱势部门。虚拟企业往往只是一个空壳,它是由两个或多个经营实体,通过暂时的联盟优势互补,各尽所长,共同开发一种或几种技术及产品,适应市场的快速变化,加快技术、产品创新的速度,并迅速地推向市场。这种柔性生产,可以减少研发费用,减少经营风险,取得更大的效益。当然,传统企业要转变为虚拟企业,是要脱胎换骨的改造的。它要有能涵盖制造商、供应商、分销商及顾客的信息网络,能以最快的速度收集信息,及时用最新的设计方法和计算机集成生产相联合。相互信赖、协同工作,强调集体效益;把各自的命运紧紧地结合在一起,这要成为虚拟企业的精神支柱。同时,产品能转化为数字形式,使产品设计、生产管理、市场营销可以取得根本的变革。

虚拟企业不仅产品设计、生产过程中需要组成暂时的联盟,而且在营销、销售方面也是通过联盟突破企业的有形界限,达到全方位借用外力的目的。电子商务的发展,更使得这一策略得到广泛的应用。在电子商务条件下,产品、价格、分销渠道、广告等等营销要素的组合,面对的不是具体的市场而是一个全球市场。网络革命是突破时空的。不受时空限制的网上营销,使产品和服务借助互联网与客户直接见面,将产品和服务最快速地直接提供给客户。消费者则通过互联网这个虚拟的购物空间进行消费。电子分销平台的建立,不仅可以大大降低销售的成本,而且可以使销售人员有更多的时间向客户提供高附加值的销售和服务。这将是一个新的虚拟销售时代。

企业是研究与开发的主要基地,是创新的主体。随着知识逐步成为推动经济发展的主要动力,企业的研发工作、知识再生产也越来越显得重要。下个世纪的企业,将主要是通过创造和生产知识来盈利。这是一条新的游戏规则。可是由于市场的瞬息万变,技术开发的要求也越来越高,许多企业,即使是大企业,也难以完全依靠自身的力量在研发上取得竞争的优势,需要通过虚拟化形成"借脑"、"集智"的活动,来借助外部的人力资源弥补自身的不足。虚拟化再一重的意思是,在企业的研发活动中,也要倡导虚拟化的运用,使研究人员从事超越现实的创造性的思维活动。在网络时代,要更充分地理解"虚拟是数字化方式的构成"的深刻涵义。这是因为,在发现和认识事物的形式时,掌握其中可以用数字表示的比例、秩序、关系及其他量的规定性,具有特别重要的意义。这对于精确地掌握事物的形式,理解事物的性质,有效地控制事物和利用事物,都是极为重要的。奇妙的数字知识既有无穷的理性力量,也可以在实际应用中产生巨大的实践力量。

虚拟策略的运用,在发达国家是水到渠成,可在我国却刚刚起步。我国网络经济正是如火如荼,国外企业也在虎视眈眈,如果我们不积极应对虚拟化挑战,总有一天会在激烈竞争中无立锥之地。虚拟经营虽然是新兴事物,但不用把它看得高深莫测。在许多大城市举棋莫定时,温州不是已经开始兴起"虚拟化"热了吗?温州着手对五脏俱全的传统组织模式进行突破,有效地整合了外部资源。虚拟经营的企业只保留核心功能,把知识技术性强的高增长部分掌握在自己手中,把自己不擅长、实力不够或没有优势的部分分化出去,与其他企业联盟以整合外部资源,弥补自己的劣势。把这些薄弱部分包给江苏、广东企业去生产。在销售上采取连锁经营的方式,通过联盟将特许经营权转让给加盟店,交特许经营费。企业自己则把主要精力放在产品设计、市场管理和品牌经营上。虽然这只是尝试,这种虚拟经营还会有许多制约,可贵的是温州已在起步,已在虚拟经济上开创新路。

为应对"虚拟化"的挑战,为了在"虚拟化"的道路上一路走好,企业要有强烈的运用虚拟策略的意识,认识到这是网络时代企业竞争的新策略,也是适应新经济游戏规则的重要措施。针对现阶段大面积推行虚拟经营的条件并不成熟,可以首先在竞争力强、发展前景好的大中型企业以及若干科技型中小企业中先行一步,让这些企业通过建立企业合作网络带动其他企业,优势互补,共同发展。要为先行企业创造条件,建立高效的信息管理平台,树立网络化虚拟公司的形象。除此之外,政府要为企业虚拟策略的运用创造环境,包括政策环境、法律环境、创新环境和人文环境,等等。虚拟经济是一种具有崭新经营观念的柔性管理,它正以其独特的魅力为越来越多的管理专家所推崇,及早抓住这个新的竞争策略,江苏的企业就会在新经济的浪潮中走在前头。

(原载《江苏经济》2000年第12期)

后　记

在全部文稿校完之后,感到有些文稿是在多个刊物上刊登,有些调研资料曾在多篇文稿中使用。颇有一稿多投、一文多用之嫌。为此,特说明如下。

一稿多投,的确如此。这是因为,要起"智库"的作用,有许多必须及时提示的问题,既要在学术刊物上发表,向学术界同仁讨教交流;又要在专业机构的刊物上刊登,与专业领导机构共同探讨;同时要在向省委汇报的社科院《要报》上摘要登载,以引起省委领导的重视,起到智囊的作用。

举例来说:江苏经济过大的波动,以及如何适时适度地采取反周期措施,就不能不及时地向多方面提出建议。"一文多用"就会是不可避免的。

再比如:对经济运行的景气分析,究竟是峰回路转,还是假性回升?已经采取了哪些有效的措施,还要采取哪些创造景气环境的措施,都需要向有关方面讨教。

又比如:知识经济的到来,我们应该如何迎接这个新的时代,研究适应这个新时代的新规则,这又难免"一文多用"。

"一稿多投"、"一文多用",确实是实际需要。特说明如上。

2010.4.25